U0103511

黃平 著

伊斯蘭金融與伊斯蘭銀行業概述

Overview of Islamic Finance and Islamic Banking

責任編輯　　王　珺
書籍設計　　道　轍
書籍排版　　陳先英

書　　名　**伊斯蘭金融與伊斯蘭銀行業概述**

著　　者　黃平

出　　版　三聯書店（香港）有限公司
　　　　　香港北角英皇道 499 號北角工業大廈 20 樓
　　　　　Joint Publishing (H.K.) Co., Ltd.
　　　　　20/F., North Point Industrial Building,
　　　　　499 King's Road, North Point, Hong Kong

香港發行　香港聯合書刊物流有限公司
　　　　　香港新界荃灣德士古道 220-248 號 16 樓

印　　刷　美雅印刷製本有限公司
　　　　　香港九龍觀塘榮業街 6 號 4 樓 A 室

版　　次　2024 年 8 月香港第 1 版第 1 次印刷

規　　格　16 開（170mm × 240 mm）400 面

國際書號　ISBN 978-962-04-5529-2

© 2024 Joint Publishing (H.K.) Co., Ltd.
Published & Printed in Hong Kong, China.

目錄

Contents

致敬

感謝中華人民共和國駐沙特阿拉伯王國特命全權大使陳偉慶先生的鼓勵與指導。

感謝中華人民共和國駐沙特阿拉伯王國前特命全權大使李華新先生的鼓勵與指導。

感謝中華人民共和國駐沙特阿拉伯王國使館經濟商務參贊謝秦生先生的鼓勵與指導。

感謝中華人民共和國駐沙特阿拉伯王國使館前經濟商務參贊趙劉慶先生的鼓勵與指導。

感謝黃金春老師、鄭摘花老師、黃文紅老師的指導。

感謝沈祥來老師、曾春娥老師、沈興萍老師、沈賢勝老師、沈興和老師、游錦仙老師、沈興明老師、楊崇愛老師、任俊偉老師、唐玉婷老師的指導。

感謝我的家人在過去幾年對我的耐心和遷就。

感謝我的好朋友蔣冰兵、李虹、莊林、許立炘、范明峰、許峰、翁健德、蘇葆葆、陳莊莊、陳斌的鼓勵與支持，謹以此書紀念咱們三十年的友誼。

感謝黃碧娟女士的鼓勵與支持。

感謝林金翔老師的鼓勵與指導。

感謝儒毅律師事務所蔣慧青主任和孫黎律師的鼎力支持。

感謝磊驕陽老師、曾靜老師的鼎力支持。

感謝張喚同學的鼎力支持。

感謝中國（廈門、重慶、杭州、北京、天津、青島、濟南、上海、廣州、香港、台灣、澳門）、斯里蘭卡、印尼、英國、德國、馬來西亞、沙特、阿聯酋以及中東北非地區的朋友們和小夥伴們的鼓勵和支持。

黃懷德負責本書的插圖設計,在此特別致謝。(Special thanks to Huaide Huang of McGill University, who has illustrated graphs of this book.)

I would like to express my deep appreciation to my following dear friends:

Mr David Liao and Mr Mark Wang of HSBC;

Ms Lubna Suliman Olayan, Mr Tong Cripps, Mr David Dew, Mr Majed Kamal Najm, Mr Richard T Hinchley, Mr Tameem S Alshubaily, Mr Robin Jones, Mr Yasser Ali Al Barrak, Mr Nuwan M Perera, Mr Mohammed A ALMOHSIN, Mr Tawfeeq A ALBRAHIM and Mr Waseem J BUKHAMSIN of The Saudi British Bank;

Mr Arun Hari of Gulf International Bank;

Mr Fahad Al-Saif of Ministry of Finance of Saudi Arabia.

I am indebted to my dear Sri Lankan friends-Mr Inoka, Mrs Ajatha and Ms Aveesha for their kind encouragement and great support over the years.

特別感謝:

本書的完成特別感謝我的摯愛任思維這些年來默默而堅定的鼓勵和支持。(Special thanks to my love-Siwd Ren, the Chief Editor of this book, without her strong commitment and great support, the book could not have been completed.)

繁體版序

感謝香港三聯書店厚愛，本書得以繁體字面向海內外中文讀者。

如何幫助中資企業"走出去"，幫助其充分瞭解"一帶一路"沿線伊斯蘭資本市場的運作和發展，從而使其能够充分利用國內與國際兩個資本市場，實現雙贏發展戰略，是本書作者寫作的初衷。

2019 年，在本書首次出版中，作者提出在可預見的未來，新興經濟體至少面臨着以下幾個互相關聯的挑戰：第一是"美國優先"對全球化和全球貿易規則的衝擊，以及美聯儲（FED）對其資產負債表的管理政策對全球流動性的影響。第二是世界兩大經濟體中美兩國的貿易摩擦可能演變為"持久戰"及其對全球供應鏈及產業分佈的影響。第三是中國的經濟減速、升級轉型及去槓桿對全球經濟特別是新興經濟體的影響。第四是英國脫歐、德法兩國國內政壇動盪及歐洲一體化逐漸退化，可能導致新一輪的歐債危機。第五是地區衝突（特別是中東地區）外溢風險（如海合會—GCC 分裂）。第六是全球大宗商品（特別是石油）的價格大幅波動對區域性國家（如 GCC）經濟和地緣政治的影響。值得注意的是，世界上大部分人口（包括近 14 億中國人、14 億印度人以及 21 億伊斯蘭穆斯林等）都生活在新興經濟體內。

目前看來，這些挑戰依舊嚴峻。惟可喜的是，中國（包括香港特區）與新興經濟體特別是海合會國家（GCC）交往日趨緊密，優勢互補，並逐漸形成共同發展之勢。

就香港而言，在 2023 年初，香港特區行政長官率領代表團出訪中東進行友誼之旅、推廣香港優勢之旅和開拓商機之旅。同年九月，特區政府舉辦了第八屆"一帶一路高峰論壇"，加強了香港和新興經濟體特別是海合會國家（GCC）間的雙邊關係和合作，並促進雙方金融服務業共同可持續發展，其中包括探索家族辦公室、金融科技、虛擬資產以及綠色和永續金融等各方面的政策溝通、知識交流和合作機遇。2024 年 5 月，香港交易所與沙特證交所集團舉辦香港─沙特資本市場論壇，務求深化內地、香港和中東地區金融市場的合作，並探索跨境上市、股權收購、優化基礎設施等方面的機遇。

在過去的 100 年裏，香港一直是內地連接海外市場的橋樑並由此成為世界性的金融中心。現時，香港在"一國兩制"下擁有穩健的金融基建、世界級的專業服務和人才儲備、匯聚資產及財富管理人才等優勢，香港可以圍繞引智、引資、引進新技術、服務內地和新興經濟體等幾方面，與新興經濟體特別是海合會國家（GCC）和其他"一帶一路"沿線國家加強合作。

展望未來，我堅信香港的明天會更好！

祝福東方之珠──香港！

黃平

前言

伊斯蘭金融的啟示

　　2008 年的全球金融危機是根源於美國的次貸危機，它充分暴露了全球金融體系的脆弱性和不穩定性。經過近幾十年來的變遷，全球金融體系經歷了自由化、全球化、創新、槓桿化以及激勵機制等歷史演化，卻始終未能解決一個基本問題，即錯配，特別是銀行短期負債和長期資產的期限錯配問題。

　　自由化與全球化使全球金融風險溢出效應日趨突出；創新，特別是金融衍生品的創新，因其與基礎資產或實體經濟並無直接的聯繫，而大部分金融衍生產品則是純粹建立在數學模型基礎上，使其已蛻變成一種"錢生錢"的金融遊戲工具；20 世紀 80—90 年代以後，公司激勵機制出現創新，股票期權受到特別推崇，但事與願違，公司激勵機制總體是朝着更加鼓勵公司管理層冒險的方向轉變，獎金支付與公司單一年份業績表現掛鈎而很少甚至不考慮其事後影響，因此公司管理層損害投資者和納稅人的利益以自肥的現象屢見不鮮。與此同時，影子銀行的冒進及其不透明性與內部風險相關性都放大了金融體系的脆弱性，而在新金融體系下史無前例的高槓桿率又進一步加劇了金融體系的不穩定性。

　　早在 2008 年金融危機爆發前，當時西方發達資本市場正值信貸泡沫的最高潮時期，曾有伊斯蘭金融專家對西方金融運轉方式提出過措辭嚴厲的強烈批評。他們認為，西方金融類似於一個巨大的棉花糖球：一個黏黏的棉花狀泡沫，僅有少量"實際"資產或經濟活動圍繞着這個泡沫被旋轉、再旋轉，以支撐大量短期金融交易，就好像可以用一小塊糖調製出一大個棉花糖球一樣。其本質就是"西方銀行在用錢生錢"，這與伊斯蘭金融形成鮮明對比，在伊斯蘭金融業，金錢永遠有資產的支持，而且主要依賴於股權融資而非債務融資。

　　如今，這些批評看上去不再顯得那麼激進或不同尋常。相反，在信貸泡沫破裂後，就連美聯儲（FED）前主席艾倫·格林斯潘（Alan Greenspan）也在擔心西方金融的無情擴張，他指出，2008 年金融危機暴露了支撐高槓桿金融體系的基礎是脆弱的；而如果相關銀行資本金充足率及懲戒金融欺詐的法律法規得到監管當局更嚴格執行的話，這場危機本是可以避免的。

在現實經濟生活中，信貸相對於 GDP 增加，在最初階段有助於經濟增長。但是，一旦信貸與 GDP 之比超過 100% 左右，這種關係似乎就會逆轉。其他研究已經表明，信貸快速增長是重要的危機前兆。國際貨幣基金組織（IMF）在近期一份報告中採用了技術含量高於信貸比率的金融發展指標。該指標表明，金融發展確實在加快，特別是在發達國家。它還顯示，在觸及某個關鍵點後，金融將損害經濟增長。進一步的調查表明，這種負面影響集中在"全要素生產率"的增長上。該指標衡量創新速度以及勞動力和資本利用效率的提高速度。IMF 特別提出，在觸及某個關鍵點後，資本配置和企業控制的有效性將出現偏差。因此，金融影響對企業治理質量的衝擊是一個重要挑戰。這份報告表明，金融過度發達未必是件好事。正是因為金融非常重要，金融業的不當行為才如此危險。

當西方（傳統）金融狂飆突進的時候，伊斯蘭金融也在悄然崛起，並贏得全球金融業越來越廣泛的關注。

2014 年 6 月，英國財政部成功發行了 2 億英鎊的伊斯蘭債券，該債券為 5 年期，其回報率為 2.036%。此次發行的伊斯蘭債券以英國政府持有的 3 個地產項目為標的物，為投資者提供資產收益。該債券的市場反應踴躍，認購資金超過 10 倍。英國發行首筆伊斯蘭債券向外界傳遞出英國政府要把倫敦打造成西方伊斯蘭金融中心的決心。不幸的是，英國脫歐已澆滅了這份雄心。

中國香港特區政府繼 2014 年 9 月、2015 年 6 月、2017 年 2 月先後發行了三批 10 億美元的伊斯蘭債券，其中前兩期均為 5 年期（收益率分別為 2.005%、1.894%）、第三期為 10 年期（收益率為 3.132%）。這三批伊斯蘭債券以代理安排（Wakalah）為結構，其資產的三分之一以部分香港寫字樓物業內的單位作為支持，另外三分之二則以符合伊斯蘭律法的商品作為支持載體。這三批伊斯蘭債券均是通過香港特區政府成立及全資擁有的特殊目的公司——Hong Kong Sukuk Limited——發行，並分別於香港交易所、馬來西亞的 Bursa Malaysia（Exempt Regime）及迪拜的 Nasdaq Dubai 上市。這是環球伊斯蘭金融市場上首批由獲得標準普爾 AAA 評級的政府推出的美元伊斯蘭債券，也標誌着香港伊斯蘭資本市場發展的一個重要里程碑。中國香港特區是繼馬來西亞、印尼和巴基斯坦之後的亞洲第四個政府伊斯蘭債券發行機構。之後非洲的南非、塞內加爾、科特迪瓦、岡比亞、尼日利亞、多哥、馬爾代夫、蘇丹等國，亞洲的阿曼、約旦、孟加拉、文萊、新加坡、斯里蘭卡、巴基斯坦，歐洲的盧森堡、德國、土耳其等國也都先後發行了伊斯蘭債券。伊斯蘭債券市場的蓬勃發展同時也促使更多人關注伊斯蘭金融背後的原則，它們展現的金融觀念迥異於 21 世紀西方金融家和消費者想當然的觀念，令人耳目一新。

那麼，伊斯蘭金融的核心原則是什麼呢？首先，伊斯蘭金融認為利息是錯誤的。其次，伊斯蘭金融的另一個關鍵要點是從總體上不鼓勵債務，它更傾向於通過讓願意分擔風險（即以投資入股的方式提供融資）的投資者為企業和政府融資。最後，伊斯蘭金融不鼓勵 "以錢生錢" 的遊戲觀念，相反，他們認為金融活動應當與有形的生產性企業或真實貿易掛鈎，因為金錢應當服務於實體經濟。這與 21 世紀西方金融和前幾個世紀傳統銀行業根深蒂固的觀念截然不同。畢竟，認為我們的金融體系應當與 "實體" 經濟和有形生產性企業更緊密掛鈎的觀念，如今似乎很有吸引力。圍繞股權（而非債務）建立一個合理的金融體系和資本市場，讓金融棉花糖變小一點也是如此。

國際貨幣基金組織（IMF）總裁 Christine Lagarde 在 2015 年 11 月 15 日伊斯蘭金融年會致辭中說："伊斯蘭金融有關公平、共同參與的原則實際是一個普世價值觀…… 伊斯蘭金融有關風險共擔的原則更為中小企業和初創企業融資開啟了方便之門，這對於和諧社會、共同發展尤為重要。"[1]

無獨有偶，放眼中國，從 2008 年起，金融機構應專注服務實體經濟的呼聲日漸高漲，而作為其監管機構的中國銀行業監督管理委員會亦在其 2008 年後歷次年度工作會議中反覆強調："堅持服務實體經濟、增強金融創新監管有效性，走可持續發展之路。" 中國銀行業監督管理委員會 2013 年 4 月推出了《關於銀行業服務實體經濟的指導意見》。而中國人民銀行也反覆強調說："金融業主要服務實體經濟，不要搞自我發財。"（《財經》雜誌，第 378 期，2013 年第 36 期，出版日期：2013 年 12 月 16 日）2016 年 2 月，中國人民銀

---

[1] https://www.imf.org/en/News/Articles/2015/09/28/04/53/sp111115

行、銀監會、證監會、保監會、發改委、工業和信息化部、財政部、商務部等八部委聯合印發了《關於金融支持工業穩增長調結構增效益的若干意見》，堅持服務實體經濟的根本目標。[1]

2015—2016 年的全球金融動盪再一次警示世人，一個國家和地區的金融穩定和發展必須有強大的經濟基礎為保障；對大多數新興市場（包括中國）而言，濫用金融槓桿和過量舉債（如地方政府的高負債率發展模式）的危害已產生明顯的溢出效應，並對實體經濟造成了巨大的傷害。2015 年，全球各大央行的貨幣政策大相徑庭，美國向左，歐日向右，同樣的 QE，不同的方向，結果卻迥然相異，美國復甦基調被確定，歐日還徘徊在通縮邊緣，而中國還在停滯中掙扎。事實再一次證明，決定貨幣政策成敗的關鍵是金融和實體的距離。金融必須服務實體經濟。

從目前來看，在可預見的未來，新興經濟體至少面臨着以下幾個互相關聯的挑戰：首先是 "美國優先" 對全球化和全球貿易規則的衝擊以及美聯儲（FED）對其資產負債表的管理政策變動對全球流動性的影響。其次是世界兩大經濟體美、中兩國貿易摩擦可能演變為 "持久戰" 及其對全球供應鏈及產業分佈的影響。第三是中國的經濟減速、升級轉型及去槓桿對全球經濟特別是新興經濟體的影響。第四是英國脫歐、德法兩國國內政壇動盪及歐洲一體化逐漸退化可能導致新一輪歐債危機。第五是地區衝突（特別是中東地區）外溢風險（如海合會—GCC 分裂）。第六是全球大宗商品（特別是石油）價格大幅波動對區域性國家（如 GCC）經濟和地緣政治的影響。值得注意的是，世界上大部分人口（包括近 14 億中國人、13 億印度人以及 21 億伊斯蘭穆斯林的大多數等）都生活在新興經濟體內。

而中國從 2013 年起推行的 "一帶一路" 倡議，其範圍涵蓋了主要伊斯蘭國家和地區。據 2017 年中國商務部統計數據顯示，"一帶一路" 共覆蓋 71 個國家和地區，GDP 之和預測為 14.5 萬億美元，佔全球 GDP 的 18.4%；人口總數預測為 34.4 億人，佔全球人口的 47.6%；對外貿易總額為 9.3 萬億美元，佔全球貿易總額的 27.8%，在全球貿易版圖中佔據重要地位。2017 年，中國與

---

1 http://guiyang. pbc. gov. cn/guiyang/113288/113303/113277/3019651/index. html

"一帶一路"國家的進出口總額達到 1.44 萬億美元，佔中國進出口貿易總額的 36.2%。其中出口額 7742.6 億美元，佔中國出口額的 34.1%；進口額 6660.5 億美元，佔中國進口額的 39.0%。

據中國商務部數據顯示，2017 年，中國與"一帶一路"國家進出口總額中，排名最高的前 10 位貿易夥伴中的伊斯蘭國家分別有馬來西亞、印度尼西亞和沙特阿拉伯。2017 年，中國在西亞地區的前十大貿易夥伴分別是沙特阿拉伯、阿聯酋、伊朗、伊拉克、土耳其、阿曼、以色列、科威特、卡塔爾、約旦。除以色列外，中國在西亞的九大貿易夥伴均為伊斯蘭國家，其中與沙特阿拉伯貿易額達 500.4 億美元，佔中國對西亞地區進出口總額的 21.5%。中國與西亞地區"一帶一路"國家的進出口總額為 2330.2 億美元；其中出口額 1184.1 億美元，佔中國對"一帶一路"國家出口額的 15.3%；進口額 1146.1 億美元，佔中國自"一帶一路"國家進口額的 17.2%。而全球伊斯蘭資產在 2017 年底約為 2.43 萬億美元，其中 90% 集中在以下 10 個伊斯蘭金融核心市場，即：馬來西亞、阿聯酋、沙特阿拉伯、科威特、卡塔爾、土耳其、印度尼西亞、巴基斯坦、巴林和孟加拉國，這 10 個國家都坐落在"一帶一路"倡議圈內。

如何幫助中資企業"走出去"，幫助其充分了解"一帶一路"倡議圈內伊斯蘭資本市場和銀行業的運作和發展，從而使其能夠充分利用國內與國際兩個資本市場和銀行業服務，實現雙贏的發展戰略，是本書作者寫作的初衷。

筆者曾在沙特阿拉伯一家外資銀行——沙英銀行（The Saudi British Bank）工作過數年，希望拋磚引玉，通過這本專著，幫助大家對神秘的伊斯蘭金融世界有一個基本的了解。本人才疏學淺，錯漏之處還請各位讀者不吝賜教，以便再版時改進。

本書是《"一帶一路"伊斯蘭金融叢書》的第二冊，與該叢書第一冊《伊斯蘭金融與伊斯蘭資本市場概述》（2018 年出版）互為補充，敬請各位讀者比較閱讀。

金融也許能成為人們在不同信仰與文明間相互學習的領域。

Preface

What can we learn from Islamic finance?

The 2008 global financial crisis was triggered by the sub-prime debt crisis in the United States, which has fully exposed the vulnerability and instability of global financial system. After a few decades' transition, the system has experienced the evolution of liberalization, globalization, innovation, leveraging and motivation, yet there is no solution to fix a fundamental issue, i. e. funding mismatch, particularly the mismatch between the short term liabilities and long term assets of the banking industry.

Liberalization and globalization have triggered global financial risk spill-out effect. Innovation, financial derivatives innovation particularly, has turned itself into a "money creator" financial game, since most of the derivatives are just built on pure-mathematics-basis without any direct connectivity with real assets or real economies. Since 1980—1990s, with the evolution of motivation and incentive scheme in large corporations, share options particularly have turned out to be the sweetheart of top management teams, whose KPIs have largely tied with one single business year's performance and profitability, instead of taking into account the corporation long term benefits, which unfortunately encourages them to take even more aggressive and riskier growth strategies (so called fat-cat strategy) at the expense of shareholders and tax payers. At the same time, the booming of shadowing finance has clouded the real banking system due to the compliance risk and the lack of transparency in terms of products and risk control mechanism.

Long before the collapse of the credit bubble in 2008 when the western developed financial markets were at their peak time, some Islamic financial scholars had scathed the tendency of western banks to create money untethered from any real assets. They expressed that the western finance was almost akin to a giant ball of candy floss: a bubble of sticky froth, from which a few "real" assets or economic activities had been spun and re-spun to support numerous ephemeral financial deals, much in the way a tiny piece of sugar can be used to concoct a giant puffball. "Western banks create money from money. " On the contrary, Islamic finance relies on equity financing not debt, where money is always backed by real assets.

Today, such criticisms no longer sound that scathing or radial. After the credit collapse, even Mr Alan Greenspan (then chairman of FED in the US) also fretted about the inexorable expansion of western finance. He pointed out that the basis of highly leveraged financial system was vulnerable and if the regulations on capital adequacy and the exemplary laws against financial frauds could have been implemented stricter, the 2008 financial crisis could have been avoided.

In real economy, credit increment could be a puller to GDP growth at the early stage. But once credit volume is over 100% of GDP, the puller effect would be gradually reversed. Other researches also deliver the same message that the over-credit-expansion is one of the omens of crisis. IMF (International Monetary Fund) has introduced a new broad-based index of financial development since 2016, which indicates that financial development has been accelerating especially in the developed countries over the past decades; which also indicates that when hitting some critical point, over developed finance will damage real economy growth, particularly on the improvement speed of innovation, productivity and capital utilization efficiency. As such, financial impact will remain a key challenge to corporate governance. Over financing is surly not a good thing. And the misconducts of financial industry will be very dangerous and destructive.

With the inexorable expansion of western finance > Islamic finance has emerged quietly and has attracted more and more attention from global financial industry.

In June 2014, the Ministry of Finance of the UK successfully issued its first Islamic bond (200 million pounds, 5- year tenor with annual return rate of 2.036%) that complies with Islamic principles, which was backed by three real estate properties owned by the UK government. The issuance recorded a 10 times of over-subscription and delivered a strong message of the UK government's commitment in building London as an Islamic financial hub in the western world. Unfortunately, the Brexit has dampened the ambition.

Looking to the eastern world, the Hong Kong Special Administrative Region of the People's Republic of China has issued three tranches of Wakalah structured Islamic bonds since 2014, which are USD1 billion (5- year tenor, profit return; 2.005% p. a.) in September 2014, USD1 billion (5- year tenor, profit return; 1.894% p. a.) in June 2015 and USD1 billion (10- year tenor, profit return; 3.132% p. a.) in February 2017 respectively. With 1/3 of assets being backed by the office buildings owned by Hong Kong Municipality and 2/ 3 of assets being backed by the commodities in line with Shariah law, these Islamic bonds are issued by an SPV (special-purpose-vehicle) named Hong Kong Sukuk Limited, wholly owned by the Hong Kong Municipality), and are listed and traded at Hong Kong Stock Exchange, Bursa Malaysia (Exempt Regime) and Nasdaq Dubai of UAE respectively. These Islamic bonds denominated in USD are the first AAA Sovereign Sukuk ranked by S&-P in the global Islamic capital market. This is a milestone for Hong Kong capital market, since it is the 4th region following Malaysia, Indonesia and Pakistan in Asia that has successfully issued Islamic bonds (Sukuk).

After that, many countries, such as South Africa, Senegal, Nigeria, Cote d'ivoire, Gambia,

Togo, Maldives and Sudan in Africa; Oman, Jordan, Bangladesh, Brunei, Singapore, Sri Lanka, Pakistan in Asia; Luxembourg, Germany and Turkey in Europe have kicked off Islamic bond (Sukuk) issuance.

So, what are the core principles of Islamic finance?

The essence is a belief that usury is morally and religiously wrong (or haram). Another crucial point is that debt as a whole is discouraged; Islamic finance prefers to finance business and government via investors who share risks and returns, i. e. with equity. Thirdly, Islamic finance hates the idea of using money to make more money, as a game in itself. Instead, it believes that financial flows should be tethered to tangible productive enterprises or trade, since money should serve the "real" economy. This is very different from the embedded ideas of 21st-century western finance or banking in previous centuries. The idea of tethering the financial system more closely to the real economy and tangible, productive enterprises seems distinctly appealing these days. Likewise building a system around equity, not debt, with a less financial candy floss.

In her speech-"Unlocking the Promise of Islamic Finance "at the Islamic Finance Conference on 11 November 2015, Ms Christine Lagarde (then Managing Director, International Monetary Fund), expressed that "It is fair to say that Islamic finance's underpinning principles of promoting participation, equity, property rights and ethics are all universal values .... It is easy to see the appeal of Islamic Finance. First, Inclusivity, ... Second, Stability ... Islamic finance has the potential to contribute to higher and more inclusive economic growth by increasing access of banking services to under-served populations ... Islamic finance has, in principle, the potential to promote financial stability because its risk-sharing feature reduces leverage and its financing is asset-backed and thus fully collateralized. "

The idea of financing the real economy has been echoed by Chinese capital and banking industry ever since 2008. Being the supervisory body, China Banking Regulatory Commission (CBRC, renamed as China Banking and Insurance Regulatory Commission-CBIRC since April 2018) has been emphasizing the ideas of "serving the real economy, improving regulatory efficiency on finance innovation, and sticking to sustainable growth model" in every one of its annual meetings. The central bank, People's Bank of China (PBC) also requires all the financial institutions "to serve the real economy instead of making money by yourselves (with depositors' money)". Other governmental bodies also join the line to provide supportive measures to the real economy development.

During 2015 — 2016, the world experienced another financial turmoil, which rang the bell again that a stable financial system is the fundamental basis for a country's sustainable economy development. For most emerging markets (EM, including China), the damages and risks due to abusing of financial leverage and over debt (e. g. over expansion of local governmental entity funding vehicles in China) have spilled out and eroded the real economy. 2015 witnessed the result of a different monetary policy around the world, i. e. on the one hand, US moving forward by deleveraging and distraction of QE (quantitative easing) which brought back economy recovery; on the other hand, EU and Japan moving backward by enlarging the QE, which produced stagnation. And China has been slowing down and struggling ever since. All these facts underpin that the distance between finance and real economy is the key to the success of monetary policy implementation. No doubt, finance should serve the real economy.

In a foreseeable future, EM has to deal with several correlated challenges. Firstly, "America First" strikes to globalization and the rules of World Trade Organization (WTO), and the liquidity impact due to the Federal Reserve of US (FED)'s management approach on its balance sheet. Secondly, the trade war between US and China could be a lasting one and its spill out effect on global supply chain. Thirdly, the slowing-down of China's economy, its industrial integration and upgrading, and its financial deleveraging may have a significant impact on the global economy, especially on EM. Fourthly, Brexit, political turmoil in Germany and France, the gradual split of EU may trigger another round of Euro debt crisis. Fifthly, geopolitical conflicts, particularly Middle East and North Africa (MENA) may have a spill out effect on regional peace and may cause the end of Gulf Corporation Council (GCC). Sixthly, the great volatility of commodities (oil particularly) may revive the geo-political ambitions of some nations in MENA. One thing we have to bear in mind is that major population around the world, including about 1.4 billion of Chinese, 1.3 billion of Indian, and 2.1 billion of Muslims are living in the EM.

China has been implementing Belt-and-Road Initiative (BRI) since 2013. According to the statistics provided by Ministry of Commerce of China in 2017, this state strategy-BRI has covered 71 countries and regions (including many Muslim nations) with a projected GDP of USD14.5 trillion (around 18.4% global share), 3.44 billion population (about 47.6% of global population size), and USD 9.3 trillion (around 27.8% global share) annual trade turnover. By the end of 2017, the trade between China and BRI nations/ regions amounted to USD1.44 trillion (about 36.2% of China's annual trade) , within which, export from China exceeded USD774.26 billion (about 34.1% of China's annual export), import by China posted at USD666.05 billion (around 39.0% of China's annual import).

Muslim nations such as Malaysia, Indonesia and Saudi Arabia are among top 10 BRI trade partners of China by 2017. Specifically speaking, in the western Asia area, China's top ten trade partners are Saudi Arabia, UAE, Iran, Iraq, Turkey, Oman, Israel, Kuwait, Qatar and Jordan, except Israel, all other 9 are Muslim nations. By the end of 2017, the trade between China and BRI nations in the western Asia amounted to USD233.2 billion, within which export from China exceeded USD114.61 billion (about 15.3% of China's annual export share to BRI nations), and import by China posted at USD114.61 billion (about 17.2% of China's annual import share from BRI nations). Take Saudi Arabia for example, China has become the largest trade partner of Saudi Arabia since 2014. By the end of 2018, the bi-lateral trade posted at USD61 billion, within which imports from China hit USD22 billion and exports to China posted at USD39 billion thanks to oil price rebound.

The author's intention of writing this book is to assist Chinese corporations' "going out" and to enhance their appreciation of local situation in BRI nations while leveraging domestic financial market in China and international capital markets (particularly Islamic capital market and Islamic banking industry) to achieve a win-win strategy.

The author has been working in The Saudi British Bank in Saudi Arabia since 2012 and getting opportunities to appreciate the running of local banking industry and capital market in MENA. The book is to introduce the mysterious Islamic finance world to the readers. Should there be any errors and/or omissions, please kindly point it out for correction in the next printing.

This is the second book of the series of Belt-and-Road Initiative Islamic Finance Book, which can be a supplementary one to the first book "Islamic Finance and Overview of Islamic Capital Market" published in 2018.

Finance might just be one area where religions and civilizations could learn from each other.

第一章

伊斯蘭金融體系
及伊斯蘭金融機構
發展概況

1.1 伊斯蘭金融概述

◇◇◇◇◇◇

眾所周知，金融業的運作機制可以簡單地歸納為一句話，即把資金在其所有者和需求者之間進行重新配置，通過成功的風險管理獲取投資回報。

傳統金融包含了兩個最基本的重要因素，即利息和風險。利息是作為資金使用的成本，而風險則是由各種不確定性（Gharar）構成的。經過漫長的歷史發展，傳統金融體系為滿足個人和企業的不同金融需求衍生出一系列複雜的金融產品，這些產品都在某些程度上涉及到風險或某種不確定性；而作為專門經營風險的機構——銀行，則是通過支付利息的方式支付其資金使用成本。一般而言，支付的利息水平——利率與資金所承擔的風險正相關，即風險越高，利率越高；風險越低，利率越低。

伊斯蘭金融活動始於 20 世紀 40 年代的埃及，隨後逐漸擴展到信奉伊斯蘭教的阿拉伯世界，直至滲透到全球。作為世界金融業的新軍，伊斯蘭金融興起的主要原因是傳統金融無法在符合伊斯蘭監管[1]的前提下滿足伊斯蘭教徒——穆斯林不斷增長的金融需求。經過近 80 年的發展，當今世界上已經形成了一個與傳統金融不同的、相對獨立的伊斯蘭金融體系，並引起全球金融界越來越密切的關注。

在組織管理上，伊斯蘭金融機構與傳統金融機構最大的不同點有二：

1）在管理架構上，伊斯蘭金融機構普遍在其內部設立伊斯蘭監管委員會；

2）在伊斯蘭監管合規性管理方面，伊斯蘭監管委員會負責審查伊斯蘭金融機構所提供的產品和服務，以確保其符合伊斯蘭監管合規性的要求。

要了解伊斯蘭金融及其發展進程，我們首先需要了解伊斯蘭教及其基本監管，因為伊斯蘭金融的演化與伊斯蘭教和伊斯蘭監管密不可分。

1　伊斯蘭監管主要由三部分組成：

　　一、本信仰（الايمان依瑪尼）：指信真主（安拉）、信天仙、信經典、信使者、信後世、信前定。

　　二、宗教規務（العبادات爾巴達特）：指穆斯林必須完成的五項宗教功課；簡稱唸、禮、齋、課、朝。

　　三、善行（الاحسان以罕薩尼）：指穆斯林必須遵守的穆罕默德聖人按《古蘭經》指導規定的道德行為規範。承認和虔誠信仰基本信條，身體力行宗教功課和止惡揚善合為一體，構成伊斯蘭教的基本教理。

伊斯蘭教

伊斯蘭教在中國或稱回教，起源於公元 7 世紀初，伊斯蘭教迄今已有 1500 年的歷史。伊斯蘭意為“順從（真主）”；伊斯蘭教信徒被稱為穆斯林，意為“順從者”。伊斯蘭教最早興起於亞洲西部的阿拉伯半島（即現在的沙特阿拉伯），並被位於沙特阿拉伯西部地區麥加的古萊什部族人穆罕默德（約公元 570—632 年）復興。從公元 7 世紀至 17 世紀，伊斯蘭教被尊為國教，在伊斯蘭的名義下，中東、北非、地中海沿岸及南亞次大陸地區曾經先後建立了倭馬亞、阿拔斯、法蒂瑪、德里蘇丹國、奧斯曼帝國等一系列大大小小的封建王朝。伊斯蘭教起初作為阿拉伯民族的宗教，繼而作為一個個封建帝國的精神支柱，而後又發展成為一種承載世界性宗教、文化和政治力量的綜合體。

伊斯蘭教是以《古蘭經》（Quran）和《聖訓》（Hiths）為教導的一神論宗教。《古蘭經》被伊斯蘭教信徒視為創造主——安拉命令天使給其使者逐字逐句的啟示，而《聖訓》則為伊斯蘭教先知穆罕默德的言行錄（由其同伴們轉述收集成冊）。

伊斯蘭教徒（穆斯林）信仰獨一且無與倫比的真主，名曰安拉；人生的唯一目的是崇拜真主；真主派遣了多位先知給人類，包括易卜拉欣（亞伯拉罕）、穆薩（摩西）、爾薩（耶穌）等，但最終訊息是傳達給最後的先知穆罕默德，並載於《古蘭經》。

伊斯蘭教的宗教習俗包括五功，即“唸、禮、齋、課、朝”；這是穆斯林需要奉行的五個義務。伊斯蘭教還擁有自己一整套獨立的伊斯蘭法律及伊斯蘭監管體系，該體系實際滲透到伊斯蘭社會生活及經濟活動的每一個層面，穆斯林被要求嚴格遵守。

伊斯蘭教被認為是世界上教徒數量增長得最快的宗教。據不完全統計，截至 2016 年底，全球約有 21.4 億穆斯林（年均增長率約為 1.84%），穆斯林人口佔多數的國家有 57 個，約佔穆斯林人口的 73%；其中中東和北非有 19 個伊斯蘭國家。擁有穆斯林人口最多的國家是印度尼西亞，有 2.22 億，約佔全球穆斯林總數的 10%。目前，穆斯林分為兩大教派，遜尼派和什葉派。遜尼派約佔穆斯林人口的 85%，什葉派約佔穆斯林人口的 15%。此外，兩派中均有人同時信仰伊斯蘭神秘主義。

2016 年全球穆斯林人口分佈狀況

大洲（人口：百萬）	總人口	其中穆斯林佔比	穆斯林人口數
非洲	1199.99	53.00%	635.67
亞洲	4437.00	32.43%	1438.88
歐洲	737.69	7.66%	56.52
北美洲	488.70	1.80%	8.25
南美洲	508.51	0.42%	2.15
大洋洲	38.04	1.63%	0.66

資料來源：各國中央銀行及研究機構不完全統計

　　穆斯林人口在非洲佔比最高，達 53%；在亞洲人數最多，達 14.38 億。自 2010 年底爆發 "阿拉伯之春" 後，數百萬難民從中東、非洲和南亞等地經地中海及巴爾幹半島進入歐盟國家尋求居留而產生了移民潮，並引發了 2016 年歐盟的難民危機。

2016 年底全球 10 大穆斯林人口國家分佈

國家	人口（百萬）	% 所在國	% 全球穆斯林人口
印度尼西亞	222	85.1%	10.4%
巴基斯坦	195	92.9%	9.1%
印度	183	13.8%	8.5%
孟加拉國	149	92.0%	7.0%
尼日利亞	90	48.9%	4.2%
埃及	82	88.2%	3.8%
土耳其	79	98.8%	3.7%
伊朗	78	99.7%	3.6%
阿爾及利亞	40	98.8%	1.9%
蘇丹	40	99.9%	1.9%
其他國家	984	9.4%	45.9%
合計	2142	28.3%	100%

資料來源：各國中央銀行及研究機構不完全統計

截至 2016 年底，全球穆斯林人口已達 21.42 億，佔全球總人口的 28.3%，年均增長率約為 1.84%。其中十個穆斯林人口大國主要集中在以下三個區域，東南亞和南亞（印尼、印度、孟加拉國、巴基斯坦）、中東北非（埃及、土耳其、伊朗、阿爾及利亞）以及非洲（尼日利亞、蘇丹）。

伊斯蘭教崇拜獨一的最高主宰——真主安拉，這是信仰的最高原則和總綱，其他一切信仰細則由此派生規定；先知穆罕默德是安拉派遣的使者；穆罕默德是人而不具神性，不是被崇拜的對象，其職責是奉主命向全人類"報喜訊""傳警告"，而且他以身作則，因此成為穆斯林仿效的最佳典範。

伊斯蘭教要求穆斯林信仰並服從安拉，從心靈深處信仰安拉的存在和偉大，同時要求他們在行為上要表現出服從安拉的意志，力行一定的宗教功修，把信仰和行為的實踐結合起來，達到增強信仰、鞏固信仰的目的。《聖訓》把這些功修稱為信仰賴以建立的基礎。

伊斯蘭監管的道德和社會信條認為，財富是安拉所賜，穆斯林是安拉的僕人，對這些財富履行代理義務，所有財富的取得和管理必須公正和公平。任何壓榨他人的行為，如放高利貸，都是被嚴格禁止的，而收取利息（Riba）的行為也是不被接受的（請注意，上述監管要求使得伊斯蘭金融與傳統金融有根本不同）。

《古蘭經》

《古蘭經》是伊斯蘭教的最高經典，也是伊斯蘭教信仰和監管的最高準則，同時還是伊斯蘭監管的淵源和立法的首要依據。《古蘭經》規定人們應該從事合法和對社會有益的活動；而禁止從事非法和對社會有害的活動，其中包括禁止從事豬或豬肉製品交易，禁止毒品交易、賭博、飲酒、色情活動等。《古蘭經》是穆斯林社會生活、宗教生活和道德行為的準繩，也是伊斯蘭教各學科和各派別學說賴以建立的理論基礎。

具體而言，在社會經濟活動方面，《古蘭經》鼓勵公平而真實的貿易活動，但禁止高利貸等盤剝利息的行為。它提倡財富應取之有道；交易應合法，並應建立在各方互相同意和互存善意的基礎上；《古蘭經》裏沒有利息的概念，取而代之是交易利潤。穆斯林認為交易利潤來源於對風險的認識和把控，融資目的應符合伊斯蘭監管，合法且有真實貿易背景。

伊斯蘭教的先知 —— 穆罕默德及《聖訓》

穆罕默德被視為伊斯蘭教的先知，他是創立伊斯蘭教的宗教、政治及軍事領袖。但穆斯林並未將其視為新的宗教的創立者，而將其視為亞當、亞伯拉罕、摩西、耶穌等一神論信仰的復興者。在伊斯蘭傳統裏，穆罕默德是最後一位及最偉大的先知，又是最接近完美的凡人，集所有美德於一身。在其人生最後的 23 年裏，穆罕默德發佈真主的啟示，這些啟示的內容被他的同伴記錄下來，成為《古蘭經》。

在伊斯蘭教裏，穆罕默德規範化的生活例子被稱為聖行，被記錄在《聖訓》裏，《聖訓》記錄了他的言行及個性。古典穆斯林法學家們強調《聖訓》在伊斯蘭法律裏的重要性。穆斯林被鼓勵在日常生活裏去效仿穆罕默德的言行。《聖訓》對輔助解說《古蘭經》至關重要。

伊斯蘭法律和伊斯蘭監管

伊斯蘭監管，即沙里亞法規（Shari'ah，字面意思為 "前往溫泉勝地的道路"），是由傳統伊斯蘭學術界所建立的伊斯蘭法律，大部分的穆斯林都堅守沙里亞法規。他們認為伊斯蘭監管是真主意志的言詞，並為伊斯蘭社會構建起一種責任體制和伊斯蘭法律體系，而身在其中的穆斯林必須恪守並履行。

伊斯蘭法律和伊斯蘭監管包羅萬象，從國家大事如政府治理、外交到日常生活的事宜均有涉及。《古蘭經》及《聖訓》裏亦包括了繼承法、婚姻法等法律，還有齋戒、施捨、禮拜等律例。由於這些義務及禁止事項眾多，在實際應用時各地會有所不同。伊斯蘭學者根據這些律例及他們的詮釋詳細地構建了伊斯蘭法律制度。

對伊斯蘭監管的解釋被稱為費格赫（Fiqh），其實質是對伊斯蘭監管進行宗教界定而設定的規則。伊斯蘭法學家以此衍生出監管淵源學（Usul al-fiqh，

"法學理論""法理準則")。根據伊斯蘭教的法理,法律根源有四,以優先次序排列為:《古蘭經》、《聖訓》、穆斯林法學家的共識(Ijma)及類比論證(Qiyas)。在公元 9 世紀,伊斯蘭法學家沙斐儀將法律原則(包括四個來源)編成法典,為伊斯蘭法律提供了理論性的基礎。

為何伊斯蘭金融日益重要

截至 2016 年,據不完全統計,全世界信奉伊斯蘭教的穆斯林人口約有 21.42 億人,約佔全世界人口的 28.3%,年均增長率約為 1.84%。從平均年齡來看,穆斯林在世界不同宗教族群中,是最年輕的一組,平均年齡為 25 歲以下;由此可以預見,他們在未來的世界舞台上將散發更大活力。同時,穆斯林地域分佈極為廣泛,全世界有 57 個伊斯蘭國家,主要分佈在東南亞、南亞、中東、北非地區;其中有超過 30 個國家,伊斯蘭教被定為國教。此外,在中東和北非有 19 個伊斯蘭國家,其穆斯林人口超過全國人口的 90%;另有 10 個國家的穆斯林人口超過了該國全部人口的三分之二。在過去的 50 年裏,隨着伊斯蘭世界經濟的發展以及中東、北非地區伊斯蘭國家石油美元收入的快速增

2007－2017 年全球伊斯蘭金融資產增長情況(單位:10 億美元)

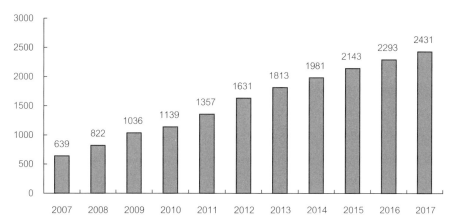

資料來源:GIFR (Global Islamic Finance Report)

加，建立符合伊斯蘭監管的伊斯蘭金融體系以及發展符合穆斯林需求的金融產品和服務成為伊斯蘭國家金融機構的核心任務。

全球伊斯蘭金融資產從 2007 年的 6390 億美元增長到 2017 年的 2.431 萬億美元，增長了約 3.8 倍。但伊斯蘭金融的開發程度只有 30% 左右，市場潛力巨大。

2009—2017 年伊斯蘭金融市場規模與潛力

單位： 萬億美元	2009 年	2010 年	2011 年	2012 年	2013 年	2014 年	2015 年	2016 年	2017 年
伊斯蘭金融 市場潛在規模	4.000	4.400	4.840	5.324	5.865	6.451	7.096	7.806	8.587
伊斯蘭金融 資產實際規模	1.036	1.139	1.357	1.631	1.813	1.981	2.143	2.293	2.431
尚未開發的 市場規模	2.964	3.261	3.483	3.693	4.052	4.470	4.953	5.513	6.156

資料來源：GIFR (Global Islamic Finance Report)

中國從 2013 年開始推行"一帶一路"倡議，其範圍涵蓋了主要伊斯蘭國家和地區。而全球伊斯蘭資產在 2017 年底約為 2.43 萬億美元，其中 90% 集中在以下 10 個伊斯蘭金融核心市場，即：馬來西亞、阿聯酋、沙特阿拉伯、科威特、卡塔爾、土耳其、印度尼西亞、巴基斯坦、巴林和孟加拉國，這 10 個國家都坐落在"一帶一路"倡議圈內。預計到 2021 年，全球伊斯蘭金融市場規模將達到 3.54 萬億美元。如何充分了解並利用好"一帶一路"倡議圈內伊斯蘭資本市場和銀行業的運作和發展，是中資企業在"走出去"過程中必須面對的現實課題。

1.2 伊斯蘭金融體系的歷史沿革

1.2.1 現代伊斯蘭金融體系歷史

按照伊斯蘭監管，在穆斯林社會，所有經濟活動都必須符合相關的監管，同時，所有與金融有關的規定和法律都應源於《古蘭經》和《聖訓》。

早先的伊斯蘭金融機構設立局限於某些特定的地理區域和某些特定的業務領域。因為傳統金融無法在符合伊斯蘭監管的前提下滿足穆斯林信眾日益增長的金融需求，現代伊斯蘭金融體系萌芽於 20 世紀 40 年代中東地區的埃及。例如，於 1963 年設立的埃及米特海姆[1]儲蓄銀行（Mit Gharar Savings Bank），其最初目的是為了提高當地穆斯林的福利和為穆斯林提供便利，無利息地吸收公眾存款並為當地民眾發放無息貸款，同時為穆斯林提供繳交天課[2]的渠道；此外，它也會以合資入夥的形式將公眾存款投資於當地的貿易行和企業，並將投資所獲取的利潤與存款人進行分享。當時，全埃及境內僅有 9 家類似的銀行。經過近 20 年的發展，直到 1981 年後，米特海姆儲蓄銀行才發展成為一家網點覆蓋全埃及的全牌照銀行。

而在東南亞地區，伊斯蘭金融萌芽最早發端於 20 世紀 60 年代的馬來西亞。1963 年，馬來西亞成立了第一家伊斯蘭儲蓄機構，名為朝聖基金會（Tabung Haji），其目的是幫助馬來西亞當地的穆斯林利用儲蓄實現去伊斯蘭聖城——麥加朝聖地。當時，根據馬來西亞監管當局的要求，該金融機構無權提供其他任何金融產品，而且只能將吸收到的存款投資於符合伊斯蘭監管的生意或資產運營中。

在 20 世紀 70 年代以前，大多數國家的金融機構所能提供的符合伊斯蘭監管的金融產品或服務可以說是相當的匱乏。這種情況直到 1975 年伊斯蘭開發

---

1 米特海姆，Mit Gharar，埃及尼羅河附近一個約十萬人口的小城。

2 天課，Zakat（意為"滌淨"），是伊斯蘭五大宗教信條之一。根據伊斯蘭監管規定，凡有合法收入的穆斯林家庭，必須抽取家庭年度純收入的 2.5% 用於賑濟窮人或需要救助的人。又稱"濟貧稅"。

銀行 [1] 正式運作才開始改變。

1.2.2　影響伊斯蘭金融體系發展的重要因素

　　影響伊斯蘭金融體系發展的重要因素包括國際油價飆升、伊斯蘭經濟發展和伊斯蘭金融革新、伊斯蘭金融立法與監管的演變、伊斯蘭金融產品創新及標準的設立、伊斯蘭金融人才培養、西方主要金融機構的介入等。

1.2.2.1　國際石油價格的飆升以及伊斯蘭經濟發展和伊斯蘭金融革新

　　1973 年 10 月，第四次中東戰爭爆發，交戰雙方為埃及、敘利亞聯軍對以色列。為了報復美國支援以色列，阿拉伯石油輸出國組織（OPEC）[2] 裏的阿拉伯國家（在石油輸出國組織的 12 個成員國中，有 8 個是伊斯蘭國家），決定提高石油價格（世界石油交易是以美元計價）。這幾個國家宣佈石油價格由每桶 3.01 美元提高至 5.11 美元。稍後，又再度提高到 11.65 美元。1973 年 10 月 17 日，中東阿拉伯產油國進一步決定減少石油生產，並對西方發達資本主義國家實行石油禁運。當時，包括主要資本主義國家特別是西歐和日本用的石油有 80% 來自中東，美國本土用的石油也有很大一部分來自中東。石油提價和禁運立即使西方國家經濟出現一片混亂。提價以前，石油價格每桶只有 3.01 美元，到 1973 年底，石油價格達到每桶 11.65 美元，提價近 4 倍。

　　國際油價上漲擴大了西方大國的國際收支赤字，最終引爆了 1973—1975 年的戰後資本主義世界最大的一次經濟危機。之後，以美元計價的國際油價一

1　伊斯蘭開發銀行（IDB, Islamic Development Bank）：總部位於沙特阿拉伯西部城市吉達的國際金融機構，由伊斯蘭會議組織（OIC, Organisation of the Islamic Conference）第一屆財長會議於 1973 年發起成立，並於 1975 年正式運作。伊斯蘭開發銀行通過為伊斯蘭會議組織成員國家和穆斯林社區提供符合伊斯蘭監管的財政援助，以及為其提供參與符合伊斯蘭監管的股票和基金投資的機會，促進其經濟發展和社會進步。

2　OPEC 石油輸出國組織，即 Organization of Petroleum Exporting Countries，成立於 1960 年，總部設在奧地利首都維也納，其宗旨是協調和統一成員國的石油政策，維護各自和共同的利益。現有 12 個成員國是：沙特阿拉伯、伊拉克、伊朗、科威特、阿拉伯聯合酋長國、卡塔爾、利比亞、尼日利亞、阿爾及利亞、安哥拉、厄瓜多爾和委內瑞拉。該組織成員國共控制約全球三分之二的石油儲備，約共佔世界石油蘊藏 78% 以上的石油儲量並提供 40% 以上的石油消費量。它們佔全球產油量的 40% 和出口量的一半。

路走高，使得國際收支結構發生深刻的變化。這些變化主要表現在：因石油出口收入大增，石油輸出國家的國際收支出現巨額順差；而石油消費國家的國際收支因石油輸入支出劇增，出現了巨額赤字。石油輸出國的經常賬戶則發生巨額的順差——這就是"石油美元"。據推算，僅 1974 年一年，石油輸出國家的石油輸出總收入約為 1150 億美元，扣除經常輸入 400 億美元，石油輸出國家實現外貿盈餘約 750 億美元。滾滾而來的石油美元為石油輸出國家帶來了巨額財富，並對這些國家的社會、經濟、政治、金融、外交等方面產生了深遠的影響。

總體而言，自 1970 年到 2018 年，國際原油價格波動大致經歷了六個不同的歷史階段：

第一階段：20 世紀 70 年代兩次石油危機驅動國際油價從 1970 年的 1.8 美元 / 桶持續暴漲至 1981 年的 39 美元 / 桶；之後國際油價逐步滑落；

第二階段：1982 年至 2003 年，國際油價徘徊在 30 美元 / 桶；

第三階段：2003 年至 2008 年，伊拉克戰爭、第三次石油危機驅動國際油價從 30 美元 / 桶直達歷史高點 147 美元 / 桶；

第四階段：2009 年 1 月，受全球金融危機衝擊，國際油價大幅回落至 33.2 美元 / 桶。隨後，隨着世界經濟復甦，2009 年國際三大市場平均油價為 61.7 美元 / 桶，2012 年國際三大市場平均油價為 77 美元 / 桶；

第五階段：2014 年上半年原油價格存在供應憂慮，在伊拉克、伊朗、俄羅斯、烏克蘭和利比亞的地緣政治等因素影響下震盪走升，達到本年度最高點，布倫特原油收報 114.81 美元 / 桶，較年初上漲 6.52%；美國原油收報 107.26 美元 / 桶，較年初上漲 12.50%。2014 年下半年至 2015 年一季度，世界經濟放緩，原油供過於求，特別是美國頁岩油的產量大幅增長，使美國從原油進口國轉變成原油出口國，以及 OPEC 會議不減產以穩固市場份額的決議等因素重壓原油價格，原油價格震盪暴跌至 60 美元 / 桶以下。此外，全球各國為應對氣候變化而加強了環境保護的力度，採取更多的措施開發新能源和可再生能源，逐步降低對石油的依賴度，這對國際油價下行帶來了持續壓力。

第六階段：經過 2015 年至 2016 年兩年調整，國際油價在低位 30 美元 / 桶企穩，並從 2016 年起連續反彈，逐步走高到 2018 年 9 月的 76 美元 / 桶，

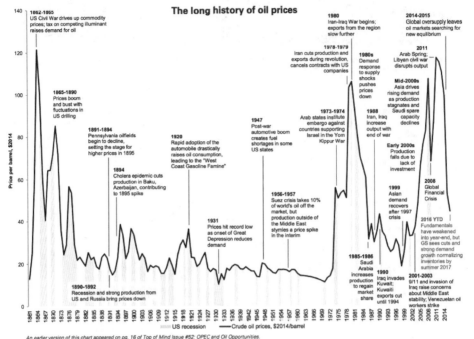

資料來源：World EconomicForum

之後又在 2018 年 12 月跌落至 42 美元 / 桶。

目前，國際油價基本以美元定價。這種巨額的石油美元，無論是對石油輸入國還是對石油輸出國，甚至對整個世界經濟和地緣政治（特別是中東地區），都有很大的影響。對石油輸出國家來說，由於石油美元收入龐大，而其國內投資市場狹小，不能完全吸納這麼多美元，必須以資本輸出方式在國外運用。對地處中東的伊斯蘭國家，同時也是石油輸出國組織成員國的沙特阿拉伯、伊拉克、伊朗、科威特、阿拉伯聯合酋長國以及卡塔爾來說，石油美元對這些國家的經濟、政治、社會、金融、外交、軍事等方面所帶來的影響是巨大而深遠的。

19 世紀 90 年代，Anglo-Egyptian Bank（後為 Barclays Bank——巴克萊銀行收購）為蘇伊士運河項目開發在埃及開羅開設分行，這是穆斯林世界的第一家世俗銀行。從此之後，穆斯林世界對世俗銀行收取利息的批評之聲不絕於耳，並開始嘗試開發為符合伊斯蘭監管的、以合作夥伴關係為基礎的伊斯蘭金融產品，試圖取代世俗金融產品。如，埃及的米特海姆儲蓄銀行，馬來西亞的朝聖基金會等，都推出了不含利息的銀行產品，主要基於雙層 Mudarabah 結構（即合作經營合作夥伴關係，當時的伊斯蘭銀行吸收存款與發放貸款都是基於 Mudarabah 結構）。之後又衍生出 Wakalah（委託）結構。

在這種大背景下，伊斯蘭金融革新的萌芽最早出現在 20 世紀 70 年代，代表性的事件主要有：

——1974 年，伊斯蘭開發銀行在沙特阿拉伯的西部城市吉達成立，伊斯蘭開發銀行是伊斯蘭會議組織下的政府間金融合作機構，是伊斯蘭國家為加強區域經濟合作而建立的國際金融機構。IDB 於 1975 年 10 月開始正式營業，並同聯合國建立了系統性合作關係。

——1975 年，沙特通過宗教解釋，確認 Murabahah（成本加價）結構符合伊斯蘭監管要求，從而奠定了 Murabahah 為伊斯蘭銀行資金投資主流模式的地位。

——1975 年，阿聯酋迪拜伊斯蘭銀行成立。

——1976 年，第一屆伊斯蘭國際經濟會議在沙特麥加召開。

——1977 年，科威特伊斯蘭銀行成立。

——1978 年，第一家伊斯蘭專門研究機構伊斯蘭經濟研究中心在沙特吉達阿卜杜拉阿齊茲國王大學（King Abdul Aziz University）正式成立。

——1979 年，第一家伊斯蘭保險（TAKAFUL）機構在沙特麥加成立。

——1981 年，在伊斯蘭會議組織第四次會議上，伊斯蘭各國央行及監管機構第一次提出加強對伊斯蘭金融機構的監管。伊斯蘭開發銀行下設機構伊斯蘭研究與培訓機構（IRTI, Islamic Research and Training Institute）正式成立。

——1983 年，馬來西亞伊斯蘭銀行（BIMB, Bank Islam Malaysia Bhd）成立。

20 世紀 70—80 年代世界各地成立了近 30 家伊斯蘭銀行，其中沙特（4）、馬來西亞（2）、埃及（1）、阿聯酋（1）、卡塔爾（1）、科威特（1）、巴林（1）、約旦（1）、土耳其（3）、突尼斯（1）、孟加拉國（1）、丹麥（1）、瑞士（1），如下表所示：

名稱	國家	成立時間
Nasser Social Bank	埃及	1971
Islamic Development Bank	沙特	1975
Dubai Islamic bank	阿聯酋	1975
Faisal Islamic Bank of Egypt	埃及	1977
Faisal Islamic Bank of Susan	蘇丹	1977
Kuwait Finance House	科威特	1977
A1 Baraka Banking Group	巴林	1978
Islamic Banking System International Holdings	埃及	1978
Jordan Islamic Bank	約旦	1978
Bahrain Islamic Bank	巴林	1979
Dar al-Mal al-Islami	瑞士	1981
Bahrain Islamic Inv. Company	巴林	1981
Islamic International Bank for Investment & Development	埃及	1981
Islamic Investment House	約旦	1981
Qatar Islamic Bank	卡塔爾	1982
Al-Baraka Investment and Development Company	沙特	1982
Saudi-Philippine Islamic Development Bank	沙特	1982
Faisal Islamic Bank Kirbis	土耳其	1982
Khazanah Nasional	馬來西亞	1983
Bank Islam Malaysia Berhad	馬來西亞	1983
Islamic Bank Bangladesh Ltd	孟加拉國	1983
Islamic Bank International	丹麥	1983
Tamadon Islamic Bank	蘇丹	1983
Beit Ettamouil Saudi Tounsi	突尼斯	1984
West Sudan Islamic Bank	蘇丹	1985
Albaraka Turkish Finance House	土耳其	1985
Faisal Finance Institution	土耳其	1985
A1 Rajhi Company for Currency Exchange and Commerce	沙特	1985
Al-Ameen Islamic & Financial Investment Corp. India Ltd	印度	1985

資料來源：各國中央銀行

1990—2006 年這段時間是國際性伊斯蘭機構開始設立與發展時期，並且見證了伊斯蘭債券（SUKUK）市場的成長。代表性的事件主要有：

——1990 年，馬來西亞 Shell MDS Sdn Bhd 公司發行第一個現代意義的伊斯蘭債券（金額 1.25 億林吉特）。

——1991 年，伊斯蘭金融機構會計與審計組織（AAOIFI, Accounting and Auditing Organization for Islamic Financial Institutions）成立，總部位於巴林。

——2000 年，巴林中央銀行（CBB, Central Bank of Bahrain）發行 1 億美元伊斯蘭債券，這是伊斯蘭債券國際化的標誌。

——2001 年，伊斯蘭銀行與金融機構委員會（CIBAFI, Council for Islamic Banks and Financial Institutions，為伊斯蘭會議組織 OIC 下屬機構）成立，總部位於巴林首都麥納麥。

——2002 年，伊斯蘭金融服務委員會（IFSB, Islamic Financial Services Board）成立，總部位於馬來西亞吉隆坡。

——2002 年，伊斯蘭金融機構仲裁與調解中心（ARCIFI, Arbitration and Reconciliation Centre for Islamic Financial Institutions）成立，後更名為國際伊斯蘭仲裁與調解中心（IICRA, The International Islamic Centre for Reconciliation and Arbitration），總部位於阿聯酋迪拜。

——2002 年，國際伊斯蘭金融市場（IIFM, International Islamic Financial Market）成立，總部位於巴林。

——2002 年，伊斯蘭流動性管理中心（LMC, Liquidity Management Centre）成立，總部位於巴林。

——2005 年，伊斯蘭國際評級公司（IIRA, Islamic International Rating Agency）成立，總部位於巴林。

現代伊斯蘭金融業發展歷程大致經歷了以下五個階段：

事項	1970年代	1980年代	1990年代	2000年代	2010年代
金融機構	伊斯蘭商業銀行	伊斯蘭商業銀行 伊斯蘭保險機構 伊斯蘭投資公司	伊斯蘭商業銀行 伊斯蘭保險機構 伊斯蘭投資公司 伊斯蘭資產管理公司伊斯蘭股票經紀公司	伊斯蘭商業銀行 伊斯蘭保險機構 伊斯蘭投資公司 伊斯蘭資產管理公司 伊斯蘭股票經紀公司 伊斯蘭電子商務公司	伊斯蘭商業銀行 伊斯蘭保險機構 伊斯蘭投資公司 伊斯蘭資產管理公司 伊斯蘭股票經紀公司 伊斯蘭電子商務公司 伊斯蘭教義合規性風險管理 伊斯蘭金融業流動性風險管理及資本管理
產品	伊斯蘭工商業務產品	伊斯蘭工商業務產品 伊斯蘭保險產品	伊斯蘭工商業務產品 伊斯蘭保險產品 伊斯蘭基金 伊斯蘭債券 伊斯蘭股票 伊斯蘭股票經紀	伊斯蘭工商業務產品 伊斯蘭保險產品 伊斯蘭基金 伊斯蘭債券 伊斯蘭股票 伊斯蘭股票經紀	伊斯蘭工商業務產品 伊斯蘭保險產品 伊斯蘭基金 伊斯蘭債券 伊斯蘭股票 伊斯蘭股票經紀 環境友好類金融產品 伊斯蘭合資參與型金融產品
地區	海灣地區、中東、北非	海灣地區、中東、北非、亞太	海灣地區、中東、北非、亞太	海灣地區、中東、北非、亞太、歐洲、美洲、全球、離岸金融中心	海灣地區、中東、北非、亞太、歐洲、美洲、全球離岸金融中心

截至 2017 年底，全球伊斯蘭金融市場規模達 2.43 萬億美元。從 2007 年至 2017 年，該市場年均複合增長率超過 19%。預計到 2021 年，全球伊斯蘭金融市場規模將達到 3.54 萬億美元。

全球伊斯蘭金融資產主要分佈在四個領域，即伊斯蘭銀行業（76%）、伊斯蘭債券（20%）、伊斯蘭基金（含股權投資基金，3%）和伊斯蘭保險（TAKAFUL，1%），具體分佈如下圖所示：

2007—2021年全球伊斯蘭金融資產增長狀況（單位：10億美元）

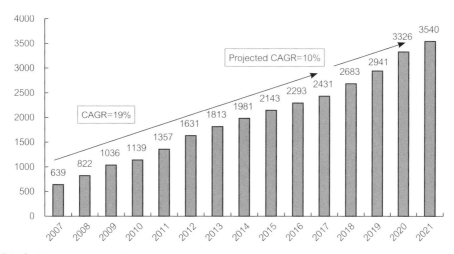

資料來源：Islamic Financial Services Board (IFSB)

2017年全球伊斯蘭金融資產行業分佈情況（單位：10億美元）

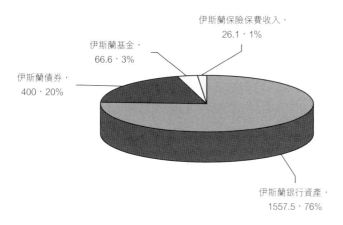

伊斯蘭保險保費收入，26.1，1%

伊斯蘭基金，66.6，3%

伊斯蘭債券，400，20%

伊斯蘭銀行資產，1557.5，76%

資料來源：Islamic Financial Services Board (IFSB)

　　從地域分佈情況來看，全球伊斯蘭金融資產主要分佈在三個地區，即海合會國家（GCC，42%），中東北非地區（不含GCC，29%），亞洲（主要是東南亞和南亞地區，24%）具體分佈如下圖所示：

2017 年全球伊斯蘭資產地區分佈狀況（單位：10 億美元）

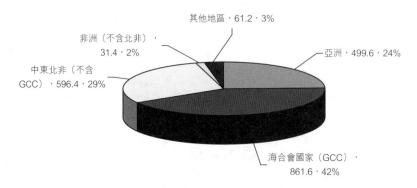

其他地區，61.2，3%

非洲（不含北非），31.4，2%

中東北非（不含GCC），596.4，29%

亞洲，499.6，24%

海合會國家（GCC），861.6，42%

資料來源：Islamic Financial Services Board (IFSB)

　　伊斯蘭金融資產近 10 年來增長迅猛，其覆蓋範圍也在不斷擴大。就地區而言，海合會（GCC，主要為沙特、阿聯酋、卡塔爾等）國家佔全球伊斯蘭金融資產比重約為 42.0%；中東北非地區（不含 GCC）佔比約為 29.1%，主要得益於伊朗自成一體的伊斯蘭金融體系的貢獻（伊朗佔全球伊斯蘭金融資產比重超過 30%）。

　　伊朗是繼蘇丹之後第二個在其境內實現伊斯蘭金融監管全覆蓋的國家，95% 的伊朗公民在伊斯蘭銀行開戶；亞洲國家佔比為 24.4%（主要為馬來西亞、印尼、孟加拉國和巴基斯坦），其他國家和地區合計佔比不到 6%。截至 2017 年底，全球伊斯蘭金融資產約為 2.43 萬億美元，其中海合會國家（GCC）加上馬來西亞和伊朗約佔 80% 以上。因此這幾個國家的經濟表現對伊斯蘭金融的發展影響尤為顯著。具體說來，其經濟表現與油價走勢、國家產業一體化程度及地緣政治的影響密切相關。

2017 年上半年全球伊斯蘭銀行資產國家分佈狀況

排名	國家	全球伊斯蘭銀行業資產佔比	伊斯蘭銀行資產（單位：10 億美元）
1	伊朗	34.4%	535.8
2	沙特	20.4%	317.7
3	阿聯酋	9.3%	144.8

排名	國家	全球伊斯蘭銀行業資產佔比	伊斯蘭銀行資產（單位：10億美元）
4	馬來西亞	9.1%	141.7
5	科威特	6.0%	93.5
6	卡塔爾	6.0%	93.5
7	土耳其	2.6%	40.5
8	孟加拉國	1.9%	29.6
9	印尼	1.8%	28.0
10	巴林	1.7%	26.5
11	蘇丹	1.6%	24.9
12	巴基斯坦	1.2%	18.7
13	埃及	0.8%	12.5
14	約旦	0.7%	10.9
15	阿曼	0.6%	9.3
16	文萊	0.5%	7.8
17	其他國家和地區	1.4%	21.8

資料來源：Islamic Finance Development Report 2017 by Thomason & Reuters

截至 2017 年上半年，全球共有 4 個國家伊斯蘭資產規模超過 1000 億美元，它們分別是伊朗、沙特阿拉伯、阿聯酋和馬來西亞。此外，科威特、卡塔爾的伊斯蘭銀行資產規模超過了 500 億美元。而土耳其、孟加拉國、印尼、巴林、蘇丹、巴基斯坦、埃及和約旦的伊斯蘭資產規模則超過了 100 億美元。

1.2.2.2 伊斯蘭金融監管模式：單一制監管 vs 雙機制監管

從傳統金融到伊斯蘭金融，伊斯蘭世界的金融變革既有漸進式的（如馬來西亞、巴林等國），也有一步到位式的（如伊朗、蘇丹等國），這兩種不同方式的變革對所在國金融體系和金融監管體系設計的影響也是持續而深遠的。

就中央銀行監管而言，伊斯蘭金融機構目前主要有兩種監管模式，即單一制監管和雙軌制監管。

所謂單一制監管，就是一國中央銀行要求該國境內所有銀行都必須確保其業務的開展符合伊斯蘭監管的要求。

而所謂雙軌制監管，即一國中央銀行允許伊斯蘭金融體制和傳統金融體制在該國並存，共生共存，共同發展。

舉例而言，在 20 世紀 80 年代早期，蘇丹和伊朗是第一批伊斯蘭國家要求其境內銀行在規定的短時間內（三年以內）進行改革，並完全符合單一制監管模式。而其他國家，如馬來西亞、沙特阿拉伯、阿聯酋、科威特和巴林則採用一種更加漸進的方式，對其境內的銀行採用了雙軌制的監管模式。

此外，伊斯蘭金融的發展通常是伴生於傳統金融機構的發展。例如，在伊斯蘭金融萌芽階段，傳統金融機構通常會在其營業機構內設立獨立窗口或專門櫃台從事伊斯蘭金融服務。在這些國家當中，馬來西亞尤其獨特，因為它是世界上第一個專門為伊斯蘭金融立法的國家。馬來西亞分別於 1983 年通過了《伊斯蘭銀行法》、1984 年通過了《伊斯蘭保險法》、2007 年通過了《資本市場與服務法》、2013 年通過《伊斯蘭銀行新法》、2016 年通過《公司新法》。目前，馬來西亞已形成了一整套完善的伊斯蘭金融法律體系。

1.2.2.3　產品發展

雙軌制監管體制的建立，使得創新型伊斯蘭金融產品的快速發展成為可能。而其早期的發展更多則是通過借鑒傳統金融的產品和服務（如存款、貸款等），並將其重新設計、包裝成為符合伊斯蘭監管的產品和服務；其中，後期的發展則更多是通過對伊斯蘭監管的解釋和運用而來。

隨着伊斯蘭金融產品和工具的發展，伊斯蘭金融市場對熟悉金融市場和了解伊斯蘭監管的合格人才的需求也日益迫切。這些年，從其自身的發展需要出發，各伊斯蘭金融機構也在逐漸加大人才培訓方面的力度。

1.2.2.4　標準的設立

20 世紀 90 年代至 21 世紀初期，伴隨着一系列伊斯蘭標準金融機構的設立，伊斯蘭金融業的各項標準也逐漸成型並被廣泛推廣。這些標準金融機構包括：

1.2.2.4.1 伊斯蘭開發銀行集團（IDB, Islamic Development Bank Group）

伊斯蘭開發銀行集團是一家國際性伊斯蘭金融機構，國際評級為 AAA，註冊資本 300 億伊斯蘭第納爾[1]，實際繳付資本 150 億伊斯蘭第納爾。

伊斯蘭開發銀行隸屬於伊斯蘭開發銀行集團，係伊斯蘭會議組織項下的專門金融機構，經伊斯蘭國家財政部長會議決定於 1974 年 8 月成立，1975 年 10 月正式營業。目前有 57 個股東成員國，前 10 大股東成員國分別為：沙特阿拉伯、利比亞、伊朗、埃及、土耳其、阿拉伯聯合酋長國、科威特、巴基斯坦、阿爾及利亞、印度尼西亞。該行的金融信貸活動除依靠固定資本外，其資金來源還包括由償還貸款而來的現金、投資項目股份收入所構成的現金儲存、各成員國徵收的天課等。伊斯蘭開發銀行主要向伊斯蘭國家和非伊斯蘭國家的穆斯林團體提供無息貸款，援助其經濟發展和社會進步。截至 2017 年底，該行總資產為 196.75 億 ID，總負債為 111.61 億 ID，股東成員國權益為 85.14 億 ID（其中實繳資本 53.78 億 ID），淨利潤為 1.96 億 ID。從 1975 年到 2017 年，伊斯蘭開發銀行貸款總額超過 1300 億 ID，有力支持了伊斯蘭成員國的經濟發展。

伊斯蘭開發銀行總部位於沙特阿拉伯吉達市，在沙特、馬來西亞、印尼、摩洛哥、孟加拉國、哈薩克斯坦、塞內加爾和土耳其設有 8 個區域辦公室。伊斯蘭開發銀行理事會（即各成員國行長委員會）為其最高權力機構，理事一般由各成員國中央銀行行長或財政部長擔任；下設執行董事會負責指導日常工作（共有 18 名執行董事，其中 9 名由前 9 大股東指定；另 9 名由成員國選舉產生；任期 3 年，可以連任）；伊斯蘭開發銀行行長任期 5 年。目前，伊斯蘭開發銀行旗下設 5 家公司，4 隻專門基金以及 8 個特別項目處。這 5 家公司分別是：

1）伊斯蘭開發銀行（IDB, Islamic Development Bank），始建於 1974 年，負責向伊斯蘭國家和非伊斯蘭國家的穆斯林團體提供無息貸款，以參股形式參與各項目建設，援助成員國經濟發展和社會進步。

2）伊斯蘭研究與培訓所（IRTI, Islamic Research and Training Institute），

---

[1] ID, Islamic Dinar，是伊斯蘭開發銀行創設的一種儲備資產和記賬單位，其國際金融地位與國際貨幣基金組織的特別提款權——Special Drawing Right, SDR 相當，即 1ID=1SDR

始建於 1981 年，負責為伊斯蘭金融的持續、穩健發展培養人才，並提供專業諮詢服務。

3）伊斯蘭投資和出口信貸保險公司（ICIEC, Islamic Corporation for the Insurance of Investment and Export Credit），始建於 1994 年，負責促進成員國間貿易和投資，為其提供出口信貸，並為其投資提供保險和再保險。

4）伊斯蘭私營經濟發展公司（ICD, Islamic Corporation for the Development of the Private Sector），始建於 1999 年，負責促進和發展成員國私營企業和私營經濟，並為政府及私營機構提供專業諮詢服務。

5）國際伊斯蘭貿易融資公司（ITFC, International Islamic Trade Finance Corporation），始建於 2008 年，負責促進成員國間貿易，扶持其私營貿易商，以參股形式為進出口企業提供信貸服務。

另外，該行旗下有 4 隻專門基金負責籌措資金，向成員國國有和私營企業提供直接投資。8 個特別項目處涵蓋了青年、就業、教育、私營小微企業、能源、運輸、農業和醫療等經濟社會發展項目，為成員國相關項目提供長期資金和諮詢等金融服務。

伊斯蘭開發銀行同時致力於伊斯蘭金融的創新與發展，參與發起創立了一系列伊斯蘭金融國際機構，例如，伊斯蘭金融機構會計與審計組織（AAOIFI）、伊斯蘭銀行與金融機構總理事會（GCIBAFI, General Council for Islamic Banks and Financial Institutions）、流動性管理中心（LMC）、國際伊斯蘭金融市場（IIFM）、伊斯蘭國際評級代理機構（IIRA）、伊斯蘭金融服務局（IFSB）、伊斯蘭和解與仲裁國際中心（ICRA）、伊斯蘭國際流動性管理公司（IILM, International Islamic Liquidity Management Corp）等等。

伊斯蘭開發銀行也積極促進國際伊斯蘭債券市場的發展，充分利用國際資金發展伊斯蘭經濟。伊斯蘭開發銀行於 2003 年開始涉足伊斯蘭債券市場。伊斯蘭開發銀行自 2003 年發行第一筆伊斯蘭債券（4 億美元）起，之後陸續在 2005 年和 2008 年分別發行了 5 億美元和 4 億（MYR, Malaysian Ringgit）林吉特伊斯蘭債券。從 2009 年起，伊斯蘭開發銀行保持每年發債記錄。截至 2017 年底，伊斯蘭開發銀行已經發行了 25 隻伊斯蘭債券，規模超過 135 億美元（幣種包括美元、歐元及林吉特）。伊斯蘭開發銀行所發行的伊斯蘭債券國際評級為 AAA，主要在倫敦證交所、馬來西亞證交所、阿聯酋迪拜 NASDAQ 和土耳其伊斯坦布爾證交所上市。

1.2.2.4.2 伊斯蘭金融機構會計與審計組織（AAOIFI, Accounting and Auditing Organization for Islamic Financial Institutions)

伊斯蘭金融機構會計與審計組織，根據其各會員於 1990 年在阿爾及利亞首都阿爾及爾達成的公司章程，於 1991 年正式成立，總部設在巴林。從組織上看，伊斯蘭金融機構會計與審計組織理事會為其最高權力機構，下設伊斯蘭監管董事會（其轄下標準委員會負責具體工作，成員 4 人）、會計與審計董事會（其轄下標準委員會負責具體工作，成員 15 人）、委託人董事會三大職能部門，其中委託人董事會下設執行委員會及秘書處負責行業專業資格認證考試及教育、市場推廣、標準出版及組織成員准入等工作。

AAOIFI 目前有來自 45 個國家的 200 名機構會員（包括中央銀行、伊斯蘭銀行和金融機構及其他機構會員等）。作為一個獨立、非盈利的伊斯蘭國際性金融機構，AAOIFI 的宗旨是為伊斯蘭金融業與金融機構服務：

1）制定會計、審計、公司治理、從業道德標準等行業規範並推廣這些標準的應用；

2）組織行業專業資格認證考試，例如註冊伊斯蘭會計師（CIAA, Certified Islamic Professional Accountant）與註冊伊斯蘭監管諮詢師與審計師（CSAA, Certified Shari'ah Advisor and Auditor)，培養各類專業人才。

目前，AAOIFI 已頒佈了 103 套行業標準，其中：伊斯蘭監管 60 套，會計 28 套，審計 5 套，公司治理 7 套，從業道德標準 3 套。上述標準已經被巴林、阿聯酋、伊拉克、約旦、黎巴嫩、卡塔爾、蘇丹、敘利亞、巴基斯坦、阿曼、尼日利亞等國家和地區伊斯蘭金融機構完全採用和遵守。此外，澳大利亞、馬來西亞、沙特、印尼、南非、科威特等國的銀行監管機構也根據 AAOIFI 的標準相應地制定了針對本國伊斯蘭金融機構監管的規章和條例。

2017 年，AAOIFI 近期提出了在各國層面建立一個國家集中統一管理的伊斯蘭監管機構，負責監管其國內各伊斯蘭金融機構自行設立的伊斯蘭監管機構。如果這一倡議得以實行，將為未來統一全球伊斯蘭監管打下一個堅實的基礎。

在會計方面，AAOIFI 提出了金融會計標準（FAS）29，以是否實際有效控制目標資產為基礎，對表內、表外兩大類伊斯蘭債券（SUKUK）作了進一步澄清；並認定表內 Sukuk 在資產負債中為負債或權益。這為 Sukuk 法律文件標準化作業鋪平了道路，同時也為評級機構在 Sukuk 發行過程中以個體信用狀況（SSCP, Sponsor's Standalone Credit Profile）為基礎進行評級提供了條件。

1.2.2.4.3 伊斯蘭國際評級公司（IIRA, Islamic International Rating Agency）

伊斯蘭國際評級公司（IIRA）由來自 11 個國家的主要銀行（16）、國家評級機構（3）和國際性金融機構（2）發起成立，總部位於巴林的麥納麥，於 2005 年開始運作。主要為伊斯蘭金融機構及其市場參與者提供該伊斯蘭資本市場內公司和機構的風險評級。目前，IIRA 是國際伊斯蘭債券市場的唯一評級機構，並已被巴林中央銀行、約旦中央銀行、土耳其銀行業監督管理委員會、哈薩克斯坦金融監管局、阿曼資本市場監管委員會和伊斯蘭開發銀行批准成為其外部評級機構。作為獨立的評級機構，IIRA 致力於提高金融市場的透明度和公平性，推進伊斯蘭資本市場的發展，並提升投資者的信心。

IIRA 董事會為其最高權力機構，由 5 名董事組成，負責公司的日常運行。董事會下設一個完全獨立的評級委員會負責公司的具體評級事宜。

1.2.2.4.4 國際伊斯蘭金融市場（IIFM, International Islamic Financial Market）

國際伊斯蘭金融市場（IIFM）成立於 2002 年 4 月，總部位於巴林，是由伊斯蘭開發銀行（IDB）以及 巴林、文萊、印度尼西亞、馬來西亞和蘇丹中央銀行作為創始人共同發起成立的一個非盈利、中立的、國際性伊斯蘭金融機構，現有 60 位機構會員。IIFM 旨在為集合旗下會員的各類專才，為伊斯蘭金融產品、文件往來等建立一個標準機制，為伊斯蘭金融機構、監管機構及市場參與各方建立一個統一的平台以便其交換意見，推選德高望重的伊斯蘭學者進入伊斯蘭監管委員會，建立和推廣統一的伊斯蘭監管標準平台，從而促進全球伊斯蘭金融市場的發展。

目前，IIFM 已經頒佈了 10 套行業標準協議，具體為《現金質押信用支持文件》《財資產品銷售協議》《國際掉期及衍生工具協議》《銀行間非限制性投資賬戶代理協議》《機構間適配程序及政策標準協議》《回購及抵押協議》《對沖協議》。2016 年 6 月，就伊斯蘭遠期外匯買賣產品（IFX Forward: ISDA/

IIFM Islamic Foreign Exchange Forward），為規避貨幣及利率錯配風險，國際伊斯蘭金融市場（IIFM）和國際掉期及衍生品協會（ISDA, International Swaps and Derivatives Association, Inc.）聯手發佈了兩項新標準：1）單一 Wa'ad 結構（即只有一方——買方對另一方做出了交易承諾）；2）雙向 Wa'ad 結構（即交易雙方分別對另一方做出交易承諾，交易雙方彼此承諾在滿足交易條件時進行交易）。此外，IIFM 還在起草《伊斯蘭債券標準化協議》（Sukuk Standardization）和《IIFM 風險參與協議》（IIFM Risk Participation Agreements）。

IIFM 董事會為其最高權力機構，由 9 名董事組成，負責公司的日常運行。董事會下設一個執行委員會負責公司的具體工作。另單獨設立一個伊斯蘭監管委員會，負責建立和推廣統一的伊斯蘭監管標準平台。

1.2.2.4.5 伊斯蘭金融服務委員會（IFSB, Islamic Financial Services Board）

伊斯蘭金融服務委員會（IFSB）是一個國際性伊斯蘭金融機構，成立於 2002 年 11 月，2003 年 3 月開始正式運作，國際貨幣基金組織（IMF）是 IFSB 的創始成員。IFSB 總部設在馬來西亞首都吉隆坡。作為東道國的馬來西亞，2002 年通過了《伊斯蘭金融委員會法》，賦予了 IFSB 國際組織地位及外交豁免權。

伊斯蘭金融服務委員會負責為伊斯蘭監管機構和金融機構設立各項標準，制定伊斯蘭金融業的監管條例，使國際慣例與伊斯蘭監管相融合，監督伊斯蘭金融機構審慎、透明運作，以保障伊斯蘭金融業的健康、穩健發展。

伊斯蘭金融服務委員會是巴塞爾銀行監管委員會（BCBS, Basel Committee on Banking Supervision）、國際證券委員會組織（IOSCO, International Organisation of Securities Commissions）、國際保險監督官協會（IAIS, International Association of Insurance Supervisors）的重要補充機構。

截至 2017 年底，IFSB 的正式會員單位共有 65 個，由來自 57 個不同國家和地區的監督管理機構以及 8 個國際性跨政府機構（如 IMF, the World Bank, BIS 等）組成。此外，IFSB 還吸收了世界上 102 個機構（如金融機構、專業組織、行業協會、證券交易所等）作為其觀察會員，參與其各項重要活動，但不參與伊斯蘭金融行業標準的起草、制定和實施。自其成立伊始，IFSB 已為伊斯蘭金融業制定了 27 套專業標準、行業標準、技術規章及指導原則，涵蓋了風險管理、資本充足率、公司治理、透明度及市場紀律、監管檢查流程、投資、行業行為規範、壓力測試、信用評級、流動性風險管理、貨幣市場管理、資本市場管理等方面。其中主要有針對伊斯蘭銀行（17 套）、針對伊斯蘭資本市場（2 套）、針對伊斯蘭保險業（6 套）以及針對混業經營（2 套）。

　　對於伊斯蘭金融機構內部伊斯蘭監管合規性審查，伊斯蘭金融服務委員會規定伊斯蘭金融機構的伊斯蘭監管委員會（SSB, Shari'ah Supervisory Board）應該有一個單獨的伊斯蘭監管主管部門或專門的內部審計、伊斯蘭監管審查團隊對所需要的審計、審查工作對象開展工作。對於伊斯蘭金融機構外部伊斯蘭監管合規性審查，審計委員會應該確保執行該項工作的外部審計師有能力獨立完成任務。

　　在中東國家如巴林、阿聯酋等國，也要求本國的伊斯蘭金融機構遵守 AAOIFI 和 IFSB 頒佈的各項標準，以期使本國伊斯蘭金融機構能夠更好地融入全球伊斯蘭金融體系。

　　由所有正式會員單位組成的股東大會是 IFSB 最高權力機構，其下設一委員會（所有正式會員單位各選派一名代表組成）負責公司的日常運行。委員會下設一個秘書處和一個技術委員會。技術委員會負責起草、建立和推廣統一的伊斯蘭監管標準。

　　2018 年 8 月，IFSB 與 IADI（Internatinal Association of Deposit Insurers, 國際存款保險機構協會）簽訂諒解備忘錄，雙方將共同制定伊斯蘭存款保險制度有效運行的實施標準。2018 年 10 月，IFSB 與 AAOIFI 簽訂了諒解備忘錄，雙方就推廣審慎伊斯蘭監管國際標準等方面加強合作達成共識。

1.3　伊斯蘭金融體系的特點與架構

　　伊斯蘭金融體系運作的根本目的是在符合伊斯蘭監管的大前提下，促進全球和地區間（特別是伊斯蘭國家間）的資源自由流動，實現全球和地區間（特別是伊斯蘭國家間）的經濟可持續發展，並最大限度地造福廣大穆斯林。

伊斯蘭金融體系包括兩個重要的基礎：

一是不參與直接融資的金融體系，如各類伊斯蘭銀行、伊斯蘭金融機構、伊斯蘭保險公司以及非銀行伊斯蘭金融機構等。

二是參與直接融資的金融體系，如伊斯蘭貨幣市場、伊斯蘭資本市場、伊斯蘭基金市場以及其他伊斯蘭金融市場等。

1.3.1 伊斯蘭金融體系的特點

伊斯蘭金融體系是建立在遵循伊斯蘭監管（Shari'ah）原則基礎之上的。Shari'ah 為穆斯林生活的方方面面提供了指導原則，包括宗教、政治、經濟、銀行業務、商業和法律等。"遵從伊斯蘭監管的金融業務"是使伊斯蘭金融實踐活動符合伊斯蘭法律的核心，其主要原則有：

1）禁止收取和支付利息。收取任何形式的利息都被認為是放高利貸而被明令禁止。

2）禁止交易的不確定性。在交易中，除非所有的風險條款都被有關各方接受，否則不允許在合同中出現具有不確定性的條款。

3）共擔風險，共享利潤。交易的參與者都必須在分享收益的同時，也分擔風險。例如，銀行顧客在存款時，便與銀行達成協議，即銀行經營的利潤由雙方分享，但若出現虧損也須由雙方分擔。

4）禁止投機，鼓勵促進社會進步的道德投資，不允許投資於《古蘭經》及伊斯蘭監管所禁止的商業領域，如釀酒業、色情業、賭博、煙草、武器、豬肉生產及生物基因工程等。

5）以租賃方式獲利。伊斯蘭銀行不是借錢給客戶，而是將其獲取的資產出租給遵守伊斯蘭監管的投資人。投資人因使用該資產而支付給銀行租金，而不是利息。

6）"穆巴拉哈制"（Murabahah，意為"成本加價"）。按照這一規則，金融中介機構按消費者的請求為其購買某種資產並供其支配，同時雙方達成協議，在約定的未來某一時點消費者將以高於原物價的價格將所借資金償還金融中介機構。中間差價即為金融機構的利潤。

7）手續費制。伊斯蘭銀行允許在貸款時對客戶收取一定的手續費，作為銀行經辦貸款業務的報酬。

與傳統金融體系相比，伊斯蘭金融體系有其獨到的特點，具體如下：

1.3.2　伊斯蘭金融業必須遵循伊斯蘭監管合規性原則

伊斯蘭金融體系要求伊斯蘭金融機構在監管、管理與公司治理的各項條規都必須與伊斯蘭監管相吻合。具體而言：

——金融產品與服務

伊斯蘭金融體系在金融產品與服務的設計方面都必須與伊斯蘭監管相吻合。例如，所有金融產品與服務都不能含有被伊斯蘭監管所禁止的內容，如不能在合同條款中含利息、風險等內容，不能從事豬肉貿易、毒品交易、賭博等。

——金融活動必須服務實體經濟

伊斯蘭金融投融資活動及其產品必須與實體經濟、真實貿易以及以具體資產為交易載體密切相關。伊斯蘭監管從本質上鼓勵投資者以合資入夥的形式對企業進行投資，與企業共擔風險，共享利潤。

——共擔風險，共享利潤

伊斯蘭監管要求，對於那些基於股權的金融交易，伊斯蘭金融機構必須事先明確告知投資者可能的風險，並按照約定的比率共擔風險，共享利潤。

——伊斯蘭金融企業社會責任

伊斯蘭金融機構應將其履行企業社會責任的報告定期披露給監管機構、股東及其他利益相關者。

——伊斯蘭金融業的天課義務

天課（Zakat，意為"滌淨"），是伊斯蘭五大宗教信條之一。根據伊斯蘭監管規定，凡有合法收入的穆斯林家庭，必須抽取家庭年度純收入的 2.5% 用於賑濟窮人或需要救助的人，又稱"濟貧稅"，也就是說，穆斯林通過繳付"天課"使自己的財產更加潔淨。在伊斯蘭國家,天課一般在每年年底之前抽取,其評估標準和徵收辦法依據先知穆罕默德生前訓令制定。

天課作為一種伊斯蘭教特有的宗教賦稅,起着調節社會財富流向、二次分配社會財富的功能,體現出伊斯蘭精神並符合伊斯蘭教所提倡的公正、公平、正義、平等的社會倫理原則和社會責任。

根據伊斯蘭監管,伊斯蘭金融機構應將義務繳納天課寫進其公司章程和管理條規中。同時伊斯蘭金融機構有義務為所有的穆斯林在繳納天課時提供相應的便利條件。

1.3.3　伊斯蘭金融機構內部伊斯蘭監管合規體系建設及其監管職責

為確保其業務活動符合伊斯蘭監管,伊斯蘭金融機構必須在其機構內部建立相應的伊斯蘭監管合規審查體系與檢查體系,專門審查該機構的各項業務及產品設計,使之符合伊斯蘭監管。

1.3.4　伊斯蘭監管委員會（Shari'ah Board）

為確保其業務活動符合伊斯蘭監管,伊斯蘭金融機構均會在其機構內部建立相應的伊斯蘭監管委員會。該委員會成員主要由有名望的伊斯蘭教學者和專家組成,其主要職責是為伊斯蘭金融機構的產品設計、管理架構等提供具體的指導意見,專門審查其各項伊斯蘭金融服務、產品設計以及內部運作及伊斯蘭監管風險管控等,使之符合伊斯蘭監管的總體要求。未經該委員會審查通過的任何業務及產品和服務均被視為不符合伊斯蘭監管。

總而言之,在管理架構上,伊斯蘭金融機構在其內部設立伊斯蘭監管委員會;在伊斯蘭監管合規性監管方面,對伊斯蘭金融機構有伊斯蘭監管合規性的要求。這些是伊斯蘭金融機構與傳統金融機構最大的不同點。

此外,世界上主要的伊斯蘭金融機構及標準設立機構如伊斯蘭金融機構會計與審計組織（AAOIFI）也都在其機構內部專設了伊斯蘭監管委員會履行上述職責。

1.4　伊斯蘭金融機構如何運作

◇◇◇◇◇◇◇

伊斯蘭金融機構，泛指按照伊斯蘭監管創立和運營的伊斯蘭金融實體。

按照伊斯蘭監管的標準，錢是沒有內在價值的，而只是一種價值的衡量工具和方法，因此，對錢的使用也不應該收取任何費用。伊斯蘭金融機構的經營活動必須以資產為基礎，而不是以貨幣為基礎；嚴格禁止收取利息；所有的交易形式都只能以商品買賣合同的形式表現；伊斯蘭金融機構還禁止投機；禁止投資於伊斯蘭監管所禁止的產業，如賭博、煙草、豬肉、色情等。

以商品銷售合同方式呈現的加價交易（Mura bahah），是伊斯蘭金融機構的獨特盈利模式，也是其遠離金融衍生品的關鍵。例如，一個客戶需要貸款買一輛車，伊斯蘭銀行不是直接提供資金，而是自己先將這輛車買回來，然後再通過成本加價的方式將車賣給客戶，客戶可以分期付款取得該車的使用權及逐步增加其所有權，待到所有款項償付完畢，客戶將擁有該車輛的全部所有權。

正是由於所有的金融活動都被要求有對應的實體資產，並且相關金融活動並未在利息基礎上衍生出各種金融衍生品，伊斯蘭金融體系才得以保持着健康成長的態勢，同時這些自我保護機制也最大限度地減少了歷次全球金融危機對伊斯蘭金融體系的衝擊。

再者，對伊斯蘭金融機構的資金或存款的再配置還可以通過債權或股權的形式予以解決。若以債權形式出現，債務人將被要求以事先約定的還款計劃還款。若以股權形式出現，該資金或存款則以投資入股的方式取得某企業的部分股權／所有權，而其回報也取決於該企業的經營情況及未來回報。從本質上來看，伊斯蘭金融機構應確保其資金運用於支持實體經濟的發展，並從中取得相應的回報。同時，監管機構也要求伊斯蘭金融機構對投資者和資金以及存款提供方充分披露風險和回報以及資金用途等相關資訊。

具體來看，伊斯蘭金融業以銀行業為主導，而後逐步拓展到資本市場。伊斯蘭銀行是在遵照伊斯蘭監管的前提下提供金融工具與服務的銀行。此類銀行的信貸不計利息，即貸款不收利息（但可以通過合資入股或成本加價法分享利潤），存款不付利息。其資金來源主要依靠客戶存款以及政府的無息貸款。大多數伊斯蘭銀行為國家所辦的金融機構，少量為私人金融機構。

1.4.1　伊斯蘭非直接融資體系

伊斯蘭非直接融資體系亦稱伊斯蘭金融媒介。伊斯蘭商業銀行就是伊斯蘭金融系統裏的金融媒介，其通過發行不同的儲蓄產品吸收各種存款，然後將其運用於債權類或股權類投資中，從中牟利。

主要伊斯蘭存款方式有：

1）保證安全保管存款（Wadi'ah）

2）用於無息貸款的存款賬戶（Qard/Hassan）

3）利潤分享合同賬戶（Mudarabah 儲蓄賬戶與 Mudarabah 投資賬戶）

主要伊斯蘭股權投資方式有：

1）利潤分享夥伴關係（Mudarabah）

2）合資企業夥伴關係（Musharakah）

3）逐步退出夥伴關係（Musharakah Mutanaqisah）

主要伊斯蘭債權投資方式有：

1）成本加價銷售（Murabahah）

2）融資租賃（Ijarah）

3）延後交貨銷售（Salam）

4）製造後銷售（Istisna'）

對於上述不同業務類型，我們將在以後章節一一介紹。

1.4.2　伊斯蘭直接融資體系

伊斯蘭資本市場的發展為企業提供了一個直接融資的機會，企業通過在伊斯蘭資本市場上發行在二級市場上可以流通的股票和債券實現直接融資，並通過股息和資本增值的方式讓投資人實現資本收益。

伊斯蘭資本市場是一個年輕的市場。伊斯蘭資本市場萌芽於馬來西亞。1983 年，馬來西亞伊斯蘭銀行（BIMB）首先着手在馬來西亞股票市場發掘符合伊斯蘭監管的股票；1996 年，馬來西亞 RHB 信託基金（RHB Unit Trust Management BHD）推出第一隻伊斯蘭股票指數基金。1997 年 6 月，馬來西亞證券委員會制定了《篩選符合伊斯蘭監管的股票之管理辦法》並加以推廣。1999 年 2 月，道瓊斯伊斯蘭資本市場指數（DJIM, Dow Joans Islamic Market Index）推出；之後，1999 年 4 月，吉隆坡伊斯蘭指數（KLSI, Kuala Lumpur Shari'ah Index）、金融時報股票市場環球伊斯蘭指數（FTGII, Financial Times Stock Exchange Global Islamic Index）相繼推出。此後，各種環球、地區及國家伊斯蘭股票指數陸續推出。伊斯蘭資本市場開始繁榮起來。

1.5　伊斯蘭金融國際化進程

◇◇◇◇◇◇

截至 2017 年底，全球伊斯蘭金融市場規模達 2.43 萬億美元。從 2007 年至 2017 年，該市場年均複合增長率超過 19%。預計到 2021 年，全球伊斯蘭金融市場規模將達到 3.54 萬億美元。

從世界範圍來看，伊斯蘭金融發展最快的國家有六個，簡稱 QISMUT，即 Qatar（卡塔爾）、Indonesia（印尼）、Saudi Arabia（沙特）、Malaysia（馬來西亞）、UAE（阿聯酋）、Turkey（土耳其），世界伊斯蘭經濟論壇將上述國家按其首字母排名簡稱為 QISMUT。據統計，全世界約有 2/3 的伊斯蘭銀行賬戶開在 QISMUT 各國，並且 QISMUT 的伊斯蘭銀行資產比率已超過其所在國銀行業總資產的 20%，其中沙特更高達 53%（截至 2016 年底）；2013 年，QISMUT 各國伊斯蘭銀行總資產已經超過 5670 億美元，其中沙特阿拉伯成為全球最大伊斯蘭金融市場，其資產規模達到 2850 億美元。阿聯酋伊斯蘭銀行資產也有 935 億美元，較 2012 年增長了 102 億美元。QISMUT 各國 2013 年伊斯蘭銀行利潤為 94 億美元，2018 年超過了 260 億美元。預計到 2020 年，QISMUT 各國伊斯蘭金融資產總額將超過 1.6 萬億美元。

此外，在歐洲和北美等世界其他地區，2017 年底伊斯蘭銀行資產也達到了 600 億美元，體現出伊斯蘭金融業務在跨地區、跨行業發展中的勃勃生機。伊斯蘭金融目前在主要西方國家的發展尚處於萌芽狀態，據《銀行家》雜誌統計，英國有 22 家伊斯蘭銀行，美國有 10 家，澳大利亞有 4 家，瑞士有 4 家，法國 3 有家，加拿大有 1 家，德國有 1 家，愛爾蘭有 1 家，盧森堡有 1 家，俄羅斯有 1 家。

過去幾年中，已經有越來越多的跨國金融巨頭將觸角伸向了伊斯蘭金融版圖，如滙豐銀行、花旗銀行、美國國際集團（AIG）等都已經在巴林及其他海灣國家開設分支機構。

在西方國家如英國，儘管穆斯林為少數族群，但伊斯蘭金融卻呈現逐漸增長之勢。英國政府在金融機構設置方面鼓勵伊斯蘭金融的發展。2004 年 8 月，英國金融服務管理局（FSA, Financial Service Authority）為該國第一家符合伊斯蘭監管的伊斯蘭銀行——不列顛伊斯蘭銀行（IBB, Islamic Bank of Britain）頒發了營業執照；2006 年 3 月，FSA 又為英國第一家從事 "符合伊斯蘭監管投資" 的獨資銀行——歐洲伊斯蘭投資銀行（EIIB, The European Islamic Investment Bank）頒發了營業執照；2007 年，FSA 為總部位於倫敦城內的從事批發業務的伊斯蘭銀行——倫敦中東銀行（BLME, the Bank of London and the Middle East）頒發了營業執照。此外，英國政府在金融政策方面也積極鼓勵伊斯蘭金融的發展。為了使伊斯蘭金融能與傳統金融同等競爭，英國政府取消了許多稅收歧視和雙重徵稅項目。2014 年 6 月 25 日，經過數年醞釀，英國財政部成功發行了 5 年期、回報率為 2.036% 的 2 億英鎊伊斯蘭債券。市場反應踴躍，認購資金達 22 億英鎊之多。此次英國發行的伊斯蘭債券以英國政府持有的 3 個地產項目為標的物，為投資者提供資產收益。英國發行首筆伊斯蘭債券向外界傳遞出英國政府要把倫敦打造成為西方伊斯蘭金融中心的決心。但自 2016 年起，因英國脫歐，這就基本宣告了倫敦建立伊斯蘭金融中心夢想的破滅。

伊斯蘭金融的國際化擴張有不小的難度。伊斯蘭金融的長遠發展前景取決於兩個因素：一是伊斯蘭金融如何與傳統金融體系相結合並不斷完善；二是伊斯蘭金融如何在接受並遵守國際金融規則和監督的同時，仍保持其自身金融工具的特性，且在不損害伊斯蘭監管原則的前提下，通過適當的靈活性，充分開發和利用伊斯蘭金融獨一無二的特性。

伊斯蘭金融業面臨的另外一個窘境是人才匱乏，即既具有在國際金融方面的實踐經驗，又是名副其實的"伊斯蘭監管學者"的人才極為有限。此外，中東和其他亞洲地區之間在有關伊斯蘭金融業規則的理解與解釋的分歧，行業統一標準的缺失，相關適用法律的爭議，不完善的法律體系和監管體制的差異均阻礙了各國伊斯蘭金融機構彼此間的相互協調。穆斯林和非穆斯林國家迫切需要新一代專業人員，他們必須懂得如何使現代伊斯蘭法律體系、西方的一般法律和國際金融規則在一個全球經濟體系中協調運作。

另外，伊斯蘭金融為適應新的全球金融體系，需要進一步在產品提供、商業模式、風險管理實踐、監管政策、法律基礎等方面加以完善。

總結

◇◇◇◇◇◇◇

本章主要介紹了：

——伊斯蘭金融概述

——伊斯蘭金融體系的歷史沿革

——伊斯蘭金融體系的特點及架構

——伊斯蘭金融如何運作

——伊斯蘭金融國際化進程

伊斯蘭教廣泛的跨地域宗教影響力、龐大的穆斯林族群、石油美元、國際性伊斯蘭機構及西方主要金融機構積極參與成為伊斯蘭金融在過去幾十年迅猛發展的重要推手。而在管理架構上，伊斯蘭金融機構在其內部設立伊斯蘭監管委員會；在伊斯蘭監管合規性管理方面，對伊斯蘭金融機構及其產品和服務有伊斯蘭監管的要求；禁止利息；鼓勵風險共擔，利潤共享；這些是伊斯蘭金融機構與傳統金融機構最大的不同點。

21世紀什麼最重要？人才。伊斯蘭金融市場急迫需要既有國際金融方面的實踐經驗，又是名副其實的"伊斯蘭監管學者"的人才。

第二章

伊斯蘭資本市場體系

2.1　伊斯蘭資本市場體系

◇◇◇◇◇◇

伊斯蘭資本市場是伊斯蘭金融體系的一部分，它包括所有關係到為滿足伊斯蘭市場需求而提供長期資本（一年以上）的機構和交易。伊斯蘭資本市場主要有三個功能：1）資產定價；2）風險管理；3）流動性管理。

在伊斯蘭資本市場，其一級市場的主要功能是負責伊斯蘭證券發行，將資金直接提供給符合伊斯蘭監管要求的企業進行經營活動；而其二級市場的主要功能是負責已發行伊斯蘭證券的流通，為市場參與方提供流動性。在監管方面，伊斯蘭資本市場接受伊斯蘭金融服務委員會（IFSB）[1]的監管，並遵守其制定的各項標準和指引。

根據伊斯蘭金融服務委員會的相關管理框架和規定，為保障伊斯蘭資本市場的發展和良好運作，伊斯蘭資本市場的基本基礎為：

1）產品和服務必須遵循伊斯蘭監管的要求；

2）完善的法律、監管、會計和稅收體系；

3）既定的行業標準；

4）充足的流動性和足夠市場的深度。

從 20 世紀 90 年代起，經過近 30 年的努力，伊斯蘭資本市場的服務和產品取得了長足的發展，主要產品包括符合伊斯蘭監管的股票、伊斯蘭共同基金、私募股權基金、伊斯蘭債券、資產證券化產品、伊斯蘭貨幣市場短期金融產品、伊斯蘭衍生產品（結構化產品）等。伊斯蘭資本市場的主要產品包括伊斯蘭債券（SUKUK）、伊斯蘭基金、伊斯蘭股票市場等。

2.1.1　伊斯蘭資本市場相關服務及機構運作

伊斯蘭資本市場提供伊斯蘭投資銀行、伊斯蘭股票經紀、伊斯蘭資產管理、伊斯蘭風險投資基金等服務。

1　http://www.ifsb.org/，伊斯蘭金融服務委員會官方網站。

2.1.1.1 伊斯蘭投資銀行

伊斯蘭投資銀行專注於提供符合伊斯蘭監管的投、融資顧問服務，如：

1）伊斯蘭債券；

2）伊斯蘭資產證券化；

3）伊斯蘭結構性融資；

4）伊斯蘭銀團貸款等。

2.1.1.2 伊斯蘭股票經紀

伊斯蘭股票投資僅限於符合伊斯蘭監管的股票。伊斯蘭股票經紀（人）（stock broker）為投資者提供股票、債券交易服務的個人或機構。經紀人以賺取佣金為目的，他們進行的大部分交易為代理業務。伊斯蘭股票經紀也提供融資服務。

1994 年，馬來西亞伊斯蘭銀行（BIMB）下屬公司成立了世界上第一個全牌照的伊斯蘭股票經紀公司，為穆斯林提供相關的股票經紀服務。目前在全球伊斯蘭金融發達的國家和地區，伊斯蘭股票經紀業務已成為一項普遍的業務。

2.1.1.3 伊斯蘭資產管理

伊斯蘭資產管理業務是指伊斯蘭資產管理人根據資產管理合同約定的方式、條件、要求及限制，對客戶資產進行經營運作，同時為客戶提供證券及其他金融產品的投資管理服務的行為。

與伊斯蘭銀行不同，伊斯蘭資產管理公司通常可以同時經營傳統資產和伊斯蘭資產，只需將它們置於各自專屬的資產池並做出適當隔斷即可。另外，伊斯蘭資產管理公司還可以選擇與私募股權基金合作，發行投資證書（一份投資證書的金額從 10 萬美元至 100 萬美元不等），聘請專業人士，按照客戶需求，構建符合伊斯蘭監管的資產池。

2.1.1.4 伊斯蘭風險投資基金

伊斯蘭風險投資基金必須遵守伊斯蘭監管（Shari'ah）所規定的投資原則，並受伊斯蘭監管委員會監督和定期審核，同時伊斯蘭學者根據伊斯蘭監管向基金經理提供投資和融資的建議。簡單地說，伊斯蘭金融結合了社會責任和信仰為本的道德原則，可以被看作是金融和信仰的混合物。

伊斯蘭基金並不僅限於對穆斯林開放，非伊斯蘭教徒也可以加入投資。從實際操作上看，有些投資者可能因信仰伊斯蘭教而投資伊斯蘭基金，但另一些投資人可能本身不是穆斯林，但因為看中的是該基金的投資標的物所涉及的社會責任而投資該基金。

伊斯蘭風險投資基金主要有以下兩大特點：

首先，伊斯蘭風險投資基金必須遵守伊斯蘭監管，只能投資符合伊斯蘭監管的股票。根據伊斯蘭監管，禁止一切與利息和投機相關的投資活動。如，傳統金融服務（含利息）、賭博、休閒及娛樂（例如酒吧、電影及賭博等）、酒精飲品、與豬肉相關的產品、色情、武器及軍事設備、煙草、基因工程等業務；與債務或利息收入相關的產品；而一些財務狀況低下或社會影響低劣的公司等也被列入禁止投資範圍。同時，一般傳統基金尤其是對沖基金較常用的金融衍生品和金融工具，如利率衍生工具、看跌期權、期貨以及賣空和計息借貸等也不能用於伊斯蘭基金。

其次，按照伊斯蘭教監管規定，投資總收入中必須將來源於“不潔”（由不符合伊斯蘭監管的經濟活動所產生的收入）領域的投資收益進行“潔淨化”處理。例如，如果現金投資所得中含有的股息是來自所投資公司涉及被伊斯蘭監管禁止的業務，那麼這些收入將先被伊斯蘭教律法委員會分離出收入組合，並捐獻給委員會認可的慈善機構。

2.2 伊斯蘭債券（SUKUK）市場

◇◇◇◇◇◇

2.2.1 伊斯蘭債券（SUKUK）

伊斯蘭債券（SUKUK），是一種遵從伊斯蘭教監管、可在二級市場上交易的債務工具，通常以信託憑證（Trust Certificates）或參與憑證（Participation Securities）的形式發行。伊斯蘭債券是依託具體資產（通常為可以產生租金的物業）為載體而進行發行的。

伊斯蘭債券有自己的特點：

1）伊斯蘭債券（SUKUK）代表的是對特定資產或資產所可能帶來的收益權之所有權，其對該所有權所主張的是權利而非現金流本身。

2）與一般債券不同，伊斯蘭債券持有人只享有對該資產所能產生收益的所有權而不是該資產之債權。

3）伊斯蘭債券交易成本一般較高，因為其發行需滿足伊斯蘭教國家一些特定的法律要求；由於投資人多數會持有債券至到期日，故二級市場不是很活躍。

4）值得注意的是，伊斯蘭債券不能涉及伊斯蘭監管所禁止投資的以下範疇：

① 保險及金融衍生工具；

② 具有投機性質的金融交易，如期貨與期權；

③ 一切與豬肉、酒類、賭場、色情等有關的業務。

目前市面上常見的伊斯蘭債券有兩類，一種是資產抵押債券，一種是分賬式債券。從伊斯蘭債券所依託的具體資產來看，不以應收賬款為載體的伊斯蘭債券通常稱為 Sukuk，為全球伊斯蘭金融界普遍接受，包括但不限於以應收賬款為載體的伊斯蘭債券通常稱為 Islamic Bond，通常在馬來西亞發行，並不一定為全球伊斯蘭金融界普遍接受。（關於伊斯蘭資本市場和伊斯蘭債券具體內容，請參見本人另作《伊斯蘭金融及伊斯蘭資本市場概述》。）

2.2.1.1 伊斯蘭資產抵抑債券

伊斯蘭資產抵押債券的標的物是實體資產（或稱基礎資產）。其操作流傳如下：

首先，伊斯蘭資產抵押債券由債券發起人成立的特殊目的公司（SPV, Special Purpose Vehicle）來購買實體資產（基礎資產）；

其次，SPV 將該資產租賃給第三方使用；

再次，第三方支付租金給 SPV，並獲得該資產使用權；

最後，租金由 SPV 分配給債券持有人（投資人）作為其投資收益。

從本質上來看，伊斯蘭資產抵押債券代表投資人對其所租賃的資產或資產使用收益權的普通所有權，持有者可以選擇收取租金或是選擇擁有該資產的使用權。具體來說，該實體資產（基礎資產）的日常維護費用由承租人支付，而資產的報廢和其他費用則由債券持有人（投資人）承擔。

伊斯蘭資產抵押債券中的實體資產（基礎資產）是與租賃合同綁定的，租金是支付給債券持有人（投資人）的收益。租金支付期可以由該債券的相關參與人協商並最終通過合同予以確定。有關租金數額的條款是明確的，支付期可以是固定的，也可以是可變的。這種支付的靈活性可以滿足不同發行人和持有人的投融資目的，避免現有債券由於支付期固定回報所帶來的風險。

由於被租賃的資產和租金事先是確定的，在不影響承租人從租賃資產受益的前提下，出租人可以通過變賣租賃資產之收益所有權，將租金所有權轉移給該資產的新所有者。

伊斯蘭資產抵押債券可以在二級市場上交易，市場化程度比較高，發行主體範圍很廣，從中央政府、地方政府、金融機構到任何基礎資產的所有者都可以發行。

2.2.1.2　伊斯蘭分賬式債券

從本質上來看，伊斯蘭分賬式債券代表了伊斯蘭債券持有人（投資人）對該債券權益的所有權，即投資人按照其各自投資的股份享有對該債券所對應的標的物項目或項目資產的所有權。

伊斯蘭分賬式債券一般被用來為新工程建設融資或幫助根據合夥契約關係而進行的商業活動進行融資。其操作模式如下：

首先，把將要開工建設的新工程或項目視為基礎資產，該基礎資產所有人委託特殊目的公司（SPV）為發起人並以此基礎資產為標的物，發行伊斯蘭分賬式債券；

其次，基礎資產所有人與負責發行債券的特殊目的公司（SPV）簽訂合同，確定項目回購日期、固定項目回報發放日期和債券收益率等主要合同條款；

再次，投資人購買該債券，收取固定投資回報，並按其投資比例取得該債券所對應的標的物項目或項目資產的所有權；

最後，基礎資產所有人公司在未來規定時期內回購 SPV 的分賬式債券份額，並在最終付清債券持有人之收益後重新取得該標的物資產所有權。

2.2.2　伊斯蘭債券特點

通過比較伊斯蘭債券最常用的兩種形式，我們可以發現，伊斯蘭債券更加看重債券發行中基礎資產的作用。雖然基礎資產的類型各異，但都是以實物資產為主，一般價格波動性較小，因此在正常情況下，伊斯蘭債券投資損失的可能性和損失幅度都會比較小。

而傳統金融的資本市場所發行債券更多的是以發行主體的信用和資產作為擔保，這樣就為中小企業（資信水平普遍不能與大公司、大企業相比）發行債券設置了天然障礙。而伊斯蘭債券更關注項目建設與實物資產本身的可靠性和帶來穩定現金流的可行性，而不只是關注於發行人的資信。所以，較傳統金融的債券發行而言，伊斯蘭債券更為中小企業融資開啟了方便之門。

發行伊斯蘭債券（SUKUK）還是普通債券（Bond），取決於許多因素，如發行費用、交易市場的交投及吸收能力、發行方的目標投資方、發行方的法律與監管完備情況以及伊斯蘭債券（SUKUK）結構的複雜程度等。

總而言之，伊斯蘭債券的出現和發展，首先擴大了全球資本市場的規模以及發行人的範圍和發行種類；其次增強了債券市場內部資金的流動性和使用效率以及對實體經濟的支持；再次，通過連通伊斯蘭貨幣市場和資本市場，完善了伊斯蘭債券的期限結構配置；最後，伊斯蘭債券為中小企業融資開啟了方便之門。

2.2.3　伊斯蘭債券規模

伊斯蘭債券萌芽於 20 世紀 80 年代的馬來西亞。根據伊斯蘭金融服務委員會（IFSB）統計資料顯示，進入 21 世紀，伊斯蘭債券開始加速發展。截至 2017 年底，全球伊斯蘭債券（SUKUK）發行餘額存量突破 4000 億美元，其中馬來西亞持有 1887 億美元，全球佔比達 47.2%，這主要得益於馬來西亞透明的公共政策、完善的監管架構和基礎設施、可供選擇的伊斯蘭債券多樣性結構以及便利的二級市場。

2017 年全球伊斯蘭債券發行分佈情況如下圖所示：

從地域分佈情況來看，全球伊斯蘭債券（SUKUK）資產主要分佈在三個地區，即亞洲（59.9%，不含 GCC 和中東地區，主要是馬來西亞、印尼），海合會國家（GCC,34.8%），中東北非地區（不含 GCC，4.5%）。非洲和其他地區佔比較小（0.9%）。從 2002 年至 2017 年，伊斯蘭債券發行量的年均複合增長率超過 20%。

伊斯蘭債券的迅猛發展得益於以下幾個因素：

1）穆斯林對伊斯蘭金融服務需求的日益增長；

2）環球投資者對伊斯蘭債券認知度的提高；

3）各個伊斯蘭國家所提供的政府支持；

4）國際伊斯蘭機構對伊斯蘭債券發行標準化的提高。

2017 年，全球伊斯蘭債券發行規模為 919 億美元，較 2016 年（748 億美元）增長了 22%，其中政府債券發行了 761 億美元（82.9%），公司債券發行了

2017 年全球伊斯蘭債券發行分佈狀況（單位：10 億美元）

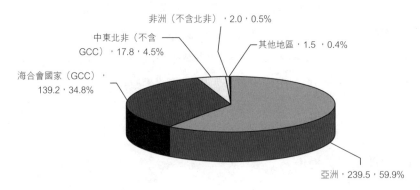

資料來源：Islamic Financial Services Board (IFSB)

158 億美元（17.1%）。伊斯蘭債券發行增長的主要原因是全球經濟轉曖而帶來的基建需求和由此產生的資金需求；海灣地區（特別是 GCC 國家）為應對油價低迷（2015—2016 年）帶來的財政壓力而轉向伊斯蘭債券市場尋求資金支持。伊斯蘭債券發行以期限為 3—10 年的中、長期債券為主（82%），原因是政府債券發行期限大多為 3—10 年。發行貨幣基本為美元及/或發行所在國家和地區的本地貨幣。

2017 年，政府債券發行依然是伊斯蘭債券的重頭戲，超過 82.9%（761 億美元），較 2016 年（594 億美元）增長了 28%。從期限看，以中、長期為主（93.7%，631 億美元），1 年期以下的短期債券只佔 6.3%（48 億美元）。從發行主體來看，共有 16 個國家和地區發行了政府債券，這一數字與 2016 年持平，但較 2015 年增加了 3 個。值得注意的是中國香港地區時隔 2 年重返國際伊斯蘭債券市場，成功發行了 10 億美元伊斯蘭債券（Wakalah 結構）。

2017 年，伊斯蘭債券市場的主要玩家有沙特和馬來西亞，二者合計佔全球伊斯蘭債券總發行量的 71.7%。其中，沙特共發行了 295 億美元（全球佔比 38.81%）伊斯蘭債券，期限為 5—10 年，類型為 Mudarabah 與 Musharakah 混合型結構。馬來西亞發行了 253 億美元伊斯蘭債券（其中 99 億美元債券以馬來西亞本國貨幣林吉特計價），全球佔比為 32.89%，市場份額較 2016 年

2017 年伊斯蘭政府債券發行情況

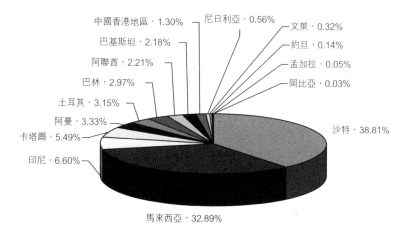

中國香港地區，1.30%　尼日利亞，0.56%　文萊，0.32%
巴基斯坦，2.18%　約旦，0.14%
阿聯酋，2.21%　孟加拉，0.05%
巴林，2.97%　岡比亞，0.03%
土耳其，3.15%
阿曼，3.33%　沙特，38.81%
卡塔爾，5.49%
印尼，6.60%
馬來西亞，32.89%

資料來源：Islamic Financial Services Board (IFSB), IMF, BLOOMBERG

（50.8%）和 2015 年（57.6%）有較大下降，主要原因有：1）馬來西亞本國融資需求降低；2）其他國家和地區發行量增加，如非洲國家尼日利亞 2017 年第一次成功發行伊斯蘭租賃債券，金額 3.28 億美元，期限 7 年，用途為道路建設。

2017 年，全球伊斯蘭公司債券發行了 157 億美元，所募集資金主要用於電力、電信、基建、公共設施和住宅開發等。發行國家分佈如下圖所示：

2017 年伊斯蘭債券（公司債券）發行國家分佈情況

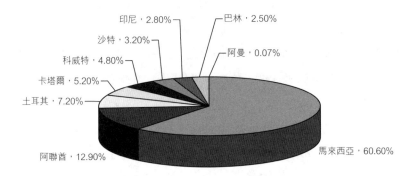

印尼，2.80%
巴林，2.50%
沙特，3.20%
阿曼，0.07%
科威特，4.80%
卡塔爾，5.20%
土耳其，7.20%
阿聯酋，12.90%
馬來西亞，60.60%

資料來源：Islamic Financial Services Board (IFSB), IMF, BLOOMBERG

2017 年，伊斯蘭公司債券市場的主要發行國家有馬來西亞、阿聯酋、土耳其，三國合計佔全球伊斯蘭債券總發行量的 80.7%。其中，馬來西亞共發行了 95 億美元（全球佔比 60.6%），阿聯酋共發行了 20 億美元（全球佔比 12.9%），土耳其共發行了 11 億美元（全球佔比 7.2%）伊斯蘭公司債券。此外，國際性伊斯蘭金融機構如總部位於馬來西亞的國際伊斯蘭流動性管理公司（IILM）也積極發行伊斯蘭債券。2017 年，IILM 共發行了 30 億美元伊斯蘭債券。而總部位於沙特的伊斯蘭開發銀行（IDB）也發行了 29.8 億美元伊斯蘭債券（2 期 5 年以美元計價；2 期 7 年以歐元計價）；IDB 旗下的伊斯蘭私營經濟發展公司（ICD, Islamic Corporation for the Development of the Private Sector）也發行了 8000 萬美元、2 年期伊斯蘭債券。

現在，除波斯灣地區外，印尼，甚至非洲國家（非洲居住着約 4 億穆斯林人口，約佔全球穆斯林總人口的五分之一）如南非、尼日利亞、塞內加爾、岡比亞、蘇丹等國均有成功發行伊斯蘭債券的記錄。非洲利用伊斯蘭金融的趨勢可能會進一步發展，因為幾個非洲國家——包括摩洛哥、突尼斯、埃及和肯尼亞——正為伊斯蘭債券發行搭建法律框架。伊斯蘭債券可以通過與微觀經濟加強聯繫從而增強整體經濟的穩定性，同時也是解決基礎建設資金缺口的重要途徑。因此，除了穆斯林國家外，越來越多的非穆斯林國家和地區近年來也開始加入到發行伊斯蘭債券的行列中。2014 年 6 月，英國政府財政部成功發行了 5 年期、回報率為 2.036% 的 2 億英鎊伊斯蘭債券。此次英國發行的伊斯蘭債券以政府持有的 3 個地產項目為標的物，為投資者提供資產收益。中國香港特區政府於 2014 年 9 月、2015 年 6 月、2017 年 2 月先後發行了三期 10 億美元伊斯蘭債券，其中前兩期均為 5 年期（收益率分別為 2.005%,1.894%），第三期為 10 年期（收益率為 3.132%）。

2.3　伊斯蘭基金市場

◇◇◇◇◇◇◇

伊斯蘭基金主要有伊斯蘭互助基金（Islamic Mutual Funds）與伊斯蘭信託基金（Islamic Unit Trusts）。

伊斯蘭互助基金（Islamic Mutual Fund）就是將眾多投資者的資金餘額集中投資於符合伊斯蘭監管的資產，由專業人士負責管理，使這一眾小額投資亦能在互惠的基礎下享受合理的投資回報機會。

伊斯蘭信託基金（Islamic Unit Trusts），是一種"利潤共享、風險共擔"的集合投資方式，信託基金通過契約或公司的形式，藉助發行伊斯蘭基金債券的方式，將社會上不確定的多數投資者不等額的資金集中起來，形成一定規模的信託資產，交由專門的投資機構按資產組合原理進行分散投資於符合伊斯蘭監管的資產，獲得的收益由投資者按其出資比率分享，如果投資失敗，投資人按其投資比率承擔相應風險。

伊斯蘭互助資金或信託資金通常會在其機構內專門設立伊斯蘭監管委員會，該委員會由伊斯蘭監管專家及學者組成，為基金投資提供涉及伊斯蘭監管方面的專門意見以確保其投資符合伊斯蘭監管。通常這類資金僅會投資於已經上市的且符合伊斯蘭監管的股票和固定收益類債券，具體投資比率視其投資戰略而定。

截至 2017 年底，伊斯蘭基金數從 2008 年的 548 增加到 1161，基金資產管理規模從 2008 年的 257 億美元增加到 2017 年底的約 667 億美元。其中沙特（37.1%）與馬來西亞（31.7%）最為發達，合計佔比超過三分之二。沙特伊斯蘭基金主要投向為貨幣市場工具（46%）、大宗商品（16%）、股權基金（16%）、其他固定收益投資工具（9%）、混合投資配置（7%）和房地產（3%）；而馬來西亞伊斯蘭基金主要投向為股權（59%）、貨幣市場工具（24%）、固定收益投資工具（12%）、混合投資配置（5%）。全球 34 個國家和地區有伊斯蘭基金，其中 20 個在非 GCC 國家，基本分佈如下圖所示：

2017 年伊斯蘭基金資產地域分佈情況

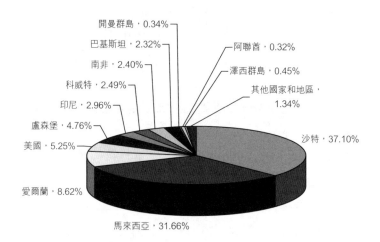

資料來源：Islamic Financial Services Board (IFSB)

截至 2017 年底，全球伊斯蘭基金的投放地域排名前三的是：

1）全球配置：232 億美元（佔比 35%），這反映了全球伊斯蘭基金為規避地域政治的不確定性而進行避險的需求；

2）馬來西亞：174 億美元（佔比 26%）；

3）沙特：126 億美元（佔比 19%）。

2017 年底，全球伊斯蘭基金的投資領域主要集中在股權（42%）、貨幣市場（26%）、大宗商品（14%）、固定收益類產品和伊斯蘭債券（10%）及其他（8%），具體分佈如下圖所示：

2017 年伊斯蘭基金資產按投資領域分佈狀況

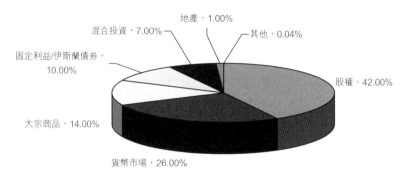

資料來源：Islamic Financial Services Board (IFSB)

伴隨着伊斯蘭經濟的發展，IFSB 預計到 2019 年，全球伊斯蘭基金規模將超過 780 億美元。

2.4　伊斯蘭股票市場

投資符合伊斯蘭監管的股票（Shari'ah Compliant Stocks）具有以下特點：

1）所投資的企業之核心業務必須符合伊斯蘭監管的要求，且該企業之核心業務不得涉及伊斯蘭監管所禁止的業務，如收取利息、販賣酒類、豬肉製品交易、武器和娛樂業等。

2）投資以 Musharakah 形式體現，即各方投資關係是建立在以股權投資為基礎的契約夥伴關係上的。它與傳統資本市場的股權投資有些類似，但其投資標的物必須是符合伊斯蘭監管的股票、證券或其他資產，而傳統金融的股權投資則無這些限制。

3）伊斯蘭股權夥伴合同有三種類型：一是工作夥伴合夥契約關係（Shirkah al-Amal）；二是信譽夥伴合夥契約關係（Shirkah al- Wujoh）；三是資本或出資夥伴合夥契約關係（Shirkah al-Amwal）。

4）Musharakah 股權夥伴關係合同的參與各方亦遵循利潤共享、風險共擔原則，如果投資失敗，投資人按其投資比率承擔相應風險。

5）伊斯蘭基金所投資的企業同時必須遵守特定的財務管理指標：如槓桿比率、必須償付利息的借款比率以及不潔收入佔總收入的容忍比率等不得高於伊斯蘭監管委員會所設定的規定比率。

6）伊斯蘭監管委員會及相關審查機構將對伊斯蘭基金所投資的企業的股票作定期審查，以確保其業務符合伊斯蘭監管委員會設定的標準，而伊斯蘭評級機構也會定期公佈該股票的風險評級。舉例來說，如入選道瓊斯伊斯蘭市場指數（DJIM）、馬來西亞吉隆坡伊斯蘭指數（先前稱 Kuala Lumpur Shari'ah Index，後改名為 FTSE Bursa Malaysia Hijrah Shariah Index）的所有股票均有伊斯蘭評級機構的相應評級。

2.5　伊斯蘭保險（TAKAFUL）市場

伊斯蘭保險（TAKAFUL）由阿拉伯語詞根 Kafala 衍生而來，意思是保證，互相保護，互相保證，互相協助，互相幫助。

伊斯蘭保險的概念約有 1400 年的歷史，遵從於伊斯蘭監管，即穆斯林之間應該互相協作、互相幫助、共擔責任，其宗旨是為參保的穆斯林提供人壽保險、財產保險和再保險服務。伊斯蘭保險就是建立在互相幫助概念基礎上的，每位參保人所提供的金錢捐贈都被放入一個共同互助基金中，該基金為需要資金援助的參保人提供援助。

原則上講，伊斯蘭保險與傳統的互助保險最顯著的不同，在於伊斯蘭保險的運作必須遵循伊斯蘭監管。此外，伊斯蘭保險要求保險基金所進行的投資活動必須符合伊斯蘭監管，保險基金必須成立伊斯蘭監管委員會監督其運作等。而伊斯蘭保險在索賠方面也有特別的規定，如不承保有違伊斯蘭監管的行為，如自殺、酗酒而亡等。

伊斯蘭保險的保費可被視為參保的穆斯林為幫助其他穆斯林兄弟姐妹而對保險基金所作的捐助（捐贈），而非用於牟取利息的工具。

2.5.1　伊斯蘭保險業務的類型

伊斯蘭保險必須在伊斯蘭監管規定的範疇內制定保障計劃。參與方（投保人）通過繳納貢獻金（Tabarru）的方式奉獻一筆資金給伊斯蘭保險基金會或保險公司，同時接受一份契約（Aqad），並成為該保險基金會或保險公司的一名參與者；參與方（投保人）在簽署契約時同意，在該保險基金會項下的任何一名參與方面對任何不幸事件及損害（如發生死亡、殘障、財產損失等）時，與其他參與方（投保人）一起互相幫助。

為遵從伊斯蘭監管有關避免"利息"和"交易的不確定性"的規定，伊斯蘭保險業採取了與投保人共負盈虧的經營方式。因此所有投保人實際上是伊斯蘭保險基金會或保險公司的合作夥伴。具體說來，投保者交給保險公司的保費被統稱為保險基金，保險基金又分為互助基金和投資基金兩類。互助基金所佔保險基金的份額根據投保人的年齡和投保期限額從 2.5% 到 10% 不等，其餘資金（90% 以上）則注入到投資基金，保險費的支出則由互助基金提供。來自投資基金的盈利則根據事先約定的比率在投保人和保險公司之間進行分配。

伊斯蘭保險業務可以被劃分為三種類型：家庭保險（人壽保險），綜合保險和再保險。

1）家庭保險（人壽保險 Takaful life policy or family Takaful）：這類保險一般有一個確定的期間，比如 10 — 20 年。如果參保人在保單到期前遭遇不幸過世或致殘失去生活能力的話，保險機構將照單賠償；如果參保人在保單到期後遭遇不幸過世或因致殘而失去生活能力的話，保險機構將不予賠償。但是，在伊斯蘭保險的架構下，參保人之前所捐獻給伊斯蘭保險的資金連同該資金產生的投資收益將被退回給參保人或其指定受益人，以幫助他們渡過可能出現的財務困難。

2）財產保險（Takaful non-life policy or general Takaful）：包括財產保險、農業保險、責任保險、保證保險、航行等以財產或利益為保險標的物的各種保險。

3）伊斯蘭保險再保險（Takaful reinsurance）：也稱分保，是伊斯蘭保險人在原保險合同的基礎上，通過簽訂分保合同，將其所承保的部分風險和責任向其他保險人進行保險的行為。轉讓業務的是原保險人，接受分保業務的是再保險人。伊斯蘭保險再保險為其他保險人提供了一個可以抵禦更高風險的資金池。

2.5.2 伊斯蘭保險業務的發展規模

根據瑞士再保險（Swiss Re）及伊斯蘭金融服務委員會（IFSB）報告顯示，過往 10 年，全球伊斯蘭保險市場增長明顯，截至 2017 年底，全球伊斯蘭保險市場保費貢獻規模約為 284 億美元（2008 年：164 億美元），預計 2020 年將達到 300 億美元。具體如下圖所示：

從伊斯蘭保險市場保費貢獻的地域來看，截至 2017 年底，海合會國家（GCC）佔比達 44%（125.73 億美元），中東北非地區（MENA, GCC 國家除外）佔比達 32%（91.56 億美元），東南亞佔比達 10%（28.18 億美元）。這三個地區合計佔比達 86%。沙特是伊斯蘭保險業最發達的國家，約佔全球規模的 35% 以及海合會國家（GCC）地區的 79%。

目前海合會國家伊斯蘭保險市場遠未飽和，尤其是家庭保險滲透率低，且不同伊斯蘭國家和地區間發展極不平衡。但由於各國監管法律不一致，缺乏有效金融工具以及專業人才，伊斯蘭保險市場仍充滿挑戰。

2008—2017 年伊斯蘭保險（TAKAFUL）保費收入情況

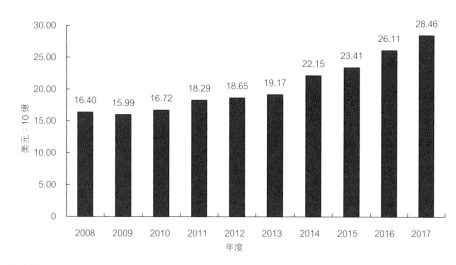

資料來源：Swiss Re Institution Economic Research and Consulting (2018), Islamic Financial Services Board (IFSB)

2017 年全球伊斯蘭保險保費貢獻國家分佈狀況（單位：10 億美元）

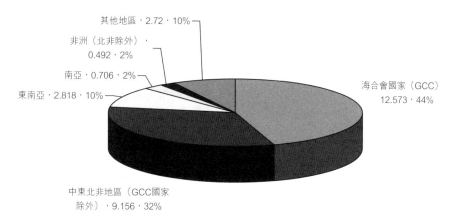

資料來源：Swiss Re Institution Economic Research and Consulting (2018), Islamic Financial Services Board (IFSB)

2.6 伊斯蘭貨幣市場

◇◇◇◇◇◇

2.6.1 伊斯蘭貨幣市場功能及其介紹

伊斯蘭貨幣市場（Islamic Money Market）指的是伊斯蘭短期資金市場，主要指融資期限在一年以下的伊斯蘭金融市場。該市場所交易的金融工具——主要包括政府、銀行及工商企業發行的短期信用工具，具有期限短、流動性強和風險小的特點，在貨幣供應量層次劃分上被置於現金貨幣和存款貨幣之後，亦被稱為"準貨幣"。

伊斯蘭貨幣市場的主要功能有：

1）短期資金融通功能：主要提供一年以下期限的資金融通，為季節性、臨時性資金的融通提供了便利條件。

2）管理功能：是指通過其業務活動的開展，促使微觀經濟行為主體加強自身管理，提高經營水平和盈利能力。

3）中央銀行政策傳導功能：中央銀行實施貨幣政策主要是通過再貼現政策、法定存款準備金政策、公開市場業務等的運用來影響市場利率和調節貨幣供應量以實現宏觀經濟調控目標的，在這個過程中貨幣市場發揮了基礎性作用。

伊斯蘭貨幣市場主要由伊斯蘭銀行同業拆借市場、票據市場、可轉讓大額定期存單市場（CD市場）、政府債券市場、消費信貸市場和回購協議市場六個子市場構成。

2.6.2 兩個最有影響力的伊斯蘭貨幣市場

目前，兩個最有影響力的伊斯蘭貨幣市場分別是：

1）馬來西亞伊斯蘭銀行間貨幣市場（IIMM, the Islamic Interbank Money Market of Malaysia）：主要負責馬來西亞國內貨幣市場。IIMM成立於1994年1月，主要為符合伊斯蘭監管的投資活動提供短期資金便利。馬來西亞中央銀行負責制定該市場的運營規章並負責其監管。目前，該市場共有12種貨幣市場工具，期限有隔夜、一週、一個月、三個月等。2017年全年交易量約為3.446萬億林吉特（2016年：3.618萬億林吉特）。

2）巴林流動性管理中心（LMC, the Liquidity Management Center）：LMC成立於2002年，總資本2億美元，註冊資本5355萬美元，其股東分別是巴林伊斯蘭銀行、阿聯酋迪拜伊斯蘭銀行、位於沙特的伊斯蘭開發銀行和科威特金融局，四方各佔25%股權。2005年，LMC率先在伊斯蘭銀行間市場推出短期伊斯蘭債券服務。2017年底，總資產約為1.49億美元（2016年：1.32億美元）。LMC主要通過發行短期伊斯蘭債券（Salam Sukuk）為海灣地區國家的伊斯蘭銀行與國際性伊斯蘭金融機構的中短期流動性需求提供便利，並同時為伊斯蘭結構性融資、項目融資和企業融資提供諮詢服務。2017年底，該行伊斯蘭債券（SUKUK）投資餘額為7346萬美元（2016年：7354萬美元），實現盈利214萬美元（2016年：84萬美元），目前，該市場共發行6種伊斯蘭債券作為貨幣市場工具。

2.7　伊斯蘭金融衍生品市場

◇◇◇◇◇◇◇◇

伊斯蘭金融衍生品主要功能有：

1）套期保值：主要是為了適應農產品或大宗商品交易雙方出於規避未來商品價格波動風險的需要而創設的。

2）價格鎖定：特別是鎖定某種商品的未來價格。

伊斯蘭衍生工具也是在遵從伊斯蘭監管規範下發展而來的。雖然在某些方面，伊斯蘭衍生工具借鑒了傳統衍生工具的一些基本功能，如套期保值、價格鎖定等。但比較而言，伊斯蘭衍生工具更像是一個結構性產品，其本質目的是為了在真實交易中避險。因為伊斯蘭監管禁止投機和買賣在交易時不屬於自己的商品，所以伊斯蘭衍生工具裏沒有看跌或賣空期權。而伊斯蘭看漲期權則可被當作客戶為將來購買某項資產而預付的定金。

從結構上來看，伊斯蘭結構性產品將其投資組合中的大部分資金投資在固定收益產品上，將小部分資金（例如從固定收益中所得到的回報資金）投資在期權上，因此可以組合出保本投資等新的投資產品，從而可以降低投資者所承受的風險，使投資本金獲得一定保障，而投資看漲期權的部分可藉助期權的槓桿效果獲取較高的利益，可以為不滿足於獲取固定收益的投資者提供新的投資渠道。

2.7.1　伊斯蘭金融衍生品市場發展所面臨的問題

在全球各地的伊斯蘭監管委員會中，伊斯蘭學者們對於伊斯蘭金融衍生品交易仍存在較大爭議。一些伊斯蘭金融市場人士對伊斯蘭金融衍生品的交易充滿懷疑，認為從事金融衍生品交易不符合伊斯蘭監管，因為伊斯蘭監管禁止投機和買賣在交易時不屬於自己的商品。

而且目前伊斯蘭金融衍生品市場缺乏統一的標準，客戶需求發現、產品設計、伊斯蘭監管委員會對產品進行審查及批准、文件準備等各環節都費時費力。

從總體看來，構建伊斯蘭金融衍生品市場仍將是一個緩慢的過程，在可預見的未來，可以判斷，伊斯蘭金融衍生品市場還將繼續落後於伊斯蘭銀行業和債券業的發展。

2.7.2　伊斯蘭金融衍生品交易如何遵守伊斯蘭監管

伊斯蘭監管不允許經營以錢生錢的生意，其中的一個理由是，這將會導致人們積聚錢財，而不是將資金投入到實體經濟當中，不利於促進經濟的發展。伊斯蘭監管禁止高利貸或超額利息、不必要的不確定性和投機。伊斯蘭監管也禁止債務工具的交易。

此外，伊斯蘭監管還有其他的規定，例如標的物資產（基礎資產）要合法，不允許以酒、武器、賭博或豬肉等作為標的資產。此外，進行伊斯蘭衍生品交易還有一些固有的問題。例如，你不能出售你不擁有的東西（但也允許個別例外）；交易須以實體經濟及真實市場價格為基礎，而不是人為的估價。即使伊斯蘭衍生品的設計遵守伊斯蘭監管，一些伊斯蘭學者仍拒絕接受伊斯蘭金融衍生品交易。

因此，當人們從事結構性衍生品交易的時候，明顯會產生問題。伊斯蘭金融衍生品交易如何做到遵守伊斯蘭監管呢？一些伊斯蘭金融家和投資者不認為伊斯蘭金融衍生品交易能夠遵守伊斯蘭監管，但市場上存在着與金融衍生品具有類似功能的產品，這是因為對伊斯蘭監管持有不同觀點的有好幾個學派。伊斯蘭遜尼派（Sunni）學者和什葉派（Shia）學者存在最大的分歧，在這兩個學派內部，還有更細分的小學派。這意味着一個金融工具被一些伊斯蘭學者接受，但有可能被另一些伊斯蘭學者拒絕。

2.7.3　對交易動機的懷疑

另一個主要的問題是使用金融衍生品的方式。從伊斯蘭教的觀點看，承擔經營風險或獲得利潤都是允許的，因此，伊斯蘭金融是基於風險共擔、回報共享基礎上的。

從這一點看，伊斯蘭企業可以通過利用金融衍生品交易進行套期保值，減少風險。但許多投資者對從事金融衍生品交易很謹慎，因為在資本市場上，金融衍生品通常是被用來作為投機的工具。

在伊斯蘭監管委員會，伊斯蘭學者有兩項主要工作，一是對源於其所在的伊斯蘭金融機構自身設計的產品的伊斯蘭監管合規性及合法性進行裁決；二是對來源於任何第三方伊斯蘭金融機構的產品的伊斯蘭監管合規性與合法性進行裁決。因為對伊斯蘭監管理解的不同，造成了伊斯蘭金融在區域發展上的不同。人們通常認為馬來西亞的限制較少，而且馬來西亞已經發展成為遵守伊斯蘭監管的重要金融中心，經常就伊斯蘭金融市場發展提出新的發展建議。而中東的伊斯蘭金融市場更保守一些，在伊斯蘭監管方面的要求也更加嚴格。

如何說服伊斯蘭學者，市場對伊斯蘭金融衍生品交易有真正的需求也是個問題，因為任何伊斯蘭金融產品的合法性都必須由伊斯蘭學者組成的伊斯蘭監管委員會決定。銀行和其他機構設計的金融產品的合法性可以由其內部的伊斯蘭學者決定，也可以由定期召集的外部伊斯蘭學者會商決定批准或否決其金融產品創新。

2.7.4　缺乏統一的標準

制約伊斯蘭金融衍生品交易發展的另一個因素是合約缺乏標準化。每一個伊斯蘭金融產品都需要大量的支持文件，這既浪費交易時間，又增加了交易費用。

為了統一標準，國際掉期及衍生品協會（ISDA, International Swaps and Derivatives Association, Inc.）和國際伊斯蘭金融市場（IIFM）合作出台了一個主文件（Master Document），以減少產品所涉及的文件數量，從而減少達成每筆交易所需要的時間。該伊斯蘭主文件就相當於在場外市場中廣泛使用的 ISDA 主協議（ISDA Master Agreement）。目前國際伊斯蘭金融市場已經出台的 10 個相關文件[1] 主要涵蓋了財資風險主合同、對沖交易主合同、回報率掉期、機構間交易、回購及抵押等方面。

2.7.5　伊斯蘭金融衍生工具和衍生品市場

基於上述原因，伊斯蘭金融衍生品市場現在還屬於萌芽階段，交易群體的形成需要時間，特別是目前市場參與者都非常謹慎。

為了應對伊斯蘭基礎產品中所蘊涵的信用風險或違約風險，伊斯蘭金融機構設計出一系列伊斯蘭結構性產品和衍生金融工具用於規避風險。這些產品和工具主要包括：遠期合同（Salam）、期貨交易合同（W'ad）、看漲期權（'Urban）以及互換和掉期等。

目前，大多數伊斯蘭金融衍生品設計採用的是穆拉巴哈制（Murabahah）。穆拉巴哈制（意思是加價貿易）是指買賣雙方訂立合同，賣方向買方出售商品，交易價格按照賣方實際成本加上利潤，買方按此價格付款，但可以享受延期付款的優惠。穆拉巴哈制在伊斯蘭金融業，例如在流動性管理領域得到了廣

1　Master Agreement for Treasury Placement (MATP)；ISDA/IIFM Tahawwut (Hedging) Master Agreement (TMA)；ISDA/IIFM Mubadalatul Arbaah (MA) (Profit Rate Swap); IIFM Standard on Interbank Unrestricted Master Investment Wakalah Agreement; IIFM Standard Agreements Adaptation Procedures &. Policies for Institutions; IIFM Reference Paper on I'aadat AI Shira, a (Repo Alternative) and Collateralization; IIFM Master Collateralized Murabahah Agreement.

泛運用。雖然穆拉巴哈制是迄今運用最多的衍生金融工具，但所面對的市場很小，而這種金融工具一度也遭到很多爭議。

其他伊斯蘭金融衍生工具還包括商品穆拉巴哈制合約（Commodity Murabahah Products）項下交易的利率掉期交易，這種交易是基於商品穆拉巴哈制合約。

商品穆拉巴哈制是指客戶以延期付款的方式按照成本加利潤的價格從金融機構購買商品，然後馬上以成本的價格將商品賣給第三方。當交易到期時，金融機構賬戶有正的餘額，即商品穆拉巴哈交易產生的回報（利潤）。通過上述安排，而客戶以支付給銀行一定回報的代價取得了短期信貸安排。

而在利率掉期應用方面，達成商品穆拉巴哈制合約交易的利率掉期交易雙方，一方採用固定利率，另一方採用浮動利率。例如，一筆交易期限是兩年的交易，每六個月發生一次互換現金流，利率掉期交易的雙方需要達成一個每六個月分期付款一次的商品穆拉巴哈制合約交易。

總體來說，伊斯蘭結構性產品還處於萌芽狀態，以下這三種是最常見的伊斯蘭結構性產品，主要用於符合伊斯蘭監管的經營活動，目的是套期保值，規避風險：

遠期銷售或預付款銷售（Salam）	此類合同項下的商品價格通常較為波動。買家在簽約日就支付預付款從而鎖定商品價格，以規避商品價格上漲的風險。該類合同設有嚴格的條件（例如約定商品的數量、質量和合理的交貨條件等），以確保合同的約束性和法律上的可強制執行性。
看漲期權（'Urban）	在買賣雙方簽訂有效合同後，買方即支付給賣方期權費（首付款——'Urban），雙方約定買方藉此可以在未來某特定時期從賣方處購入某種商品，該款項代表了買方購買該商品的承諾。如果合同到期日買方行使該權利，則該期權費將被視為買方的首付款，視為購買商品總價的一部分。買方只需付清剩餘款項後，即可獲得該商品所有權。如果合同到期日買方放棄行使該權利，則該期權費將被賣方沒收，作為補償。
期貨交易（Wa'd）	由一方對另一方所做出的單方面承諾，確定在未來某一特定時期以事先約定好的價格（即履約價格）向對方購買或出售一定數量的特定標的物的義務。

伊斯蘭套期保值工具的二級市場複雜得多，如果一方想要退出交易，接替的一方需要直接與最初的交易對手方達成一筆新的交易。

2.8 伊斯蘭銀行支付清算體系

伊斯蘭銀行支付清算系統（Islamic Banking Payment and Clearing System），也稱伊斯蘭支付系統（Islamic Payment System），是一個負責伊斯蘭國家或地區對交易者之間的債權債務關係進行清償的系統。具體來講，它是由提供支付服務的中介機構或監管機構（通常為所在國中央銀行或其指定機構）、管理貨幣轉移的規則、實現支付指令傳遞及資金清算的專業技術手段共同組成的一個完整的清算體系，用以實現債權債務清償及資金轉移的一系列組織和安排。

就某個單一伊斯蘭國家而言，支付清算體系是該國中央銀行向金融機構及社會經濟活動提供資金清算服務的綜合安排。

2.8.1 支付清算體系的核心原則：

國際清算銀行[1]為銀行的支付清算體系引進了一系列核心原則，具體如下：

1）該體系有超越於各主權機構的堅實的法律基礎；

2）參與銀行對該體系的各項規章制度充分理解；

3）該體系就如何應對信用風險和流動性風險有清晰的規章制度；

4）該體系就清算日當天的結算資產的市場定價有快速而清晰的界定；

5）如涉及到多方交易，該體系可協助各方在結算日快速平盤；

6）涉及清算的資產應在參與國中央銀行名下，且不應有信用和流動性風險；

7）有應對安全性和操作性風險的應急機制；

---

1 國際清算銀行（BIS, Bank of International Settlement），是英、法、德、意、比、日等國的中央銀行與代表美國銀行界利益的摩根銀行、紐約和芝加哥的花旗銀行組成的銀團，根據海牙國際協定於 1930 年 5 月共同組建的。剛建立時只有 7 個成員國，現成員國已發展至 41 個。國際清算銀行最初創辦的目的是為了處理第一次世界大戰後德國的賠償支付及其有關的清算等業務問題。第二次世界大戰後，它成為經濟合作與發展組織成員國之間的結算機構，該行的宗旨也逐漸轉變為促進各國中央銀行之間的合作，為國際金融業務提供便利，並接受委託或作為代理人辦理國際清算業務等。國際清算銀行不是政府間的金融決策機構，亦非發展援助機構。

8）該體系所提供的清算體制應是簡便易行且有效率的；

9）該體系應為各參與方提供客觀、公開、透明的參與標準；

10）該體系的管控機制應該透明、有效和可靠。

伊斯蘭支付清算體系在遵循上述核心原則的同時，還有自己的特點。

2.8.2 符合伊斯蘭監管的伊斯蘭銀行支付清算體系

伊斯蘭金融機構會計與審計組織（AAOIFI）借鑒了傳統銀行支付清算體系的架構和經驗，在對債務清償等方面做了進一步的詳細規定後，制定出一整套在實際運作中符合相關伊斯蘭監管的伊斯蘭銀行支付清算體系。

對於那些處於雙軌制監管體系下的伊斯蘭銀行來說，是否要用兩套不同的清算系統？對此，伊斯蘭監管委員會並未做此要求，因為伊斯蘭學者認為，債務支付系統是對債務人的借記動作，至於債務人用於還債的資金來源是否符合伊斯蘭監管，與伊斯蘭銀行支付清算系統無關。但就伊斯蘭銀行而言，它們需要在銀行內部將傳統交易和伊斯蘭交易區分進行，並分別報告。

以馬來西亞支票清算系統為例，該國央行（馬來西亞中央銀行，BNM, Bank Negara Malaysia）實行的是雙軌制監管體系。BNM 要求其境內所有銀行，不論是傳統銀行還是伊斯蘭銀行，均需要在 BNM 開立資金託管賬戶（或稱 Wadiah 賬戶）。在每個清算日終，BNM 要求所有銀行應將其頭寸通過該 Wadiah 賬戶進行平盤。為管理銀行間流動性，BNM 負責發行伊斯蘭證券或存單，由各銀行購買存放於 BNM。

如某銀行遇到頭寸不足，BNM 則負責通過回購該行所購買的伊斯蘭證券或存單以提供臨時性資金支持。在渡過頭寸短缺危機後，該銀行則應遵守承諾，按照與 BNM 事先達成的協議再將存款以協議價格購買 BNM 發行的伊斯蘭證券或存單，並存入其在 BNM 開立的資金託管賬戶，同時支付一定的託管費用給 BNM。

在日常同城商業支票清算當中，對於賬戶透支的處理，伊斯蘭銀行與傳統銀行也有所不同。第一，它們可以選擇退票，這一點與傳統銀行一致；所不同的是，伊斯蘭銀行也可以選擇為客戶提供一種無息貸款（Qard/Hassan:

Interest-free loan），使其支票得以兌付。因為伊斯蘭監管不允許收取利息，所以該貸款是無息的；但因此受惠的客戶應按照伊斯蘭慣例，在事後支付給銀行一份安排費作為回報。

對於國際支付清算，因涉及到不同的幣種，根據伊斯蘭監管，銀行應爭取實現及時交易。但因現實交易中存在的困難，不遲於 3 日（即 T+2 亦被視為現貨交易）也被市場普遍接受。

2.9　全球伊斯蘭金融中心，花落誰家

◇◇◇◇◇◇◇

目前，全球伊斯蘭金融市場（特別是伊斯蘭債券市場）出現了三強爭霸的局面，它們分別是馬來西亞的吉隆坡、阿聯酋的迪拜和英國的倫敦。

這個三個城市的優勢分別是：

1）馬來西亞首都吉隆坡以對伊斯蘭金融的有效監管著稱，2001—2017 年，馬來西亞共分銷了 5711 隻國際伊斯蘭債券（SUKUK），金額超過 6123 億美元，佔全球發行量的 62%。並且其國內以本地貨幣——馬來西亞林吉特（MYR）計價的伊斯蘭債券市場巨大，2001—2017 年，共發行了 5627 億等值美元的以 MYR 計價的伊斯蘭債券，佔全球伊斯蘭債券以本幣計算的發行量的 57%，並吸引了不少國外債券發行人到馬來西亞發行以林吉特計價的伊斯蘭債券。2017 年底，馬來西亞伊斯蘭債券市場存量達 2221 億美元，佔全球市場規模的 51%。2001—2017 年，馬來西亞共發行了 90 隻國際伊斯蘭債券（SUKUK），金額超過 544 億美元，全球佔比約為 29.04%。馬來西亞的優勢在於當地有充滿活力的伊斯蘭債券市場和健全的金融和法律體系。僅 2017 年一年，吉隆坡共分銷了 515 隻國際伊斯蘭債券，金額達 421 億美元，佔全球發行量的 53%。

2）阿聯酋的迪拜是富有的海灣地區的金融中心，並已經高調宣佈要進軍伊斯蘭金融市場，迪拜的大型國企也非常支持這一國家戰略。2001—2017

年，迪拜共分銷了 118 隻國際伊斯蘭債券（SUKUK），金額超過 718 億美元，佔全球發行量的 7.34%。2017 年底，迪拜伊斯蘭債券市場存量達 338 億美元，佔全球市場規模的 7.78%。2001—2017 年，迪拜發行了 96 隻國際伊斯蘭債券（SUKUK），金額超過 636 億美元，全球佔比約為 29.04%。此外，迪拜具有了創業的文化氛圍，已經是中東地區最高級的傳統銀行業中心，且迪拜以其獨特的市場定位和對中東、北非地區日益增強的輻射力，已然成為中東地區的金融中心。

3）英國首都倫敦長期以來就是國際金融機構發行伊斯蘭債券的默認地。

而三城亦各有其劣勢，具體看來：

1）吉隆坡，馬來西亞的伊斯蘭金融普世性在伊斯蘭世界還頗有爭議。從傳統來看，馬來西亞最有影響力，因為其監管機構的集中式（雙軌制）的監管模式最大限度地減少了伊斯蘭金融機構中的伊斯蘭監管委員會中不同學派對監管闡述的紛爭。但是有一些海灣國家的伊斯蘭學者認為馬來西亞的監管過於寬鬆，和傳統金融業太相近，不是純粹的伊斯蘭金融。

2）迪拜，伊斯蘭金融市場的廣度和深度有待拓寬。迪拜目前在伊斯蘭債券發行量與存量方面均只有全球市場的 7%—8%，市場深度有限，但前景廣闊。

3）倫敦，英國不在伊斯蘭國家之列，對伊斯蘭世界的輻射範圍小，影響小，而且對伊斯蘭金融感興趣的歐洲客戶始終是有限的。從長期來看，倫敦的機會最小。

此外，在中東，迪拜的近鄰——巴林也是其最主要的競爭對手。目前，巴林已聚集了全球密度最高的伊斯蘭金融機構，包括超過 30 家伊斯蘭銀行和伊斯蘭保險及再保險公司。巴林還是多家致力於推動伊斯蘭金融政策和監管的國際機構的大本營，包括伊斯蘭金融機構會計和審計組織（AAOIFI）、國際伊斯蘭市場（IIFM）、伊斯蘭銀行和金融機構總理事會、伊斯蘭國際評級機構（IIRA）、湯姆森路透全球伊斯蘭金融中心和德勤伊斯蘭金融知識中心，這使得巴林成為伊斯蘭金融的知識、信息和培訓中心。

單就對中東、北非區域影響力來說，沙特的利雅得也是迪拜有力的潛在競爭對手。舉例來說，2001—2017 年，沙特共發行了 50 隻國際伊斯蘭債券

（SUKUK），金額超過 389 億美元，全球佔比約為 17.78%。2001—2017 年，沙特共分銷了 122 隻國際伊斯蘭債券（SUKUK），金額超過 952 億美元，佔全球發行量的 9.72%。且其國內以本地貨幣——沙特里亞爾（SAR, Saudi Riyal）計價的伊斯蘭債券市場巨大，2001—2017 年，共發行了 562 億等值美元的以 SAR 計價的伊斯蘭債券，超過全球伊斯蘭債券、以本幣計算的發行量的 5.7%。2017 年底，沙特伊斯蘭債券市場存量達 794 億美元，佔全球市場規模的 18.27%。沙特目前在伊斯蘭債券發行量與存量方面均已超過迪拜。但因其自身金融市場較為封閉，對國際投資者的吸引力不如迪拜，其伊斯蘭債券發展前景與國際影響力有待觀察。

從目前的發展現狀來看：

1）馬來西亞吉隆坡，在推動伊斯蘭金融發展方面，將繼續在穆斯林國家當中扮演領導者的角色。即將在東南亞、中東與北非推行的基建工程，將促進馬來西亞在未來繼續引領伊斯蘭債券市場。而且，馬來西亞的金融創新能力和服務覆蓋面廣，舉例來說，馬來西亞政府旗下的投資公司 Khazanah Nasional Bhd 甚至早在 2011 年就發行了全球首宗以人民幣為面值的伊斯蘭債券（債券規模為 5 億元人民幣；期限為 5 年期）。但自 2015 年起，馬來西亞在東南亞地區面臨來自印尼的有力挑戰。舉例來說，2001—2017 年，印尼發行了 15 隻國際伊斯蘭債券（SUKUK），金額超過 135 億美元，全球佔比約為 6.16%。印尼伊斯蘭債券市場存量達 463 億美元，全球市場佔比約為 10.66%。2001—2017 年，印尼共分銷了 244 隻國際伊斯蘭債券（SUKUK），金額超過 628 億美元，佔全球發行量的 6.41%。並且其國內以本地貨幣——印尼盧比（IDR, Indonesian Ruipah）計價的伊斯蘭債券市場巨大，2001—2017 年，共發行了 493 億等值美元的以印尼盧比計價的伊斯蘭債券，超過全球伊斯蘭債券以本幣計算的發行量的 5.0%。馬來西亞較印尼的比較優勢在於其健全的金融和法律體系以及充滿活力的、具有國際吸引力的伊斯蘭債券市場。

2）阿聯酋迪拜，各國選擇迪拜發債是因為迪拜具有世界水平的股市和先進的管理系統，並能為伊斯蘭金融業提供高質量的解決方案。此外，迪拜還積極仿效馬來西亞，着手建立伊斯蘭金融教育體系，為伊斯蘭金融業發展輸送人才。迪拜從 2014 年一舉超越倫敦，緊追馬來西亞的吉隆坡，成為全球伊斯蘭債券的第二大發行地。但在 2016—2017 年，被異軍突起的沙特趕超，截至 2017 年底，迪拜（338 億美元，全球佔比：7.78%）在伊斯蘭債券市場存量方面顯著落後於沙特（794 億美元，全球佔比：18.27%），甚至落後於印尼（463 億美元，全球佔比：10.66%）。此外，阿聯酋國內以本地貨幣——阿聯酋第那姆（AED）計價的伊斯蘭債券市場較小，2001—2017 年，共發行了 82.5 億等值美元的以 AED 計價的伊斯蘭債券，僅佔全球伊斯蘭債券以本幣計算的發行量的 0.84%。

3）英國倫敦，早在 2014 年，在倫敦市場上已經上市的伊斯蘭債券的價值已達 380 億美元，有 53 隻伊斯蘭債券在倫敦證券交易所上市。在英國有 22 家銀行提供伊斯蘭金融產品和服務（伊斯蘭金融資產超過 45 億美元，其中 5 家的運作完全符合伊斯蘭監管的要求），這一數量超過任何其他西方國家，並有望進一步增長。英國政府已經把未來城市發展的遠景重點放在伊斯蘭國家高速增加的財務中心和蓬勃發展的亞洲市場上。截至 2014 年底，在倫敦發行上市的伊斯蘭債券總額為 210.6 億美元左右。2016 年 2 月，英國央行表示，正在研究如何向伊斯蘭銀行開放其現金便利，如果正式執行，該行將成為全球第一個提供此類服務的主要央行。英國央行的徵求意見稿中提出了一系列可能的方案，它們是從穆斯林國家以及其他已在使用符合伊斯蘭法律的金融工具的國家徵集而來。其中一項方案是建立一隻伊斯蘭債券基金，以發放利潤的方式取代利息；而根據另一項方案，英國央行將以溢價從伊斯蘭銀行手中購買大宗商品。該計劃也是英國力爭使倫敦成為伊斯蘭金融業在西方世界首選目的地的一項新舉措，這將有助於倫敦保持其全球重要金融中心的地位。此外，在英國還有 68 個機構提供伊斯蘭金融培訓及教育。倫敦金融業對伊斯蘭金融的平均認知程度達 16.2，遠高於其他西方國家（2.5），並高於全球的平均水平（10.3）。2016 年的英國脫歐公投（BREXIT）可以說是倫敦伊斯蘭金融中心夢想破滅的開始。大量國際性金融機構開始考慮在倫敦之外設立第二總部。截至 2017 年底，倫敦伊斯蘭債券市場存量僅為 5.53 億美元，約佔全球伊斯蘭債券市場規模的 0.127%，甚至顯著低於歐洲的土耳其（123 億美元，2.839%）。可以說，倫敦已經退出了全球伊斯蘭中心的爭奪。

目前，哪個金融中心會勝出還取決於其能否在伊斯蘭金融業樹立一個"思想領導"的地位，為行業統一創立標準和架構。這些規範既能為不同區域接受，也能為全球伊斯蘭金融業所普遍接受。兩個城市（吉隆坡、迪拜）競爭的核心板塊不僅是伊斯蘭債券發行，還有其他領域如伊斯蘭保險（TAKAFUL）和伊斯蘭資產管理。

總結

◇◇◇◇◇◇◇

本章主要介紹了：

——伊斯蘭資本市場體系

——伊斯蘭債券（SUKUK）市場

——伊斯蘭基金市場

——伊斯蘭股票市場

——伊斯蘭保險（TAKAFUL）市場

——伊斯蘭貨幣市場

——伊斯蘭金融衍生品市場

——伊斯蘭銀行支付清算體系

——全球伊斯蘭金融中心

伊斯蘭金融結合了社會責任和信仰為本的道德原則，可以被看做是金融和信仰的混合物。在建立世界伊斯蘭金融中心的過程中，馬來西亞的吉隆坡、阿聯酋的迪拜、巴林的麥納麥以及沙特的利雅得都有機會。其成功的關鍵在於能否樹立一個符合伊斯蘭監管且為廣大伊斯蘭世界所認同的伊斯蘭金融思想及一整套相關金融標準。

目前伊斯蘭金融衍生品市場還處於萌芽狀態，而伊斯蘭保險市場規模也有待發展。統一的市場標準、統一的伊斯蘭監管解釋以及通曉伊斯蘭監管的金融專才的匱乏制約了該市場的快速發展。

第三章

伊斯蘭銀行體系及監管概述

3.1 全球伊斯蘭銀行發展之重大事件

◇◇◇◇◇◇

從 1963 年第一家伊斯蘭銀行在埃及成立至 2017 年，全球伊斯蘭銀行業取得了長足的發展，其中的重大事件如下圖所示：

伊斯蘭銀行業發展重大事件 1963—2017 年

第一家伊斯蘭銀行在埃及成立	1963	
伊斯蘭開發銀行（IDB）在沙特吉達成立，致力於伊斯蘭經濟發展與社會進步	1975	迪拜伊斯蘭銀行（DIB）依據普通法成立，在海灣地區率先開展伊斯蘭銀行業務
伊朗境內銀行開始實行 100% 伊斯蘭運管體系	1983	馬來西亞針對伊斯蘭金融進行綜合立法
伊斯蘭會議組織（OIC）伊斯蘭教義解釋委員會宣佈伊斯蘭保險合法化	1985	
蘇丹境內銀行開始實行 100% 伊斯蘭運管體系	1989	
伊斯蘭金融機構會計與審計組織（AAOIFI）成立	1991	
國際伊斯蘭金融市場（IIFM）成立	2001	伊斯蘭銀行和金融機構總理事會（GQBFI）成立
伊斯蘭金融服務委員會（IFSB）成立	2002	流動性管理中心（LMC）成立；伊斯蘭國際評級代理機構（IIRA）成立
國際伊斯蘭和解與商業仲裁中心（IICRCA）成立	2003	
伊斯蘭金融服務委員會（IFSB）針對伊斯蘭金融機構引進 Basel II 相關合規標準和要求	2005	伊斯蘭銀行和金融機構國際仲裁中心（AACIFI）成立

	2010	印尼銷售第一隻零售型伊斯蘭債券
國際伊斯蘭流動性管理中心成立（IILM）成立	2010	印尼銷售第一隻零售型伊斯蘭債券
馬來西亞公司發行 5 億人民幣伊斯蘭債券	2011	
阿聯酋發行全球第一隻 Basel III 合規性伊斯蘭債券	2012	
英國財政部首次發行 2 億英鎊伊斯蘭債券	2014	中國香港特別行政區政府首次發行 10 億美元伊斯蘭債券中國農業銀行在迪拜發行 10 億人民幣伊斯蘭債券
中國企業碧桂園在馬來西亞發行以馬來西亞林吉特計價的伊斯蘭債券（=USD27M）	2016	BUSA MALAYSIA-I：馬來西亞證交所成立全球第一家符合伊斯蘭監管的網上投資平台
IIFM 單年 Sukuk 發行超過 98 億美元	2017	

從下圖可以看出，進入 21 世紀後，全球伊斯蘭銀行業開始加速發展，有三個顯著的特點：

1）國際性伊斯蘭機構的建立及其對伊斯蘭金融標準化建設的推進；

2）伊斯蘭金融產品日益豐富且主要金融中心（如倫敦及香港）的積極參與；

3）伊斯蘭金融中心（如吉隆坡、迪拜）積極配合推進人民幣的國際化進程（特別是自 2014 年以來）。

3.2　伊斯蘭銀行之市場現狀

◇◇◇◇◇◇

截至 2017 年 6 月底，全球伊斯蘭銀行資產規模近 1.56 萬億美元，其佔比按國家分佈如下圖所示：

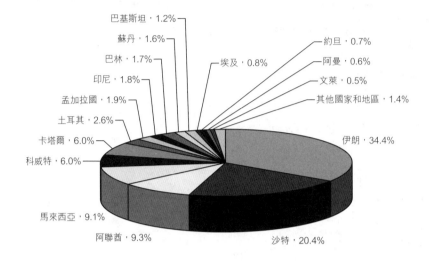

2017 年 6 月底全球伊斯蘭銀行業資產國家分佈狀況（單位：10 億美元）

巴基斯坦，1.2%
蘇丹，1.6%
巴林，1.7%
印尼，1.8%
孟加拉國，1.9%
土耳其，2.6%
卡塔爾，6.0%
科威特，6.0%
馬來西亞，9.1%
阿聯酋，9.3%
埃及，0.8%
約旦，0.7%
阿曼，0.6%
文萊，0.5%
其他國家和地區，1.4%
伊朗，34.4%
沙特，20.4%

　　從圖可以看出，排名前 16 位的均為信仰伊斯蘭教的國家，佔比達
98.6%；

　　其中海灣地區（包括伊朗和 GCC 國家，主要得益於充沛的石油美元收
入）共有 7 國上榜，佔比達 78.4%（約合 1.22 萬億美元）。具體而言，伊朗伊
斯蘭銀行資產佔比約佔全球規模的 34.4%；緊隨其後的是沙特（20.4%）、阿
聯酋（9.3%）、馬來西亞（9.1%）、科威特（6.0%）、卡塔爾（6.0%），這 6 國
伊斯蘭銀行資產規模在全球佔比超過了 85.3%（約合 1.33 萬億美元）；其他國
家合計不到 15%，其中排名較為靠前是土耳其（2.6%）、印尼（1.8%）、巴林
（1.7%）、蘇丹（1.6%）和巴基斯坦（1.2%）。

3.3　伊斯蘭銀行監管之法律框架

◇◇◇◇◇◇◇

　　如前章所述，《古蘭經》、《聖訓》、伊斯蘭監管及其相關解釋是伊斯蘭金融
的基石。除此之外，從伊斯蘭金融立法的角度來看，馬來西亞、伊朗、蘇丹、

印尼和巴基斯坦更為積極，領先於其他國家。伊朗早在 20 世紀 80 年代就將其境內銀行運管機制轉換為 100% 的伊斯蘭體系；蘇丹、巴基斯坦早先也曾做過這方面的努力，試圖將其境內銀行運管機制轉換為 100% 的伊斯蘭體系，但因種種原因，在 2001 年後逐步後撤，其現行體系為伊斯蘭金融和世俗傳統金融混合共生的平行機制；而這種體系同樣為沙特、阿聯酋、科威特、卡塔爾、巴林、土耳其和約旦等伊斯蘭國家所採用。

3.3.1 伊斯蘭銀行體系的基本類型

目前，伊斯蘭銀行體系主要有以下三種類型：

體系	特點及國家分佈
純粹的伊斯蘭銀行體系	國家要求其境內所有銀行之運營必須遵照伊斯蘭監管的要求
	伊朗、蘇丹、巴基斯坦（1985—2001 年）
雙軌制的伊斯蘭銀行體系	國家對其境內伊斯蘭銀行之運營有專門立法
	馬來西亞、文萊、印度尼西亞
平行制的伊斯蘭銀行體系	國家對其境內伊斯蘭銀行之運營沒有專門立法，但在一般金融市場法規下有針對伊斯蘭金融的相關規定
	沙特阿拉伯、阿聯酋、科威特、卡塔爾、巴林、約旦、英國、新加坡、巴基斯坦（2001 年後）

3.3.2 伊斯蘭銀行運行架構的主要類型

從伊斯蘭銀行運行架構觀察，目前主要有以下三種類型：

架構類型	主要銀行
傳統世俗銀行下設伊斯蘭金融分支機構及 / 或下設伊斯蘭金融服務窗口	Bader, Emirates Islamic Bank, First Gulf Bank, RHB Islamic Bank, ABN AMRO, HSBC Amanah, AFFIN Islamic, Arab Banking Corporation
由傳統世俗銀行轉型為伊斯蘭銀行	Bank Aljazira, Sharjah Islamic Bank, Dubai Bank, Kuwait International Bank, Bank Muamalat, Meezan Bank, Kauthar Bank
新設立的伊斯蘭銀行	NOOR Islamic Bank, Albaraka Banking Group, Alinma Bank, Kuwait Finance House, The Bank of Khyber, Asian Finance Bank

3.3.3　有針對伊斯蘭銀行立法的國家及其相關法律、法規

目前，有 13 個國家有專門的伊斯蘭銀行立法（或在一般法律框架下有針對伊斯蘭金融的相關規定），其中具體國家及其相關法律、法規如下表所示：

國家	相關法律、法規
馬來西亞	Islamic Banking Act 1983; Central Bank of Malaysia Act 2009; Banking and Financial Institution 1989 (S. 32；S. 124)；Government Funding Act 1983; Development Financial Act 2002 (S. 129)；Takaful Act 1984
沙特阿拉伯	Saudi Arabia Banking Law 1966
科威特	Central Bank of Kuwait Law No. 32 1968: Section 10; Central Bank of Kuwait Law No. 33 1968(amended 2003); Central Bank of Kuwait Law, Article 86; Central Bank of Kuwait Law, Article 93
阿聯酋	Dubai Islamic Finance Centre Islamic Finance Law; Federal Law No. 5, 1985; Federal Law No. 6,1986; Federal Law No. 10, 1980; Dubai Law No. 9, 2004
巴林	Central Bank of Bahrain 2006; Central Bank of Bahrain, Rulebook, Manama, 2010; Section CA-3, Decree No. 64, 2006
巴基斯坦	Banking and Financial Services Ordinance, 1984; Banking Control Department Circular No. 13, 1984; Modaraba Companies and Modarabas Ordinance 1980；Modaraba Companies and Modaraba Rules 1981; Banking and Financial Services Ordinance 1984; Banking Tribunal Ordinance 1984; Banking Companies Ordinance 1962(S. 32.1 — 2002); Presidential Order to the Local Council of Islamic Ideology 1977
土耳其	Decree No. 18112, dated 22/7/1983; Decree No. 70 for the establishment of banks; Decree No. 83/7506 dated 16/12/1983 for the establishment of Special Finance Houses in Turkey
印度尼西亞	Banking Act No. 21, 2008; Banking Act No. 23, 1999 (amended Act 3, 2004); Banking Act No. 72, 1992; Banking Act No. 7(amended Act 10, 1998)
伊朗	Usury-Free Baking Operations Law 1983
蘇丹	Comprehensive Peace Agreement (CPA)；Banking Business Regulation Act 1991; Central Bank of Sudan Act 2002 (amended in 2006)
約旦	Banking Law No. 28, 2000

國家	相關法律、法規
新加坡	MAS Notice 640; MAS Notice 613; MAS Notice 626; MAS Notice 637; MAS Notice 612; Banking Act (S. 29, S. 33)
英國	Financial Services and Markets Act 1999; Finance Acts 2007; Finance Acts 2006; Finance Acts 2005; Finance Acts 2003

總體而言，除沙特、約且、英國和新加坡外，其他伊斯蘭銀行業核心國家都有針對伊斯蘭銀行的專門立法或相關規定，其中馬來西亞在這方面的法律體系領先於其他國家。

3.3.4 各主要國家伊斯蘭機構監管概覽

具體而言，伊斯蘭銀行業核心國家之運管體系如下表所示：

從以上圖表分析可以看出：

1）平行制伊斯蘭金融體系最為流行；

2）馬來西亞在伊斯蘭金融立法方面最為完善；

3）伊朗在改造伊斯蘭金融體系純粹化方面的努力和措施最為徹底；

4）伊斯蘭銀行業核心國家均有適用的會計準則（以 AAOIFI 和 IAS 準則為主）和相關稅務規定；

5）針對伊斯蘭資本市場的立法體系目前尚未形成；

6）中央銀行（或國家金融監管局）普遍肩負起對伊斯蘭銀行的監管責任；

7）伊斯蘭銀行有必須符合伊斯蘭監管合規性的監管要求；

8）從銀行體系伊斯蘭監管機構的頂層設計來看，伊斯蘭監管（Shari'ah）結構的最高層是伊斯蘭監管顧問委員會或伊斯蘭監管委員會（SSB, Shari'ah Advisory Board or Shari'ah Supervisory Board）。第二層是各伊斯蘭金融機構（IFI, Islamic Financial Institutions）內部所設立的伊斯蘭監管顧問委員會或伊斯蘭監管委員會。（本書第四章將予以詳細介紹）

監管條例	馬來西亞	伊朗	巴林	沙特	巴基斯坦
伊斯蘭金融體系類型	雙軌制	純粹制	平行制	平行制	純粹制（2001 年後轉雙軌制
有針對銀行的專門立法	V	X	X	X	X
在一般立法項下有針對伊斯蘭銀行的具體規定	V	V	V	V	V
有針對伊斯蘭銀行的具體監管措施	V	V	V	V	V
在一般監管條例下有針對伊斯蘭銀行的具體規定	V	X	V	X	X
有針對伊斯蘭資本市場的專門立法	X	X	X	X	X
在一般立法項下有針對伊斯蘭資本市場的具體規定	V	X	X	X	X
有針對伊斯蘭資本市場的具體監管措施	V	X	V	X	X
在一般市場監管通則項下有針對伊斯蘭資本市場的具體監管規定	V	X	X	V	V
一般立法和監管通則具有監管適用性和法律強制執行力	V	V	V	X	V
在中央銀行或金融機構設有伊斯蘭教義委員會	SAC/SC	COG	NSB/SSC	X	SB/SA
有適用的伊斯蘭教義統一標準（或最高權威機構）	SAC/SC	COG	NSB	X	SB
有適用的會計標準	AAOIFI/MASB	AAOIFI	AAOIFI	AAOIFI	AAOIFI
有相關稅務規定	V	V	V	V	V
監管機構	Bank Negarfa Malaysia	Central Bank of Iran	Bahrain Monetary	Saudi Arabia Monotory Authority	State Bank of Pasist

資料：各國中央銀行網站及其年報

備註：

V 表示有；X 表示沒有

AAOIFI=Accounting and Auditing Organization for Islamic Financial Institutions，伊斯蘭金融機構會計與審計組織

COG= Council of Guardian，監管委員會

HSA=Higher Shari'ah Authority，高級伊斯蘭教義局

HSAB=Higher Shari'ah Authority Board，高級伊斯蘭教義局董事會

土耳其	印尼	蘇丹	科威特	阿聯酋	約旦	新加坡	英國
平行制	雙軌制	純粹制	平行制	平行制	平行制	平行制	平行制
X	X	V	X	X	X	X	X
V	V	V	V	V	V	X	X
X	V	V	V	V	V	V	V
X	V	V	X	X	V	X	X
X	X	X	X	X	X	X	X
X	V	V	X	X	V	X	X
X	V	V	X	X	V	X	X
X	V	V	X	X	V	X	X
V	V	V	V	V	V	V	V
X	SSB	HSSB	SSB	HAS/SSA	SB	SA	SA
X	NSB	SB	SSB	NSB	SB	X	X
IAS	AAOIFI	AAOIFI	AAOIFI	AAOIFI	AAOIFI	IAS	IAS
V	V	V	V	V	V	V	V
Central Bank of Turkey	Bank Indonesia	Bank of Sudan	Central Bank of Kuwait	DFIC, Central Bank of UAE	Central Bank of Jordan	Monetary Authority Singapore	Financial Services Authority

IAS=International Accounting Standard，國際會計準則

MAS=Malaysian Accounting Standard，馬來西亞會計準則

NSB=National Shari'ah Board，國家伊斯蘭教義委員會

SA=Shari'ah Advisor，伊斯蘭教義顧問

SB=Shari'ah Board，伊斯蘭教義董事會

SC=Shariah Committee，伊斯蘭教義委員會

SAC=Shari'ah Advisory Council，伊斯蘭顧問教義委員會

SSA=Shari'ah Supervisory Authority，伊斯蘭教義監管局

SSC=Shari'ah Supervisory Committee，伊斯蘭教義監管委員會

3.4 伊斯蘭銀行監管之公司治理

◇◇◇◇◇◇◇

良好的公司治理是為了保證伊斯蘭銀行持續性經營能力，也是伊斯蘭金融機構監管工作的重要一環。

伊斯蘭監管機構及伊斯蘭銀行在公司治理方面吸收了其許多國際性同行的最佳做法、經驗及規定，並自成體系。

國際監管機構有關公司治理的相關規定與最佳做法指引	巴塞爾銀行業監管委員會（BCBS）	國際貨幣基金組織（IMF）	伊斯蘭金融服務委員會（IFSB）
應對系統重要性金融機構採用審慎的監管架構	V	V	V
對系統重要性銀行之高風險及有嚴重利益衝突的重點業務應設立一定限制	N/A	N/A	N/A
應設立單一監管機構開展審慎性監管工作	N/A	N/A	N/A
金融監管機構在宏觀經濟決策中應起更大的作用	N/A	N/A	V
監管機構應對銀行之風險管控架構及流動性狀況定期檢查，如發現風險應採取措施及時補救	V	N/A	V
監管機構應對系統重要性非銀行金融機構有完全的監管能力，並確保其穩健經營而不至於破產	V	N/A	V
監管機構應要求銀行對流動性風險計提足夠撥備，並要求銀行有足夠資本充足準備	V	N/A	V
銀行應對相關會計標準（如公允價值、按市場價格定價等）講行調整，以降低其順週期之影響	N/A	N/A	V

國際監管機構有關公司治理的相關規定 與最佳做法指引	巴塞爾銀行業 監管委員會 （BCBS）	國際貨幣 基金組織 （IMF）	伊斯蘭金融 服務委員會 （IFSB）
監管機構對系統性風險管控應加強國際協作；為監管流動性風險應建立一個正式的國際性監管機制與信息分享機制	V	V	V
應建立銀行間及銀行與相關公眾機構間信息共享的透明機制	N/A	V	V
應在監管機構間建立國際性、定期信息共享機制	V	N/A	V
監管之國際最低標準應適應於各國，包括那些避稅天堂國家和地區，以及離岸金融中心	V	N/A	V
國際證券監管機構應負責管理對沖基金，並對系統重要性對沖基金進行審慎性監管	N/A	N/A	N/A
國際證券監管機構（在保密基礎上）應要求對沖基金披露其投資戰略及頭寸情況	N/A	V	N/A
監管機構及清算機構應具備處理信用違約掉期的能力	N/A	N/A	N/A
全國性監管機構應對金融機構的風險敞口設限以降低其擠兌風險	N/A	V	N/A
應對複雜金融工具加強風險信息披露及評級透明性的管理	N/A	N/A	N/A
監管機構應強制要求對信用評級機構註冊及監管進行管理	N/A	N/A	N/A
監管機構應對信用評級機構進行獨立評估，並對其收入來源加強監管	N/A	N/A	N/A

資料來源：巴塞爾銀行業監管委員會（BCBS）、國際貨幣基金組織（IMF）、伊斯蘭金融服務委員會（IFSB）相關文件

備註：V 表示有相關規定及適用相關做法；N/A 表示不適用。

從以上圖表分析可以看出：

1）伊斯蘭銀行及監管機構對系統重要性銀行進行審慎監管、加強流動性管理及信息共享方面的要求和標準與其國際性同行頗為接近；

2）伊斯蘭銀行及監管機構對評級機構、對沖基金及其結構性產品管理方面尚未形成一整套完整的管理體系。

3）總體來說，伊斯蘭監管機構正在不斷學習其國際同行的最佳做法、規定及經驗，並不斷完善其監管體系以提高監管質量0。

3.5 伊斯蘭銀行監管之風險管控

◇◇◇◇◇◇

有關風險管控的指引、規定及國際性最佳做法	巴塞爾銀行業監管委員會（BCBS）	國際貨幣基金組織（IMF）	伊斯蘭金融服務委員會（IFSB）
銀行應更關注並建立系統性風險管控機制；同時銀行董事會應對其內部風險管控的各項措施負責	N/A	N/A	V
銀行應關注公司內部交易及跨公司之間交易的流動性風險；並關注不同幣種交易的匯兌風險。銀行對客戶在銀行的資金周轉應有一個監管體系	N/A	N/A	V
銀行應區分有變現障礙資產和無變現障礙資產的管理，對可以用做抵（質）押品的無變現障礙資產應確保其融資的操作性要求和時間要求	V	N/A	N/A
銀行應持有高質量流動性資產以確保其籌資需求不受法律、監管和操作的限制	V	N/A	N/A
銀行應對影響其籌資能力的主要因素加強管理，並做好其隔日頭寸管理	V	V	V

有關風險管控的指引、規定及國際性最佳做法	巴塞爾銀行業監管委員會（BCBS）	國際貨幣基金組織（IMF）	伊斯蘭金融服務委員會（IFSB）
銀行應提高其總資本的數量和質量	N/A	N/A	V
銀行資金來源及期限應多樣化。銀行應與銀行提供方保持緊密關係	V	V	V
銀行管理層之薪酬機制應強調激勵與風險之間的平衡，應將過度風險化的可能降到最低	N/A	V	N/A

有關風險管控的指引、規定及國際性最佳做法	巴塞爾銀行業監管委員會（BCBS）	國際貨幣基金組織（IMF）	伊斯蘭金融服務委員會（IFSB）
銀行應建立風險緩釋機制	V	V	N/A

有關壓力測試的指引和規定	巴塞爾銀行業監管委員會（BCBS）	國際貨幣基金組織（IMF）	伊斯蘭金融服務委員會（IFSB）
銀行應建立經常性壓力測試機制（含不同嚴重程度），並將中央銀行的應急借款能力納入該壓力測試機制中	V	N/A	N/A

有關應急計劃的指引和規定	巴塞爾銀行業監管委員會（BCBS）	國際貨幣基金組織（IMF）	伊斯蘭金融服務委員會（IFSB）
銀行應制定在金融危機發生時的詳細應急計劃	V	N/A	N/A

有關公開信息披露的指引和規定	巴塞爾銀行業監管委員會（BCBS）	國際貨幣基金組織（IMF）	伊斯蘭金融服務委員會（IFSB）
銀行必須對公眾公開其流動性狀況，含銀行之流動性風險容忍度；流動性風險種類，流動性風險管理措施以及壓力測試的假設條件等	V	V	V

資料來源：巴塞爾銀行業監管委員會（BCBS）、國際貨幣基金組織（IMF）、伊斯蘭金融服務委員會（IFSB）相關文件

備註：V 表示有相關規定及適用相關做法；N/A 表示不適用。

從以上圖表分析可以看出：

1）在風險管控與公開信息披露方面，伊斯蘭銀行及監管機構比較接近國際標準；

2）但在壓力測試及應急計劃等方面還有很大的提高空間。

3.6　伊斯蘭銀行監管之標準設計

在過往近 30 年裏，伊斯蘭金融機構會計與審計組織（AAOIFI）和伊斯蘭金融服務委員會（IFSB）肩負起了伊斯蘭銀行業標準設計及其推廣工作。其中，伊斯蘭金融機構會計與審計組織（AAOIFI）主要負責會計、審計以及公司治理等方面；而伊斯蘭金融服務委員會（IFSB）主要負責伊斯蘭銀行監管和公司治理等方面的標準設計和推廣。

下表主要就伊斯蘭銀行及傳統金融機構在銀行各項標準設計等方面做一比較。

銀行標準設計及其設置機構對比

序號	標準及涵蓋範圍	標準設計之主要國際性機構	標準設計之伊斯蘭國際性金融機構
1	會計準則及標準	國際會計準則委員會（IASB）、國際會計師聯合會（IAFC）、巴塞爾銀行業監管委員會（BCBS）	伊斯蘭金融機構會計與審計組織（AAOIFI）
2	反洗錢及反恐怖主義融資	反洗錢金融特別工作組（IFAC）	N/A
3	審計	國際會計師聯合會（IAFC）	伊斯蘭金融機構會計與審計組織（AAOIFI）
4	銀行	巴塞爾銀行業監管委員會（BCBS）	伊斯蘭金融服務委員會（IFSB）

序號	標準及涵蓋範圍	標準設計之主要國際性機構	標準設計之伊斯蘭國際性金融機構
5	公司治理	巴塞爾銀行業監管委員會（BCBS），世界銀行（WB）	伊斯蘭金融機構會計與審計組織（AAOIFI）、伊斯蘭金融服務委員會（IFSB）
6	數據傳播	國際貨幣基金組織（IMF）	N/A
7	財務透明度	國際貨幣基金組織（IMF）	N/A
8	破產及信用權制度	世界銀行（WB）、聯合國國際貿易法委員會（UNCITRAL）、國際律師聯合會（IBA）	尚未有正式法律文件，但對伊斯蘭金融至為重要，因其是建立在風險共擔基礎上的
9	保險監管規定	國際保險監管協會（IAIS）	尚未有正式法律文件，但在伊斯蘭金融服務委員會（IFSB）管轄之下
10	貨幣和財政政策透明度	國際貨幣基金組織（IMF）	N/A
11	支付系統	支付和結算系統委員會（CPSS）	N/A
12	證券市場監管	國際證券事務監察委員會組織（IOSCO）	尚未有正式法律文件，但在伊斯蘭金融服務委員會（IFSB）管轄之下

資料來源：巴塞爾銀行業監管委員會（BCBS）、國際貨幣基金組織（IMF）、伊斯蘭金融服務委員會（IFSB）相關文件

備註：N/A 表示不適用。

從上表可以看出，同傳統的國際性金融機構相比：

1）伊斯蘭銀行及其監管機構在會計、審計、銀行以及公司治理方面的標準要求與其國際性同行較為接近；

2）但伊斯蘭銀行及其監管機構在反洗錢及反恐怖主義融資、數據傳播、財務透明度、破產、信用制度、保險監管規定、貨幣和財政政策透明度、支付系統以及證券市場監管等方面尚未形成統一標準和統一的伊斯蘭監管解釋，這也為該行業監管及國際化帶來了極大的挑戰。

3.7　伊斯蘭金融風險類別與特點

◇◇◇◇◇◇

3.7.1　伊斯蘭銀行與傳統銀行之風險處理方式異同

作為金融機構，伊斯蘭銀行與傳統銀行在諸多方面有相似點，如符合監管要求的前提下追求回報最大化，強調資產配置，盡力降低信息不對稱以減少交易成本，為客戶提供多方位服務等。但在實務運作中，伊斯蘭銀行與傳統銀行還是有諸多不同，伊斯蘭銀行主要是以實物（實業）資產為基礎，與投資人共擔風險，共享收益，傳統銀行主要是以債務為基礎進行風險轉嫁。雙方對風險處理方式也頗為不同：

主要差異點	伊斯蘭銀行	傳統銀行
風險	共擔	轉嫁
存款來源	投資者—投資回報分享賬戶所有人（Owner of PSIA-Profit Sharing Invest-ment Account），該回報視銀行經營業績而定	存款人將回報風險轉嫁給銀行，而銀行為客戶存款按固定利率提供利息
資金使用	銀行以 MURABAHAH, MUSHA-RAKAH 等模式將存款資金投資符合伊斯蘭監管之項目、產品等，並與投資人共享回報	借款人支付借款利息，該利息與借款人之項目回報不一定有直接聯繫。銀行通過資產證券化或衍生品對沖等方式將風險進行轉嫁

3.7.2　伊斯蘭金融風險分類

伊斯蘭金融風險，是指伊斯蘭金融機構在經營過程中，由於決策失誤，客觀情況變化致監管失效而導致的違規或其他原因使伊斯蘭金融機構資金、財產、信譽有遭受損失的可能性。一家伊斯蘭金融機構因其發生的風險所帶來的後果，往往超過對其自身的影響。根據系統重要性，一家伊斯蘭金融機構因其經營不善而出現危機，有可能對其所在國整個伊斯蘭金融體系的穩健運行構成威脅；一旦發生系統風險，金融體系運轉失靈，必然會導致全社會經濟秩序的混亂，甚至引發嚴重的政治危機。

伊斯蘭金融服務委員會（IFSB）是一個國際性伊斯蘭金融機構，2003 年 3 月開始正式運作，總部設在馬來西亞首都吉隆坡。IFSB 負責為伊斯蘭監管機構和金融機構設立各項標準，制定伊斯蘭金融業的監管條例，使國際慣例與伊斯蘭監管相融合，監督伊斯蘭金融機構審慎、透明運作，以保障伊斯蘭金融業的健康、穩健發展。截至 2017 年底，IFSB 的正式會員單位共有 65 個，由分別來自 57 個不同國家和地區的監督管理機構以及 8 個國際性跨政府機構（如 IMF, the World Bank, BIS 等）組成。此外，IFSB 還吸收了世界上 102 個機構（如金融機構、專業組織、行業協會、證券交易所等）作為其觀察會員，參與其各項重要活動，但不參與伊斯蘭金融行業標準的起草、制定和實施。自其成立伊始，IFSB 已為伊斯蘭金融業制定了 27 套專業標準、行業標準、技術規章及指導原則，涵蓋了風險管理、資本充足率、公司治理、透明度及市場紀律、監管檢查流程、投資、行業行為規範、壓力測試、信用評級、流動性風險管理、貨幣市場管理、資本市場管理等方面。其中主要有針對伊斯蘭銀行（17 套）、針對伊斯蘭資本市場（1 套）、針對伊斯蘭保險業（4 套）、針對混業經營（2 套）。

針對伊斯蘭金融機構風險管理，IFSB 於 2005 年頒佈了《伊斯蘭金融服務機構（保險公司除外）風險管理指導原則》（Guiding Principles of Risk Management For Institutions [Other Than Insurance Institutions] Offering Only Islamic Financial Services, Dec 2005）。該《指導原則》強調所有伊斯蘭金融機構均需配置完善的將風險分為 7 類（信用、股權投資、市場、流動性、回報率、操作性風險、伊斯蘭監管），提出了 15 項基本指導原則，並對監管授權職責進行了定義。

伊斯蘭金融界依據巴塞爾協議常把風險分為：市場風險、信用風險、操作風險三大類。以此為依據，伊斯蘭金融風險具體表現為：

3.7.2.1　市場風險

市場風險是指因為未來市場價格（利率、匯率、股票價格和商品價格）的不確定性而可能對企業經營活動及盈利產生的不利影響。市場風險可以分為利率風險、匯率風險、股票價格風險、商品價格風險與流動性風險,這些市場因素可能直接對企業產生負面影響,也可能是通過對其競爭者、供應商或者消費者間接對企業產生影響。

從財務角度來看,伊斯蘭銀行業務可以分為表內業務和表外業務。表內業務指資產負債表中,資產和負債欄目可以揭示的業務。其中,資產業務包括:貸款業務、票據業務、證券投資業務、現金資產業務。負債業務包括:存款業務、借款業務。對於伊斯蘭銀行而言,市場風險是指由於市場變量的波動而導致銀行的表內或表外頭寸在被清算或沖抵之前遭受價值損失的可能性,市場風險會對其資產負債表之表內和表外業務與收益水平產生重大的影響。

而所謂表外業務(OBS, Off-Balance Sheet Activities),是指伊斯蘭銀行所從事的,按照通行的會計準則不列入資產負債表內,不影響其資產負債總額,但能影響銀行當期損益,改變銀行資產報酬率的經營活動。主要包括:

1)擔保類業務,是指伊斯蘭銀行接受客戶的委託對第三方承擔責任的業務,包括擔保(保函)、備用信用證、跟單信用證、承兌等。

2)承諾業務,是指伊斯蘭銀行在未來某一日期按照事先約定的條件向客戶提供約定的信用業務,包括貸款承諾等。

3)金融衍生交易類業務,是指伊斯蘭銀行為滿足客戶保值或自身頭寸管理等需要而進行的貨幣(包括外匯)和利率的遠期、掉期、期權等衍生交易業務。

4)伊斯蘭融資租賃業務。

具體看來,上述業務中所包含的市場風險有:

1)匯率風險

匯率風險指的是由於外匯匯率的反向變化而導致本國貨幣蒙受損失的可能性。在經營活動中具體體現為交易風險、會計風險與經營風險。以中東為例,海合會(GCC)六國的主要財政收入(超過80%)來源為石油美元,即通過石油出口而換取的美元。為了規避匯率風險,GCC國家均將本國貨幣與美元掛鈎。例如,沙特的貨幣里亞爾(SAR)掛鈎於美元(USD),匯率長期穩定在USD1=SAR3.75。這樣通過自然對沖的方式規避了匯率風險,從而保障了本國財政收入的穩定性。

2）商品交易風險

商品交易風險指的是符合伊斯蘭監管的商品（包含農產品、大宗原材料、能源商品等）契約價格之波動而可能帶來的投資收益風險。例如，在 2010—2013 年，美元貶值，以美元結算計價的商品（石油和黃金為主）"價格"上漲，這無形中刺激了沙特的石油出口，加上油價的高企，沙特財政收入增加了 2 倍有餘。而 2014 年下半年開始，石油價格高位跳水，跌幅超過 50%，也給海灣產油國財政收入帶來了極大的負面影響，導致 2015—2016 年間許多政府在建工程項目停工、拖欠工程款，並進一步造成工程承包商、施工企業、材料供應商之間三角債堆積，許多中小企業因此破產清算。

3.7.2.2　信用風險

信用風險是指借款人或合夥人因各種原因，不願或無力履行合同條件，從而未能及時、足額償還所欠債務及/或伊斯蘭銀行貸款而發生違約，致使伊斯蘭銀行、投資者或交易對手遭受損失的可能性。具體看來，伊斯蘭金融市場的主要信用風險有流動性風險、股權交易風險、回報率風險、替代性商業風險、權益投資性風險等。

1）流動性風險

流動性風險是指因市場成交量不足或缺乏願意交易的對手，導致未能在理想的時點完成買賣的風險。對於伊斯蘭銀行來說，流動性風險包括資產與負債流動性風險。

伊斯蘭銀行資產指的是伊斯蘭銀行擁有或者控制的、預期會給銀行帶來經濟利益的資源。主要內容包括貸款、投資（證券投資、現金資產投資、固定資產投資）、租賃、買賣外匯、票據貼現等，其中最主要的是貸款和投資。貸款包括短期、中期、長期信貸和消費貸款等。資產流動性風險是指資產到期不能如期足額收回，進而無法滿足到期負債的償還和新的合理貸款及其他融資需要，從而給銀行帶來損失的風險。

伊斯蘭銀行負債業務指的是銀行通過對外負債方式籌措日常工作所需資金的活動，其構成了銀行資產業務和中間業務的基礎，銀行負債主要由自有資本、存款和借款構成，其中存款和借款屬於吸收的外來資金，另外聯行存款、同業存款、借入或拆入款項或發行債券等，也構成銀行的負債。負債流動性風險是指由於內外因素的變化而發生不規則波動，對銀行的存款及籌資能力產生衝擊並引發相關損失的風險。銀行籌資能力的變化可能影響原有的籌融資安排，迫使銀行被動地進行資產負債調整，造成流動性風險損失。這種情況可能迫使銀行提前進入清算，使得賬面上的潛在損失轉化為實際損失，甚至導致銀行破產。

2）股權交易風險

股權交易風險指的是符合伊斯蘭監管的股權投資因為市場的波動而發生貶值的風險。

3）回報率風險

考察伊斯蘭金融機構的回報率通常看兩個指標，一個是資產收益率或資產回報率（ROA, Return On Assets）；另一個是投資者賬戶回報率（ROIAH, Rate of Return for Investment Account Holders）。具體說來：

① 資產收益率，也叫資產回報率（ROA），它是用來衡量每單位資產創造多少淨利潤的指標。具體計算公式為：資產收益率 = 淨利潤 / 平均資產總額 × 100%。資產收益率是業界應用最為廣泛的衡量銀行盈利能力的指標之一。

② 投資者賬戶回報率（ROIAH）：伊斯蘭金融機構通常會與投資賬戶持有者簽訂投資利潤分享協議，即雙方事先確定分紅比率。該回報率的高低可以反映出銀行的投資和風險控制能力。在伊斯蘭金融機構經營不善或市場出現大的衰退時，上述回報率的實現就存在一定的風險。

4）替代性商業風險

替代性商業風險指的是對資產收益率（ROA）與股東權益收益率（ROE, Return On Equity）進行對比而有影響的市場因素。如果伊斯蘭金融機構不能夠提供有足夠市場競爭力的回報，那麼它就面臨客戶流失，被市場上其他競爭者替代的風險。

5）股東權益收益率（ROE）是以每股稅後收益除以每股的股東權益賬面價值；而資產收益率（ROA）是公司總的稅後收益（加利息）與公司的總資產的比率。股東權益收益率與資產收益率之間關係是：

股東權益收益率（ROE）= 資產收益率（ROA）× 槓桿比率（L）

其中：槓桿比率是公司的總資產與公司總的股東權益賬面價值的比率（Leverage Ratio，簡稱為 L）。

6）權益性投資風險

權益性投資是指為獲取其他企業的權益或淨資產所進行的投資。

伊斯蘭金融中的權益性投資風險主要指以 Mudarabah（利潤分享）和 Musharakah（利潤和風險共享）合同所進行的投資中所包含的各種風險因素對合同標的物殘值的影響。

3.7.2.3 操作性風險

操作風險可以由人員、系統、流程、外部事件、伊斯蘭監管合規性內部控制等風險構成。操作性風險並由此分為八種表現形式：違反伊斯蘭監管，欺詐（內部、外部），聘用員工做法和工作場所安全性，客戶、產品及業務做法，實物資產損壞，業務中斷和系統失靈，交割及流程管理等。

在結算合規風險管理方面，部分伊斯蘭金融機構引進了國際標準化組織 ISO20022《金融業通用報文方案》並加入了持續聯結清算系統（CLS, Continuous Linked Settlement），建立了銀行間直通式處理系統（STPS, Straight Through Processing System），從而規避交易幣種錯配及結算風險，提高銀行付款的安全性和效率，進而提高了銀行的流動性。

在信息風險管理方面，部分伊斯蘭金融機構引進了國際標準化組織 ISO27002《信息安全管理體系認證》，和美國會計師協會（AICPA）制定的審計標準報告第 70 號標準—SAS70（Statement on Auditing Standard 70），統一了金融服務機構向客戶提供服務的內部控制、安全保障、稽核監督措施的審計標準。

在環境體系風險管理方面，部分伊斯蘭金融機構引進了國際標準化組織 ISO14000《環境管理系列標準認證》，以應對多變的環境合規要求。

3.8　伊斯蘭信用風險管理工具

◇◇◇◇◇◇◇

為了應對伊斯蘭基礎產品中所蘊涵的信用風險或違約風險，伊斯蘭金融機構設計出一系列伊斯蘭結構性產品和衍生金融工具用於規避風險。這些產品和工具主要包括：遠期合同（Salam）、期貨交易合同（W'ad）、看漲期權（'Urban）以及互換和掉期等。具體介紹如下：

3.8.1　遠期合同（Salam）

根據伊斯蘭商法，Salam 是一個套期保值合同，合同雙方藉此鎖定未來某商品的價格。

Salam 的阿拉伯語意思是即時付款，延期交貨。據 Salam 合同，買家是提前全額付款，即賣家提前收到全額貨款。而買賣雙方所購商品的交付是在其共同約定的未來某日。此類合同項下的商品價格往往較為波動，例如可可粉、大豆、小麥等。

買家在簽約日付款從而鎖定價格，以規避商品價格上漲的風險。該類合同設有嚴格的條件以確保合同的約束性和法律上的可強制執行性，例如合同雙方會約定商品的數量、質量和合理交貨條件等，並且任何約定商品的數量、質量和合理交貨條件等的變化不會影響商品的既定價格。由於其銷售對象在合同簽訂時不存在或尚未有現貨，Salam 合同項下的商品必須可以被清晰定義。所銷售的產品的具體規格和詳細功能必須使合同當事人盡知，經買賣雙方同意以避免歧義。當所交付的商品在品種、質量和交貨時間等與所簽合同不符時，買方可以選擇無折扣或無溢價的價格交付（即按合同原價交付），或在雙方同意的基礎上選擇撤銷合同。

由銀行向商品的賣方生產商或出口商提供預付款即構成 Salam 融資。在此類銀行融資安排中，有時會出現並行 Salam 融資安排，即一個融資主合同項下由兩個獨立的 Salam 從合同組成，資金提供方 / 出資人在其中既充當買家也同時充當賣家。其中，在第一個 Salam 合同中，伊斯蘭金融機構是買家，並為未來交付的資產的賣方提供全額付款。同時，伊斯蘭金融機構作為賣方與第三方簽訂第二個 Salam 合同，賣出上述資產，但交貨期較第一合同為短。伊斯蘭金融機構通過第一個 Salam 和第二 Salam 合約之間的價差賺取利潤。

Salam 合同與傳統金融中的遠期合約的最大不同有兩點：

1）Salam 合同支持的標的物資產必須是符合伊斯蘭監管的資產、商品；

2）Salam 合同要求買方在簽約日即全額付款。

3.8.2 期貨交易合同（Wa'd）

傳統金融的期貨合約是一種跨越時間的交易方式，也是一種衍生工具。買賣雙方透過簽訂合約，同意按指定的時間、價格及其他交易條件，交收指定數量的現貨。期貨合約買賣雙方透過買賣期貨，鎖定利潤與成本，減低時間帶來的價格波動風險。

伊斯蘭期貨合約稱為 Wa'd，阿拉伯語的意思為單方面的許諾或承諾。Wa'd 是由合同一方對另一方做出的單方面承諾。在融資交易中，這一特徵為合同的順利執行提供了保證。例如，進口商以外幣計價支付貨款時，如果外幣升值，則進口商將面臨損失。為了規避這一風險，其可以使用 Wa'd 合同，要求出口商對進口商承諾，在貨物交收時以事先約定數額的外幣進行支付。

舉例來說，A 是沙特的果汁生產商，為保證安全庫存，其欲向 B 出口商在 6 個月後以每噸 3750 美元，購買 100 噸蘋果。因此，A 與 B 簽訂一個 Wa'd 合約，即 A 單方面向 B 承諾，如果 B 能夠在 6 個月後按期提供 100 噸符合合同約定的蘋果，則 A 將付給 B375000 美元。

通過上述安排，A 鎖定了匯率風險與進口成本，而不論其本國貨幣沙特里亞爾未來 6 個月後對美元如何波動，對其利潤都不會造成影響。

Wa'd 合同與傳統金融中的期貨合約的最大不同有兩點：

1）Wa'd 合同支持的標的物資產必須是符合伊斯蘭監管的資產、商品；

2）Wa'd 合同是由一方對另一方所做出的單方面承諾。

3.8.3　看漲期權合同（'Urban）

在傳統金融中，期權（Option），是一種金融衍生工具，是一種選擇權，指的是一種能在未來某特定時間以特定價格買入或賣出一定數量的某種特定商品的權利。

從其本質上講，期權實質上是在金融領域中將權利和義務分開進行定價，使得權利的受讓人有權在規定時間內對於是否進行交易而行使其權利，而義務方必須履行其義務。在期權交易時，購買期權的一方稱作買方，而出售期權的一方則叫做賣方；買方即是權利的受讓人，而賣方則是必須履行買方行使權利的義務人。期權交易具有保證金（Margin）及權利金（Premium）的概念，買方支付權利金予賣方，賣方收取保證金防止違約；買方擁有買賣權履約與否之權力，而賣方因已開始收取權利金，具有履約義務。

市場所交易期權的保證金即是權利金，權利金包含兩個部分：內涵價值（Intrinsic Value）與時間價值（Time Value）。權利金＝內涵價值＋時間價值。

按期權的權利劃分，有看漲期權和看跌期權兩種類型。

伊斯蘭期權稱為 'Urban，根據伊斯蘭商法，其實質是買方付給賣方的首付款（定金），實質上類似於一個看漲期權。伊斯蘭法律不允許機構和個人賣出在交易時不屬於自己名下的資產，因此賣出看跌期權是不符合伊斯蘭監管的，故而在伊斯蘭金融市場上不存在賣出（看跌）期權這一衍生產品。所以在實際金融操作中，伊斯蘭金融市場只有看漲期權（'Urban）。

在雙方簽訂有效合同後，由買方支付給賣方的首付款，其代表了買方購買貨物的承諾。如果買方能夠或決定在規定的期間內支付剩餘的未付款，首期付款金額將被計入商品購買總價的一部分。否則，首付款將被賣方沒收。從本質來看，'Urban 與傳統金融的看漲期權相近，為看漲買家提供一個看漲期權，並將其損失控制在低於首付款的水平。

伊斯蘭期權（'Urban）	傳統金融期權
首付款是行權執行價格的一部分	保證金不是行權執行價格的一部分
執行價格是固定的	執行價格是固定的

伊斯蘭期權（'Urban）	傳統金融期權
根據伊斯蘭監管，伊斯蘭期權只適用於簽約的買賣雙方，不可流通轉讓	可以流通轉讓
伊斯蘭期權只適用於符合伊斯蘭監管的資產和標的物	可以適用於任何資產、股票和商品
只有看漲期權是有效的；不存在看跌期權	看漲期權與看跌期權都是有效的

3.8.4 互換、掉期合同（SWAP）

掉期交易（Swap Transaction），屬於金融衍生品的一種，是指交易雙方約定在未來某一時期相互交換某種資產的交易形式。更為準確的說，掉期交易是當事人之間約定在未來某一期間內相互交換他們認為具有等價經濟價值的現金流（Cash Flow）的交易。

較為常見的是貨幣掉期交易和利率掉期交易。貨幣掉期交易，是指兩種貨幣之間的交換交易，在一般情況下，是指兩種貨幣資金的本金交換。利率掉期交易，是相同種類貨幣資金的不同種類利率之間的交換交易，一般不伴隨本金的交換。掉期交易與期貨、期權交易一樣，已成為國際金融機構規避匯率風險和利率風險的重要工具。

掉期合同與遠期合同的相似性在於：

1）兩者在合同生成時任意一方通常都不需要支付任何費用。

2）兩者都是制定性的交易工具，都不在任何二級市場交易，故都存在中間人角色（通常為大銀行或經紀公司）負責撮合交易。

3）兩者都屬非規範性（相對於期貨而言），故信用風險是其重要考慮因素。

4）大多數參與的交易方都是大型的機構。

在伊斯蘭金融中，掉期交易的主要表現形式為回報率互換／掉期（Profit Rate Swaps）。對伊斯蘭金融機構而言，其對在該機構開立的伊斯蘭投資賬戶中的存款（對銀行而言是負債）所提供的投資回報義務通常都是浮動的，但是該義務下所對應的資產（價格）通常都是固定的。為了保證其資產、負債配置的合理性，伊斯蘭金融機構會將固定資產與固定負債相匹配；同時將浮動資產與浮動負債相匹配。

　　以下舉例說明。A 銀行是伊斯蘭銀行，其部分負債體現為其客戶在 Mudarambah（利潤分享）投資賬戶下的享受浮動回報率存款。換言之，A 銀行願意為其客戶在該銀行開立的 Mudarabah（利潤分享）投資賬戶提供相當於市場平均回報率的賬戶回報。因為如果它不這麼做，A 銀行就無法從市場上吸收到足夠的存款支持其業務發展。

　　此外，A 銀行還有其他類型投資賬戶服務提供給其客戶，例如 Murabahah（加價貿易），Istisna'（工程建造融資協議）和 Ijarah（融資租賃）投資賬戶，此類賬戶大多立足於融資項目，為客戶投資提供固定的回報率。為了做好資產負債配置，即將其部分浮動負債（享受浮動存款回報率的存款）及固定資產（享受固定投資回報率的項目投資）進行合理配置，A 銀行就會有強烈的願望在市場上尋找與其需求相符合的交易對手進行掉期交易。如果此時市場上出現了另一個交易對手——伊斯蘭銀行 B，與 A 銀行相反，B 欲將其資產負債表項下的部分固定負債（享受固定存款回報率的存款）及浮動資產（享受浮動投資回報率的項目投資）進行再配置，則 A 與 B 可以通過簽署兩個 Murabahah（加價貿易）合同實現互換。

　　以下圖表顯示 A 銀行就兩個 Murabahah（加價貿易）合同（一個是浮動回報率，另一個是固定回報率）與其交易對手 B 銀行進行回報率掉期交易的流程。

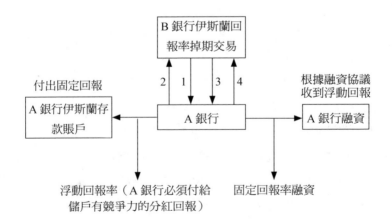

第一階段：固定投資回報率

第一步：伊斯蘭銀行 A、B 簽署合同，B 以 Murabahah（加價貿易）合同形式向 A 出售一項投資，要求 A 在合同完成時付清投資本金及回報。假設該項投資合同本金為 USD1000000，加價部分為每年合同本金的 5%，期限 2 年。換言之，此項 Murabahah（加價貿易）合同的定價由兩部分組成，一部分是固定的，即 USD1000000 本金；另一部分也是固定的，即合同本金的 5%。假設合同約定加價部分的付款期為每 6 個月支付一次，即每次支付金額為 USD1000000×5%/2 =USD25000；

第二步：根據合同約定，A 向 B 每 6 個月支付一次固定回報，金額為 USD25000，為期 2 年。在合同結束時，A 應向 B 共支付 USD1100000，其中，合同本金：USD1000000；固定回報：每期 USD25000，分 4 期支付共 USD100000，此為 Murabahah 合同加價部分。

第二階段：浮動投資回報率

第三步：A 以 Murabahah（加價貿易）合同形式向 B 出售一項投資，要求 B 在合同完成時付清投資本金及回報。假設該項投資合同本金為 USD1000000，期限兩年，對於合同加價部分，雙方約定的加價成數每 6 個月由雙方視當時的市場平均回報率而重新釐定一次。換言之，此項 Murabahah（加價貿易）合同的定價由兩部分組成，一部分是固定的，即 USD1000000 本金；另一部分是 Murabahah（加價貿易）加價部分，是浮動的。因為雙方約定的加價成數將視當時的市場平均回報率而定，即該加價部分每 6 個月由雙方視當時的市場平均回報率而重新釐定一次，所以以該加價部分是浮動的。

第四步：假設合同約定加價部分的付款期為每 6 個月支付一次，即每次支付金額為 Y=USD1000000 × X%/2；X 為每 6 個月的市場平均回報率，B 每次支付給 A 金額為 Y 的浮動回報；為期 2 年，共 4 期。

第五步：在合同結束時，B 應向 A 共支付 USD1000000+4Y，其中，合同本金：USD1000000；浮動回報：4Y，分 4 期支付，每期 1Y，為 Murabahah 合同加價部分。

第三階段：掉期 / 互換合同結算

第六步：本金結算：因為伊斯蘭銀行 A、B 所簽署的 Murahah（加價貿易）合同本金均為 USD1000000，期限相同，均為 2 年後清償，所以二者相抵，不需要互換；

第七步：投資回報結算：其中，

1）A 應向 B 支付固定回報，每 6 個月為一期，每期 USD25000；分四期支付共 USD100000，為 Murabahah 合同加價部分；

2）B 應向 A 支付浮動回報，每 6 個月為一期，每期金額為 USD1000000×X%/2=Y，取決於每 6 個月的市場平均回報率 X；分 4 期支付共 4Y，為 Murabahah 合同加價部分。

因為伊斯蘭銀行不能為客戶存款提供利息，所以伊斯蘭銀行 A、B 通過上述 Murabahah（加價貿易）合同形式實現了固定回報率與浮動回報率的互換。而上述安排符合伊斯蘭監管，可以幫助 A 銀行以浮動回報率（與市場平均回報率基本一致）吸引伊斯蘭客戶存款投資其伊斯蘭投資賬戶。實現浮動資產與浮動負債之間的合理匹配。同時，在 A 銀行名下有眾多的資產投資，其回報是以固定回報率形式出現的，例如伊斯蘭債券（SUKUK），利潤分享合同（Mudarabah），租賃合同（Uarah）等，這樣給 A 銀行進行資產再配置留出了足夠的空間，以規避資產負債重大錯配的風險。

3.8.5 伊斯蘭掛鈎票據 / 伊斯蘭高息票據（IELNs, Islamic Equity Linked Notes）

伊斯蘭掛鈎票據 / 高息票據（IELNs）是一款結構性融資產品，投資含兩部分，一部分是投資本金；另一部分是伊斯蘭看漲期權（'Urban），它可以幫助投資者在實現保本的同時享有資本市場上漲時帶來的投資收益。

伊斯蘭掛鈎票據 / 高息票據會掛鈎符合伊斯蘭監管的不同的股票、指數或伊斯蘭債券。如果所掛鈎的標的物價格上漲，投資者選擇行權，賺取投資本金加回報；如果所掛鈎的標的物價格下跌，投資者選擇放棄行權，因為伊斯蘭看漲期權 'Urban 實質是買方付給賣方的首付款（定金），即投資者放棄定金，鎖定其損失。在實際經濟生活中，定金比率通常為標的物價值的 1%，所以即使放棄定金，投資者的損失都有限，本金基本不受損失。

總結

◇◇◇◇◇◇

本章主要介紹了：

—— 全球伊斯蘭銀行發展之重大事件

—— 伊斯蘭銀行之市場現狀

—— 伊斯蘭銀行監管之法律框架

—— 伊斯蘭銀行監管之公司治理

—— 伊斯蘭銀行監管之風險管控

—— 伊斯蘭銀行監管之標準設計

—— 伊斯蘭金融風險類別及特點

—— 伊斯蘭信用風險管理工具

伊斯蘭銀行的產生是伊斯蘭經濟發展和穆斯林金融需求發展的必然結果，它結合了社會責任和信仰為本的道德原則，可以被看作金融和信仰的混合物。

從伊斯蘭銀行體系的三種基本類型（平行制、純粹制和雙軌制）來看，平行制的運行機制最為流行。在伊斯蘭金融和伊斯蘭銀行立法方面，馬來西亞領先於其他國家。

作為金融機構，伊斯蘭銀行與傳統銀行在諸多方面有相似點，如追求回報最大化，強調資產配置，盡力降低信息不對稱以減少交易成本，為客戶提供多方位服務等。但在實務運作中，伊斯蘭銀行與傳統銀行還是有諸多不同，伊斯蘭銀行主要是以資產為基礎，與投資人共擔風險，共享收益；傳統銀行主要是以債務為基礎進行風險轉嫁。

在伊斯蘭銀行業的發展過程中，伊斯蘭國際性金融機構會計與審計組織（AAOIFI）、伊斯蘭金融服務委員會（IFSB）等在制度、標準設計和推廣方面起到了重要的作用。在監管方面，伊斯蘭監管機構吸收了其國際性同行的許多最佳做法和法規，並將其揉入伊斯蘭監管體系。具體而言，伊斯蘭銀行及其監管機構在會計、審計、銀行以及公司治理方面的標準和要求與其國際性同行較為接近；但在壓力測試、反洗錢及反恐怖主義融資、數據傳播、財務透明度、破產及信用體系建設、保險監管規定、貨幣和財政政策透明度、支付系統以及證券市場監管等方面尚未形成國際統一標準和統一的監管解釋，這也為該行業監管及國際化帶來了極大的挑戰，並制約了該市場的快速發展。

第四章

伊斯蘭監管
合規性監管
要求及方法

4.1　全球伊斯蘭銀行業發展的主要推手

◇◇◇◇◇◇

近十年來，伊斯蘭銀行業取得了長足的發展，主要原因如下：

1）符合伊斯蘭監管的金融產品的快速發展

經過幾十年的發展，截至 2017 年底，全球伊斯蘭金融市場規模達 1.43 萬億美元。從 2007 年至 2017 年，該市場年均複合增長率超過 19%。IFSB 預計到 2021 年，全球伊斯蘭金融市場規模將達到 3.54 萬億美元。

2）全球眾多的伊斯蘭國家（57 個）和龐大的穆斯林人口（近 22 億）的金融需求。

3）西方傳統銀行的介入

西方傳統銀行如滙豐銀行、德意志銀行、花旗銀行、巴克萊銀行等很早就開始介入伊斯蘭資本市場，並在基金管理和伊斯蘭債券發行等方面引領市場。它們不僅帶來了先進的管理理念和系統，同時還藉助它們的全球網絡，把伊斯蘭資本市場帶上了世界金融舞台。

4）海合會（GCC）國家資本的增長

得益於 2005—2014 年近十年的油價高企，GCC 國家經濟發展迅猛。穆斯林世界（特別是 GCC 國家）資本在美國經歷 2001 年 "9·11" 事件後大量回流中東特別是海灣國家，回流資本超過 3000 億美元，並大量流入伊斯蘭資本市場。

5）伊斯蘭銀行監管體制和監管政策逐漸成型

各主要伊斯蘭國家的金融監管體制與監管政策已逐漸成型並日益適應伊斯蘭金融市場的發展。

6）放開資本市場政策的出台

為吸引國際資本，迪拜、巴林、吉隆坡、沙特等區域性伊斯蘭金融中心陸續出台了放開資本市場的政策，特別是允許建立外資獨資金融機構的政策——為這些地區吸引到了大量的國際資本和國際金融機構。

7）按國際最佳做法及國際慣例調整監管政策

馬來西亞、阿聯酋、巴林等許多國家政府和監管機構同時也按國際最佳做法及國際慣例調整其會計、審計、信息披露、風險管理、監管框架等使其適應國際形勢；它們同時也幫助本地伊斯蘭金融機構在資本充足率等方面達到新巴塞爾協議的相關要求。

8）稅收中立和優惠政策

許多國家如英國、馬來西亞、新加坡等國為使伊斯蘭金融能與傳統金融同等競爭，取消許多稅收歧視和雙重徵稅項目。馬來西亞中央銀行為把馬來西亞建成世界伊斯蘭金融中心，還特別頒佈一系列稅收優惠政策。比如，在馬來西亞建立基金公司，只要符合伊斯蘭監管並且經過馬來西亞證券委員會批准，不論該公司是馬來西亞本國的企業還是外資公司，均可享受免徵 10% 營業稅，有限期至 2016 年。

9）有效競爭

迪拜、巴林、吉隆坡等區域性伊斯蘭金融中心的激烈競爭也為伊斯蘭資本市場帶來了勃勃生機。

10）伊斯蘭國際性金融機構的推動

伊斯蘭國際性金融機構會計與審計組織（AAOIFI）、伊斯蘭金融服務委員會（IFSB）等在制度、標準設計和伊斯蘭金融推廣方面起到了非常大的作用。在監管方面，伊斯蘭監管機構吸收了其國際性同行的許多最佳做法和法規，並將其揉入伊斯蘭監管體系，使之與國際金融體系漸趨融合。

4.2 國際性伊斯蘭金融機構對伊斯蘭銀行業發展的影響

近 30 年來，國際性伊斯蘭金融機構在伊斯蘭公司治理、伊斯蘭金融標準設立、伊斯蘭會計及審計準則、伊斯蘭銀行監管、伊斯蘭資本市場標準、伊斯蘭貨幣市場建設等方面有很大進步，為伊斯蘭金融業的進一步發展奠定了堅實的基礎。

4.2.1 伊斯蘭開發銀行集團（IDBG, Islamic Development Bank Group）

伊斯蘭開發銀行同時致力於伊斯蘭金融的創新與發展，發起創立了一系列伊斯蘭金融國際機構，例如，伊斯蘭金融機構會計與審計組織（AAOIFI）、伊斯蘭銀行與金融機構總理事會（GCIBAFI）、流動性管理中心（LMC）、國際伊斯蘭金融市場（IIFM）、伊斯蘭國際評級代理機構（IIRA）、伊斯蘭金融服務局（IFSB）、伊斯蘭和解與仲裁國際中心（ICRA）、伊斯蘭國際流動性管理公司（IILM），等等。

伊斯蘭開發銀行也積極促進國際伊斯蘭債券市場的發展，充分利用國際資金發展伊斯蘭經濟。伊斯蘭開發銀行於 2003 年開始涉足伊斯蘭債券市場。伊斯蘭開發銀行自 2003 年發行第一筆伊斯蘭債券（4 億美元）起，之後陸續在 2005 年和 2008 年分別發行了 5 億美元和 4 億林吉特伊斯蘭債券。從 2009 年起，伊斯蘭開發銀行保持每年發債記錄。截至 2017 年底，伊斯蘭開發銀行已經發行了 25 隻伊斯蘭債券，規模超過 135 億美元（幣種包括美元、歐元及林吉特）。伊斯蘭開發銀行所發行的伊斯蘭債券國際評級為 AAA，主要在倫敦證交所、馬來西亞證交所、迪拜 NASDAQ 和土耳其伊斯坦布爾證交所上市。

4.2.2 伊斯蘭金融機構會計與審計組織（AAOIFI, Accounting and Auditing Organization for Islamic Financial Institutions）

AAOIFI 目前有來自 45 個國家的 200 名機構會員（包括中央銀行、伊斯蘭銀行和金融機構及其他機構會員等）。作為一個獨立、非盈利的伊斯蘭國際性金融機構，AAOIFI 的宗旨是為伊斯蘭金融業與金融機構：

1）制定會計、審計、公司治理、從業道德標準等行業規範並推廣這些標準的應用；

2）組織行業專業資格認證考試，例如註冊伊斯蘭會計師（CIAA）與註冊伊斯蘭監管諮詢師與審計師（CSAA），培養各類專業人才。

目前，AAOIFI 已頒佈了 103 套行業標準，其中：伊斯蘭監管 60 套，會計 28 套，審計 5 套，公司治理 7 套，從業道德標準 3 套。上述標準已經被巴林、阿聯酋、伊拉克、約旦、黎巴嫩、卡塔爾、蘇丹、敘利亞、巴基斯坦、阿曼、尼日利亞等國家和地區伊斯蘭金融機構完全採用和遵守。此外，澳大利亞、馬來西亞、沙特、印尼、南非、科威特等國的銀行監管機構也根據 AAOIFI 的標準相應地制定了針對本國伊斯蘭金融機構監管的規章和條例。

2017 年，AAOIFI 近期提出了在各國層面建立一個國家集中統一管理的伊斯蘭監管機構，負責監管其國內各伊斯蘭金融機構自行設立的伊斯蘭監管機構。如果這一倡議得以實行，將為未來統一全球伊斯蘭監管打下一個堅實的基礎。

在會計方面，AAOIFI 提出了金融會計標準（FAS）29，以是否實際有效控制目標資產為基礎，對表內、表外兩大類伊斯蘭債券（SUKUK）作了進一步澄清，並認定表內 Sukuk 在資產負債中為負債或權益。這為 Sukuk 法律文件標準化作業鋪平了道路，同時也為評級機構在 Sukuk 發行過程中以個體信用狀況（SSCP）為基礎進行評級提供了條件。

4.2.3　伊斯蘭國際評級公司（IIRA, Islamic International Rating Agency）

伊斯蘭國際評級公司（IIRA）由來自 11 個國家的主要銀行（16）、國家評級機構（3）和國際性金融機構（2）發起成立，總部位於巴林首都麥納麥，於 2005 年開始運作。主要為伊斯蘭金融機構及其市場參與者提供該伊斯蘭資本市場內公司和機構的風險評級。目前，IIRA 是伊斯蘭債券市場的唯一評級機構，並已被巴林中央銀行和伊斯蘭開發銀行批准成為其外部評級機構。作為獨立的評級機構，IIRA 致力於提高金融市場的透明度和公平性，推進伊斯蘭金融市場的發展，並提升投資者的信心。

4.2.4　國際伊斯蘭金融市場（IIFM, International Islamic Financial Market）

目前，IIFM 已經頒佈了 10 套資本市場行業標準協議，具體為《現金質押信用支持文件》《財資產品銷售協議》《國際掉期及衍生工具協議》《銀行間非限制性投資賬戶代理協議》《機構間適配程序及政策標準協議》《回購及抵押協議》《對沖協議》。2016 年 6 月，就伊斯蘭遠期外匯買賣產品（IFX Forward：ISDA/IIFM Islamic Foreign Exchange Forward），為規避貨幣及利率錯配風險的影響，IIFM 和 ISDA 聯手發佈了兩項新標準：1）單一 Wa'ad 結構（即只有一方——買方對另一方做出了交易承諾）；2）雙向 Wa'ad 結構（即交易雙方分別對另一方做出交易承諾，交易雙方彼此承諾在滿足交易條件時進行交易）。此外，IIFM 還在起草《伊斯蘭債券標準化協議》（Sukuk Standardization）和《IIFM 風險參與協議》（IIFM Risk Participation Agreements）。

4.2.5 伊斯蘭金融服務委員會（IFSB, Islamic Financial Services Board）

伊斯蘭金融服務委員會負責為伊斯蘭監管機構和金融機構設立各項標準，制定伊斯蘭金融業的監管條例，使國際慣例與伊斯蘭監管相融合，監督伊斯蘭金融機構審慎、透明運作，以保障伊斯蘭金融業的健康、穩健發展。

伊斯蘭金融服務委員會是巴塞爾銀行監管委員會（BCBS）、國際證券委員會組織（IOSCO）、國際保險監督官協會（IAIS）的重要補充機構。

自其成立伊始，IFSB 已為伊斯蘭金融業制定了 27 套專業標準、行業標準、技術規章及指導原則，涵蓋了風險管理、資本充足率、公司治理、透明度及市場紀律、監管檢查流程、投資、行業行為規範、壓力測試、信用評級、流動性風險管理、貨幣市場管理、資本市場管理等方面。其中主要有針對伊斯蘭銀行（17 套）、針對伊斯蘭資本市場（2 套）、針對伊斯蘭保險業（6 套）、針對混業經營（2 套）。

對於伊斯蘭金融機構內部伊斯蘭監管合規性審查，伊斯蘭金融服務委員會規定伊斯蘭金融機構的伊斯蘭監管委員會（SSB）應該有一個單獨的伊斯蘭監管主管部門或專門的內部審計、伊斯蘭監管審查團隊對所需要的審計、審查工作對象開展工作。對於伊斯蘭金融機構外部伊斯蘭監管合規性審查，審計委員會應該確保執行該項工作的外部審計師有能力獨立完成任務。

2018 年 8 月，IFSB 與 IADI 簽訂諒解備忘錄，雙方擬共同制定伊斯蘭存款保險制度有效運行的實施標準。2018 年 10 月，IFSB 與 AAOIFI 簽訂了諒解備忘錄，雙方就推廣審慎伊斯蘭監管國際標準等方面加強合作達成共識。

4.2.6 巴林流動性管理中心（LMC, Liquidity Management Centre）

巴林流動性管理中心（LMC）成立於 2002 年，總資本 2 億美元，註冊資本 5355 萬美元，其股東分別是巴林伊斯蘭銀行、阿聯酋迪拜伊斯蘭銀行、位於沙特的伊斯蘭開發銀行和科威特金融局，四方各佔 25% 股權。2005 年，LMC 率先在伊斯蘭銀行間市場推出短期伊斯蘭債券服務。2017 年底，總資產約為 1.49 億美元（2016 年：1.32 億美元）。LMC 主要通過發行短期伊斯蘭債券（Salam Sukuk）為海灣地區國家的伊斯蘭銀行與國際性伊斯蘭金融機構的中短期流動性需求提供便利，並同時為伊斯蘭結構性融資、項目融資和企業融資提供諮詢服務。2017 年底，該行伊斯蘭債券（SUKUK）投資餘額為 7346 萬美元（2016 年：7354 萬美元），實現盈利 214 萬美元（2016 年：84 萬美元）。目前，該市場共發行 6 種伊斯蘭債券作為貨幣市場工具。

4.2.7 國際伊斯蘭商業仲裁與和解中心（IICRCA, International Islamic Center for Reconciliation and Commercial Arbitration）

IICRCA 是由阿聯酋、伊斯蘭開發銀行（IDB）和伊斯蘭銀行和金融機構總理事會於 2004 年在 IDB 德黑蘭年會上提議創立的，並於 2005 年正式成立、2007 年正式開始運作，總部在阿聯酋迪拜。

IICRCA 是一個獨立的、非營利性、國際性伊斯蘭仲裁機構，主要致力於：1）為遵守伊斯蘭監管的伊斯蘭金融機構間、伊斯蘭企業間、伊斯蘭金融機構和企業間、伊斯蘭金融機構、企業和其他第三方間的金融和商業糾紛提供仲裁與和解服務；2）為伊斯蘭金融機構的產品與合同設計提供現代伊斯蘭監管之諮詢服務；3）為伊斯蘭金融與商業仲裁提供培訓服務（如國際伊斯蘭金融註冊調解師證書考試和培訓等）；4）每半年免費發佈伊斯蘭仲裁動態報告。

IICRCA 的最高權力機構是 IICRCA 總理事會，負責批准該中心之章程與修正案及其下屬機構委託人董事會（BoT, Board of Trustees）的各項提案。

BoT 成員不超過 15 人（其中一人代表 IDB，一人代表總部駐地所在國），任期為三年。成員必須有至少 10 年以上的金融從業經驗且是伊斯蘭監管方面的專家。BoT 設主席與副主席各一名（由 BoT 成員秘密投票產生）。BoT 每年召開兩次董事會，並代表 IICRCA 履行以下職責：1）為 IICRCA 章程提供修正案；2）批准預算；3）為 IICRCA 總理事會編制年報；4）批准仲裁之金融、行政及技術規定；5）制定和執行發展規劃；6）指定內部審計師；7）組建 BoT 下設執行委員會（EC, Executive Committee）及設定其工作職責。

4.2.8 國際伊斯蘭流動性管理中心成立（IILM, International Islamic Liquidity Management）

國際伊斯蘭流動性管理公司（IILM）由馬來西亞、印尼、科威特、阿聯酋、卡塔爾、土耳其、尼日利亞、毛里求斯、盧森堡中央銀行以及伊斯蘭開發銀行（IDB）聯合發起，成立於 2010 年 10 月，總部位於馬來西亞首都吉隆坡。IILM 成立的宗旨是通過發行短期伊斯蘭債券穩定伊斯蘭銀行業發展，為伊斯蘭銀行和伊斯蘭企業提供跨境短期資金便利，改善其國際投資機會並提高國際貿易效率。

2011 年，馬來西亞為 IILM 專門立法（IILM Act 2011），賦予其國際機構外交豁免權。2013 年 8 月，IILM 發行了第一個高評級、短期伊斯蘭債券（Sukuk，期限 3 個月、金額 4.9 億美元）用於解決伊斯蘭金融機構跨境流動性管理需求。該債券受到伊斯蘭資本市場熱烈歡迎。截至 2018 年底，IILM 共發行了 61 期、總額為 368.2 億美元的 2—6 個月短期伊斯蘭債券，極大地滿足了伊斯蘭銀行業短期融資需求。截至 2018 年底，IILM 短期伊斯蘭債券餘額為 20.6 億美元，債券平均回報率約為 2.42%。

4.3　伊斯蘭銀行合規性監管要求及監管架構

◇◇◇◇◇◇◇

伊斯蘭銀行業監管體系體現了濃厚的宗教背景：《古蘭經》《聖訓》和伊斯蘭監管及其相關解釋是伊斯蘭銀行業監管的理論根據。在穆斯林世界中，無論是政治體制、經濟結構，還是生活方式、風俗習慣，無一不受到伊斯蘭監管的直接影響，而其對於伊斯蘭社會經濟生活的影響也非常明顯。如何貫徹伊斯蘭教之基本監管和原則、體現伊斯蘭教的倫理思想，也是穆斯林的主要關注點。

對於穆斯林投資者來說，他們最關心的問題之一是伊斯蘭銀行業所提供的產品和服務是否符合伊斯蘭監管的要求，而這也是伊斯蘭銀行業監管機構所關注的重點。

從監管架構來看，伊斯蘭銀行設有伊斯蘭監管（Shari'ah）合規性監管機構——伊斯蘭監管委員會；從伊斯蘭銀行公司治理來看，伊斯蘭銀行突出其非利息化的交易基礎，注重信息披露，在發展業務的同時兼顧伊斯蘭監管宣講與教化。從客戶選擇來看，伊斯蘭銀行也有特別的要求，伊斯蘭監管禁止收付利息，也不允許為涉及投機賭博、煙草、豬肉、酒精飲品、色情、軍火等的客戶提供伊斯蘭金融服務。

伊斯蘭銀行業的所有產品和服務都需要遵從伊斯蘭監管。伊斯蘭銀行業監管的重點是擬進入或已進入該行業的金融產品和機構並確保其符合伊斯蘭監管的要求；保護儲戶和投資者的利益；監管及防範伊斯蘭銀行系統性風險。

4.3.1　伊斯蘭銀行合規性監管架構及其運作機制

從伊斯蘭銀行業監管機構的頂層設計來看，其最高層是伊斯蘭監管顧問委員會或伊斯蘭監管委員會（SAB, Shari'ah Advisory Board or SSB, Shari'ah Supervisory Board）。第二層是各伊斯蘭金融機構（IFI）內部自己設立的伊斯蘭監管顧問委員會或伊斯蘭監管委員會。

目前，在全球伊斯蘭銀行業中，伊斯蘭監管委員會存在兩種監管模式，即統一監管模式和分別監管模式。

在馬來西亞、巴基斯坦等國，其中央銀行下設有一個單獨機構負責對境內伊斯蘭金融機構統一監管，同時設有一個伊斯蘭監管中央委員會，負責制定各項規章、條例，統一管理各金融機構下屬的伊斯蘭監管委員會。這是統一監管模式。

在中東，如巴林、阿聯酋等國，並不存在着一個全國統一的伊斯蘭監管委員會，各伊斯蘭銀行機構在其內部分別設立自己的伊斯蘭監管委員會，負責本機構的伊斯蘭監管合規性管理；市場和產品的監管功能由不同伊斯蘭金融機構的伊斯蘭監管委員會單獨完成；當然，該委員會的人員構成必須是市場普遍認可的伊斯蘭學者。這是分別監管模式。

我們用以下圖表解釋伊斯蘭監管委員會統一監管模式和分別監管模式的異同：

統一監管模式	分別監管模式
伊斯蘭監管機構的最高層級是全國或中央伊斯蘭監管顧問委員會或伊斯蘭監管委員會（SAB, Shari'ah Advisory Board or SSB, Shari'ah Supervisory Board）	沒有單一層級的伊斯蘭監管最高監管機構；各金融機構在其內部自行設立伊斯蘭監管委員會
監管機構利用立法或規章制度確保各伊斯蘭金融機構的伊斯蘭監管委員會由合格的伊斯蘭學者組成	由各伊斯蘭金融機構自行決定伊斯蘭監管委員會的合格人選
由伊斯蘭監管顧問委員會（SAC, Shari'ah Advisory Council）決定其境內各伊斯蘭金融機構監管委員會業務指導和參考建議的範圍	各伊斯蘭金融機構內設的伊斯蘭監管委員會對各自機構的伊斯蘭監管合規性管理負完全負責
主要國家：馬來西亞、巴基斯坦、蘇丹、阿曼、阿聯酋	主要國家：巴林、沙特等中東阿拉伯國家

此外，伊斯蘭銀行業核心國家（如馬來西亞、伊朗、巴林、沙特阿拉伯、巴基斯坦、土耳其、印度尼西亞、蘇丹、科威特、阿聯酋等國）之伊斯蘭監管委員會對於其機構人事構成、管理及其權限等限制如下表所示：

國家伊斯蘭教義委員會及相關監管要求

國家	參考術語	人員構成要求	決策權	成員任命及罷免	成員條件要求	更高一層之授權機構	對伊斯蘭學者是否有限制條件	伊斯蘭評級	伊斯蘭教義合規性外部審查
馬來西亞	V	V	X	X	V	V	V	V	X
伊朗	V	V	X	V	V	V	X	X	X
巴林	V	V	X	V	V	X	X	X	X
沙特阿拉伯	V	V	X	V	V	V	X	X	X
巴基斯坦	V	V	X	V	V	V	V	X	X
土耳其	V	V	X	V	V	V	X	X	X
印度尼西亞	V	V	X	V	V	V	X	X	X
蘇丹	V	V	X	V	X	V	X	X	X
科威特	V	V	V	X	V	V	X	X	X
阿聯酋	V	V	X	V	V	V	X	X	X
約旦	V	V	X	V	V	X	X	X	X
新加坡	V	X	X	X	X	X	X	X	X
英國	V	X	X	X	X	X	X	X	X

資料來源：各國中央銀行

從上表分析可以看出：

1）各國對伊斯蘭金融基本參考術語均有自己的定義；

2）各國均尚未建立伊斯蘭監管合規性外部審查體系；

3）對於伊斯蘭監管委員會的人員構成各國也存在很大的差異性；

4）馬來西亞和巴基斯坦的要求較其他國家來說更為嚴謹，對於擬入選伊斯蘭監管委員會的人士不僅要求其在伊斯蘭監管方面有較高的造詣，還要求其有合適的金融從業的背景；

5）除馬來西亞外，各國尚未建立起完善的伊斯蘭評級體系；

6）各國伊斯蘭監管委員會對於伊斯蘭監管的解釋尚未形成一個國際統一標準。

4.3.2 伊斯蘭監管委員會（SSB, Shari'ah Supervisory Board）的設立與職責

目前，全球伊斯蘭金融機構均設有伊斯蘭監管委員會，其組織設立與職責履行基本參照了以下三個國際性伊斯蘭金融機構的相關標準。

1）伊斯蘭金融機構會計與審計組織（AAOIFI, Accounting and Auditing Organization for Islamic Financial Institutions）

目前，AAOIFI 已頒佈了 103 套行業標準。其中，為了統一伊斯蘭金融業監管標準，伊斯蘭金融機構會計與審計組織（AAOIFI）頒佈了四個監管標準：

——標準 1：伊斯蘭監管委員會（SSB, Shari'ah Supervisory Board），任命、構成和報告。

確認了伊斯蘭監管委員會作為一個獨立的專業機構的人員（必須精通伊斯蘭商法）之選擇、任命、薪酬和構成。它同時解釋了伊斯蘭監管委員會報告對伊斯蘭金融機構公司治理的直接影響。

——標準 2：伊斯蘭監管審查。

——標準 3：內部伊斯蘭監管審查。

標準 2、3 確認了伊斯蘭監管審查（含內部審查）的標準和指導原則，即該審查功能必須由獨立的審查機構來進行，同時該報告直接構成伊斯蘭金融機構公司治理的一部分。

——標準 4：審計和伊斯蘭金融機構公司治理委員會。

確認了審計和公司治理委員會（AGC, Audit and Governance Committee）的具體職責，即確保伊斯蘭金融機構的透明度和充分的信息披露以保障廣大投資者和儲戶的根本利益，以及公眾對金融機構的信心。

2）審計和公司治理委員會（AGC, Audit and Governance Committee）

審計和公司治理委員會（AGC）主要是通過以下功能幫助國際性伊斯蘭金融機構董事會成員獨立、客觀地監管公司的運作：

① 保持財務報告流程的一致性；

② 保護股東、投資者以及其他公司利益相關者的權益；

③ 對提供給公司董事會成員的財務信息的可信度提供額外的保證；

④ 負責扮演金融機構管理層與其利益相關者之間的獨立第三方的角色。

總之，審計和公司治理委員會（AGC）的主要功能就是確保伊斯蘭金融機構有一整套合理、完備的監管體系以確保公司管理層之戰略意圖在符合伊斯蘭監管的前提下得以順利執行。

3）伊斯蘭金融服務委員會（IFSB, Islamic Financial Services Board）

IFSB 是一個國際性組織，為伊斯蘭金融機構和金融業管理及監管機構設立各項標準，以確保其穩健運行。該機構於 2002 年成立，總部設於馬來西亞首都吉隆坡，是巴塞爾銀行監管委員會（BCBS）、國際證監會組織（IOSCO）、國際保險監督官協會（IAIS）的重要補充。

除了 AAOIFI, IFSB 也為伊斯蘭金融機構制定公司治理的指導原則。對於伊斯蘭金融機構內部伊斯蘭監管合規性審查，IFSB 規定伊斯蘭金融機構的伊斯蘭監管委員會（SSB）應該有一個單獨的伊斯蘭監管部門或專門的內部審計，伊斯蘭監管審查團隊對所需要的審計、審查工作對象開展工作。對於伊斯蘭金融機構外部伊斯蘭監管合規性審查，審計委員會應該確保執行該項工作的外部審計師有能力獨立完成審計任務。

雖然早期在中東國家如巴林、阿聯酋等國推行伊斯蘭金融機構各自設立伊斯蘭監管委員會，自主、自律、自我監管的分別監管模式，但是現在這些國家也要求本國的伊斯蘭金融機構遵守國際性伊斯蘭金融機構如 AAOIFI 和 IFSB 頒佈的各項標準，以期使本國伊斯蘭金融機構能儘快融入環球伊斯蘭金融體系。

4.4　伊斯蘭銀行業監管方法及客戶選擇標準

◇◇◇◇◇◇◇

4.4.1　伊斯蘭銀行業監管方法

伊斯蘭銀行業主要通過以下途徑確保伊斯蘭金融產品和服務符合伊斯蘭監管合規性要求。

1）伊斯蘭監管宣講與教化

伊斯蘭銀行業將伊斯蘭監管宣講與教化糅進其資本運作和管理體系，這樣不僅有利於吸引穆斯林投資者，同時也加深了他們的宗教虔誠度。

2）信息披露

伊斯蘭商法要求伊斯蘭銀行業及產品銷售方應當將所有重要及有實質影響的資訊披露給投資者，以便其在投資前充分考慮投資機會。信息披露實際上也是伊斯蘭監管宣講和教化的一部分。在伊斯蘭金融中，履行合約性義務和披露信息被奉為神聖的職責，而為此專設的伊斯蘭監管委員會等機構也會監督伊斯蘭金融機構是否恪守監管。

3）非利息化的交易基礎

伊斯蘭銀行業的交易是不以利息為基礎的。"利息""重利"均出自於阿拉伯語的 Riba 一詞。《聖訓》裏對 Riba 的廣義解釋是：任何不勞而獲的利潤或收入，比如來自偶然機會的利潤所得；以及某些物物交換中數量不等或一方延期交付，都被認為有利息存在，應當在禁止之列。也有解釋為：無論是通過貸款還是出售得到資本時，若本金含有任何不公平的增加，更精確地說，與本金的償還期和數額有關的、任何正的、固定的、事先確定的利率都應該是被禁止的。

雖然伊斯蘭監管禁止收取利息，但是卻鼓勵交易各方在公平交易中賺取利潤。它認為，從企業經營的角度來講，事先確定的利息是一種成本，它並未考慮企業經營後果，一旦企業虧損就不可能為投資者帶來任何收益；而在企業盈利基礎上的事後分成是被鼓勵的，因為事後確定的利潤象徵着經營者進取精神的成功，同時還可以為各經營參與方帶來額外的福利。

伊斯蘭監管中有關社會公正的要求能夠使借貸雙方以公平、合理的形式分享回報並分擔損失，這一要求同樣也適用於社會經濟中福利的積累和再分配過程。

4.4.2 了解你的客戶（KYC, Know Your Customer）—— 伊斯蘭監管（Shari'ah）運行機制實務

對於從事個人及零售業務的客戶，伊斯蘭銀行並未要求該客戶必須是穆斯林，非穆斯同樣也可以選擇在伊斯蘭銀行開戶，並享受其所提供的伊斯蘭零售產品和服務。

而對於公司客戶，"了解你的客戶"（KYC）及其業務是否符合伊斯蘭監管的要求始終是伊斯蘭銀行公司業務管理的一個重點。伊斯蘭銀行對於公司客戶的選擇，主要有以下兩點考慮：

1）客戶的主營業務是否符合伊斯蘭監管要求；

2）客戶的主要收入來源是否符合伊斯蘭監管要求。

伊斯蘭金融國際性專業機構在這方面做了許多努力，也陸續設立了一些標準，但各國的伊斯蘭金融機構標準不一，且其監管架構也不盡相同。更重要的是，在現實經濟生活中，100% 符合伊斯蘭監管要求的公司客戶相當的稀少。基於此，為了拓展業務，伊斯蘭銀行業不得不稍作妥協，在伊斯蘭監管純粹性方面適當放寬對客戶的要求。

此外，具體而言，在公司客戶選擇標準方面，伊斯蘭銀行參考了道瓊斯伊斯蘭市場指數（DJIM）和伊斯蘭股權投資篩選標準，亦稱 DJIM（過）濾卡標準。對於目標公司，DJIM 濾卡有四項基本原則，即：

1）目標公司未到期債務總額佔公司總資產或總市值比率不高於 33%；

2）目標公司現金及付息證券之和佔公司總資產或總市值比率不高於 33%；

3）目標公司應收賬款佔銷售收入比率不高於 50%；

4）目標公司從事非主營、伊斯蘭監管禁止類業務比率不高於 5%。

4.4.2.1 未到期債務總額（Total Outstanding Debt）佔公司總資產（Total Assets）或總市值（Market Capitalization）比率不高於 33%

一般公司的資本結構通常包含兩個組成部分：股權和債權。而債權通常來說較為便宜，因為從會計角度來看，債務利息可以稅前抵扣且債務利息設定的參照物基本上是 LIBOR、SIBOR 等銀行間同業拆借利率，或借款人所在國家的基準利率，通常是固定的。在正常商業經營當中，一般公司經營都會運用資本槓桿，即都有負債。所以設立債務總額比率可以方便不同地區的投資者比較所投資企業的負債結構。當然，這並不表示說需要償付利息的負債這一概念是被伊斯蘭監管接受的。

換言之，目前沒有一個完美的、完全符合伊斯蘭監管的伊斯蘭金融市場。設立債務總額比率可以看作是伊斯蘭監管委員會與現實世界的經濟生活相妥協所作的一個容忍度比率。因為，在現實經濟生活當中，上市公司，特別是在國際資本市場上市的公司，其上市的地點可能是伊斯蘭資本市場並不發達或者基本不存在適合的伊斯蘭投資工具之處，並且絕大部分公司通常會選擇利用傳統金融市場進行籌資活動。設定未到期債務總額佔總資產或總市值比率不高於 33%，首先可以確保該公司的資本構成多數部分（67%）符合伊斯蘭監管要求。

4.4.2.2 現金及付息證券（Cash and Interest-bearing Securities）之和佔總資產（total assets）或總市值（Market Capitalization）比率不高於 33%

流動性是現代金融的一個重要組成部分，現金及付息證券是流動性極高的資產，但是其帶來的回報卻比較有限。資料顯示，上市公司如有大量閒置現金時，為保持流動性的需要且提高其資金回報率，購買付息證券是一個普遍的選擇。

但是，全球伊斯蘭金融市場卻缺乏符合伊斯蘭監管的流動性產品供廣大投資者選擇。伊斯蘭監管委員會無法讓投資者為伊斯蘭監管合規性之理想和現實的差距買單，於是，它不得不稍作妥協，允許備選公司投資於符合伊斯蘭監管的上市公司，但該上市公司現金及付息證券之和佔總資產或總市值比率不高於 33%。設立現金及付息證券之和佔總資產或總市值比率可以看作是伊斯蘭監管委員會與現實世界的經濟生活相妥協所作的一個容忍度比率。儘管這樣的篩選標準可以看作是一個權宜之計，但仍不失為一個比較貼近現實的選擇。

4.4.2.3 應收賬款（Receivables）佔銷售收入（Revenues）比率不高於 50%

應收賬款是指企業在正常的經營過程中因銷售商品、產品、提供勞務等業務，應向購買單位收取的款項，包括應由購買單位或接受勞務單位負擔的稅金、代購買方墊付的各種運雜費等。應收賬款的產生首先通常是因為企業為了提高競爭力而採用賒銷方式；其次是由於銷售和收款的時間差引起的。如果一家公司的絕大部分資產是以應收賬款形式體現的，這家公司的主要資產則體現為債權。

伊斯蘭監管不允許債權交易（因為這樣會產生以錢生錢的交易，而這是伊斯蘭監管所不允許的），所以伊斯蘭監管委員會作了妥協，規定公司的應收賬款（Receivables）佔銷售收入（Revenues）比率不高於 50%，只有符合該條件，該公司股票才可以在二級市場以市價交易，並成為伊斯蘭銀行的備選客戶。

4.4.2.4 公司從事非主營、伊斯蘭監管禁止類業務（Shares in Companies Who Operate In Non-core Prohibited Activities）比率不高於 5%

這一點相對好理解。例如，一家建築公司可能同時擁有某酒店或度假村的股份，這些酒店或度假村可能會為住客提供煙、酒、娛樂等不符合伊斯蘭監管的服務，但是，它的主營業務還是客房服務。如果這些不符合伊斯蘭監管的業務不超過其主營業務的 5%，那麼這家公司還是有機會成為伊斯蘭銀行的備選客戶。

總結

本章主要介紹了：
——全球伊斯蘭銀行業發展的主要推手
——國際性伊斯蘭金融機構對伊斯蘭銀行業發展的影響

——伊斯蘭監管合規性監管要求及監管架構

——伊斯蘭銀行業監管方法及客戶選擇標準

綜上所述，近三十年來，伊斯蘭銀行業取得了長足的發展。目前全球伊斯蘭金融監管尚未形成一個標準統一的體系，集中管理及分別監管體系雙軌並行，有些國家推行集中管理模式（如馬來西亞）；另一些國家推行以伊斯蘭監管委員會為主導的分別監管模式（如阿聯酋）。而國際性伊斯蘭金融機構如伊斯蘭金融機構會計與審計組織（AAOIFI）、審計和公司治理委員會（AGC）、伊斯蘭金融服務委員會（IFSB）等，在努力推動伊斯蘭金融監管統一標準方面做了大量工作。從實質上來看，伊斯蘭監管始終是伊斯蘭銀行監管最重要的內容之一。伊斯蘭銀行在客戶選擇方面不得不面對現實，設定一些妥協性的指標如：1）目標公司未到期債務總額佔公司總資產或總市值比率不高於 33%；2）目標公司現金及付息證券之和佔公司總資產或總市值比率不高於 33%；3）目標公司應收賬款佔銷售收入比率不高於 50%；4）目標公司從事非主營、伊斯蘭監管禁止類業務比率不高於 5% 等，從而保證伊斯蘭銀行的發展基礎。

第五章

"一帶一路"沿線主要伊斯蘭國家伊斯蘭銀行業發展現狀

5.1　全球伊斯蘭銀行業發展現狀

5.2　"一帶一路"沿線主要伊斯蘭國家伊斯蘭銀行業發展現狀

近年來，世紀經濟重心正逐漸東移。

2013 年中國率先提出兩個符合歐亞大陸經濟整合的倡議：1）絲綢之路經濟帶；2）21 世紀海上絲綢之路經濟帶。兩者合稱——"一帶一路"（BRI, The Belt and Road Initiative）。

該倡議北線——涵蓋了東北亞經濟圈並最終通向歐洲，形成融通歐亞大陸經濟圈的大趨勢；南線——涵蓋了東南亞經濟圈並從海上連通歐、亞、非三個大陸和海上絲綢之路經濟帶，從而形成一個海上、陸地的閉環。

"一帶一路"倡議的重點在於：暢通 1）中國經中亞、俄羅斯至歐洲；2）中國經中亞、西亞至波斯灣、地中海；3）中國至東南亞、南亞、印度洋間的經濟交往。"一帶一路"貫穿亞歐非大陸，一頭是活躍的東亞經濟圈，一頭是發達的歐洲經濟圈，中間廣大腹地國家經濟發展潛力巨大。據 2017 年中國商務部統計數據顯示，"一帶一路"共覆蓋 71 個國家和地區，GDP 之和預測為 14.5 萬億美元，佔全球 GDP 的 18.4%；人口總數預測為 34.4 億人，佔全球人口的 47.6%；對外貿易總額為 9.3 萬億美元，佔全球貿易總額的 27.8%，在全球貿易版圖中佔據重要地位。2017 年，中國與"一帶一路"國家的進出口總額達到 1.44 萬億美元，佔中國進出口貿易總額的 36.2%，其中出口額 7742.6 億美元，佔中國出口額的 34.1%，進口額 6660.5 億美元，佔中國進口額的 39.0%。

"一帶一路"涵蓋了主要伊斯蘭國家和地區。據中國商務部數據顯示，2017 年，中國與"一帶一路"國家進出口總額最高的前 10 位貿易夥伴中的伊斯蘭國家有馬來西亞、印度尼西亞和沙特阿拉伯。2017 年，中國在西亞地區的前十大貿易夥伴是沙特阿拉伯、阿聯酋、伊朗、伊拉克、土耳其、阿曼、以色列、科威特、卡塔爾、約旦。除以色列外，中國在西亞的九大貿易夥伴均為伊斯蘭國家，其中與沙特阿拉伯貿易額達 500.4 億美元，佔中國對西亞地區進出口總額的 21.5%。中國與西亞地區"一帶一路"國家的進出口總額為 2330.2 億美元，其中出口額 1184.1 億美元，佔中國對"一帶一路"國家出口額的 15.3%；進口額 1146.1 億美元，佔中國自"一帶一路"國家進口額的 17.2%。而全球伊斯蘭資產在 2017 年底約為 2.43 萬億美元，其中 90% 集中在以下 10 個伊斯蘭金融核心市場，即：馬來西亞、阿聯酋、沙特阿拉伯、科威特、卡塔爾、土耳其、印度尼西亞、巴基斯坦、巴林和孟加拉國，這 10 個國家都坐落在"一帶一路"倡議圈內，而這 10 個國家又是全球 25 個快速發展市場（RGMs, Rapid-Growth-Markets）成員。

放眼未來，亞太地區仍將是最具發展活力和潛力的地區之一。這個佔全球 GDP 之 57%、貿易額 46%、人口 40% 的地區，正在推動自由貿易區建設，其中一些國家和地區已取得重大進展，如 2016 年東盟經濟共同體（ASEAN Economic Community，東盟 10 國總人口超 6 億，GDP 達 2.4 萬億美元）已見雛形；而中國—巴基斯坦經濟走廊（CPEC, China-Pakistan Economic Corridor）的建設也在緊鑼密鼓地進行。同時，中國還積極推進區域全面經濟夥伴關係協定（RCEP）談判，該項協議談判始於 2013 年 5 月，成員包括東盟 10 國、中國、日本、韓國、澳大利亞、新西蘭和印度，人口約佔全球之 50%，GDP、貿易額、吸引外資等指標約佔全球 1/3，是亞太區目前最大的自由貿易協定談判。

2016 年 1 月，由中國主導創建的區域性金融機構 —— 亞洲基礎設施投資銀行（簡稱亞投行 —— AIIB, Asian Infrastructure Investment Bank，總部設在北京）正式開業。亞投行是一個政府間性質的亞洲區域多邊開發機構，重點支持基礎設施建設，其成立宗旨在於促進亞洲區域的建設互聯互通化和經濟一體化的進程，並且加強中國及其他亞洲國家和地區的合作。亞投行法定資本 1000 億美元，有 93 個成員，其中創始成員國 56 個中的 18 個為伊斯蘭國家（約佔 1/3），9 個伊斯蘭金融核心市場國家（即沙特阿拉伯、馬來西亞、阿聯酋、科威特、卡塔爾、土耳其、印度尼西亞、巴基斯坦和孟加拉國）均為亞投行創始成員。2017 年底，中國已同 38 個國家簽訂了人民幣互換協議（其中馬來西亞、土耳其、印尼、卡塔爾、阿聯酋、巴基斯坦、哈薩克斯坦等為伊斯蘭國家）。此外，如何把綠色金融要素融入到"一帶一路"投資中去，既是中國投資機構的長期利益所在，也是"一帶一路"沿線國家可持續發展的要求。

如果"一帶一路"倡議順利實施，亞太自貿區順利建成，它們將會成為不同發展水平的經濟體共同推進一體化的典範，更是包容性經濟的生動體現，其影響將惠及亞太、利好全球。同時也將對身處其中的主要伊斯蘭國家的伊斯蘭銀行業發展產生深遠的影響。

5.1　全球伊斯蘭銀行業發展現狀

◇◇◇◇◇◇

　　許多讀者都會關心這個問題，伊斯蘭銀行在商業運作與合規監管方面均需遵循伊斯蘭監管的要求，在存款、借款及投融資等業務方面均不涉及利息。那麼儲戶與銀行的收益如何體現呢？從實質上看，伊斯蘭銀行與儲戶的關係更像是一個合作夥伴關係。儲戶出於對伊斯蘭銀行的信任，將資金作為存款存入銀行，委託銀行理財；伊斯蘭銀行受託代客理財，負責將眾多儲戶存款匯集並投資於符合伊斯蘭監管的工商業務活動及支持個人金融業務（如房貸、車貸、消費貸款）等。儲戶的存款可被視為一種投資委託。如果伊斯蘭銀行經營成功，其所獲得的收益將按各儲戶的投資比例及相關合同約定進行分配。但如果投資失敗，則伊斯蘭銀行與儲戶按合同約定比例各自承擔損失。近年來，國際上將採用這種經營模式的伊斯蘭銀行稱為伊斯蘭參與型銀行（Participation Bank）。

　　截至 2017 年底，全球伊斯蘭金融市場規模達 2.43 萬億美元。從 2007 年至 2017 年，該市場年均複合增長率超過 19%。預計到 2021 年，全球伊斯蘭金融市場規模將達到 3.54 萬億美元。

2007—2021 年全球伊斯蘭金融資產增長狀況（單位：10 億美元）

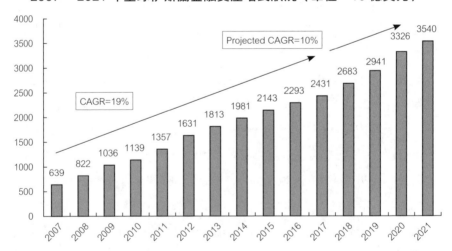

資料來源：Islamic Financial Services Board (IFSB)

全球伊斯蘭金融資產主要分佈在四個領域，即伊斯蘭銀行業（76%）、伊斯蘭債券（20%）、伊斯蘭基金（含股權，3%）和伊斯蘭保險（TAKAFUL，1%），具體分佈如下圖所示：

2017 年全球伊斯蘭金融資產行業分佈情況（單位：10 億美元）

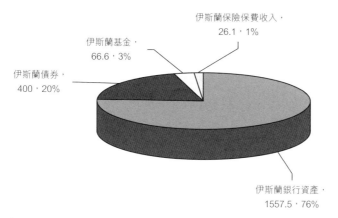

資料來源：Islamic Financial Services Board (IFSB)

　　從地域分佈情況來看，全球伊斯蘭金融資產主要分佈在三個地區，即海合會國家（GCC，42%），中東北非地區（不含 GCC，29%），亞洲（主要是東南亞和南亞地區，24%）具體分佈如下圖所示：

2017 年全球伊斯蘭資產地區分佈狀況（單位：10 億美元）

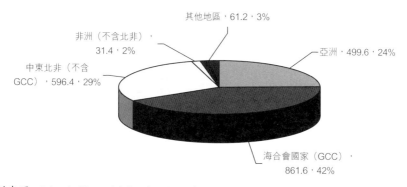

資料來源：Islamic Financial Services Board (IFSB)

　　伊斯蘭金融資產近 10 年來增長迅猛，其覆蓋範圍也在不斷擴大。就地區而言：

1）海合會（GCC）國家佔全球伊斯蘭金融資產比重約為 42.0%（其中沙特佔全球伊斯蘭金融資產比重約為 18.5%，阿聯酋約佔 7%）；

2）中東北非地區（不含 GCC）佔比約為 29.1%，主要得益於伊朗自成一體的伊斯蘭金融體系的貢獻（伊朗佔全球伊斯蘭金融資產比重超過 30%），伊朗是繼蘇丹之後第二個在其境內實現伊斯蘭金融監管全覆蓋的國家，95% 的伊朗公民在伊斯蘭銀行開戶；

3）亞洲國家佔比為 24.4%（主要為馬來西亞，佔全球伊斯蘭金融資產比重約為 10%）；

4）其他國家和地區合計佔比不到 6%。

截至 2017 年底，全球伊斯蘭金融資產約為 2.43 萬億美元，其中海合會國家（GCC）加上馬來西亞和伊朗約佔 80% 以上。因此這幾個國家的經濟表現對伊斯蘭金融的發展影響尤為顯著。具體說來，其經濟表現與油價走勢、國家產業一體化程度及地緣政治的影響密切相關。

2017 年上半年全球伊斯蘭銀行資產國家分佈狀況

排名	國家	全球伊斯蘭銀行業資產佔比	伊斯蘭銀行資產（單位：10 億美元）
1	伊朗	34.4%	535.8
2	沙特	20.4%	317.7
3	阿聯酋	9.3%	144.8
4	馬來西亞	9.1%	141.7
5	科威特	6.0%	93.5
6	卡塔爾	6.0%	93.5
7	土耳其	2.6%	40.5
8	孟加拉國	1.9%	29.6
9	印尼	1.8%	28.0
10	巴林	1.7%	26.5
11	蘇丹	1.6%	24.9
12	巴基斯坦	1.2%	18.7
13	埃及	0.8%	12.5
14	約旦	0.7%	10.9

排名	國家	全球伊斯蘭銀行業資產佔比	伊斯蘭銀行資產（單位：10億美元）
15	阿曼	0.6%	9.3
16	文萊	0.5%	7.8
17	其他國家和地區	1.4%	21.8

資料來源：Islamic Finance Development Report 2017 by Thomason & Reuters

　　截至 2017 年上半年，全球共有 4 個國家伊斯蘭資產規模超過 1000 億美元，它們是伊朗、沙特阿拉伯、馬來西亞和阿聯酋。此外，科威特、卡塔爾的伊斯蘭銀行資產規模超過了 500 億美元，而土耳其、孟加拉國、印尼、巴林、蘇丹、巴基斯坦、埃及和約旦的伊斯蘭資產規模則超過了 100 億美元。

　　截至 2017 年底，伊斯蘭基金數從 2008 年的 548 家增加到 1161 家，基金資產管理規模從 2008 年的 257 億美元增加到 2017 年底的約 667 億美元。其中沙特（37.1%）與馬來西亞（31.7%）最為發達，合計佔比超過 69%。沙特伊斯蘭基金主要投向貨幣市場工具（46%）、大宗商品（16%）、股權基金（16%）、其他固定收益投資工具（9%）、混合投資配置（7%）和房地產（3%），而馬來西亞伊斯蘭基金主要投向股權（59%）、貨幣市場工具（24%）、固定收益投資工具（12%）、混合投資配置（5%）。全球 34 個國家和地區有伊斯蘭基金，其中 20 個在非 GCC 國家，基本分佈如下圖所示：

2017 年伊斯蘭基金資產地域分佈情況

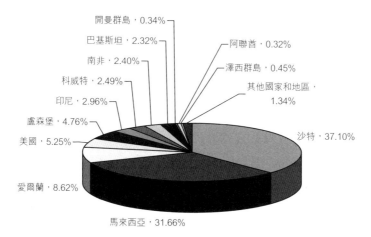

開曼群島，0.34%　阿聯酋，0.32%
巴基斯坦，2.32%　澤西群島，0.45%
南非，2.40%　其他國家和地區，1.34%
科威特，2.49%
印尼，2.96%
盧森堡，4.76%
美國，5.25%
沙特，37.10%
愛爾蘭，8.62%
馬來西亞，31.66%

資料來源：Islamic Financial Services Board (IFSB)

截至 2017 年底，全球伊斯蘭基金投放地域排名前三的分別是：

1）全球配置：232 億美元（佔比 35%），這反映了全球伊斯蘭基金為規避地域政治的不確定性而進行避險的需求；

2）馬來西亞：174 億美元（佔比 26%）；

3）沙特：126 億美元（佔比 19%）。

2017 年底，全球伊斯蘭基金的投資領域主要集中在股權（42%）、貨幣市場（26%）、大宗商品（14%）、固定收益類產品和伊斯蘭債券（10%），具體分佈如下圖所示：

2017 年伊斯蘭基金資產按投資領域分佈狀況

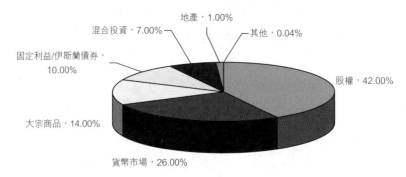

資料來源：Islamic Financial Services Board (IFSB)

伴隨着伊斯蘭經濟的發展，預計到 2019 年，全球伊斯蘭基金規模將超過 780 美元。

根據瑞士再保險（Swiss Re）及伊斯蘭金融服務委員會（IFSB）報告顯示，過往 10 年，全球伊斯蘭保險市場增長明顯，截至 2017 年底，全球伊斯蘭保險市場保費貢獻規模約為 284 億美元（2008 年：164 億美元），預計 2020 年將達到 300 億美元。具體如下圖所示：

從伊斯蘭保險市場保費貢獻的地域來看，截至 2017 年底，海合會國家（GCC）佔比達 44%（125.73 億美元），中東北非地區（MENA, GCC 國家除外）佔比達 32%（91.56 億美元），東南亞佔比達 10%（28.18 億美元）。這三個地區合計佔比達 86%。沙特是伊斯蘭保險業最發達的國家，約佔全球規模的 35%，以及海合會國家（GCC）地區的 79%。

截至 2017 年 6 月底，全球伊斯蘭銀行資產規模近 1.56 萬億美元，其佔比按國家分佈如下圖所示：

2008—2017 年伊斯蘭保險（TAKAFUL）保費收入情況

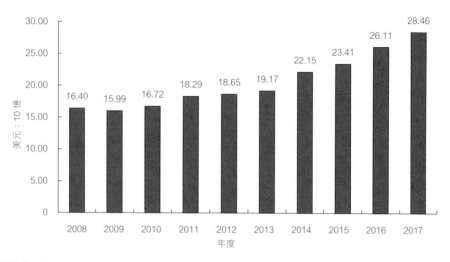

資料來源：Swiss Re Institution Economic Research and Consulting (2018), Islamic Financial Services Board (IFSB)

2017 年 6 月底全球伊斯蘭銀行業資產國家分佈狀況（單位：10 億美元）

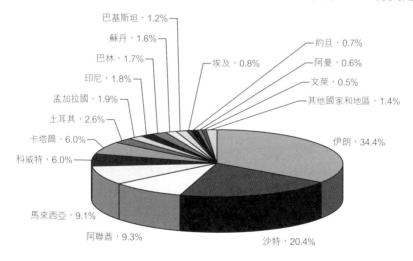

從上圖可以看出，排名前 16 位的均為信仰伊斯蘭教的國家，佔比達 98.6%；其中海灣地區（包括伊朗和 GCC 國家，主要得益於充沛的石油美元收入）共有 7 國上榜，佔比達 78.4%（約合 1.22 萬億美元）。具體而言，伊朗伊斯蘭銀行資產佔比約佔全球規模的 34.4%；緊隨其後的是沙特（20.4%）、阿聯酋（9.3%）、馬來西亞（9.1%）、科威特（6.0%）、卡塔爾（6.0%），這 6 國伊斯蘭銀行資產規模在全球佔比均超過了 85.3%（約合 1.33 萬億美元）；其他國家合計不到 15%，其中排名較為靠前的是土耳其（2.6%）、印尼（1.8%）、巴林（1.7%）、蘇丹（1.6%）和巴基斯坦（1.2%）。

5.2　"一帶一路"沿線主要伊斯蘭國家伊斯蘭銀行業發展現狀

截至 2017 年底，全球伊斯蘭金融市場規模達 2.43 萬億美元，其中 90% 集中在以下 10 個伊斯蘭金融核心市場，即：沙特阿拉伯、科威特、巴林，卡塔爾、馬來西亞、阿聯酋、巴基斯坦、印度尼西亞、土耳其和孟加拉國，這 10 個國家都坐落在"一帶一路"倡議圈內。以下章節將逐一介紹這十大伊斯蘭銀行業核心市場發展現狀。

5.2.1　沙特阿拉伯

沙特阿拉伯，簡稱沙特，是伊斯蘭政教合一的君主制國家，位於亞洲西南部的阿拉伯半島，東瀕波斯灣，西臨紅海，同約旦、伊拉克、科威特、阿拉伯聯合酋長國、阿曼、也門等國接壤。面積 215 萬平方公里，海岸線長 2437 公里，人口 3293 萬。伊斯蘭教聖城——麥加位於其境內西部。每年從世界各地來此朝聖的穆斯林超過 1000 萬人。沙特石油剩餘可採儲量約為 363 億噸，約佔世界儲量的 26%；天然氣剩餘可採儲量約為 8.2 萬億立方米，約佔世界儲量的 4.1%。沙特是全球最大的石油出口國，也是石油輸出國組織（OPEC）的主要成員國。石油產業的收入約佔全國財政總收入的 70%、該國出口收入的 90% 以及 GDP 的 50%。沙特貨幣里亞爾（SAR）與美元掛鈎，匯率穩定在 USD1＝SAR3.75，可自由兌換。截至 2017 年底，沙特吸引外資存量約為 2322.28 億美元，其中中國對沙特投資存量約為 20.38 億美元。

受石油價格連續下跌的影響，2016 年，沙特 GDP 增長為 -1.4%，約為 6449.36 億美元，人均 GDP 為 19983 美元。沙特 2006—2016 年的經濟增長情況如下圖：

2006—2016 年沙特 GDP 狀況（單位：10 億美元）

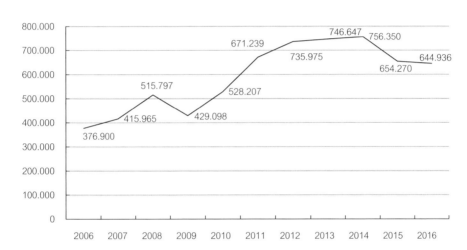

資料來源：世界銀行（The World Bank）

據沙特商業投資部資料顯示：

1）2017 年，中沙雙邊貿易額為 499.84 億美元，其中沙特從中國進口 182.2 億美元；沙特出口中國 317 億美元。中國為沙特第一大貿易夥伴。沙特實現貿易順差 134.8 億美元。

2）2018 年，中沙雙邊貿易額為 614 億美元，佔沙特同期貿易總量的 17%。中國為沙特第一大貿易夥伴。沙特實現貿易順差 169 億美元。

3）原油、有機化工產品、塑料及其製成品為沙特對中國出口的三大類產品。沙特自中國進口的主要商品是電器設備及其零部件、機械設備及其零部件和船舶等。

沙特中央銀行（SAMA）於 2023 年 11 月 20 日公佈，與中國人民銀行（PBOC）簽署為期 3 年的雙邊本幣互換協議。該協議的互換規模為 260 億沙特里亞爾（69.3 億美元），日後經雙方同意可進一步延長。

金融監管體系建設和政策演變

目前，沙特已經有一個穩定而成熟的伊斯蘭金融體系。雖然沙特是一個純粹的伊斯蘭國家，但其政府和監管當局卻從未在正式場合承認伊斯蘭金融，也未在中央層面設立全國統一的伊斯蘭監管委員會，相關的監管職能是由各伊斯蘭金融機構內設的伊斯蘭監管委員會各自承擔的。總體而言，沙特金融業的主管機構是沙特中央銀行（SAMA, Saudi Arabian Monetary Authority），以雙軌制統一監管銀行業和保險業。1966 年，沙特政府通過《銀行業控制法》（BCL, Banking Control Law 1966）授予 SAMA 監管境內伊斯蘭銀行和傳統銀行的權利，SAMA 在《保險法》的授權下也負責監管境內伊斯蘭保險公司和傳統保險公司。1987 年，SAMA 成立了銀行業糾紛協調委員會（BDC, Banking Disputes Committee），負責協調解決銀行間的業務糾紛和有關金融方面的爭議。

1996 年，沙特頒佈了《銀行管理法》，對沙特銀行業務進行了規範。沙特中央銀行負責境內銀行監管。目前，沙特共有 28 家金融機構，其中沙特本國商業銀行 12 家；伊斯蘭銀行 4 家（分別是 Al Rajih Bank, Bank Al Jazira, Albilad Islamic Bank, Alinma Investment Co.）；外資商業銀行 16 家。此外，沙特還有 5 家國有專業機構，如沙特農業銀行、房地產開發基金、沙特工業發展基金、公共投資基金和沙特信託銀行。其他各商業銀行均設有專門的伊斯蘭金融窗口或櫃台。國際性伊斯蘭金融機構——伊斯蘭發展銀行（IDB）總部設在沙特西部港口城市吉達。

目前，已有 16 家外資銀行獲准在沙特設立分行，其中 GCC 鄰國 7 家（巴林 2 家、科威特 1 家、阿聯酋 2 家、阿曼 1 家、卡塔爾 1 家），其餘的還有 HSBC、JP Morgan、Deutsche Bank、BNP Paribas、State Bank of India、National Bank of Pakistan、中國工商銀行（ICBC）、渣打銀行、孟加拉國的

Bank of Bangladesh、土耳其農業銀行、伊拉克貿易銀行等。此外，日本 UFJ 也在申請在沙特首都利雅得建立分行。沙特內閣授權財政部負責審批外資銀行在沙設立分支機構的申請，而獲批後的具體設立手續則由沙特中央銀行（SAMA）負責對接。

2003 年 6 月，沙特頒佈了《資本市場法》，在現行銀行的架構外，允許開辦銀行、金融公司，並成立資本市場監管局（CMA, Capital Market Authority）負責監管本地資本市場。沙特擁有 1 家證券交易所（Tadawul），監管機構為沙特資本市場監管局。

2012 年，沙特政府在住房金融方面進行重大改革，通過《房地產金融法》並引入住房按揭和符合伊斯蘭監管要求的全國統一的住房按揭保險方案，這為伊斯蘭金融進入房地產市場鋪平了道路。

2015 年 6 月 15 日，沙特阿拉伯對境外合格投資者開放其股票市場，並作了如下限制：1）單一境外合格投資者對沙特單一上市公司股權投資佔比不超過 5%；2）所有境外合格投資者對沙特單一上市公司股權投資佔比不超過 20%；3）所有境外合格投資者對沙特所有上市公司股權投資佔比不超過 10%。

2015 年 12 月，經過近 10 年的醞釀，沙特頒佈了《新公司法》，並於 2016 年 5 月 2 日起正式執行，以取代 1965 年頒佈的《公司法》。《新公司法》共有 227 條，力圖與國際慣例接軌，引入了資本充足率等概念，主要變化有：

1）《新公司法》授予沙特資本市場監管局作為沙特上市公司的監管機構；

2）在特定情況下，允許單一持股人成立有限責任公司與合資公司；

3）有限責任公司之個人股東不再為公司負債承擔個人責任；

4）公司舉債及交易伊斯蘭債券必須符合伊斯蘭監管的要求；

5）公司累計虧損超過註冊資本之 50% 時須補充資本金直至註冊資本之 50% 以上，否則需清盤等。

隨着沙特對境外合格投資者開放其股票市場及《新公司法》的實施，沙特伊斯蘭銀行業將迎來更大的發展空間。

2016 年 4 月，沙特政府公佈《2030 願景》計劃，旨在對沙特阿拉伯的經濟進行一次規模極其龐大的整改，並計劃用 14 年的時間將沙特從一個依賴石油出口的王國轉變為一個依靠多方收入來源的現代、高效和多元化的經濟體。

《2030 願景》包括政府內部高效率的競選模式、非石油私營經濟部門在國民經濟中扮演更重要的角色、更積極地進行國有外國資產管理模式以增加收入等。此項計劃的經濟部分包括：未來五年的一攬子國家預算改革、法規變更、新政策發佈等。《2030 願景》的主要內容有：

1）將非石油出口佔非石油國內生產總值的比率從 16% 提高至 50%；

2）將外國直接投資佔國內生產總值的比率從 3.8% 提高到 5.7%；

3）將失業率從 11.6% 降低至 7%；

4）將中小企業對國內生產總值的貢獻從 20% 提高到 35%；

5）將女性的勞動參與率從 22% 提高到 30%；

6）將私營行業對國內生產總值的貢獻從 40% 增加至 65%；

7）將國有的沙特阿美石油公司從一家石油生產公司轉變為一家全球性的工業集團；

8）將公共投資基金（PIF）發展為全球規模最大的主權財富基金（資產規模超過 2 萬億美元；

9）將非石油政府收入從 1630 億里亞爾（430 億美元）增加至 1 萬億里亞爾（2660 億美元）等。

伊斯蘭銀行

截至 2016 年底，沙特有 4 家全牌照的伊斯蘭銀行，均在沙特本地股票市場（Tadawul）上市，分別是 A1 Rajih Bank, Bank A1 Jazira, Albilad Islamic Bank, Alinma Investment Co.，這 4 家伊斯蘭銀行資產規模佔其國內銀行資產規模的 25%，存款約佔 28%。沙特伊斯蘭銀行客戶移動服務的使用率約為 75%。沙特最大的伊斯蘭銀行為 A1 Rajih Bank，有 539 家分支機構，資產餘額約為 3070 億沙特里亞爾，客戶存款餘額約為 2725.9 億沙特里亞爾。第二大伊斯蘭銀行為 Alinma Investment Co.，有 76 家分支機構，資產餘額為 1047.25 億沙特里亞爾，客戶存款餘額約為 806.12 億沙特里亞爾。

沙特其他 8 家本地商業銀行也都在本地股票市場上市，且均有伊斯蘭銀行和傳統銀行經營牌照或同時提供伊斯蘭銀行窗口服務。目前，沙特伊斯蘭銀行業資產規模佔國內銀行資產規模的 55%，佔全球伊斯蘭銀行業規模（除伊朗外）的 35%。此外，沙特曾經最大的傳統商業銀行（NCB, National Commercial Bank）於 2021 年 4 月兼併了沙特的 Samba Financial Group，並更名為 SNB(Saudi National Bank)。該行一直有志於將自身轉變為一個全牌照的伊斯蘭銀行。

2016 年，為配合落實《2030 願景》計劃，沙特中央銀行（SAMA）推出了《金融部門發展計劃（FSDP）》，旨在將沙特經濟活動中的非現金使用率從 16% 提高至 28%（2020 年）和 70%（2030 年）。2016 年，沙特的電子交易規模約為 83 億美元，預計到 2020 年將達到 220 億美元。

伊斯蘭基金

截至 2016 年底，沙特股票交易所（Tadawul）共有 199 隻伊斯蘭基金上市，資產管理總額約佔全球的 40%（約 266 億美元）。全球排名前 20 的伊斯蘭基金有 10 隻落戶沙特，其中 NCB Capital 排名第一，資產管理總額約為 39.3 億美元。

2016 年 11 月，沙特資本市場監管局（CMA）頒佈了《新基金管理辦法》（New Funds Regulations），對各類私募和公募基金的成立、發行和運營做出了具體規定。另外，CMA 還針對各類房地產公募基金頒佈了《房地產信託基金管理辦法》（REIT Regulations）。

伊斯蘭保險（TAKAFUL）

2003 年，沙特中央銀行（SAMA）頒佈了《互助保險公司監管法》（Law on Supervision of Cooperative Insurance Companies），規定所有保險公司必須以互助模式運營；伊斯蘭保險公司如果實現盈利，則盈利之 10% 應按年直接回報給保單持有人。但該法案並未強制要求伊斯蘭保險公司必須內設伊斯蘭監管委員會，且也未限制伊斯蘭保險公司投資方向和具體資產標的物（不論其是否符合伊斯蘭監管規定）。沙特所有保險公司都在沙特股票市場（Tadawul）上市，所以它們必須同時滿足沙特《資本市場交易法》的相關要求。

沙特是世界上第一大伊斯蘭保險市場。截至 2016 年底，沙特有 35 家保險公司、2 家再保險公司、76 家持牌保險經紀公司和 76 家保險代理公司，其中

6 家是完全的伊斯蘭保險公司（Takaful），29 家提供伊斯蘭互助保險業務。沙特伊斯蘭保費（Contribution）收入 358 億里亞爾（=96.46 億美元），約佔全球規模的 48%，在 GCC 佔比更高達 77%。主要得益於沙特對車輛和個人健康實行強制保險，保險業實現盈利 25 億里亞爾（=6.66 億美元）。儘管如此，沙特伊斯蘭保險的滲透率仍然較低，只有 1.5%。主要有 5 家保險商，即 Tawuniya, Bupa, Medgulf, Malath 和 Al Rajhi 的保費佔比約為全行業的 65%，盈利約為全行業的 53%。健康（52%）、車輛（30%）、物業（5%）保險約佔全行業的 87%。

伊斯蘭債券（SUKUK）

2001—2016 年，沙特共發行了 95 隻伊斯蘭債券，其中國內發行 52 隻，金額約 371.79 億美元，約佔全球伊斯蘭債券國內發行量的 48.7%；國際發行 43 隻，金額約 263.05 億美元，約佔全球伊斯蘭債券國際發行量的 24.1%。

總體而言，沙特始終對伊斯蘭金融市場保有巨大的影響力。隨着沙特逐步向外國投資者開放股票和資本市場，實施《2030 願景》計劃以擺脫對石油經濟的依賴，對國有企業進行私有化和混合所有制（PPP）改造，沙特伊斯蘭金融在可預見的未來還有很大的發展空間。

5.2.2 馬來西亞

馬來西亞位於東南亞，位於太平洋和印度洋之間，由馬來半島南部的馬來亞和位於加里曼丹島北部的沙撈越、沙巴組成。馬來西亞國土面積 33 萬平方公里，海岸線長 4192 公里，人口 3170 萬。馬來西亞位於東南亞中心位置，馬六甲海峽連通太平洋與印度洋，區位優勢獨特。馬來西亞實行君主立憲議會民主聯邦制（議會君主制）。根據憲法定義，馬來人是實行馬來風俗（習慣法）和文化的穆斯林，他們在政治上具有主導權。據《BP 世界能源統計年鑒》報告顯示，馬來西亞已探明石油儲量約為 5 億噸，天然氣儲量約為 2.7 萬億立方米。

馬來西亞是新興工業化市場經濟體，也是東南亞國家聯盟（ASEAN）成員國，2006—2016 年的經濟增長情況如下：

2006—2016 年馬來西亞 GDP（單位：10 億美元）

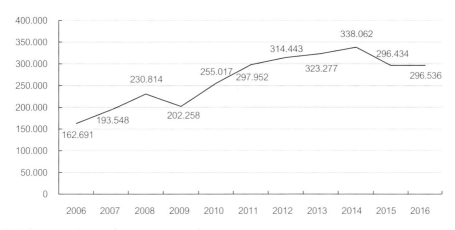

資料來源：世界銀行（The World Bank）

2016 年底，馬來西亞 GDP 達 295.36 億美元，人年均 GDP 9508 美元；1 美元（USD）=4.4839 馬來西亞貨幣林吉特（MYR）。馬來西亞中央銀行已將人民幣納入其外匯儲備。2009、2012、2015、2018 年馬來西亞先後四次同中國簽署了為期 3 年的雙邊貨幣互換協議。最新一期協議總額為 1800 億人民幣/1100 億馬來西亞林吉特，3 年期，到期日為 2021 年 8 月。

據馬來西亞統計局資料顯示：

1）2016 年，中馬雙邊貿易額為 581.1 億美元，其中馬來西亞從中國進口 343.5 億美元，佔馬來西亞進口總額的 20.4%；其中馬來西亞出口中國 237.6 億美元，佔馬來西亞出口總額的 12.5%；中國為馬來西亞第二大出口市場和第一大進口來源國；馬來西亞與中國的貿易逆差為 105.9 億美元。

2）2017 年，中馬雙邊貿易額為 677.5 億美元，其中馬來西亞從中國進口 383.3 億美元，佔馬來西亞進口總額的 23.8%；其中馬來西亞出口中國 294.2 億美元，增長 23.8%；中國為馬來西亞第二大出口市場和第一大進口來源國；馬來西亞與中國的貿易逆差為 89.2 億美元。

3）機電產品、礦產品和塑膠橡膠為馬來西亞對中國出口的三大類產品。馬來西亞自中國進口的主要商品是機電產品、賤金屬及製品和化工產品。

在銀行方面，2016 年底，馬來西亞有 27 家商業銀行，11 家投資銀行，16

家伊斯蘭銀行以及 11 家伊斯蘭保險機構。截至 2016 年底，伊斯蘭銀行業資產規模為 7420 億林吉特，佔全國銀行資產規模的 28%。伊斯蘭保險資產為 269 億林吉特；伊斯蘭資金規模為 1500 億林吉特。最大的伊斯蘭銀行為 Maybank Islamic，有 402 家分支機構，資產總額為 1818 億林吉特。第二大的伊斯蘭銀行為 CIMB Islamic，有 350 家分支機構，資產總額為 666 億林吉特。

在證券市場方面，馬來西亞股票交易所（Bursa Malaysia Berhad）是馬來西亞唯一的股票交易所，經營股票、債券（包括伊斯蘭債券）、金融衍生品等。分為主板市場（Main Market）和創業板市場（ACE Market）兩部分。

經過近 40 年的發展，馬來西亞已經成為世界伊斯蘭金融中心，這主要得益於：

1）完善的伊斯蘭金融監管架構建設；
2）健全的伊斯蘭監管法律與制度建設；
3）多樣的伊斯蘭金融產品與市場發展策略；
4）專業的伊斯蘭金融技能培訓與人才培養策略；
5）堅定的政府支持。

完善的伊斯蘭法律和監管架構建設

早在馬來西亞第一家伊斯蘭銀行（Bank Islam Malaysia Berhad）成立前的 1983 年，馬來西亞就起草了《伊斯蘭銀行法》（IBA, The Islamic Banking Act 1983），充分授權馬來西亞中央銀行（BNM）監管境內伊斯蘭銀行業務，並為伊斯蘭銀行開展業務在產品選擇、服務領域等提供了更多的靈活性，這為伊斯蘭銀行最終融入現代金融體系創造了條件。馬來西亞的第一家伊斯蘭保險公司成立於 1985 年。在此之前的 1984 年，馬來西亞就出台了《伊斯蘭保險法》（The Takaful Act 1984），對伊斯蘭保險的行業規範、運作流程與檢查、保險公司資格認證、保費管理、信息披露等方面做出了詳盡的要求。

隨着金融業的發展，為應對新的監管形勢，2009 年馬來西亞頒佈了新的《馬來西亞中央銀行法》（The Central Bank of Malaysia Act 2009），以取代 1958 年頒佈的舊版《馬來西亞中央銀行法》，其中有專門篇幅強調伊斯蘭金融監管，新法規定在馬來西亞中央銀行設立伊斯蘭監管顧問委員會（SAC），授權其專門負責伊斯蘭銀行業與伊斯蘭保險業的伊斯蘭監管、仲裁及相關伊斯蘭條文解釋工作。

在伊斯蘭證券監管方面，2011 年馬來西亞修改了《伊斯蘭證券管理條例》（Islamic Securities Guidelines 2011），對馬來西亞證監會伊斯蘭監管委員會（SAC of Securities Commission）的判例適用性及伊斯蘭債券發行規則做出了更清晰的界定。

2011 年，馬來西亞中央銀行（BNM）頒佈了《伊斯蘭監管管治架構條例》（SGF, Shari'a Governance Framework），規定了雙層伊斯蘭監管架構管理體系，即

1）在中央銀行設立全國統一的伊斯蘭監管委員會；

2）在各伊斯蘭金融機構內部設立獨立的伊斯蘭監管委員會，該委員會像其他專業委員會（如風險委員會、審計委員會等）一樣直接向該機構的董事會報告，並下設四個專門部門，如伊斯蘭監管風險管控部、伊斯蘭監管研究部、伊斯蘭監管審查部、伊斯蘭監管審計部。2014—2017 年，馬來西亞中央銀行轄下的伊斯蘭監管委員會向全國統一頒佈了 14 套標準，內容涵蓋了 Murabaha（成本加價），Mudaraba（回報共享），Istisna（按進度付款），Kafalah（擔保），Wakala（委託代理），Wadiah（保管），Qard（貸款），Ijara（租賃），Wa'd（保證），Rahn（質押）和 Bai'al-sarf（貨幣兌換）。BNM 的雙層伊斯蘭監管架構管理體系和相關管理標準已為多國伊斯蘭監管機構借鑒。

2013 年，馬來西亞頒佈了《伊斯蘭金融服務法》（IFSA, Islamic Financial Services Act 2013），以取代 1983 年版的《伊斯蘭銀行法》（IBA），這為伊斯蘭金融在馬來西亞的發展提供了一個法律平台，在伊斯蘭監管方面，該法案授權馬來西亞中央銀行頒佈各項伊斯蘭監管條例，並要求其境內伊斯蘭銀行遵照執行。該法案要求同時從事家庭保險和綜合保險的伊斯蘭保險公司將其業務進行拆分並在 2018 年前重新取得相關經營牌照。

2014 年，馬來西亞證監會頒佈了《可行性及社會責任伊斯蘭債券發行管理條例》（Framework for the Issuance of Sustainable and Responsible Investment Sukuk-SRI Sukuk），列示了四種 SRI Sukuk，即自然資源、可再生能源、社區發展及物業託管，進一步拓寬了個人和機構投資者的綠色投資渠道。

2015 年，馬來西亞證監會頒佈了《伊斯蘭債券在線註冊及發行管理條例》，對符合監管要求並進行了充分信息披露的伊斯蘭債券加快其審批進程並允許其在線發行。

在監管方面，馬來西亞中央銀行（BNM）還專門成立了金融科技拓展署（Financial Technology Enabler Group），負責制定、強化金融科技監管政策以及答疑解惑。2016 年 10 月，馬來西亞頒佈了《金融科技沙盒架構管理條例》（Fintech Regulatory Sandbox Framework），旨在為金融科技創新及其在金融領域的運用提供一個真實的實驗空間，並提供具體監管指導，降低系統性金融風險。馬來西亞證監會（SC, Securities Commission）建立了 FINity@SC，旨在為金融科技公司提供創新平台，推動馬來西亞證券市場更快、更成熟地發展。SC 頒佈了《認可之市場指導意見》（Guidelines on Recognized Markets），旨在為股權眾籌基金及 P2P 融資平台管理提供具體的監管條例。2016 年，馬來西亞將世界上第一本從事符合伊斯蘭教義 P2P 眾籌金融業務（Shari'a-Compliant Peer-to-Peer Crowd Funding）的牌照頒給了 Ethis Kapital，該公司主要從事中小企業融資。之後馬來西亞又有 6 家從事符合伊斯蘭教義 P2P 眾籌金融機構獲得了經營牌照。

2017 年 1 月，為進一步開放國內資本市場，馬來西亞證監會取消了伊斯蘭債券和傳統債券在發行前必須進行信用評級的規定。

馬來西亞中央銀行（BNM）在金融發展方面有長遠規劃。在其《2001—2010 年金融領域發展綱要》中，已經把伊斯蘭金融作為主要發展目標之一，並設立了到 2010 年伊斯蘭金融佔其國內金融 20% 的目標（目前這一目標早已實現）。在其《2011—2020 年金融領域發展綱要》中，BNM 將伊斯蘭金融國際化作為其發展目標，重點放在拓寬伊斯蘭金融產品和服務，創新伊斯蘭金融科技與服務方案以及拓寬跨境金融服務領域等。

伊斯蘭銀行

截至 2016 年底，馬來西亞伊斯蘭銀行業資產約佔全國銀行業資產規模的 28%，達 7420 億林吉特；伊斯蘭貸款約佔全國銀行業貸款規模的 1/3，達 5500 億林吉特，其中 60% 為家庭貸款，7.7% 為保險貸款，5.3% 為教育和醫療貸款，5.2% 為房地產貸款。伊斯蘭存款規模達 5290 億林吉特，其中投資存款賬戶（IA, Investment Account）存款達 737 億林吉特，佔比達 12.2%。為投資伊斯蘭投資渠道，馬來西亞中央銀行（BNM）於 2016 年 2 月引進了投資存款賬戶平台（IAP, Investment Account Platform），IAP 由六家馬來西亞伊斯蘭銀行組成的聯營體共有，主要為中小企業提供融資，註冊資本為 1.5 億林吉特。這是第一個伊斯蘭銀行間的跨行一體化綜合投資平台，用戶可以根據自己的需要和投資偏好參與、投資於該平台上的多種投資產品。

2010—2016 年馬來西亞伊斯蘭銀行業資產、貸款，存款規模變化一覽（單位：10 億林吉特）

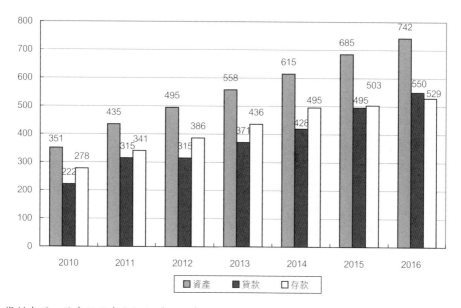

資料來源：馬來西亞中央銀行（BNM）

伊斯蘭保險（TAKAFUL）

截至 2016 年底，馬來西亞共有 44 家保險公司，其中 19 家財產保險、10 家壽險、4 家綜合保險和 11 家伊斯蘭保險公司。另有 7 家再保險、5 家伊斯蘭再保險、30 家保險經紀和 36 家保險公估公司。

隨着馬來西亞於 1984 年推出《伊斯蘭保險法》（Takaful Act 1984），1985

年 8 月馬來西亞第一家伊斯蘭保險機構——Syarikat Takaful Malaysia Berhad 成立並開始商業運作。截至 2016 年底，馬來西亞共有 11 家伊斯蘭保險機構及 8 萬多保險代理人，保費收入達 75 億林吉特（2015 年：68 億林吉特），佔全國保費收入的 14.6%。伊斯蘭保險資產規模達 269 億林吉特，佔全國保險資產規模的 10%。家庭保險和綜合保險佔伊斯蘭保費淨收入的 76%。

2010—2016 年馬來西亞伊斯蘭保險保費淨收入規模變化一覽（單位：10 億林吉特）

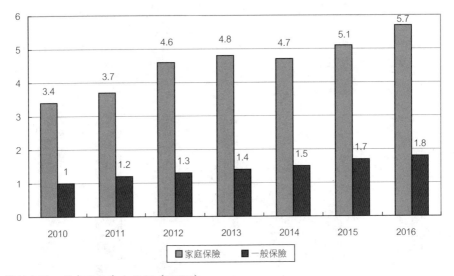

資料來源：馬來西亞中央銀行（BNM）

　　總體而言，與傳統保險相比，馬來西亞伊斯蘭保險還存在諸多挑戰，比如市場滲透率低（14.8%，傳統保險 54%）、技術創新能力不足、管理低效等。為改變這種狀況，馬來西亞中央銀行（BNM）從制度建設入手，先後頒佈了《伊斯蘭保險風險資本管理條例》（The Capital Takaful Framework 2014），《伊斯蘭生命保險和家庭保險管理條例》（The Life Insurance and Family Takaful Framework 2015），《內部資本充足率檢測流程》（The Internal Capital Adequacy Assessment Process 2017）等規章、制度，主要從伊斯蘭保險商的資本風險管理、運營靈活性與透明度、產品設計與發佈渠道、信息披露、市場慣例等方面對伊斯蘭保險機構進行規範與引導，並積極鼓勵市場競爭與創新和專才培養。

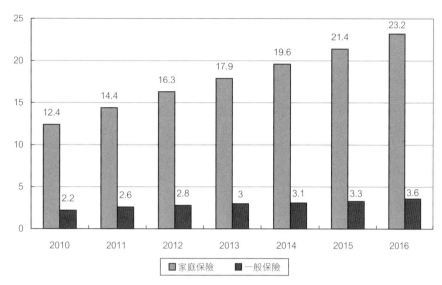

2010—2016 年馬來西亞伊斯蘭保險保費資產投資規模一覽
（單位：10 億林吉特）

| | 家庭保險 | 一般保險 |

資料來源：馬來西亞中央銀行（BNM）

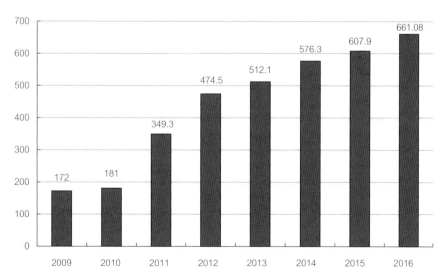

2009—2016 年馬來西亞伊斯蘭債券存量規模變化一覽
（單位：10 億林吉特）

資料來源：馬來西亞證監會（Securities Commission Malaysia）

135

伊斯蘭債券（SUKUK）

2016 年馬來西亞保持住了全球伊斯蘭債券領袖的地位，其中伊斯蘭債券當年發行量達 1294.5 億林吉特，全球佔比達 46.4%；伊斯蘭債券存量達 6610.8 億林吉特，全球佔比達 54%。

2009—2016 年，馬來西亞共發行了 271 隻伊斯蘭債券，年均發行量約為 34 隻。其中發行量最高的年份為 2013 年（50 隻），之後隨着全球經濟走弱以及馬來西亞中央銀行停止短期伊斯蘭債券的發行，馬來西亞伊斯蘭債券發行數逐年走低，2016 年，馬來西亞共發行了 32 隻伊斯蘭債券，發行規模 1294.5 億林吉特，其中伊斯蘭公司債券發行額達 648.2 億林吉特，佔比約為 50%。馬來西亞靈活的外匯管理提高了其 Sukuk 國際發行地之首選地（Emas Designation）的地位。由馬來西亞政府和跨國企業發行的以外幣計價的伊斯蘭債券極大地豐沛了國際伊斯蘭債券市場的流動性。

伊斯蘭資本市場

在過去 10 年中，馬來西亞伊斯蘭資本市場經過長足的發展（翻了三番），特別是在市場規模、產品創新、金融媒介等方面成為了世界伊斯蘭資本市場的領導者。截至 2016 年底，馬來西亞伊斯蘭資本市場規模約為 16916.4 億林吉特，其中伊斯蘭股票（671 隻）規模約為 10305.6 億林吉特，約佔馬來西亞股票（904 隻）市場總市值的 62%。再加上 6610.8 億林吉特伊斯蘭債券市場的規模，馬來西亞伊斯蘭資本市場約佔馬來西亞本國資本市場總額的 60%。

此外，截至 2016 年底，馬來西亞有 328 隻伊斯蘭基金，在數量方面全球排名第一；共管理了 149.6 億美元伊斯蘭金融資產，規模排名世界第二（位列沙特之後）。

得益於堅定的政府支持、完善的法律與制度建設、健全的人才培訓與機構發展模式、靈活多樣的伊斯蘭金融產品與市場發展策略，馬來西亞已經建設成為世界伊斯蘭金融中心。但要保持世界伊斯蘭金融業領導者的地位，馬來西亞還面臨來自阿聯酋迪拜、近鄰印尼的挑戰，持續開放及國際化是馬來西亞伊斯蘭金融的未來之路。

5.2.3　阿聯酋

阿拉伯聯合酋長國，簡稱為阿聯酋，位於阿拉伯半島東部，北瀕波斯灣，西北與卡塔爾為鄰，西和南與沙特阿拉伯交界，首都阿布扎比。於 1971 年宣告建國，由阿布扎比、迪拜等 7 個酋長國組成聯邦國家。阿聯酋屬於伊斯蘭君主共和制國家。阿聯酋國土面積 8.36 萬平方公里，海岸線長 734 公里，人口約 940 萬。阿聯酋的石油和天然氣資源非常豐富。已探明石油儲量為 133.4 億噸，佔世界石油總儲量的 9.5%，居世界第 6 位；天然氣儲量為 214.4 萬億立方英尺（6.06 萬億立方米），居世界第 5 位。

阿聯酋是海合會（GCC）成員國，經濟支柱產業為石油生產、石油化工工業、旅遊業、金融業及航運業。聯邦政府財政收入來自各酋長國的石油收入。政府在發展石化工業的同時，把發展多元化經濟、擴大貿易、增加非石油收入在國內生產總值中的比率當作其首要任務。早在 2015 年，阿聯酋 GDP 中石油收入貢獻度已經降低到 40% 以下，標誌着阿聯酋 2012—2017 年多元化經濟戰略取得初步成功。阿聯酋著名港口城市迪拜已發展成為中東北非地區最大的金融、航運及旅遊中心。2017 年，阿聯酋政府推出阿聯酋《2021 願景》（UAE Vision 2021），其中圍繞迪拜的區域戰略規劃有三個，即到 2021 年，將迪拜建設成為伊斯蘭金融中心、清真業務中心和伊斯蘭生活方式（包括文化、藝術、時尚和家庭旅遊）體驗中心。迪拜市政府還計劃成立一個符合伊斯蘭監管的伊斯蘭進出口銀行（IEXIM, Islamic Export-Import Bank）以促進伊斯蘭貿易的發展。截至 2017 年底，阿聯酋吸引外資存量約為 1299 億美元。

2016 年，阿聯酋 GDP 增長為 -0.03%，約為 3570.45 億美元，人均 GDP 為 38520 美元。阿聯酋 2006—2016 年的經濟增長情況如下：

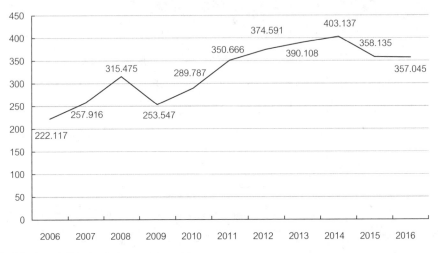

2006—2016 年阿聯酋 GDP 狀況（單位：10 億美元）

資料來源：世界銀行（The World Bank）

　　中國是阿聯酋最大的貿易夥伴，而阿聯酋是中國在中東地區的第二大貿易夥伴（僅次於沙特）、第一大出口市場和轉口中心。2014—2016 年，中國與阿聯酋雙邊貿易額合計達 1418 億美元。2017 年，中阿貿易額超過 410 億美元，其中阿聯酋自中國進口 287.38 億美元，阿聯酋對中國出口約為 122.39 億美元，中國實現貿易順差約為 164.99 億美元。中國農業銀行迪拜分行是阿聯酋人民幣業務的清算行。2017—2018 年，累計人民幣清算量超過 600 億元。2015、2018 年阿聯酋兩次同中國簽署了為期 3 年、總額為 350 億人民幣的雙邊本幣互換協議。

伊斯蘭金融業監管體系

　　《阿聯酋中央銀行法 1985》授權阿聯酋中央銀行（UAE Central Bank）對國內傳統金融和伊斯蘭金融進行監管。目前，阿聯酋實行雙軌制監管。阿聯酋中央銀行要求境內伊斯蘭金融機構在其內部單獨設立伊斯蘭監管委員會，成員不少於三人，由阿聯酋伊斯蘭宗教事務局監管署負責任命。迪拜國際金融中心的監管主體為迪拜金融服務局（DFSA）。2016 年，阿聯酋中央銀行開始籌劃建立一個統一的全國伊斯蘭監管委員會負責監管境內伊斯蘭金融機構。

在伊斯蘭保險（TAKAFUL）方面，相關監管工作由保險監管局（IA,
Insurance Authority）負責。該局在 2010—2014 年間先後頒佈了一系列監管條
規，對保險賬戶資金運作和管理提出特別要求，即伊斯蘭保單只能以 Wakala
（委託代理）或 Wakala 加 Mudaraba（委託代理加合夥制利益共享）結構運作；
在投資方面，要求伊斯蘭保險公司用歐盟 Solvency II 標準，並限制投資集中
度風險。

在伊斯蘭資本市場方面，相關監管工作由債券和商品監管局（SCA,
Securities and Commodities Authority）負責。該局於 2014 年頒佈了新版的
《伊斯蘭債券發行和交易標準及管理辦法》（Standard for Issuing, Acquiring,
and Trading Sukuk），對發行人資質審查、最低發行規模（由原先的 5000 萬第
那姆降低到 1000 萬第那姆）、現金和債務佔比（不超過伊斯蘭債券發行額的
90%）、投資者保護、伊斯蘭債券發行、交易結算、審批時間（不超過 5 個工
作日）、強制上市管理做出了具體規定。這項新規特別是有關新發行 Sukuk 強
制上市的要求極大地加強了迪拜在伊斯蘭債券市場的地位。2016 年當年在迪
拜上市（Nasdaq Dubai）的伊斯蘭債券規模達 115 億美元，超過了在馬來西亞
和倫敦上市規模之和。

2016 年全球新發行伊斯蘭債券（SUKUK）規模（單位：10 億美元）

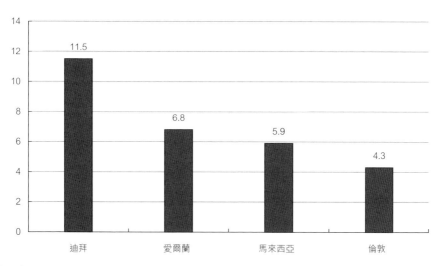

資料來源：IIFM

截至 2016 年底，在迪拜上市的伊斯蘭債券規模達 467.1 億美元（約佔全球份額的 40%），遠遠高於愛爾蘭（+35%）、馬來西亞（+60%）和倫敦（+101%）。截至 2017 年底，在迪拜國際金融中心（DIFC）註冊的金融服務企業超過 470 家。在可預見的未來，迪拜和馬來西亞在伊斯蘭債券中心和伊斯蘭金融中心的競爭將會愈演愈烈。

2016 年底全球伊斯蘭債券（SUKUK）上市規模（單位：10 億美元）

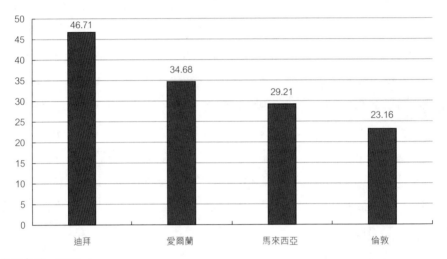

資料來源：IIFM

伊斯蘭銀行

阿聯酋一直在伊斯蘭金融業扮演一個先行者的角色。1975 年在阿聯酋迪拜成立的 Dubai Islamic Bank（DIB）是世界上第一家伊斯蘭商業銀行；而 2002 年成立的 Sharjah Islamic Bank 則是第一家由傳統銀行轉變而來的全牌照的伊斯蘭銀行，其前身是 National Bank of Sharjah。阿聯酋的 Emirates Islamic Bank 是阿聯酋第一家利用社交媒體進行銀行交易的伊斯蘭銀行。

截至 2016 年底，阿聯酋有 8 家全牌照的伊斯蘭銀行，另有 26 家傳統銀行提供伊斯蘭銀行窗口服務（其中 13 家阿聯酋本土銀行，13 家外資銀行）。阿聯酋的伊斯蘭銀行資產規模約為 1590 億美元，約佔銀行資產總規模的 19.4%；伊斯蘭銀行存款餘額約為 950.1 億美元，約佔銀行存款總規模的 22.3%；阿聯酋伊斯蘭銀行業平均資本充足率（CAR, Capital Adequacy Ratio）約為 17.1%。

2011—2016 年，阿聯酋伊斯蘭銀行業資產規模穩定增長。截至 2016 年底，阿聯酋伊斯蘭銀行業資產約為 1590 億美元，較 2011 年增長了 112%。阿聯酋最大的伊斯蘭銀行為 Dubai Islamic Bank（DIB），有 90 家分支機構，資產餘額約為 1750 億第那姆，客戶存款餘額約為 954 億第那姆。第二大伊斯蘭銀行為 Abu Dhabi Islamic Bank，有 86 家分支機構，資產餘額為 1223 億第那姆，客戶存款餘額約為 580 億第那姆。

伊斯蘭保險（TAKAFUL）

阿聯酋是 GCC 地區第二大伊斯蘭保險市場（僅次於沙特），但市場滲透率低，只有 6%。截至 2016 年底，阿聯酋有 9 家 Takaful 公司，伊斯蘭保險產品銷售主要通過保險經紀商或保險代理完成，產品同質化嚴重，服務滯後，同業惡性競爭，其中 Islamic Arabic Insurance Co.（Salama，虧損 1.79 億阿聯酋第那姆），Dubai Islamic Insurance & Reinsurance Co.（虧損 0.37 億阿聯酋第那姆）導致全行業虧損 1.43 億阿聯酋第那姆。

2011—2016 年阿聯酋伊斯蘭銀行業資產狀況（單位：10 億美元）

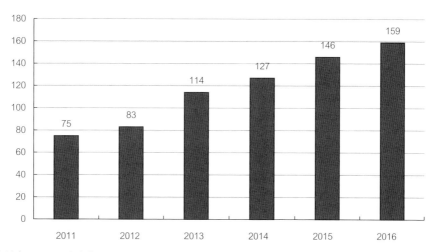

資料來源：阿聯酋中央銀行

窮則思變，阿聯酋伊斯蘭保險商如 Noor Takaful 開始學習馬來西亞和印尼的同業，利用伊斯蘭銀行既有的銀行網點為渠道實行的"銀保一體化"銷售策略銷售保險產品。而 Abu Dhabi National Takaful Company 則是藉助於電子化營銷戰略實現了連年盈利（2016 年底盈利為 0.49 億阿聯酋第那姆）。

伊斯蘭債券（SUKUK）

阿聯酋主要有三家證券交易市場，分別是阿布扎比證券交易所（ADX）、迪拜金融市場（DFM）和迪拜納斯達克（Nasdaq Dubai），其中迪拜納斯達克主要從事伊斯蘭債券、國際股權融資、債券、金融衍生品、基金等交易。而 ADX 和 DFM 則主要負責阿聯酋本土企業的股票上市交易，三家交易市場由電子網絡連接，便於交易者及時獲取信息。所有的上市公司和股票代理經紀公司統一由阿聯酋證券商品管理局負責審查。

阿聯酋政府致力於將迪拜打造成伊斯蘭金融中心，而伊斯蘭債券發行則是其重中之重。2016 年，阿聯酋成功躋身於全球伊斯蘭債券發行亞軍（僅次於馬來西亞），伊斯蘭債券當年發行量達 67.5 億美元，全球佔比達 17%；另有 19 隻國際發行的伊斯蘭債券在迪拜納斯達克（Nasdaq Dubai）上市，使得在該

2013—2016 年阿聯酋迪拜伊斯蘭債券（SUKUK）發行情況（單位：百萬美元）

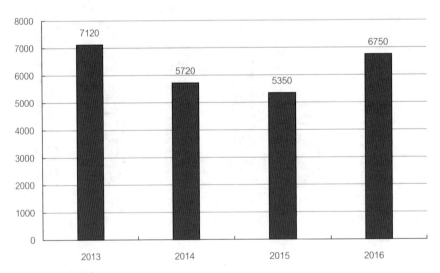

資料來源：阿聯酋中央銀行

市場上市的伊斯蘭債券數量達到 67 隻，金額超過 478 億美元。

2001—2017 年，迪拜共分銷了 110 隻國際伊斯蘭債券（SUKUK），金額超過 718 億美元，佔全球發行量的 7.34%。2017 年底，迪拜伊斯蘭債券市場存量達 338 億美元，佔全球市場規模的 7.78%。2001—2017 年，迪拜發行了 96 隻國際伊斯蘭債券（SUKUK），金額超過 636 億美元，全球佔比約為 29.04%。此外，迪拜以其獨特的市場定位和對中東、北非地區日益增強的輻射力，已然成為中東地區的金融中心。各國選擇迪拜發債是因為迪拜具有世界水平的股市和先進的管理系統，並能為伊斯蘭金融業提供高質量的解決方案。此外，迪拜還積極仿效馬來西亞，着手建立伊斯蘭金融教育體系，為伊斯蘭金融業發展輸送人才。

迪拜從 2014 年一舉超越倫敦，緊追馬來西亞的吉隆坡，成為全球伊斯蘭債券的第二大發行地。但在 2016—2017 年，被異軍突起的沙特趕超，截至 2017 年底，迪拜（338 億美元，全球佔比 7.78%）在伊斯蘭債券市場存量方面顯著落後於沙特（794 億美元，全球佔比 18.27%），甚至落後於印尼（463 億美元，全球佔比 10.66%）。此外，阿聯酋國內以本地貨幣——阿聯酋第那姆（AED）計價的伊斯蘭債券市場較小，2001—2017 年，共發行了 82.5 億等值

2013—2016 年阿聯酋迪拜伊斯蘭債券（SUKUK）發行量全球佔比

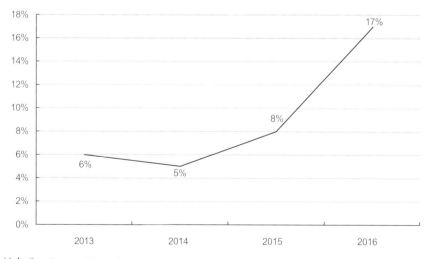

資料來源：Zawya, Bloomberg

美元的以 AED 計價的伊斯蘭債券，僅佔全球伊斯蘭債券以本幣計算的發行量的 0.84%。此外，如何提振伊斯蘭保險也是迪拜能否成為一個真正的伊斯蘭金融中心的關鍵。

5.2.4　科威特

　　科威特，位於西亞地區阿拉伯半島東北部、波斯灣西北部，在南部與沙特阿拉伯、北部與伊拉克分別接壤，東瀕波斯灣，同伊朗隔海相望。科威特國土面積 1.78 萬平方公里，水域面積 5625 平方公里，人口約 405 萬。科威特屬於伊斯蘭君主世襲制酋長國，科威特的石油和天然氣資源豐富，已探明石油儲量 1049 億桶，約為世界總儲量的 10%，居世界第四位。天然氣儲量為 1.78 萬億立方米，佔世界儲量的 1.1%。石油出口佔科威特外匯來源的 95%。科威特財政收入 80% 以上來自石油出口。石油、天然氣工業為國民經濟的支柱，其產值約佔國內生產總值的 50%，非石油生產產值佔國內生產總值的 50%。

　　科威特 2006—2016 年的經濟增長情況如下：

2006—2016 年科威特 GDP 狀況（單位：10 億美元）

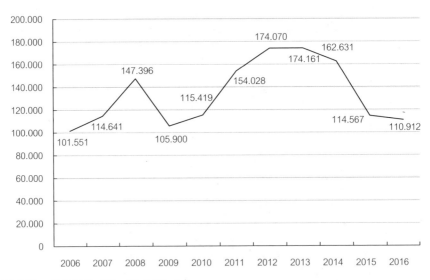

資料來源：世界銀行（The World Bank）

2014—2016 年的石油價格暴跌給科威特財政帶來嚴重困難。2016 年，科威特政府財政出現 17 年來的第一次赤字。科威特政府出台一系列改革措施，主要通過吸引外資、經濟多元化轉型等以降低對石油出口的依賴。同時，科威特政府還出台了 2035 國家轉型計劃，計劃用 20 年時間將科威特打造成中東地區的金融中心、文化中心和世界的石化中心。此外，政府還通過大幅減少補貼（油、氣、水、電等）、增稅（徵收 5% 增值稅、10% 企業所得稅、個人收入所得稅）、提價（水、電）等措施渡過難關。截至 2016 年底，科威特 GDP 為 1109.12 億美元，人均 GDP 為 27372 美元；科威特貨幣科威特第納爾（KWD, Kuwaiti Dinar）掛鈎以美元為主的一攬子貨幣，幣值較為穩定。USD1=KWD0.3028。

據中國海關統計數據顯示，2017 年，中國同科威特雙邊貿易額達 120.4 億美元，其中科威特從中國進口 31.1 億美元，科威特對中國出口 89.3 億美元。

伊斯蘭銀行業和金融監管

科威特伊斯蘭銀行活動起源於 20 世紀 70 年代，當時科威特是伊斯蘭合作組織（OIC）的創始成員國，並主辦了多次伊斯蘭金融國際研討會。之後，1977 年，科威特第一家全牌照伊斯蘭銀行 Kuwait Finance House（KFH）正式成立。

2003 年，科威特對《中央銀行法 1968 年版》進行了修訂，確定由科威特中央銀行（CBK, Central Bank of Kuwait）對其境內所有傳統和伊斯蘭銀行實行監管。目前，科威特境內銀行是雙軌制，即伊斯蘭銀行與傳統銀行共生共存，共同發展。在 CBK 轄下設有一個伊斯蘭監管中央委員會，所有有關伊斯蘭監管方面的爭議由科威特伊斯蘭宗教事務部條文司負責，其裁決具有法律效力。

而伊斯蘭保險（TAKAFUL）的監管工作由科威特商工部負責。雖然有不少業內人士呼籲將 Takaful 置於一個新設的獨立監管機構轄下，但這一提議並未被相關部門採納。

而缺乏一個專業的監管也限制了科威特伊斯蘭債券（SUKUK）的發行。在 2008 年全球金融危機爆發後，2009—2010 年有兩隻科威特伊斯蘭公司債券到期不能兌付，這更加劇了全球投資者對科威特新發行的伊斯蘭債券的疑慮。有鑒於此，科威特政府授權資本市場監管局（CMA）於 2015 年頒佈了《伊斯蘭債券監管新規》，對伊斯蘭債券（SUKUK）的發行、流通、交易、結構、管理、文件格式、規模、期限、可轉換性、託管等做了進一步規範，並規定所有 Sukuk 的發行必須同時得到科威特中央銀行（CBK）和資本市場監管局（CMA）的同意。

伊斯蘭監管架構

科威特的《中央銀行法》（CBK Law）授予了科威特中央銀行（CBK）對境內所有伊斯蘭金融機構及其伊斯蘭監管委員會進行統一監管的法定權力。CBK 參照伊斯蘭金融機構會計與審計組織（AAOIFI）的相關標準，要求境內伊斯蘭金融機構必須在其內部設立伊斯蘭監管委員會（SSB），成員最少為三人，由股東大會（而不是董事會）任命；該委員會的工作職責和治理標準必須體現在銀行的公司章程中。同時，伊斯蘭監管委員會必須每年向股東大會提交一份伊斯蘭監管報告，內容涵蓋了伊斯蘭金融機構在伊斯蘭監管合規性工作的方方面面；該報告將作為伊斯蘭金融機構年報的一部分。但是，CBK 並未在其轄下設立一個中央伊斯蘭監管委員會，而是將這個職能交由科威特伊斯蘭宗教事務部條文司負責。

2016 年 12 月，科威特中央銀行（CBK）頒佈了《科威特伊斯蘭銀行伊斯蘭監管新規》，該法規有 1 年試行期，並在 2018 年 1 月正式施行。主要對伊斯蘭銀行內設的伊斯蘭監管委員會的職責如監督、人員構成（合適且合理——Fit and Proper 是其核心）、伊斯蘭內部及外部審計、政策執行、操作規程和整改措施等方面進行了詳細的規定，並要求伊斯蘭金融機構每季度必須向 CBK 提供一份相關的季度報告。

伊斯蘭銀行業

2012—2016 年，科威特伊斯蘭銀行的複合增長率約為 5%。截至 2016 年底，科威特共有 6 家全牌照的伊斯蘭銀行，其中 5 家為本土銀行（分別是 Kuwait Finance House, A1 Ahli United Bank, Boubyan Bank, Kuwait

International Bank, Warha Bank），1 家為外資銀行，資產總額約為 266 億科威特第那姆，約佔科威特金融業規模的 44%，伊斯蘭銀行滲透率約為 46%（在 GCC 地區僅次於沙特）。伊斯蘭銀行存款餘額約為 215 億科威特第那姆，貸款餘額約為 150 億科威特第那姆。科威特最大的伊斯蘭銀行為 Kuwait Finance House（KFH），有 65 家分支機構，資產餘額約為 165 億科威特第那姆（KED）。第二大伊斯蘭銀行為 Ahli United Bank Kuwait，有 31 家分支機構，資產總額為 37 億科威特第那姆。

近年來，科威特傳統銀行雙管齊下，通過參股伊斯蘭銀行實現了傳統業務和伊斯蘭業務雙輪驅動發展。如第三大伊斯蘭銀行 Boubyan Bank 約有 58% 和 11.6% 的股份分別被傳統銀行 National Bank of Kuwait 和 Commercial Bank of Kuwait 持有。

伊斯蘭保險（TAKAFUL）

截至 2016 年底，科威特有 12 家伊斯蘭保險（TAKAFUL）和再保險（Re-Takaful）。因為缺乏統一的監管機構和產品、渠道，科威特保險資產規模約為 2 億科威特第那姆，在 GCC 國家中排名最末。

伊斯蘭資產管理

科威特的資產管理業監管機構是資本市場監管局（CMA），CMA 下設監管機構——伊斯蘭監管顧問委員會（ACSS, Advisory Council for Shariah Supervision）負責審批伊斯蘭基金。截至 2016 年底，科威特的伊斯蘭基金有 43 家，資產管理規模約為 44 億科威特第那姆。

伊斯蘭債券（SUKUK）

伊斯蘭債券市場在科威特還處於初級階段，因為目前科威特境內融資主要還是依靠銀行貸款，而且政府尚未建立一個統一的伊斯蘭債券市場監管機構，所以主要是公司在發行伊斯蘭債券。

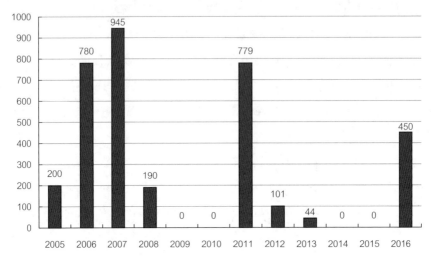

2005—2016 年科威特伊斯蘭債券（SUKUK）發行情況（單位：百萬美元）

資料來源：科威特中央銀行（CBK）

　　從上圖可以看出，科威特伊斯蘭債券市場規模有限，高光時刻出現在 2007 年，當年發行 9.45 億美元伊斯蘭債券。但由於 2008 年全球金融危機爆發時，科威特有兩起發行伊斯蘭債券的公司（Investment Dar 和 International Investment Group）破產倒閉，無法兌現，這對當地市場的口碑造成了不良影響。直接導致 2009—2010 年兩年時間的空窗期。之後市場雖有回暖，但阿拉伯之春帶來的政治動盪加劇了投資者對該市場的觀望情緒，2014—2015 年，該市場又出現了零發行窘態。

　　總體而言，在伊斯蘭金融方面，科威特在 GCC 地區還是陪跑者。科威特政府的經濟多元化轉型改革措施能否成功，以及伊斯蘭金融體系、法律和監管架構能否及時落實，將決定科威特伊斯蘭金融未來的發展空間。

5.2.5　卡塔爾

　　卡塔爾，屬於伊斯蘭君主立憲制酋長國，位於亞洲西部波斯灣西南岸的卡塔爾半島上，與阿聯酋和沙特阿拉伯接壤。卡塔爾國土面積 1.14 萬平方公里，海岸線長 550 公里，人口約 270 萬。卡塔爾資源主要有石油和天然氣。已探明石油儲量為 28 億噸，居世界第 13 位，天然氣儲量 25.8 萬億立方米，佔全球總儲量的 13%，居世界第 3 位，僅次於俄羅斯和伊朗。近年來，卡塔爾集中精力進行天然氣開發，是全球第一大液化天然氣（LNG）出口國。2017 年6 月，沙特、巴林、阿聯酋、埃及等多個阿拉伯國家與卡塔爾斷交。GCC 面臨巨大的分裂風險。2018 年 12 月，卡塔爾宣佈退出 OPEC 組織。而沙特在OPEC 中一直處於絕對領導地位，OPEC 也是沙特發揮其全球影響力的重要舞台。因此，未來海灣地區的地緣政治將日趨微妙與複雜。

卡塔爾 2006—2016 年的經濟增長情況如下：

2006—2016 年卡塔爾 GDP 狀況（單位：10 億美元）

資料來源：世界銀行（The World Bank）

2008 年，卡塔爾政府推出了 2030 卡塔爾國家願景（QNV 2030—Qatar National Vision 2030），該計劃含 4 個 5 年計劃（QNDS, Qatar National Development Strategies），重點是在人文（人民富強）、社會（工作友愛）、經濟（競爭多元高效）和環境（和諧環保）四方面進行建設。其中第 2 個 5 年計劃（2017— 2021）重點是基建、服務和液化天然氣（LNG）建設領域，目標是主辦 2022 年世界盃足球賽（FIFA）場館建設和配套服務以及擺脫 2014—2016 年的石油價格暴跌所帶來的嚴重財政困難，和減少對 GCC 國家在經濟方面的依賴。截至 2016 年底，卡塔爾人均 GDP59343 美元。卡塔爾貨幣卡塔爾里亞爾（QAR, Qatari Riyal）掛鈎以美元為主的一攬子貨幣，幣值較為穩定。USD1=QAR3.64。截至 2016 年底，卡塔爾吸引外資存量為 349.29 億美元。

2014 年 11 月，卡塔爾同中國簽署了為期 3 年、總額為 350 億人民幣的雙邊本幣互換協議。此外，卡塔爾還獲得了 300 億元人民幣合格境外機構投資者（RQFII）額度。2017 年，中國和卡塔爾雙邊貿易額為 80.77 億美元，其中卡塔爾對中國出口 63.95 億美元，從中國進口 16.82 億美元。卡塔爾實現貿易順差 47.13 億美元。

伊斯蘭銀行業和金融監管

卡塔爾伊斯蘭銀行活動起源於 1982 年，卡塔爾第一家全牌照伊斯蘭銀行 Qatar Islamic Bank（QIB）正式成立。但伊斯蘭銀行在監管方面一直沒有一套具體的法律規定。

2005 年，為多元化發展經濟，吸引外資銀行和國際性金融機構，卡塔爾政府成立了卡塔爾金融中心（QFC, Qatar Financial Center），並立法《卡塔爾金融中心法》（QFC Law）授權由卡塔爾金融中心監管局（QFCRA, Qatar Financial Center Regulatory Authority）負責監管外資金融機構；此外，卡塔爾政府還成立了卡塔爾金融市場（QFMA, Qatar Financial Markets），負責監管在卡特爾股票市場上市的銀行（包括伊斯蘭銀行）。2007 年，卡塔爾金融中心監管局（QFCRA）頒佈了《伊斯蘭金融監管手冊》，對伊斯蘭金融機構設立、牌照管理、業務規範、伊斯蘭監管委員會及其職能設立、伊斯蘭金融窗口業務、信息披露、風險控制等做出了詳細規定。

2011 年，卡塔爾中央銀行（QCB, Qatar Central Bank）已經出台規定，禁止境內傳統銀行經營伊斯蘭銀行窗口服務。2012 年，卡塔爾通過了《中央銀行法》並於 2013 年 1 月正式生效，授權卡塔爾中央銀行（QCB）負責監管境內所有傳統銀行及伊斯蘭銀行業務，並要求伊斯蘭金融機構必須在其內部設立伊斯蘭監管委員會（至少含兩名經股東會任命的、合格的穆斯林學者）。

2013 年 12 月，卡塔爾三家監管機構卡塔爾中央銀行（QCB）、卡塔爾金融中心監管局（QFCRA）和卡塔爾金融市場監管局（QFMA）召開聯席會議，統一部署推廣伊斯蘭金融和協調伊斯蘭金融監管措施，並訂立了 6 項發展目標，1）加強監管；2）擴大宏觀審慎監管範圍；3）加強市場基礎設施建設；4）保護消費者與投資者；5）加強監管合作；6）加大人力資源投入。

2016 年 1 月，卡塔爾金融中心監管局（QFCRA）開始實施新版的《伊斯蘭銀行業務審慎經營原則》和《銀行業務規範》。2016 年 4 月，卡塔爾中央銀行 (QCB) 根據《中央銀行法》將境內保險機構（包括伊斯蘭保險——Takaful 和外資保險在卡塔爾的分支機構）納入監管範疇，並規定保險機構的最低註冊資本不得低於 100 萬 QAR，保險分支機構存款不得低於 35 萬 QAR。

伊斯蘭監管架構

在金融機構伊斯蘭監管方面，卡塔爾目前有兩套系統，一是卡塔爾中央銀行（QCB），負責對境內所有伊斯蘭金融機構及其伊斯蘭監管委員會進行統一監管；另一個是卡塔爾金融中心（QFC），主要負責對境內所有非伊斯蘭金融機構及其伊斯蘭監管委員會進行統一監管。在 QCB 和 QFC 轄下並沒有一個統一的全國伊斯蘭監管中央委員會，這個職能主要由卡塔爾伊斯蘭宗教事務部條文司下屬的最高伊斯蘭監管委員會負責。卡塔爾中央銀行（QCB）將伊斯蘭金融機構會計與審計組織（AAOIFI）標準在全國推廣。

伊斯蘭銀行業

截至 2016 年底，卡塔爾有 8 家伊斯蘭銀行，其中有 4 家為卡塔爾本國的伊斯蘭銀行，伊斯蘭銀行資產總額約為 3270 億 QAR，約佔卡塔爾金融業規模的 25%。卡塔爾最大的伊斯蘭銀行為 Qatar Islamic Bank（QIB），有 31 家分支機構，資產餘額約為 1390 億卡塔爾里亞爾，客戶存款餘額約為 954 億 QAR。第二大伊斯蘭銀行為 Masraf Al Rayan，有 13 家分支機構，資產餘額為 915 億 QAR，客戶存款餘額約為 580 億 QAR。2011—2016 年，卡塔爾伊斯蘭銀行貸款規模年均複合增長率約為 21%（超過傳統銀行的 14%）；伊斯蘭銀行存款餘額約為 2909 億 QAR。

伊斯蘭保險（TAKAFUL）

截至 2016 年底，卡塔爾有 6 家伊斯蘭保險（TAKAFUL）和 5 家外資伊斯蘭保險分支機構。最大的 3 家伊斯蘭保險機構分別為 Damaan Islamic Insurance Company, Qatar Islamic Insurance Company 和 A1 Khaleej。卡塔爾保險資產規模約為 9.46 億 QAR，在 GCC 國家中排名靠後。

伊斯蘭資產管理

2013 年，卡塔爾股票交易所和第二大伊斯蘭銀行 Masmf A1 Rayan 聯合推出了 A1 Rayan 伊斯蘭股票指數，這為卡塔爾伊斯蘭資產管理投資回報率管理提供了一個參照標桿；2017 年，他們又聯手推出了跟蹤 17 家在卡塔爾上市的伊斯蘭股票的交易所交易基金。為卡塔爾伊斯蘭資產管理拓寬了投資渠道。

伊斯蘭債券（SUKUK）

雖然還處於初級階段，但是卡塔爾中央銀行（QCB）還是很努力地推廣伊斯蘭債券市場。在 2010—2016 年，QCB 共發行了 30 隻價值為 357.5 億 QAR 的主權伊斯蘭債券（Sovereign Sukuk），期限一般為 3 年和 10 年。

2012—2016 年卡塔爾伊斯蘭債券（SUKUK）發行狀況（單位：百萬美元）

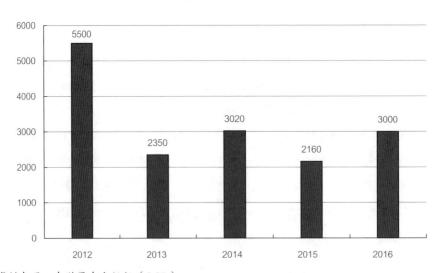

資料來源：卡塔爾中央銀行（QCB）

從上圖可以看出，卡塔爾伊斯蘭債券市場規模有限，高峰時刻出現在 2012 年，當年發行 55 億美元伊斯蘭債券。但由於 2014 年下半年開始油價暴跌，市場需求疲軟，卡塔爾境內融資主要還是依靠銀行貸款和傳統債券，伊斯蘭債券年發行規模徘徊於 30 億美元左右。

總體而言，因為地緣政治的影響：1）2017 年 6 月，沙特、巴林、阿聯酋、埃及等多個阿拉伯國家與卡塔爾斷交；2）2018 年 12 月，卡塔爾宣佈退出 OPEC 組織。卡塔爾基本無望成為伊斯蘭金融中心。

5.2.6　土耳其

土耳其，是一個橫跨歐亞兩洲的國家，北臨黑海，南臨地中海，東南與敘利亞、伊拉克接壤，西臨愛琴海，並與希臘以及保加利亞接壤，東部與格魯吉亞、亞美尼亞、阿塞拜疆和伊朗接壤。土耳其地理位置和地緣政治戰略意義極為重要，是連接歐、亞大陸的十字路口。土耳其國土面積 78.35 萬平方公里，海岸線長 7200 公里，陸地邊境線長 2648 公里。人口約 8074.5 萬（31 歲以下的年輕人口超過 50%），約 90% 的人口信奉伊斯蘭教，是個世俗伊斯蘭國家。土耳其政體為議會共和制。土耳其是經濟合作組織（OECD）、伊斯蘭會議組織（OIC）和 G20 成員國。

2016 年，土耳其 GDP 增長 3%，約為 8637.22 億美元，人均 GDP 為 10863 美元。貨幣為土耳其里拉（TRY, Turkish Lira），USD1=TRY5.483。

土耳其 2006—2016 年的經濟增長情況如下圖表。

截至 2016 年，土耳其是世界第 18 大經濟體。年輕人口眾多，熟練工人充沛，經濟多年持續增長，金融業發達，監管完善；低儲蓄率（約為 24%），高貿易赤字（約為 560 億美元），對外資高度依賴（外債餘額 4080 億美元，其中政府部門 1240 億美元、私營部門 2840 億美元），美聯儲（FED）加息對其經濟負面影響極大。2014—2016 年，土耳其連續三年外貿赤字，分別為 850 億美元、630 億美元和 560 億美元，分別佔當年 GDP 的 13%、9%、9%。外債佔 GDP 比重約為 36%。

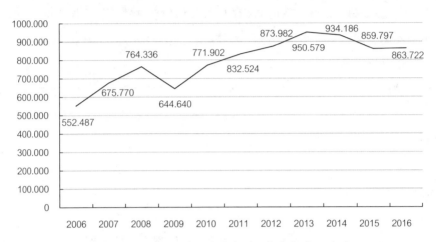

2006—2016年土耳其GDP狀況（單位：10億美元）

資料來源：世界銀行（The World Bank），土耳其銀行業協會（BAT, Banks' Association of Turkey）

據土耳其統計局資料顯示：

1）2016年，中土雙邊貿易額為277.6億美元，其中土耳其從中國進口254.3億美元，佔土耳其進口總額的12.8%；其中土耳其出口中國23.3億美元，佔土耳其出口總額的1.6%；中國為土耳其第十九大出口市場和第一大進口來源國；土耳其與中國的貿易逆差為231.1億美元。

2）2017年，中土雙邊貿易額為263.5億美元，其中土耳其從中國進口234.1億美元，佔土耳其進口總額的10.0%；其中土耳其出口中國29.4億美元，佔土耳其出口總額的1.9%；中國為土耳其第十五大出口市場和第一大進口來源國；土耳其與中國的貿易逆差為204.7億美元。

3）礦產品、化工產品和紡織品為土耳其對中國出口的三大類產品。土耳其自中國進口的主要商品是機電產品、紡織品及原料和賤金屬及製品。

2015年、2018年土耳其兩次同中國簽署了為期3年、總額為120億人民幣的雙邊本幣互換協議。

伊斯蘭金融業監管體系

土耳其銀行業監督管理局（BRSA, Banking Regulation and Supervision

Agency）是土耳其銀行業的監管機構，下轄土耳其銀行業協會（BAT, Banks'Association of Turkey），土耳其伊斯蘭銀行業協會（PBAT, Participation Banks'Association of Turkey），土耳其金融業協會（AFT, Association of Financial Institution）。

土耳其中央銀行（CBRT, Central Bank of the Republic of Turkey）是土耳其銀行業的主管機構。截至 2017 年底，土耳其有 33 家銀行（其中私營 9 家、外資 2 家、國有銀行 3 家），其中商業銀行 34 家、政策性銀行 13 家、伊斯蘭銀行 5 家。銀行網點合計有 11740 個，從業人員 21.1 萬人。銀行業總資產超過 3.3 萬億歐元，其中國有 / 本地 / 外資銀行佔比分別為 36%/28%/36%。銀行業平均不良率約為 2.9%，資本充足率約為 16.9%。銀行業集中度很高，最大 5 家銀行的資產 / 存款 / 貸款佔全行業比重分別為 57%/60%/56%。

土耳其政府一直有將土耳其建設成為伊斯蘭金融中心的雄心壯志，並通過完善立法體系為伊斯蘭金融發展創造良好條件。具體看來：

——1983 年，土耳其議會通過《特別金融機構法》（SPHs, Special Finance Houses）。

——1999 年，《銀行法》（Bank Law）涵蓋了《特別金融機構法》。

——2005 年，《銀行法》（Bank Law）正式取代《特別金融機構法》，特別金融機構被重新定義為參與型銀行（PBs, Participation Banks）。

——2010 年，頒佈《伊斯蘭債券（Sukuk-Ijarah）管理辦法》，對伊斯蘭債券（租賃型）的發起人、銷售流程和運營進行了統一規定。

——2011 年，頒佈了 Tax Amnesty Law，促進伊斯蘭債券發行、銷售和流通，將預提稅（Withholding Tax）降低至 10%，並免除其他稅項（如印花稅、增值稅等）。對發行期超過 5 年的伊斯蘭債券免稅。對租賃型伊斯蘭債券（Sukuk Ijarah）實行稅收中立（Tax Neutrality）。2011 年，Kuwait Turk 發行了土耳其第一隻伊斯蘭債券。

——2012 年，《公共財政與債務管理法》（Public Finance and Debt Management Law）允許政府發行伊斯蘭主權債券。2012 年，土耳其政府發行第一隻伊斯蘭主權債券。

——2012 年，土耳其政府頒佈了新版的《資本市場法》（CML, Capital

Market Law）將伊斯蘭債券正式納入資本市場監管局（CMA, Capital Market Authority）的監管範疇，並對伊斯蘭債券發行人（ALC, Asset Leasing Company）的發行資質、標的物選擇、資產抵質押、清盤、發行程序與方式做出了詳細的規定。2013 年，CMA 又對 CML 做出進一步修改，特別對投資者保護、信息披露、新債發行等方面做出了進一步的規定。此外，CMA 還規定了 4 種伊斯蘭債券發行方式：1）Ijarah-Wakalah Sukuk（資產租賃委託式伊斯蘭債券）；2）Musharakah and Mudarabah Sukuk（合夥制式伊斯蘭債券）；3）Murabahah Sukuk（買賣式伊斯蘭債券）；4）IStiSna'a Sukuk（建造合同制定式伊斯蘭債券）；5）混合式（必須得到 CMA 允許）。

——2014 年，土耳其政府修改稅法，對所有伊斯蘭債券發行採取稅收中立原則。

——2015 年，土耳其伊斯蘭銀行業協會（TKBB, Participation Banks Association of Turkey）發表《土耳其伊斯蘭銀行業戰略規劃 2015 —2025》，提出在 2025 年前將伊斯蘭銀行業比重從 5% 提高至 15%。

——2016 年底，土耳其銀行業監管局（BDDK, Banking and Regulatory Supervision Agency）開始起草伊斯蘭金融監管法案，以配合土耳其政府將伊斯坦布爾建設成為伊斯蘭金融中心的雄心壯志，計劃 2025 年前將伊斯蘭銀行業比重從 5% 提高至 25%；伊斯蘭保險業提高至 23%。

——2017 年，土耳其政府制定了 2018—2020 年中期發展規劃（MTP, Medium Term Programme），總體思路為穩增長（保持 GDP5.5% 年增長率）、保就業（保持失業率低於 10%）、減逆差（在 2020 年前將外貿赤字降低到 GDP 的 3.9%）。為配合實現上述目標，土耳其中央銀行（CBRT, Central Bank of the Republic of Turkey）在利率、存款準備金率、流動性管理、外匯管理等方面做出了一系列政策調整。

土耳其伊斯蘭金融的發展與其經濟發展同步，政府籌資主要通過伊斯蘭資本市場解決。在過去 30 年裏，土耳其通過積極的財政和監管措施調整，逐步完善的法律體系，減免稅和積極引進外國投資者為伊斯蘭債券市場快速發展創造了一個良好氛圍。但匯率波動風險在很大程度上抵消了這種努力。

伊斯蘭銀行

土耳其伊斯蘭銀行又被稱為參與型銀行（Participation Bank），截至 2016 年底，土耳其有 5 家伊斯蘭銀行，分別是 Kuveyt Turk, Turkiye Finans, Albaraka Turk, Ziraat Katilim, Vakikatilim；網點合計有 959 個，從業人員 1.5 萬人。土耳其伊斯蘭銀行資產／存款／貸款佔全行業比重分別為 5%/5%/6%。

2013－2017 年土耳其伊斯蘭銀行業總資產狀況（單位：10 億里拉）

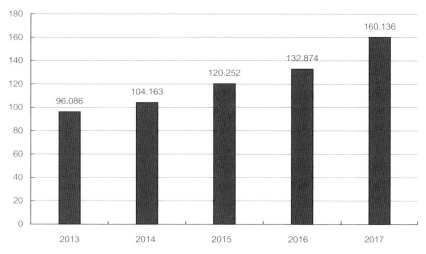

資料來源：土耳其銀行業協會（BAT, Banks' Association of Turkey）

2013－2017 年土耳其伊斯蘭銀行業資產年增長率狀況

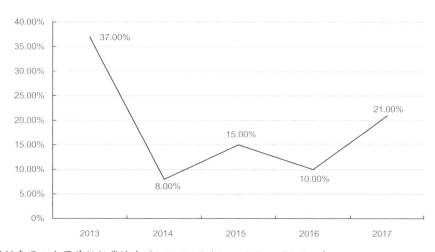

資料來源：土耳其銀行業協會（BAT, Banks' Association of Turkey）

2013—2017 年，土耳其伊斯蘭銀行業資產始終處於一個上升通道。其中，2013 年增幅最大，達 37%，之後 2014 年回落到 8%；2015—2017 均保持兩位數的增長率。2017 年底，土耳其伊斯蘭銀行業資產規模達 1601.36 億里拉。

2013—2017 年土耳其伊斯蘭銀行業在全行業資產佔比狀況

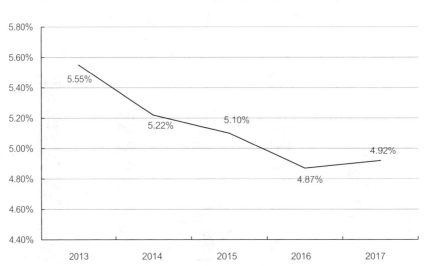

資料來源：土耳其銀行業協會（BAT, Banks' Association of Turkey）

同傳統銀行相比，土耳其伊斯蘭銀行的發展腳步還是顯得偏慢。2013—2017 年，土耳其伊斯蘭銀行業資產規模在全行業佔比由 5.55% 下滑到 4.92%。究其原因，伊斯蘭教雖然是土耳其的國教，但土耳其是一個世俗社會，因此沒有一個中央政府層面的伊斯蘭監管委員會，伊斯蘭銀行只是在各自機構內部設立了伊斯蘭監管諮詢委員會，在監管方面尚未形成統一的合力。此外，土耳其政府發行的國債是支付利息的，而這一點又不為伊斯蘭銀行所接受，導致伊斯蘭銀行無法投資土耳其國債，為其流動性管理帶來很大的不便。儘管如此，為提高居民儲蓄率，土耳其政府鼓勵伊斯蘭銀行拓展養老基金等長期存款業務，並為超過 10 年的長期存款提供 25% 的年化回報率。Bank Asya 抓住政策紅利機會，開立了近 4 萬個養老金賬戶。

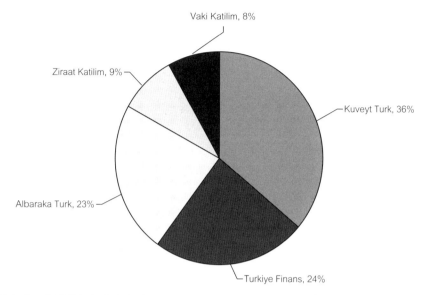

2017 年土耳其五大伊斯蘭銀行資產佔比狀況

Vaki Katilim, 8%

Ziraat Katilim, 9%

Kuveyt Turk, 36%

Albaraka Turk, 23%

Turkiye Finans, 24%

資料來源：土耳其銀行業協會（BAT, Banks' Association of Turkey）

　　Kuveyt Turk（前身是 Kuwait Finance House）是土耳其第一大伊斯蘭銀行，成立於 1991 年，有 386 家分支機構，員工超過 5500 人，資產約為 58 億里拉。Turkiye Finans 是土耳其第二大伊斯蘭銀行，成立於 2005 年，最大股東（60%）是沙特第一大商業銀行 SNB（Saudi National Bank），共有 316 家分支機構，員工超過 3600 人。

伊斯蘭債券（SUKUK）

　　土耳其伊斯蘭債券市場的主管機構是土耳其資本市場監管委員會（CMB, Capital Markets Board of Turkey）。下轄土耳其資本市場委員會（TCMA, Turkish Capital Markets Association）和伊斯坦布爾債券交易所（BIST, Borsa Istanbul）。截至 2017 年，土耳其上市公司有 411 家，市值約為 2270 億美元。公司債券市場規模約為 180 億美元。

2013—2016 年土耳其伊斯蘭債券（SUKUK）發行情況

公司債券	發行金額（單位：百萬美元）	平均到期時間（年）
跨境發行	2669	5.01
國內發行	1977	0.64
小計	4646	
主權債券	發行金額（單位：百萬美元）	平均到期時間（年）
跨境發行	2250	7.5
國內發行	6538	2.39
小計	8788	
合計	13434	

資料來源：IIFM

　　土耳其伊斯蘭債券市場主要由政府債券（74%）為主導，企業債券（26%）為輔。2013—2016 年，土耳其政府發行了 14 隻伊斯蘭主權債券，金額達87.88 億美元，其中本地發行 11 隻，國際發行 3 隻。2013—2016 年，土耳其發行了 106 隻公司伊斯蘭債券，金額達 46.46 億美元。

2017 年土耳其五大伊斯蘭銀行資產佔比狀況

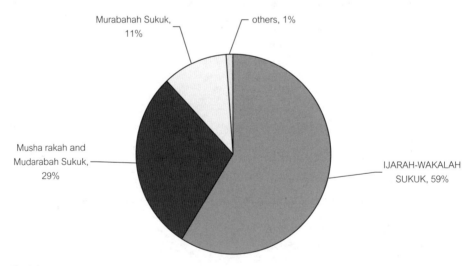

資料來源：IIFM

　　2016 年底，土耳其有 433 隻投資基金，投資額約為 43755.33 萬億 TRY。

伊斯蘭保險（TAKAFUL）

土耳其伊斯蘭保險市場的主管機構是土耳其財政部，下轄土耳其保險業協會（IA, Insurance Association of Turkey）。截至 2017 年，土耳其共有 61 家保險公司，保險市場（含再保險資產規模約為 1520 億美元，當年保費收入約為 470 億美元。2012—2017 年，保險市場的複合增長率約為 19%。

5.2.7　印度尼西亞

印度尼西亞，簡稱印尼，位於東南亞，由約 17508 個島嶼組成，是馬來群島的一部分，也是全世界最大的群島國家，疆域橫跨亞洲及大洋洲，別稱"千島之國"，也是多火山多地震的國家。北部的加里曼丹島與馬來西亞隔海相望，新幾內亞島與巴布亞新幾內亞相連。東北部臨菲律賓，東南部是印度洋，西南與澳大利亞相望。印尼國土面積 190.45 萬平方公里，海岸線總長 5.4 萬公里，海洋面積約 316.6 萬平方公里。

截至 2016 年底，印尼人口約 2.61 億，約 87% 的人口信奉伊斯蘭教，是世界上穆斯林人口最多的國家。印尼政體為總統共和制。印尼油氣資源豐富，共有 66 個油氣盆地，其中 15 個盆地生產石油天然氣。政府公佈的石油儲量為 97 億桶，折合 13.1 億噸，其中核實儲量 47.4 億桶，折合 6.4 億噸。印尼天然氣儲量 176.6 萬億標準立方英尺（TCF），折合 4.8 萬億—5.1 萬億立方米。

印尼央行與中國、日本和韓國在清邁協議框架下簽有雙邊貨幣互換協議，分別為 40 億、60 億和 10 億美元。2009 年印尼同中國簽署為期 3 年，總額為 1000 億人民幣的雙邊本幣互換協議。2013 年 10 月，兩國續簽該協議。2018 年印尼同中國簽署了為期 3 年，總額為 2000 億人民幣 /440 萬億印尼盧比的雙邊本幣互換協議。

據印尼統計局資料顯示：

1）2017 年，中印雙邊貿易額為 585.7 億美元，其中印尼從中國進口 357.7 億美元，佔印尼進口總額的 22.2%；其中印尼出口中國 228.1 億美元，佔印尼出口總額的 13.6%。

2）礦產品、動植物油脂和賤金屬及製品為印尼對中國出口的三大類產品。印尼自中國進口的主要商品是機電產品、賤金屬及製品和化工產品。

印尼是新興工業化市場經濟體，也是東南亞國家聯盟（ASEAN）成員國，2006—2016年的經濟增長情況如下：

2006—2016年印尼GDP（單位：10億美元）

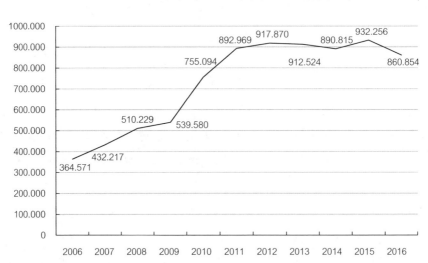

資料來源：世界銀行（The World Bank）

2016年，印尼GDP為9322.56億美元，人均GDP為3570美元；印尼貨幣（IDR）為印尼盧比，USD1=IDR13200。

經過近20年的發展，印尼已經成為世界伊斯蘭金融業一個快速成長的重要市場，並進入了伊斯蘭銀行業系統性重要國家名單。這主要得益於印尼：

1）政府堅定的支持；

2）金融監管局（OJK, Otoritas Jasa Keuangan）的重視和鼓勵措施；

3）日益簡化的業務與審批流程；

4）逐步完善的伊斯蘭監管法律與制度建設。

伊斯蘭金融資產規模

與其近鄰馬來西亞（注重伊斯蘭投資銀行與資本市場）相比，印尼伊斯蘭金融業更注重扎根於零售業務、村鎮銀行（BPRS, Bank Pembiayaan Rakyat Syariah）、小微金融等，這進一步開拓了伊斯蘭金融的包容性、普遍適用性與市場認知度。

據印尼央行資料顯示，在銀行方面，2016 年底，印尼有 117 家商業銀行，其中 104 家傳統銀行（有 21 家傳統銀行提供伊斯蘭金融窗口服務），13 家伊斯蘭銀行，166 家伊斯蘭村鎮銀行以及 58 家伊斯蘭保險機構。截至 2016 年底，印尼伊斯蘭金融業資產規模（不含伊斯蘭股票）為 661.8 億美元，其中伊斯蘭銀行業資產規模為 272.1 億美元，佔比為 41.04%（約佔全國銀行資產規模的 5.33%）；伊斯蘭非銀行金融機構（含伊斯蘭保險等）資產規模為 63.6 億美元，佔比為 9.7%；伊斯蘭資金規模為 11.1 億美元，佔比為 1.68%；伊斯蘭債券存量為 315 億美元，佔比為 47.59%。

2016 年，印尼伊斯蘭債券發行規模為 38.2 億美元。截至 2016 年底，印尼國內符合伊斯蘭監管的股票市值為 2359.4 億美元。

伊斯蘭銀行業

1992 年，印尼第一家伊斯蘭銀行——Bank Muamalat Indonesia 正式成立。之後，印尼伊斯蘭銀行業取得了長足的發展。在 2012—2016 年間，印尼伊斯蘭銀行業的年均增長率約為 20%。

截至 2016 年底，印尼伊斯蘭銀行業資產約佔全國銀行業資產規模的 5.33%，達 365.65 萬億印尼盧比（272.1 億美元）；其中伊斯蘭商業銀行佔比約為 69.52%；伊斯蘭窗口銀行（IBU, Islamic Business Unit，利用傳統銀行網點提供伊斯蘭金融窗口服務）佔比約為 27.98%，伊斯蘭村鎮銀行佔比約為 2.5%。伊斯蘭銀行客戶存款賬戶達到了 2220 萬個，存款餘額達 285.15 萬億印尼盧比 (212.2 億美元)。伊斯蘭銀行貸款餘額達 254.64 萬億印尼盧比（189.5 億美元），全行業貸存比（FDR）約為 89.3%，全行業資本充足率（CAR）約為 15.95%，不良貸款比率（NPF）約為 2.07%。

截至 2016 年底，印尼伊斯蘭銀行分支機構達 2654 個。最大的伊斯蘭銀行為 Bank Syariah Mandiri，有 136 家分支機構，資產總額為 78.83 萬億印尼盧比。第二大伊斯蘭銀行為 Bank Muamalat Indonesia，有 446 家分支機構，資產總額為 53.03 萬億印尼盧比。

伊斯蘭資本市場

印尼伊斯蘭資本市場發端於 1997 年，當時印尼一家伊斯蘭金融機構——Danareksa 在當地發售了第一隻符合伊斯蘭監管的互助基金。之後 2000 年，印尼推出了雅加達伊斯蘭股票指數（Jakarta Islamic Index）；2002 年，印尼第一次發行伊斯蘭公司債券；2008 年，印尼第一次發行伊斯蘭主權債券（SBSN）。伊斯蘭金融監管局（Bapepam-LK，之後改名為 OJK）2006 年頒佈了伊斯蘭資本市場監管條例，2007 年頒佈了第一批符合監管的伊斯蘭股票清單（EDS, Daftar Efek Syariah），之後每年 5 月和 11 月，OJK 都會頒佈新的 EDS（一般含 300—400 隻伊斯蘭股票），以此指導場內投資者。2011 年，OJK 推出了伊斯蘭股票網上交易系統，並開始交易伊斯蘭股票和伊斯蘭交易型開放式指數證券投資基金（Islamic Exchange Traded Funds）。

截至 2016 年底，印尼伊斯蘭股票指數（IIEI, Indonesian Islamic Equity Index）為 172.08（較 2015 年上漲 18.62%）；伊斯蘭股票市值約為 3170.06 萬億印尼盧比（2359.4 億美元），約佔印尼國內股票市值的 55.1%。

2011—2016 年印尼伊斯蘭公司債券發行狀況（單位：10 億印尼盧比）

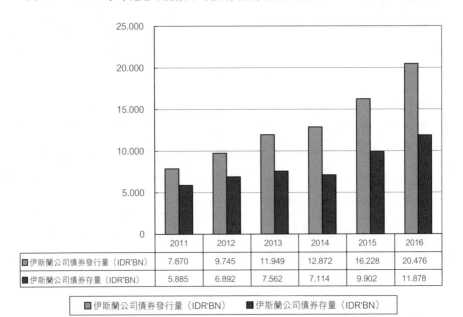

	2011	2012	2013	2014	2015	2016
■伊斯蘭公司債券發行量（IDR'BN）	7.870	9.745	11.949	12.872	16.228	20.476
■伊斯蘭公司債券存量（IDR'BN）	5.885	6.892	7.562	7.114	9.902	11.878

伊斯蘭公司債券發行量（IDR'BN）　　伊斯蘭公司債券存量（IDR'BN）

資料來源：印尼金融監管局（OJK）

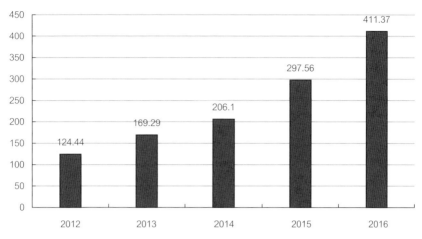

2012—2016 年印尼伊斯蘭政府債券存量狀況（單位：萬億印尼盧比）

資料來源：印尼金融監管局（OJK）

從 2002 年至 2016 年，印尼一共發行了 102 隻伊斯蘭公司債券，金額達 20.71 萬億印尼盧比；截至 2016 年底，印尼伊斯蘭公司債券存量餘額為 11.878 萬億印尼盧比（8800 萬美元，55 隻伊斯蘭公司債券）。

從 2002 年至 2016 年，印尼還發行了 565.74 萬億印尼盧比的雙幣種（印尼盧比和美元）政府伊斯蘭債券。截至 2016 年底，印尼政府伊斯蘭債券存量餘額為 411.37 萬億印尼盧比（307.1 億美元），佔國內政府債券餘額的 15%。

此外，截至 2016 年底，印尼有 136 隻伊斯蘭基金，共管理了 14.91 萬億印尼盧比（11.1 億美元）伊斯蘭金融資產，約佔全國基金資產規模（252.1 億美元）的 4.4%。

伊斯蘭非銀行金融機構

截至 2016 年底，印尼伊斯蘭非銀行金融機構共有 127 個，包括伊斯蘭保險（58）、伊斯蘭金融公司（49，其中包括 7 個伊斯蘭風險投資公司和 1 個伊斯蘭基建投資公司）、伊斯蘭信託（1）、伊斯蘭小微金融機構（14）及其他非銀金融機構（包括伊斯蘭信用保險機構 5 家，伊斯蘭出口信用保險機構 1 家）；全行業資產規模達 85.48 萬億印尼盧比（63.6 億美元），約佔印尼金融業市場規模的 4.66%；其監管部門為印尼金融監管局（OJK）。

具體而言，截至 2016 年底，伊斯蘭保險資產規模為 33.24 萬億印尼盧比（24.7 億美元），佔印尼非銀行金融機構規模的 37.48%；伊斯蘭金融公司資產規模為 35.74 萬億印尼盧比（26.6 億美元），佔印尼非銀行金融機構規模的 40.30%。

印尼金融監管局（OJK）關於伊斯蘭銀行業發展藍圖 2015—2019

印尼在伊斯蘭銀行業快速發展的同時，也面臨着以下挑戰：

1）政府和監管部門在伊斯蘭銀行業發展方向及相關監管方面缺乏協調；

2）伊斯蘭銀行業在資本充足率、規模效益及運營效率等方面都有待提高；

3）高企的籌資成本限制了貸款業務的發展；

4）產品及服務同質化嚴重；

5）人才不足及 IT 落後限制了產品及服務開發；

6）公眾對伊斯蘭銀行業認知不足；

7）監管措施尚未優化。

為應對挑戰，印尼金融監管局（OJK）推出了《關於伊斯蘭銀行業發展藍圖 2015—2019》，主要從以下幾個方面着手：

1）在制定政策時，加強監管局、政府及當事人等的聯動。例如，2016 年，成立了印尼伊斯蘭金融全國委員會（IFNC, Islamic Finance National Commitee）；2017 年，成立了雅加達國際伊斯蘭金融中心（JIFC, Jakarta International Islamic Financial Center），共同推進伊斯蘭金融業及相關產業的發展。

2）提高伊斯蘭銀行業的資本充足率、規模效益及運營效率。例如，推行雙軌制銀行體系，允許傳統銀行開設伊斯蘭窗口銀行業務（IBU，利用傳統銀行網點提供伊斯蘭金融窗口服務），並給出 15 年寬限期，允許傳統銀行將這些 IBU 徹底剝離，使之成為獨立運作的伊斯蘭銀行，從而提高伊斯蘭銀行業的業務覆蓋範圍和市場滲透率。

3）改善融資結構，優化各類基金管理。如朝覲基金（Hajj Fund，預計有 67.4 億美元）、永久基金（Waqf，預計有 89.3 億美元）、天課（Zakat）、慈善基金（Sadaqah），並將其引導至各類社會投資、建設活動中；鼓勵伊斯蘭銀行以銀團貸款的形式參與長期基建項目融資。

4）提高伊斯蘭銀行業的服務水平和產品開發能力。例如 2015 年，OJK 允許伊斯蘭銀行推出產品而無需事先得到 OJK 批准；推出學生伊斯蘭存款賬戶（Simple IB-Islamic Savings Account for Student），通過簡化存款手續、降低最低存款門檻等方法吸收學生存款。

5）加大人才培訓力度與 IT 投資建設。例如，OJK 推出了伊斯蘭銀行家證書等級考試，並與勞工部一起推出了伊斯蘭村鎮銀行人才培訓計劃；OJK 允許母公司與子公司共享 IT 系統和設施，並允許伊斯蘭銀行間在特定情況下為彼此提供 IT（如災難備份中心服務等）。

6）提高公眾對伊斯蘭銀行業的認知度。由 OJK 下屬消費者教育與保護部門落實每年具體執行計劃，並每三年做一次問卷調查。

7）強化伊斯蘭銀行業務監管要求。例如，要求傳統銀行的伊斯蘭窗口銀行（IBU，利用傳統銀行網點提供伊斯蘭金融窗口服務）業務佔比不得低於其主營業務的 10% 等。

總體而言，印尼伊斯蘭銀行業務已經取得了長足的發展，鑒於其龐大的穆斯林人口和廣闊的經濟發展空間，印尼將會成為伊斯蘭銀行業越來越重要的發展力量。

5.2.8　巴林

巴林，屬於世襲君主制的伊斯蘭酋長國，位於亞洲西部，為波斯灣西南部的島國，鄰近卡塔爾和沙特阿拉伯之間。巴林國土面積 750 平方公里，人口約 142 萬。巴林是海灣地區最早開採石油的國家，石油為國家經濟的支柱（佔國家財政收入來源的 80%）。目前已探明的石油儲量為 2055 萬噸，天然氣儲量為 1182 億立方米。從 2010 年起，巴林開始向多元化經濟發展，建立了煉油、石化及鋁製品工業，並大力發展金融業（2016 年底約佔全國經濟規模的 17.2%），成為海灣地區銀行和金融中心。許多伊斯蘭國際金融機構將其總部設於巴林，如 1991 年成立的伊斯蘭金融機構會計與審計組織（AAOIFI），2002 年成立的國際伊斯蘭金融市場（IIFM），2005 年成立的伊斯蘭國際評級公司（IIRA）和伊斯蘭銀行與金融機構總理事會（GCIBAFI）。得益於巴林在海灣和中東地區的獨特地理位置和國際性國際機構地區總部的設立，巴林已經是伊斯蘭金融業發展的領軍力量，特別是在伊斯蘭金融標準設立、會計和審計、法律服務、人才培訓、專業設施提供等方面。

巴林 2006—2016 年的經濟增長情況如下：

2006—2016 年巴林 GDP 狀況（單位：10 億美元）

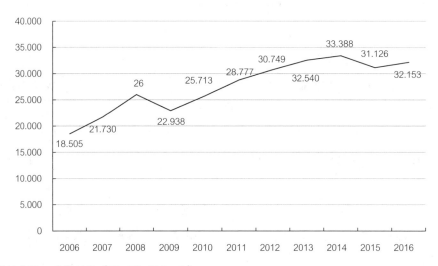

資料來源：世界銀行（The World Bank）

2014—2016 年的石油價格暴跌給巴林財政帶來嚴重困難。巴林政府主要通過減少政府補貼（油、氣、水、電、食品、肉類、醫療等）、增稅（煙、酒）、提價（油、氣、水、電）和來自海灣國家其他政府（如沙特、科威特等）的援助（57 億美元）渡過難關。截至 2016 年底，巴林外匯儲備餘額為 54 億美元，GDP 為 321.53 億美元，人均 GDP 為 22564 美元；巴林貨幣（BHD, Bahraini Danars）為巴林第那爾，幣值較為穩定，為可自由兌換貨幣，USD1=BHD0.37702。截至 2017 年底，巴林吸收外資存量為 265.74 億美元。

2017 年，中國和巴林雙邊貿易額約為 10.26 億美元，其中巴林出口中國 1.24 億美元，巴林從中國進口 9.02 億美元。人民幣與巴林第納爾尚不能直接結算。

伊斯蘭銀行業

巴林是海灣地區（GCC）中體量最小的經濟體，但得益於其較為規範的銀行、保險和資產管理體系，巴林的金融業在海灣地區發揮着舉足輕重的作用。2016 年底，巴林境內有牌照的銀行共有 404 家，傳統銀行與伊斯蘭銀行雙軌制發展，監管工作統一由巴林中央銀行（CBB）1973—2006 年期間稱巴林貨幣監管局，BMA, Bahrain Monetary Agency）執行。

巴林伊斯蘭金融業起步於 20 世紀 70 年代。1978 年，巴林第一家伊斯蘭銀行——Bahrain Islamic Bank 正式成立，並開始提供工商業務服務。截至 2016 年底，巴林共有 25 家全牌照的伊斯蘭銀行，資產總額約為 257 億美元，約佔巴林金融業規模的 11.8%。巴林最大的伊斯蘭銀行為 A1 Bakara Banking Group，有 615 家分支機構，資產總額為 249 億美元。第二大伊斯蘭銀行為 A1 Salam Bank，有 10 家分支機構，資產總額為 45 億美元。

2002 年 2 月，伊斯蘭流動性管理中心（LMC）成立，總部位於巴林，主要為伊斯蘭批發銀行之資產流動性錯配提供符合伊斯蘭監管的流動性便利安排。2002 年 4 月，總部位於巴林的國際伊斯蘭金融市場（IIFM）成立，IIFM 是由伊斯蘭開發銀行（IDB）以及巴林、文萊、印度尼西亞、馬來西亞和蘇丹的中央銀行作為創始人共同發起成立的一個非盈利、中立的、國際性伊斯蘭金融機構，現有 60 位機構會員。IIFM 旨在為集合旗下會員的各類專才，為伊斯蘭金融產品、文件往來等建立一個標準機制，為伊斯蘭金融機構、監管機構及市場參與各方建立一個統一的平台以便其交換意見，推選德高望重的伊斯蘭學者進入伊斯蘭監管委員會，建立和推廣統一的伊斯蘭監管標準平台，從而促進全球伊斯蘭金融市場的發展。目前，IIFM 已經頒佈了 10 套行業標準協議。

2015 年，巴林中央銀行（CBB）在其轄下專設了伊斯蘭監管中央委員會，以伊斯蘭金融機構會計與審計組織（AAOIFI）相關標準對境內伊斯蘭金融機構進行統一監管。

伊斯蘭保險（TAKAFUL）

截至 2016 年底，巴林有 8 家伊斯蘭保險（TAKAFUL）和再保險（Re-Takaful）機構，保費收入總額約為 1.8 億美元，約佔其國內保險市場規模的

23%。該行業目前面臨的挑戰主要有缺乏標準化的產品和會計標準、投資渠道有限、人才匱乏和公司治理有待提局。

伊斯蘭資產管理

巴林的資產管理業在海灣地區的地位也十分重要，共有近 2600 家註冊基金負責打理約 40% 的海灣地區高淨值人群資產，而這些個人資產的年均複合增長率在 2006—2016 年間達到了 10%，資產規模約為 75.9 億美元。其中伊斯蘭基金有 91 家，規模約為 13 億美元。

伊斯蘭債券（SUKUK）

2001 年，巴林政府發行了世界上第一隻國際型伊斯蘭政府債券（金額 1 億美元，5 年期的伊斯蘭租賃融資，Ijara 債券）。之後 2001—2016 年期間，為調劑伊斯蘭銀行間的流動性，巴林中央銀行（CBB）先後以 Sukuk Al Salam（套期保值）形式按月發行了 190 期伊斯蘭債券，期限分別為 3 個月和 6 個月，抵押品為大宗商品——天然氣；以 Sukuk Ijara（租賃融資）形式發行了 138 期短期伊斯蘭債券（期限為 182 天）和 23 期長期伊斯蘭債券以滿足財政部需求，抵押品為政府有形資產。這兩種伊斯蘭債券都有固定回報率。相關投標買入通過巴林中央銀行（CBB）的 SSSS（Scripless Securities Settlement System）進行，而相關交割則通過各銀行在 CBB 的賬戶由 RTGS（Real Time Gross Settlement）系統 T+2 完成。巴林政府約有 20% 的財政資金需求是通過發行 Sukuk 得以實現的。

2015 年，巴林中央銀行（CBB）為吸收當地伊斯蘭銀行的富餘流動性，專門為零售銀行開發出一種短期伊斯蘭債券（Wakala，代理）。同時，CBB 為刺激伊斯蘭債券二級市場發展，允許個人直接在一級市場從持牌經紀人處購買政府發行的伊斯蘭債券。

2011—2016 年巴林伊斯蘭債券（SUKUK）發行情況（單位：百萬美元）

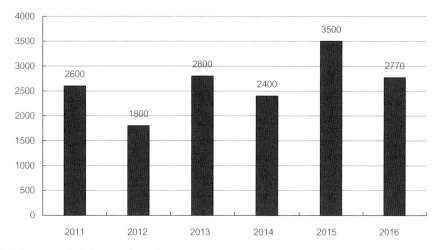

資料來源：巴林中央銀行（CBB）

伊斯蘭金融法律和監管體系

在立法方面，巴林政府和中央銀行將重點放在國際化和吸引外資。具體而言：

1）在伊斯蘭銀行監管方面，2002 年，巴林中央銀行（CBB）頒佈了《審慎信息和監管條例》（Prudential Information Regulatory Framework），並在之後十幾年內根據最新國際慣例和伊斯蘭國際性金融機構如 AAOIFI、IFSB 的最新監管標準以及《Basel Ⅲ》相關標準對該條例做了大量增補。該條例就伊斯蘭銀行的牌照管理、高管構成、資本充足率、風險管控、業務和市場行為規範、金融犯罪預防、信息披露、會計報表、公司治理等方面都有詳細的規定和指導。

2）在伊斯蘭保險監管方面，2005 年及 2015 年，巴林中央銀行（CBB）先後頒佈和更新了《伊斯蘭保險及再保險監管條例》（Rulebook on Takaful and Re-takaful），對消費者保護、保險公司保險及資質、承保續作（只允許以 Wakala，代理形式）、投資管理（只允許以 Mudaraba，合夥經營利潤共享形式）、公司治理等方面做出了具體而嚴格的規定。這也為巴林奠定了伊斯蘭保險法律首選適用國的地位。

3）在伊斯蘭基金監管方面，針對共同投資基金（CIU, Collective Investment Undertakings）巴林中央銀行（CBB）2015年頒佈了新版《基金管理條例》（Volume 7 Rulebook on CIU），對在巴林設點經營和銷售的基金做出了詳細的規定和指導，並確定該條例同樣適用於房地產信託基金和私人投資基金（PIU, Private Investment Undertakings）。

4）在公司立法方面，2016年，巴林政府頒佈了新版的《商業公司法》（Commercial Companies Law），允許在巴林設立由外國人和外資100% 控股的企業。同時規定允許已經在巴林開業的外資企業在新設分支機構時不再需要事先取得巴林本地擔保人同意。

5）在人才培養方面，巴林銀行和金融學院會同17家伊斯蘭金融機構推出了伊斯蘭金融人才證書考試（4級），巴林大學還推出了伊斯蘭金融專業（本科）。同時，巴林還是世界伊斯蘭銀行大會（WIBC, World Islamic Banking Conference）主辦國。

總體而言，巴林已經成為海灣地區銀行和金融中心。許多伊斯蘭國際金融機構將其總部設於巴林，如1991年成立的伊斯蘭金融機構會計與審計組織（AAOIFI），2002年成立的國際伊斯蘭金融市場（IIFM）和2005年成立的伊斯蘭國際評級公司（IIRA）和伊斯蘭銀行與金融機構總理事會（GCIBAFI）。這得益於巴林在海灣和中東地區的獨特地理位置和伊斯蘭國際性國際機構地區總部的設立（如 AAOIFI、IIFM、IIRA、GCIBAFI 等），巴林已經是伊斯蘭金融業發展的領軍力量，特別是在伊斯蘭金融標準設立、會計和審計、法律服務、人才培訓、專業設施提供等方面。

5.2.9　巴基斯坦

巴基斯坦，位於南亞次大陸西北部，南瀕阿拉伯海，東、北、西三面分別與印度、中國、阿富汗和伊朗為鄰。巴基斯坦國土面積約88萬平方公里，海岸線長840公里。截至2016年人口約1.93億，是世界第六大人口大國，其中95% 人口信奉伊斯蘭教，以遜尼派為主。巴基斯坦實行總統議會制政體。巴基斯坦的經濟結構由主要是農業為基礎轉變為服務業為基礎。農業（以種植業為主）佔國內生產總值的 20%，但農村人口佔總人口數的 66% 左右，農業吸收了全國 43.7% 的勞動力就業，國家外貿外匯收入的 42% 通過農產品出口實現。服務業佔 53%，其中批發和零售貿易佔 30%。

早在 20 世紀 60 年代，基於經濟及宗教的考量，巴基斯坦是世界上第一批引進伊斯蘭銀行業的國家之一，截至 2016 年底，巴基斯坦伊斯蘭銀行業規模佔全國銀行業的 13%。

巴基斯坦是伊斯蘭合作組織（OIC）成員國之一。巴基斯坦是中國 "一帶一路" 倡議的重要國家，由中國投資 450 億美元的 "中巴經濟走廊"（CPEC）根本改變了巴基斯坦當地的基礎設施建設和經濟面貌，使得巴基斯坦穩居南亞次大陸第二大經濟體，並在 2016 年超越馬來西亞、印尼、土耳其和埃及，成為世界上經濟發展最快的穆斯林國家。CPEC 建設分為三個階段，第一階段於 2017 年完成，第二階段將於 2020 年完成，第三階段預計將於 2025—2030 年完成。CPEC 也為巴基斯坦國內伊斯蘭金融業（特別是伊斯蘭項目融資）帶來了巨大的商業機會。

2014 年 12 月，巴基斯坦同中國簽署了為期 3 年，總額為 100 億人民幣的雙邊本幣互換協議。2018 年 5 月，兩國續簽該協議，並將規模擴大為 200 億人民幣。2017—2018 財年，中國與巴基斯坦雙邊貿易額達 132 億美元，佔巴基斯坦貿易總額的 16.4%。巴基斯坦對中國出口商品主要有棉花製品、穀物和礦砂等。中國對巴基斯坦出口商品主要有電機、電氣、音像設備及其零配件等。中國已連續四年成為巴基斯坦最大貿易夥伴，是巴基斯坦第一大進口來源國和第三大出口目的地國。中國在巴基斯坦直接投資存量約為 57.1 億美元。

巴基斯坦 2006—2016 年的經濟增長情況如下：

2006—2016 年巴基斯坦 GDP 發展狀況（單位：10 億美元）

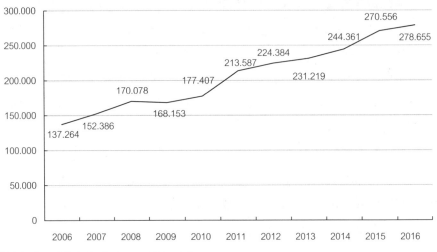

資料來源：世界銀行（The World Bank）

2016 年，巴基斯坦 GDP 為 2786.55 億美元，人均 GDP 為 1442 美元；巴基斯坦貨幣（PKR, Pakistani Rupee）為巴基斯坦盧比，USD1=PKR140.10。

伊斯蘭金融業監管變革

20 世紀 80 年代，巴基斯坦中央銀行 SBP（State Bank of Pakistan）曾經在銀行業掀起了一場以去利息化（elimination of Riba）為中心的伊斯蘭金融革命，其宗旨是在短期內在巴基斯坦境內建立一個全伊斯蘭化的經濟體系和金融體系。在監管制度上，為滿足不以利息為基礎的交易需要，SBP 首先修改了《銀行公司法 1962 年版》（BCO, Bank Companies Ordinance 1962），並推出《利益共享合夥制公司法 1980 年版》（Modaraba Companies and Modarabas Ordinance 1980），引進 Modaraba 雙層融資模式以運作符合伊斯蘭監管的商業活動；其次 SBP 修改了《銀行和金融服務法 1984 年版》（Banking and Financial Services Ordinance 1984）和《銀行業裁決法案 1984 年版》（Banking Tribunals Ordinance 1984），其目的是建立一個不以利息為基礎的融資損失賠償體系。

SBP 的上述改革實踐首先在 1991 年 11 月受到了巴基斯坦聯邦伊斯蘭監管

法庭（FSC, Federal Shariat Court）的挑戰，FSC 裁定 SBP 改革"不符合伊斯蘭的原則"，之後巴基斯坦政府和金融機構的上訴被巴基斯坦高等法院的伊斯蘭監管上訴法院（SAB, Shariat Appellate Bench）駁回。因此，巴基斯坦政府不得不暫停了上述較為激進的改革計劃，並重新制定了一個漸進式的、相對溫和的轉型計劃，允許傳統經濟 / 金融模式和伊斯蘭經濟 / 金融模式並行發展；SBP 也於 2001 年頒佈了《伊斯蘭銀行政策》，鼓勵伊斯蘭銀行漸進、有序發展，並提出了三種伊斯蘭銀行模式：1）全伊斯蘭制銀行；2）傳統銀行之伊斯蘭銀行子公司；3）傳統銀行之伊斯蘭分行（IBB, Islamic Banking Branch）。2003 年，巴基斯坦第一家全伊斯蘭制銀行——Meezan Bank 正式成立，這標誌着巴基斯坦伊斯蘭銀行元年的開始。

2003 年，SBP 又頒佈了《伊斯蘭銀行操作慣例》，內容涵蓋了市場准入、牌照管理、網點要求、伊斯蘭監管規章和運營細則等。2008 年，SBP 按照伊斯蘭監管委員會（SSB）的相關標準頒佈了《伊斯蘭銀行風險管理條例》，內容涵蓋了主要風險管理和慣例。2009 年，為支持巴基斯坦農業的發展，SBP 又頒佈了《伊斯蘭農業金融指引》。為提高伊斯蘭銀行業的透明度和保護儲戶利益，2008 年，SBP 還頒佈了《伊斯蘭金融機構資產池管理及損益分擔之管理條例》，為伊斯蘭金融產品行業標準化邁出了一大步。同時，為鼓勵傳統銀行參與伊斯蘭銀行業的發展，SBP 將傳統銀行之伊斯蘭銀行子公司的最低資本要求從 100 億巴基斯坦盧比降低到 60 億巴基斯坦盧比。此外，對於傳統銀行所設立的伊斯蘭銀行窗口服務，為保證服務標準，SBP 要求傳統銀行必須首先取得 SBP 的書面同意，並在人員配備、培訓、市場營銷等方面都有具體規定。

2015 年，SBP 推出了伊斯蘭銀行發展第二個五年計劃。目標是到 2018 年將伊斯蘭銀行在銀行業市場佔比提高到 15%。SBP 的主要舉措包括優化政策環境，強化伊斯蘭監管和合規體系建設，鼓勵以合夥經營及參與型金融模式（如 Musharaka、Mudaraba 和 Wakala）開發伊斯蘭金融產品，加大推廣力度以增進伊斯蘭金融的市場認知度，參照卡拉奇銀行同業拆借利率（KIBOR, Karachi Inter Bank Offered Rate）推出伊斯蘭銀行同業拆借指數等。

在伊斯蘭保險（TAKAFUL）方面，巴基斯坦證監會（SECP, Securities Exchanges and Commission of Pakistan）是主要監管機構，並於 2002 年推

出了《伊斯蘭保險監管綱要》，規定只有全牌照的伊斯蘭保險公司可以在巴基斯坦境內經營伊斯蘭保險業務；伊斯蘭保險風險管控和投資業務必須基於 Mudaraba 和 Wakala 模式。2005 年，巴基斯坦境內第一家伊斯蘭保險公司——Pak-Kuwait Takaful 正式開業。為鼓勵競爭及提高伊斯蘭市場滲透率，SECP 於 2012 年出台政策，允許傳統保險公司開辦伊斯蘭保險窗口服務；並在 SECP 設立伊斯蘭監管中央委員會，具體負責巴基斯坦境內伊斯蘭保險公司的風險管控和評級工作；並對伊斯蘭保險的產品設計、信息披露、保單持有人權益保護、索賠等方面做了統一規定，以便伊斯蘭保險和傳統保險能夠並行發展。2004 年，SECP 先後頒佈了《非銀行金融機構審慎監管條例》、《Modaraba（合夥制利益分享）運營模式審慎監管條例修正稿》，把監管重點放在以下 4 個方面：1）對 Modaraba 運營模式進行充分界定；2）區分機構借款人和個人借款人的風險管理；3）對 Modaraba 運營制定管理細則；4）KYC（Know Your Customer，了解你的客戶）和反洗錢要求。2008 年，SECP 出台了新的《Modamba 管理準則 2008 年版》，對 Modaraba 公司和管理人員及其業務開展做出了具體規定，其監管審查的核心原則是 "合適且合理"（Fit and Proper）。2015 年，SECP 又出台了《Modaraba 管理準則 2015 年版》，其中規定 Modaraba 公司：1）必須至少成立三年；2）其中兩年有盈利；3）公司評級至少為 A-，才會被允許對公眾發行投資產品證書。而其單項投資額不得超過其註冊資本的 5%。2016 年，SECP 出台了《Modaraba 公司法草案修正案》，在公司上市、內控、投資者權益保護等方面進行詳細規定；為杜絕以 Modaraba 公司進行詐騙，SECP 規定單個個人不能用 Modaraba 名義從事任何商業活動；Modaraba 只適用合夥制公司；同時不允許 Modaraba 公司進行攬取存款的業務；同時強制要求 Modaraba 公司內部必須自行設置伊斯蘭監管顧問。截至 2016 年底，巴基斯坦有 37 家 Modaraba 公司和 25 家 Modaraba 合夥人，資產規模約為 3.445 億美元（約佔非銀行金融機構規模的 3.95%），其中主要三家 Standard Chartered Modaraba, First Habib Modaraba、Allied Rental Modaraba 資產規模約為 1.8 億美元。

在伊斯蘭債券（SUKUK）方面，SECP 最早於 2012 年頒佈了《伊斯蘭債券管理條例草案》，並於 2015 年出台了正式的《伊斯蘭債券管理條例》。該條例就 Sukuk 發行人資格、發行流程、信息披露、報告要求等方面設立了先決條件，例如，發行人必須參加評級，且評級結果不得低於 BBB 級；發行人在公司內部必須至少設立 1 名伊斯蘭監管顧問和 1 名投資代理；發行人出具的報告必須符合伊斯蘭會計和審計組織（AAOIFI）的標準。為支持 Sukuk 的發展，巴基斯坦聯邦財政委員會於 2016 年 11 月同意給予 Sukuk 和傳統金融債券同等的稅收待遇——稅收中立（Tax Neutrality），並豁免之前對 Sukuk 發行所徵收的印花稅、資本利得稅等雙重稅目。這極大降低了 Sukuk 發行的費用，為 Sukuk 未來在巴基斯坦的大發展鋪平了道路。

伊斯蘭銀行監管體系建設

巴基斯坦中央銀行（SBP, State Bank of Pakistan）意識到伊斯蘭監管是伊斯蘭銀行業穩健發展的核心，在 2003 年，SBP 新設了一個直屬機構——伊斯蘭監管中央委員會（CSB, Centralized Shariah Board），負責統籌、制定巴基斯坦境內與伊斯蘭銀行業相關的所有伊斯蘭監管體系建設、規章制度、法律條文、標準設立。2008 年，CSB 出台了第一部相關監管條例，主要針對伊斯蘭監管合規、伊斯蘭審計、股票投資、回報分享、財務報表標準、信息披露等方面做出了詳細規定。2015 年，CSB 出台了一部新版的《伊斯蘭銀行監管條例》，除了上述內容外，在針對伊斯蘭銀行各部門的工作範圍與職責，特別是對董事會、高管隊伍、伊斯蘭監管委員會、伊斯蘭監管合規部門、內部和外部審計等方面進行了詳細的規定。此外，該條例還對伊斯蘭銀行內部設立伊斯蘭監管委員會人選提出具體要求：1）人數不少於 3 人；2）必須符合 SBP 監管有關 "合適且合理"（Fit and Proper）的相關甄選要求。在監管標準方面，SBP 與伊斯蘭國際標準看齊，伊斯蘭金融機構會計與審計組織（AAOIFI）和伊斯蘭金融服務委員會（IFSB）的相關標準，例如風險管控、公司治理、財務報表、伊斯蘭監管、伊斯蘭監管合規等標準被廣泛採用和執行。SBP 還對境內伊斯蘭銀行進行現場伊斯蘭監管檢查，並要求伊斯蘭銀行年報必須有烏爾都語（Urdu，巴基斯坦國語之一）翻譯版以方便大眾理解和查詢。

伊斯蘭銀行業

在 2006—2016 年間，巴基斯坦伊斯蘭銀行業資產的年均複合增長率約為 32%，存款為 34%。截至 2016 年底，巴基斯坦共有 5 家全牌照的伊斯蘭銀行，16 家由傳統銀行設立的伊斯蘭分行，此外 9 家傳統銀行還設立了 1220 個伊斯蘭銀行服務窗口。最大的伊斯蘭銀行為 Meezan Bank，有 571 家分支機構，資產總額為 6580 億巴基斯坦盧比。第二大伊斯蘭銀行為 Bank Islami Pakistan Ltd, 有 321 家分支機構，資產總額為 1800 億巴基斯坦盧比。

伊斯蘭保險（TAKAFUL）

截至 2016 年底，巴基斯坦共有伊斯蘭保險（TAKAFUL）機構 5 家。此外，有 7 家傳統保險機構設立了伊斯蘭保險服務窗口。雖然伊斯蘭保險收入在過去 6 年的年均複合增長率高達 34%，但因為該行業尚處於起步階段，市場認知度亦有待開發，伊斯蘭保險資產總額只有約 200 億巴基斯坦盧比，其中家庭保險約佔 70%，綜合保險約佔 30%。

伊斯蘭債券（SUKUK）

2002 年，巴基斯坦第一次發行伊斯蘭債券（SUKUK）；之後巴基斯坦 Sukuk 市場緩慢起步。從 2005 年至 2016 年，巴基斯坦 Sukuk 共發行 98 隻伊斯蘭債券，金額 11660 億巴基斯坦盧比，其中私募 91 隻，金額 11230 億巴基斯坦盧比；上市 1 隻，金額 425 億巴基斯坦盧比。具體情況如下頁圖所示：

巴基斯坦所發行的 Sukuk 有幾個特點：1）80% 是由政府發行的主權伊斯蘭債券；2）80% 是以巴基斯坦盧比發行的；3）主要解決國內基建資金缺口；4）主要發行結構是 Ijara（伊斯蘭租賃模式），佔比超過 85%。

2005－2016 年巴基斯坦伊斯蘭債券（SUKUK）發行數量

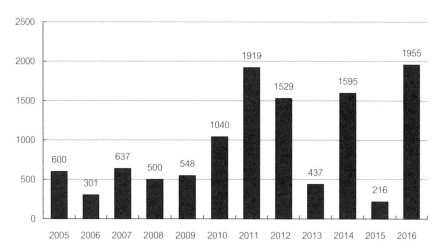

資料來源：巴基斯坦中央銀行（SBP）、Thomson Reuters

2005－2016 年巴基斯坦伊斯蘭債券（SUKUK）發行情況（單位：百萬美元）

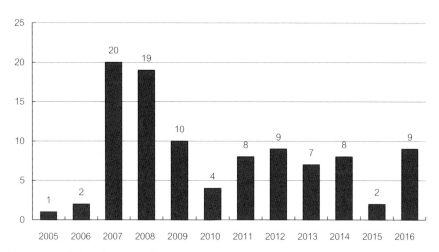

資料來源：巴基斯坦中央銀行（SBP）、Thomson Reuters

伊斯蘭基金

2002 年，巴基斯坦成立了第一隻伊斯蘭基金。之後，該行業取得了長足的發展。2010—2016 年，巴基斯坦伊斯蘭基金資產規模年均複合增長率高達39.5%。巴基斯坦國內的自願養老金系統（VPS, Voluntary Pension System）約有 2/3 的資產是由 9 隻伊斯蘭基金打理的。截至 2016 年底，巴基斯坦伊斯蘭基金約為 2427 億巴基斯坦盧比。

小微金融

為幫助農村人口脫貧，2015 年，巴基斯坦推出了全國金融包容戰略（NFIS, National Finance Inclusion Strategy），計劃以小微金融的形式幫助至少50% 以上的農村成年人口（約 5000 萬人），並在 2020 年實現中小企業貸款規模佔全國銀行貸款規模的 15% 以上。約有 15 家傳統金融機構和伊斯蘭金融機構參與其中。

伊斯蘭股票指數

2015 年 11 月，巴基斯坦股票交易所以在該所上市的 238 隻符合伊斯蘭監管的股票為基礎，推出了伊斯蘭股票指數，為市場提供了一種新的伊斯蘭投資品種。

總體而言，巴基斯坦伊斯蘭銀行業務已經取得了長足的發展，鑒於其龐大的穆斯林人口和廣闊的經濟發展空間，巴基斯坦將會成為伊斯蘭銀行業越來越重要的發展力量。為應對挑戰，巴基斯坦中央銀行（SBP）設立了銀行與金融國家學院負責伊斯蘭金融等級證書考試與培訓，並積極與高校聯動，在全國幾所重點大學建立了伊斯蘭金融人才培養基地。

5.2.10　孟加拉國

孟加拉國，簡稱孟加拉，是世界上第三大穆斯林聚居地，人口有 1.64億，其中 90% 為穆斯林。孟加拉政體是一院議會制。自 2004 年起，孟加拉年均 GDP 增長率超過 6%；世界銀行預測，孟加拉 2021 年經濟總量將達 3220

億美元，是世界上經濟增長最快的國家之一。其增長動力主要來自於國內需求。2016年，孟加拉外商直接投資總額超過20億美元，主要集中在油氣、金融、交通、電信、服裝和電力等領域。2016年，孟加拉GDP增長13.5%，約為2214.14億美元，人均GDP為1359美元。孟加拉2006—2016年的經濟增長情況如下：

2006—2016年孟加拉GDP狀況（單位：10億美元）

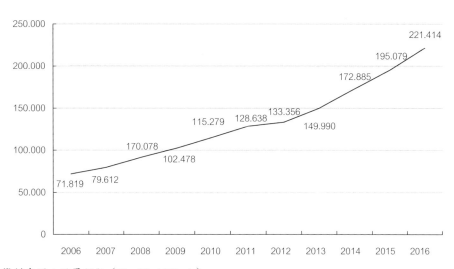

資料來源：世界銀行（The World Bank）

貨幣為孟加拉塔卡（BDT, Bangladeshi Taka），USD1=BDT83.64。

2016—2017財年，孟加拉對華出口額約為9.49億美元（主要商品為成衣）。中國已成為孟加拉第一大貿易夥伴，孟加拉則是中國在南亞的第三大貿易夥伴和第三大工程承包市場。

伊斯蘭金融業監管體系

孟加拉銀行（BB, Bangladesh Bank）是孟加拉國的中央銀行（直屬於財政部金融監管局），也是銀行業的監管機構。孟加拉目前對伊斯蘭金融業尚未專門立法，但其《銀行業法1991年版》（Banking Companies Act, 1991）對伊斯蘭金融業經營和管理有具體規定，因此適用於相關伊斯蘭金融機構。BB對伊斯蘭銀行業持扶持態度，並出台了一些優惠政策，如：

——允許伊斯蘭銀行固定回報分享比例；

——允許伊斯蘭銀行從存放中央銀行的存款賬戶中申請 10% 的管理費報銷額度，從而提高其收益水平。

此外，BB 還出台了《伊斯蘭銀行業務指導原則》，作為對《銀行業法1991 年版》的補充，其中特別對以下事項做出了專門規定：

1）伊斯蘭全牌照銀行、傳統銀行的伊斯蘭分行和從傳統銀行轉變為伊斯蘭銀行的牌照管理；

2）符合伊斯蘭監管原則的存款管理；

3）投資產品及其管理；

4）中央銀行要求的現金留存比例（Cash Reserve Ratio, 6.5%）和法定流動性比例（SLR, Statutory Liquidity Ratio' 5.5%）管理；

5）伊斯蘭監管委員會成員任命（合理且合適——fit and proper）及會計報告；

6）採用 AAOIFI 和 IFRS (International Financial Reporting Standards）等方面做出了相關規定。

孟加拉保險發展和監管局（IDRA, Insurance Development and Regulatory Authority）負責境內保險機構，包括伊斯蘭保險（TAKAFUL）的監管，其主要監管法律依據是《保險法 2010 年版》（Insurance Act 2010）。

孟加拉目前對伊斯蘭金融業尚未專門立法，相關伊斯蘭監管由各伊斯蘭金融機構內設的伊斯蘭監管委員會獨立負責。

2004 年，BB 引入了孟加拉政府伊斯蘭投資債券。2014 年，為解決伊斯蘭金融機構流動性管理問題，BB 發起建立了伊斯蘭銀行間資金市場，並把孟加拉政府伊斯蘭投資債券作為主要投資標的物，期限分別為 3 個月和 6 個月，採用拍賣形式和回報共享模式。2017 年 4 月，BB 宣佈允許在孟加拉的外資企業在取得證券交易委員會許可的前提下發行塔卡債券，孟加拉個人居民與本地企業均可購買。

伊斯蘭銀行

1974 年孟加拉簽署伊斯蘭發展銀行（IDB）成立協議，並承諾以伊斯蘭的基本原則發展本國經濟和金融體系。1984 年，孟加拉第一家伊斯蘭銀行——Islami Bank Bangladesh Limited（IBBL）正式成立。隨着經濟的發展，孟加拉伊斯蘭銀行業也取得了長足的發展。

截至 2016 年底，孟加拉有伊斯蘭銀行 8 家，其中最大的三家分別是 Islami Bank Bangladesh Limited（IBBL，共有 318 家分行）；First Security Islamic Bank Limit（FIBL，共有 158 家分行）；Al-Arafah Islami Bank Limited（AIBL，共有 140 家分行）。另有 13 家伊斯蘭小微金融機構，27 家傳統銀行開立的 25 個伊斯蘭銀行窗口服務，18 家傳統銀行開立的伊斯蘭分行。伊斯蘭銀行總資產約佔銀行業總資產的 18%（約為 25 億美元）；伊斯蘭銀行總貸款約佔銀行業總貸款的 22%（約為 21 億美元）；伊斯蘭銀行總存款約佔銀行業總存款的 19%（約為 23 億美元）。

伊斯蘭債券（SUKUK）

孟加拉伊斯蘭債券市場發端於 2004 年，孟加拉銀行（BB）頒佈了《伊斯蘭投資債券管理細則》，發行了小額短期（3 個月和 6 個月）伊斯蘭債券以幫助伊斯蘭金融機構進行流動性管理。2015 年，BB 推出了 Sukuk 每週發行制度，期限分別為 3 個月和 6 個月，採用拍賣形式和回報共享模式。目前，該市場最大一筆公司伊斯蘭債券發行人是 IBBL，發行金額為 30 億塔卡。

伊斯蘭保險（TAKAFUL）

孟加拉伊斯蘭保險市場起步於 1999 年。截至 2016 年底，孟加拉共有 11 家伊斯蘭保險機構（TAKAFUL）；另有傳統保險機構開立的 13 個伊斯蘭保險窗口。伊斯蘭保險資產規模達 9.29 億美元，約佔保險業的 17%。

伊斯蘭資本市場

孟加拉資本市場監管局負責監管其資本市場，包括伊斯蘭資本市場。孟加拉有兩個股票市場，一個是 Dhaka Stock Exchange（DSE），另一個是 Chittagong Stock Exchange（CSE）。DSE 於 2014 年推出了 DSEX Shariah Index（DSES）伊斯蘭股票指數；CSE 同年也推出了 CSEX All Shariah Index

（CSES）伊斯蘭股票指數，涵蓋了 105 隻在 CSE 掛牌上市的伊斯蘭股票，市值佔比約為 48%。此外，還有三隻伊斯蘭基金在 CSE 掛牌交易，市值約為 27.5 億塔卡，市值佔比約為 7%。

總結

◇◇◇◇◇◇

本章主要介紹了：

——全球伊斯蘭銀行業發展現狀；

——"一帶一路"沿線主要伊斯蘭國家伊斯蘭銀行業發展現狀。

截至 2017 年底，"一帶一路"共覆蓋 71 個國家和地區，GDP 之和約為 14.5 萬億美元，佔全球 GDP 的 18.4%；人口總數預測為 34.4 億人，佔全球人口的 47.6%；對外貿易總額為 9.3 萬億美元，佔全球貿易總額的 27.8%，在全球貿易版圖中佔據重要地位。2017 年，中國與"一帶一路"國家的進出口總額達到 1.44 萬億美元，佔中國進出口貿易總額的 36.2%。其中出口額 7742.6 億美元，佔中國出口額的 34.1%；進口額 6660.5 億美元，佔中國進口額的 39.0%。

截至 2017 年底，全球伊斯蘭金融市場規模達 2.43 萬億美元。從 2007 年至 2017 年，該市場年均複合增長率超過 19%。預計到 2021 年，全球伊斯蘭金融市場規模將達到 3.54 萬億美元。其中 90% 集中在以下 10 個伊斯蘭金融核心市場，即：沙特阿拉伯、馬來西亞、阿聯酋、科威特、卡塔爾、土耳其、印度尼西亞、巴基斯坦、巴林和孟加拉，這 10 個國家都坐落在"一帶一路"倡議圈內。

如何充分了解地區差異及伊斯蘭金融業行業特點，並把綠色金融要素融入到"一帶一路"投資中去，這既是中國投資機構的長期利益所在，也是"一帶一路"沿線國家可持續發展的要求。這對於推進"一帶一路"倡議順利實施，實現亞太自貿區順利建成將起到重要的建設作用。這也將成為不同經濟體共同推進一體化的典範，更是包容性經濟的生動體現，其影響將惠及亞太、利好全球，對主要伊斯蘭國家伊斯蘭銀行業的發展也會產生深遠的影響。

目前，馬來西亞的吉隆坡已經是全球伊斯蘭金融中心，而阿聯酋的迪拜是中東地區的伊斯蘭金融中心。未來，哪個金融中心會勝出還取決於其能否在伊斯蘭金融業樹立一個 "思想領導" 的地位，為行業創立統一的標準和監管架構；而且這些規範既能為不同區域接受，也能為全球伊斯蘭金融業所普遍接受。

第六章

伊斯蘭銀行業
金融產品及服務（1）
存款及投資賬戶

如今，在主要伊斯蘭國家，伊斯蘭銀行已成為整個銀行體系的重要組成部分。伊斯蘭銀行的運行基礎是遵循伊斯蘭監管的要求，提倡風險共擔和利潤共享的合作夥伴原則，並摒棄了追求利息的概念。

6.1　伊斯蘭存款資金的性質

儲戶的存款是伊斯蘭銀行最重要的資金來源之一（其他來源還有股東權益和伊斯蘭債券發行等），同時也是伊斯蘭銀行財務實力的體現。良好的存款基礎有助於伊斯蘭銀行擴大經營規模，提高股東回報率。

總體而言，伊斯蘭銀行存款賬戶基本有三類：

一是活期賬戶（Current Account）；

二是儲蓄賬戶（Savings Account）；

三是投資賬戶（Investment account）。

儲戶可以自由調配不同賬戶之間的資金。

從吸收存款的角度來看，伊斯蘭銀行的主要籌資渠道為與儲戶簽署以下協議：

一是代客理財或信託（Amanah）協議；

二是代客保管（Wadiah）協議；

三是委託銀行理財（Qard Hassan）。

而伊斯蘭銀行通常在和儲戶簽署以下協議後進行資金管理和運用：

一是收益或利潤分享協議（Mudarabah）；

二是委託代理協議（Wakalah）。

伊斯蘭銀行在商業運作與合規監管方面均需遵循伊斯蘭監管的要求，在存款、借款及投融資等業務方面均不得涉及利息。那麼儲戶與銀行的收益及相關分配如何體現？從實質上看，伊斯蘭銀行與儲戶的關係更像是一個合作夥伴關係。儲戶出於對伊斯蘭銀行的信任，將資金作為存款存入銀行，委託銀行理財

（Qard Hassan）；伊斯蘭銀行接受委託，代客理財，負責將眾多儲戶存款匯集並投資於符合伊斯蘭監管的工商業務活動及支持個人金融業務（如房貸、車貸和其他消費類貸款）等。如果從伊斯蘭銀行的角度來看，儲戶的存款可被視為一種投資委託。如果伊斯蘭銀行經營成功，其所獲得的收益將按各儲戶的投資比率及相關合同約定進行分配。但如果投資失敗，則伊斯蘭銀行與儲戶按事先合同約定的投資比例承擔損失。

另外，儲戶還可以在伊斯蘭銀行開立一個投資賬戶，該賬戶資金有兩種類型：

一是可贖回賬戶（Redeemable），可贖回且期限靈活；

二是永久投資賬戶（Permanent），不可贖回，儲戶開立此類賬戶主要是為了獲得伊斯蘭銀行的投資收益。

這兩類投資賬戶的資金均可被視為伊斯蘭銀行資本金的補充來源。儲戶設立投資賬戶主要是為了獲得及分享伊斯蘭銀行的投資收益。鑒於此，伊斯蘭銀行與儲戶會事先簽署相關協議，確定各自的投資收益分享比例（如果銀行投資實現盈利）和損失承擔比例（如果銀行投資出現虧損）。

為了保證銀行系統的穩定性，各國監管當局及中央銀行均強制要求伊斯蘭銀行為其儲戶存款預留一定比例的現金儲備。

6.2　伊斯蘭存款賬戶的類別

伊斯蘭銀行通常將存款賬戶分為三類：

一是活期賬戶（Current Account）；

二是儲蓄賬戶（Savings Account）；

三是投資賬戶（Investment Account）。

6.2.1　活期賬戶（Current Account）

對於伊斯蘭銀行而言，其活期賬戶存款的來源主要基於以下三個伊斯蘭監管要求及原則：

一是信託（Amanah）；

二是保管（Wadiah）；

三是無息貸款（Qard，或稱為 Qard Hassan）。

伊斯蘭銀行在吸收存款時便會與儲戶就適用上述三原則之一簽訂相應的存款協議。

若是以信託（Amanah）原則為基礎的存款協議，伊斯蘭銀行將儲戶存款視為信託基金，且不能將該資金用於銀行自身的業務運作；同時，在超出銀行控制能力範圍的事件（不可抗力事件如火災、水災等）發生時，銀行也不保證上述資金的安全，即銀行並不確保儲戶的資金安全。該類存款也沒有收益。

若是以保管（Wadiah）原則為基礎的存款協議，伊斯蘭銀行將儲戶存款視為信託基金並為其安全負責，銀行可以將該資金用於銀行自身的業務運作（只要這些業務活動符合伊斯蘭監管的相關要求）。保管（Wadiah）項下的存款可以被視為儲戶委託伊斯蘭銀行進行的信託貸款，伊斯蘭銀行將其運用於符合伊斯蘭監管的各項業務，並同時保證該資金的本金安全。因為儲戶可以隨時支取這些資金，所以這類存放於伊斯蘭銀行的存款一般沒有回報。但是，伊斯蘭銀行還是可以酌情考慮給予儲戶一定回報，以表示對儲戶對銀行資金支持的感謝。而這一回報的多少及支付頻率都沒有定規，完全由伊斯蘭銀行自行決定。所以可以把這一回報看做伊斯蘭銀行給予儲戶的一個禮物（Hibah）。

若是以無息貸款（Qard）或是委託銀行理財（Qard Hassan）原則為基礎的存款協議，伊斯蘭銀行將按照儲戶的授權將該資金運用於銀行自身的業務運作（只要這些業務活動符合伊斯蘭監管的相關要求）。伊斯蘭銀行可以將上述資金視為來源於儲戶的無息貸款（Qard）。儲戶可以隨時支取這些資金，伊斯蘭銀行也不必為其支付任何回報。所以此類資金並不會影響伊斯蘭銀行的總體負債水平。但是，伊斯蘭銀行必須保證以無息貸款（Qard）原則為基礎的存款之安全。此外，伊斯蘭銀行可以酌情考慮給予儲戶一定回報，以表示對儲戶對銀行資金支持的感謝。而這一回報的多少及支付頻率都沒有定規，完全由伊斯蘭銀行自行決定。所以可以把這一回報看作是伊斯蘭銀行給予儲戶的一個禮物（Hibah），而不是股票分享投資收益（Dividends）。

總之，對於活期賬戶（Current Account）項下的存款，從存款本金的安全及收益角度來看：

1）伊斯蘭銀行對信託（Amanah）協議項下的存款安全沒有絕對保證，且該存款沒有收益；

2）對於保管（Wadiah）或無息貸款（Qard）協議項下的存款本金安全則是有保證的；如果經營（投資）成功，伊斯蘭銀行可能酌情考慮給予保管（Wadiah）或無息貸款（Qard）協議項下的儲戶存款一定回報。

6.2.2　儲蓄賬戶（Savings Account）

儲蓄賬戶（Savings Account）的運作與活期賬戶（Current Account）的運作並不相同。儲蓄賬戶的設立是基於利潤分享基礎上的。

通常，儲戶在伊斯蘭銀行開立儲蓄賬戶（Savings Account）時，雙方會首先簽訂一個利潤分享合同（Mudarabah Contract），儲戶作為投資者（Rabbul-Mal），而伊斯蘭銀行作為基金經理（Mudarib）。雙方事先約定：1）如果伊斯蘭銀行經營（投資）成功，雙方按約定比例分享投資收益。雙方可以就上述分享投資收益比例在每個月初重新調整一次。2）如果伊斯蘭銀行經營（投資）失敗，資金方面的損失由投資者（Rabbul-Mal）——儲戶完全承擔，而伊斯蘭銀行方面則承擔投資管理方面所投入的人力成本。3）儲蓄賬戶（Savings Account）的資金通常由伊斯蘭銀行併入其投資基金池並運用於符合伊斯蘭監管要求的投資項目。且由其自行調配。

所以從存款本金的安全及收益角度來看，伊斯蘭銀行對儲蓄賬戶（Savings Account）的存款安全沒有絕對保證，但如果經營（投資）成功，該賬戶可以按事先約定比率分享投資收益。對於儲戶而言，在伊斯蘭銀行儲蓄賬戶上的資金是一筆有固定期限的短期定期存款（通常為一個月）。

為了鼓勵客人開立儲蓄賬戶，伊斯蘭銀行通常會利用一些促銷手段，如不定期且無固定金額的現金返還、減免手續費、允許儲蓄賬戶客人優先使用銀行服務等。

6.2.3　投資賬戶（Investment Account）

投資賬戶的設立是基於利潤分享基礎上的合夥關係（Mudambah）。對於儲戶而言，在伊斯蘭銀行投資賬戶上的資金是一筆有固定期限的定期存款，且有機會參與分享銀行的投資收益。

通常，儲戶在伊斯蘭銀行開立投資賬戶（Investment Account）時，雙方會首先簽訂一個利潤分享合同（Mudarabah Contract），儲戶作為投資者（Rabbul-Mal）承諾伊斯蘭銀行，其在銀行投資賬戶的存款在約定到期日前不會提前支取（不排除銀行允許儲戶在提前通知的前提下提前支取存款）。伊斯蘭銀行作為基金經理（Mudarib），負責資金運作及投資。雙方事先確定：

1）如果伊斯蘭銀行經營（投資）成功，雙方按約定比率分享投資收益。

2）如果伊斯蘭銀行經營（投資）失敗，資金方面的損失由投資者（Rabbul-mal），即儲戶按其投資資金比率完全承擔。

3）投資賬戶（Investment Account）的資金通常由伊斯蘭銀行併入其投資基金池，並運用於符合伊斯蘭監管的投資項目，且由其自行調配。

4）對於各個不同的投資基金池，伊斯蘭銀行若使用其自有資金參與項目投資，應事先告知各相關權利人，其權利與義務與該投資基金池之既有的現金投資人沒有差別。

5）與投資相關的各項費用由各自相對應的投資池（投資人）各自承擔。

6）銀行為儲戶的定存資金頒發一票投資證書作為確認函。

投資賬戶（Investment Account）按期限及投資目的可以分為兩類：

1）限制性投資賬戶（Mudarabah Muqayyadah, Restricted Investment Account）：儲戶授權伊斯蘭銀行根據其具體指示，將資金投資於指定項目或領域，投資期限有具體限制；

2）非限制性投資賬戶（Mudarabah Mutlaqah, Unrestricted Investment Account）：儲戶無條件地授權伊斯蘭銀行依據銀行自身投資策略進行符合伊斯蘭監管要求的投資活動。

投資賬戶的回報率取決於伊斯蘭銀行的投資決策和投資項目的執行質量。因為伊斯蘭銀行無法確定其未來投資回報率，所以在簽約時也就不能給投資人承諾一個固定的投資回報率。但是伊斯蘭銀行會事先與投資人約定一個分享投資收益比率（如果投資成功的話）。對伊斯蘭銀行而言，投資賬戶的存款不是股東投資（權益），也非負債，而只是一筆投資款項，原因是投資賬戶的儲戶只是委託伊斯蘭銀行理財，且伊斯蘭銀行並未保證其相關的投資收益（率）。

所以從存款本金的安全性及收益角度來看，伊斯蘭銀行對投資賬戶（Investment Account）的存款安全沒有絕對保證。但如果經營（投資）成功，該賬戶可以按事先約定比率分享投資收益。如果伊斯蘭銀行經營（投資）失敗，資金方面的損失由投資者（Rabbul-Mal）即儲戶按其投資資金比率完全承擔。損失上限為投資人的全部出資額。

此外，還有一種投資賬戶類別是利潤分享合資夥伴投資賬戶（Combination of Musharakah Mudarabah），即伊斯蘭銀行及其投資賬戶儲戶均出資參與了某項目投資。

舉例來說，如果在為儲戶建立投資資金池時，伊斯蘭銀行決定以自有資金參與投資，比如，如果儲戶出資 20000 美元，伊斯蘭銀行也出資 20000 美元，那麼雙方就實際上成為一個 50%/50% 的合資聯營體。從本質上看，這個投資賬戶是建立在兩個投資協議基礎上的：1）利潤分享合同（Mudarabah）；2）合資夥伴關係合同（Musharakah）。如果伊斯蘭銀行與儲戶雙方約定在這兩個合同中利潤分享的比率為伊斯蘭銀行 / 儲戶（40%/60%），那麼，在投資結束時，假設投資項目實現了 2000 美元的投資回報，伊斯蘭銀行與儲戶雙方該如何分配呢？

答案如下：

1）作為整個投資項目的基金經理（Mudarib），伊斯蘭銀行根據利潤分享合同（Mudarabah）按事先約定的比率 40%，可以分享 2000×40%=800（美元）的收益，此時，項目回報還剩 1200 美元。

2）作為整個投資項目資金提供方之一，伊斯蘭銀行根據合資夥伴關係合同（Musharakah）按事先約定的比率 40%，可以分享項目剩餘回報的 1200 ×

40%=480（美元）的收益，即銀行總回報為 1280（=800+480）美元。

3）項目剩餘回報 720（=2000－800－480）美元由各儲戶按其各自出資比率再進行分配。

6.2.4 伊斯蘭銀行存款賬戶與投資賬戶之異同

通常，伊斯蘭銀行把活期賬戶（Current Account）和儲蓄賬戶（Savings Account）視為存款賬戶（Deposit Account），它們與投資賬戶（Investment Account）的異同點可以通過下表分析總結如下：

特點	活期賬戶 （Current Account）	儲蓄賬戶 （Savings Account）	投資賬戶 （Investment Account）
採用的合同類型	信託（Amanah）；保管（Wadiah）；無息貸款（Qard，或委託銀行理財 Qard Hassan）；合夥制利益分享合同（Mudarabah）	無息貸款（Qard，或委託銀行理財 Qard Hassan）；合夥制利益分享合同（Mudarabah）	合夥制利益分享合同（Mudarabah）項下： 1）限制性投資賬戶（Restricted investment account）； 2）非限制性投資賬戶（Unrestricted invest ment account）
提取現金	按儲戶要求靈活支取；提供支票、自動櫃員機（ATM）、借記卡等銀行服務	按儲戶要求靈活支取；提供支票、自動櫃員機（ATM）、借記卡等銀行服務	若提前支取，儲戶應提前通知伊斯蘭銀行並由銀行根據投資期限等決定是否同意儲戶支取款項
資金池	儲戶存款與股東資金及其他類資金混合在銀行的一個資金池內	儲戶存款與股東資金及其他類資金混合在銀行的一個資金池內	1）限制性投資賬戶（Restricted investment account）資金與伊斯蘭銀行的其他資金池有一隔斷，單列使用； 2）非限制性投資賬戶（Unrestricted investment account）資金與股東資金及其他類資金混合在銀行的一個資金池內

特點	活期賬戶 （Current Account）	儲蓄賬戶 （Savings Account）	投資賬戶 （Investment Account）
回報	1）對於以非合夥制利益分享合同（Mudarabah）為基礎簽約的存款，伊斯蘭銀行可以酌情考慮以禮物（Hibah）形式給予儲戶一定回報。而這一回報的多少及支付頻率都沒有定規，完全由伊斯蘭銀行自行決定。 2）對於以合夥制利益分享合同（Mudarabah）為基礎簽約的存款，伊斯蘭銀行與儲戶雙方按事先約定的比例分享投資收益。	1）對於以非合夥制利益分享合同（Mudarabah）為基礎簽約的存款，伊斯蘭銀行可以酌情考慮以禮物（Hibah）形式給予儲戶一定回報。而這一回報的多少及支付頻率都沒有定規，完全由伊斯蘭銀行自行決定。 2）對於以合夥制利益分享同（Mudarabah）為基礎簽約的存款，伊斯蘭銀行與儲戶雙方按事先約定的比例分享投資收益。	伊斯蘭銀行與儲戶雙方按事先約定的比例分享投資收益。
風險	1）對於活期賬戶（Current account）項下的存款，伊斯蘭銀行對信託（Amanah）協議項下的存款安全沒有絕對保證，且該存款沒有收益； 2）對於保管（Wadiah）（或）無息貸款（Qard）協議項下的存款本金安全則是有保證的； 3）對於以合夥制利益分享合同（Mudarabah）為基礎簽約的存款，伊斯蘭銀行與儲戶雙方按事先約定的比例分擔風險。	1）伊斯蘭銀行對儲戶以無息貸款（Qard，或委託銀行理財 Qard Hassan）形式簽約的存款本金安全沒有絕對的保證； 2）對於以合夥制利益分享合同（Mudarabah）為基礎簽約的存款，伊斯蘭銀行與儲戶雙方按事先約定的比例分擔風險。	合夥制利益分享合同（Mudarabah）項下資金由伊斯蘭銀行與儲戶雙方按事先約定的比例分擔風險。

6.3　伊斯蘭銀行收費服務項目

◇◇◇◇◇◇◇

伊斯蘭銀行所提供的收費服務項目包括伊斯蘭信用卡（Halal credit card）、保管箱服務、轉賬、託收等。其中保管箱服務、轉賬、託收等服務與傳統銀行類似，按照服務類別收取相應手續費。但伊斯蘭信用卡業務則有些許不同。

傳統銀行所提供的信用卡服務的主要運作模式是給予客戶一定的透支額度便利，通過收取利息的方式實現盈利。

而伊斯蘭銀行摒棄了利息的理念，所以上述模式並不可取。伊斯蘭銀行信用卡與傳統的銀行信用卡的主要區別在於發卡行與持卡人之間的三種契約形式，即 Kafalah、Wakalah 和 Qard。

1）Kafalah：發卡行代表持卡人向供貨商和第三方保證付款；

2）Wakalah：發卡行被視為持卡人的代理，代表持卡人向供貨商付款；發卡行同時向持卡人承諾在其需要時提供一定的貸款額度；

3）Qard：發卡行被視為持卡人的貸款人，並允許持卡人從發卡行提取現金，持卡人承諾按時歸還借款。

伊斯蘭銀行的信用卡業務主要通過收取以下費用實現盈利：

1）Kafalah 費用（Membership fee）：此項收費可被看做是信用卡會員費，在發卡行與持卡人簽約時就已確定，每年固定收費，與信用卡實際消費金額無關；

2）代理費（Commission fee）：在發卡行與持卡人簽約時就已確定，每年根據信用卡實際消費金額按一定比率收取；

3）提現手續費（Cash withdrawal fee）：在發卡行與持卡人簽約時就已確定，根據信用卡提現筆數，按每筆固定金額收取；

4）遲還款手續費（Late payment fee）：在發卡行與持卡人簽約時就已確定，根據持卡人遲還款金額與時間按比率收取。伊斯蘭銀行會將收到的遲還款手續費捐獻給伊斯蘭慈善基金。

6.4 儲戶存款安全及投資者保護

◇◇◇◇◇◇

對於伊斯蘭銀行及其儲戶而言，因根據不同契約類型為基礎而開立的賬戶類型不同，其相應的共享回報和共擔風險也不相同。各國中央銀行和監管機構在儲戶存款安全及投資者保護方面對伊斯蘭銀行的監管也有相應的規定。

具體而言，

1）資本充足率要求（CAR）和流動性要求：各國中央銀行和監管機構對其轄內伊斯蘭銀行和金融機構皆有具體要求；

2）金融會計標準要求：根據伊斯蘭金融機構會計與審計組織（AAOIFI）金融會計標準第六號（FAS No. 6）的規定：

① 對於限制性投資賬戶，伊斯蘭銀行可以將其置於表外業務管理；因為該賬戶的資金管理最終還是由儲戶自己決定，銀行主要的功能是代理配置投資資產；所涉及資金並不與銀行自有資金及其他資金池混合，而所投資資產的相應風險亦由客戶承擔；

② 對於非限制性投資賬戶，伊斯蘭銀行應將其所管理的非限制性投資賬戶在資產負債表上按照投資期限、客戶集中度等分佈給予披露。非限制性投資賬戶的投資期限從 1 個月至 60 個月不等。儲戶如欲提前支取存款，應提前書面通知銀行且徵得其同意。

3）存款保險：有些國家中央銀行和監管機構會要求境內伊斯蘭金融機構對其轄內儲戶存款購買保險。

4）信息披露要求：伊斯蘭銀行參照國際證券委員會（IOSCO）的相關要求，即：

① 在賬戶開立時，伊斯蘭銀行應明示投資者相關投資風險；

② 各項信息披露應充分、透明；

③ 投資賬戶業績表現及相關計算應從投資者的角度出發；

④ 投資賬戶業績的最終表現應為扣除了由投資者直接與間接支付了的各項費用之後；

⑤ 如果應由投資者直接與間接支付了的各項費用尚未扣除，伊斯蘭銀行

各國伊斯蘭存款保險運作異同對比

穆斯林國家						
特點	馬來西亞	巴林	土耳其	印尼	蘇丹	約旦
成立時間	2005	1993	2005	2005	1996	2000
管理架構	由國有存款保險機構負責有國家專門立法管理	由國有存款保險機構負責，無國家專門立法管理	由國有存款保險機構負責，無國家專門立法管理	由國有存款保險機構負責，無國家專門立法管理	由國有存款保險機構負責，有國家專門立法管理	由國有存款保險機構負責，有國家專門立法管理
強制性保險會員要求	V	V	V	V	V	X
伊斯蘭保費與非伊斯蘭保費加以區分管理	V	N.A.	X	X	N.A.	N.A.
根據伊斯蘭教義管理資金	V	N.A.	X	X	V	N.A.
伊斯蘭銀行與傳統銀行投保限額相當	V	N.A.	V	V	N.A.	N.A.
伊斯蘭銀行與傳統銀行保費費率相當	V	X	V	V	N.A.	N.A.
保險限額	MYR 60000	上限為存款餘額的75%，最高不超過 BHD 15000	TRY50000	IDR100-MN	投資賬戶：SDG4000；活期賬戶：SDG3000	JOD 500

資料來源：各國中央銀行；圖表例示：V 表示有 ix 表示沒有；N.A. 表示不適用。

	科威特	沙特	伊朗	巴基斯坦	新加坡	英國
					非穆斯林國家	
）	2008	N. A.	N. A.	N. A.	2006	2001
一管理 由各伊 銀行根 自與儲 訂的存 議執行	由中央銀行負責	無統一管理模式，由各伊斯蘭銀行根據各自與儲戶簽訂的存款協議執行	無統一管理模式，由各伊斯蘭銀行根據各自與儲戶簽訂的存款協議執行	N. A.	由國有存款保險機構負責，無國家專門立法管理	由私營存款保險機構負責，有國家專門立法管理
..	N. A.	N. A.	N. A.	N. A.	X	X
.	N. A.	N. A.	N. A.	N. A.	X	X
.	N. A.	N. A.	N. A.	N. A.	X	X
	N. A.	N. A.	N. A.	N. A.	X	X
	N. A.	N. A.	N. A.	N. A.	V	V
	100%	N. A.	N. A.	N. A.	SGD 20000	GBP 35000

作為資金管理方應明示。

此外，為保證儲戶的存款安全，全球 113 個國家和地區要求實行存款保險，各國監管機構對伊斯蘭金融機構的存款還設有存款保險的要求。我們用下表對各國監管機構對伊斯蘭金融機構之存款保險要求做一簡單對比，可以看出：

1）世界上最早引進伊斯蘭存款保險的國家是巴林，始於 1993 年。

2）而在系統性運作及立法管理方面最為完善的國家是馬來西亞。

3）在管理架構上，各國主要採取以下 4 種類型：①國有存款保險機構負責（主要國家有馬來西亞、巴林、土耳其、印尼、蘇丹、約旦和新加坡）；②中央銀行負責（科威特）；③私營保險機構負責（英國）；④無統一管理模式，由各伊斯蘭銀行根據各自與儲戶簽訂的存款協議執行（沙特、伊朗、阿聯酋）。

4）在立法保障方面，馬來西亞、蘇丹、科威特、約旦和英國都有專門立法。

5）在存款本金保障方面，只有科威特中央銀行提供 100% 保障。

6）在有立法支持的國家，伊斯蘭銀行負責出資為儲戶存款購買保險。

7）由於：

① 各國的監管要求各不相同；

② 各國對分享收益投資賬戶（PSIA, Profit Sharing Investment Account）的定義和管理要求有較大差距；

③ 符合伊斯蘭監管的保險資金投資匱乏；

④ 大多數國家尚未制定伊斯蘭銀行破產法及相應的應對政策；

⑤ 伊斯蘭存款規模在整個銀行業佔比還很低。

所以目前伊斯蘭銀行業尚未形成一個全球統一的伊斯蘭存款標準和一個系統性和行之有效的伊斯蘭存款保險機制。

8）此外，伊斯蘭金融服務委員會（IFSB）分別在 2014 年及 2016 年頒佈了有關伊斯蘭金融機構安全性監管指引：①《伊斯蘭監管最後貸款人的角色（2014）》（The Role of SLOLR, 2014）；②《WP—06，加強伊斯蘭金融安全網建設：伊斯蘭存款保險計劃之機制與角色》（WP—06，SCDIS），但上述標準尚未被伊斯蘭金融機構普遍採納。總之，伊斯蘭存款保險還處於初級階段。

2018 年 8 月，IFSB 與 IADI 簽訂諒解備忘錄，雙方擬共同制定伊斯蘭存款保險制度有效運行的實施標準。2018 年 10 月，IFSB 與 AAOIFI 簽訂了諒解備忘錄，雙方就推廣審慎伊斯蘭監管國際標準等方面加強合作達成共識。

總結

本章主要介紹伊斯蘭銀行業金融產品及服務，內容涵蓋了：

——伊斯蘭存款資金的性質；

——伊斯蘭存款賬戶的類別；

——伊斯蘭銀行收費服務項目；

——儲戶存款安全及投資者保護。

伊斯蘭銀行的運行基礎是遵循伊斯蘭監管的要求，提倡利潤共享和風險共擔的合作夥伴原則，並摒棄追求利息的理念。從吸收存款的角度，伊斯蘭銀行通常與儲戶簽署以下三個協議之一：1）代客理財或信託（Amanah）協議；2）代客保管（Wadiah）協議；3）委託銀行理財（Qard Hassan）協議。從資金運用的角度，伊斯蘭銀行通過與儲戶簽署：1）收益或利潤分享協議（Mudarabah）；2）委託代理（Wakalah）代客投資，共享利潤，共擔風險。

伊斯蘭銀行的存款賬戶有三類：1）活期賬戶（Current Account）；2）儲蓄賬戶（Savings Account）；3）投資賬戶（Investment Account）。

從存款的安全性看，活期賬戶（Current Account）項下：1）伊斯蘭銀行對保管（Wadiah）或無息貸款（Qard）協議項下的存款本金安全是有保證的；2）伊斯蘭銀行對信託（Amanah）存款安全基本有保證，除非發生不可抗力事件。關於儲蓄賬戶（Savings Account）項下：伊斯蘭銀行對儲蓄賬戶的存款安全沒有絕對保證。關於投資賬戶（Investment Account）項下：伊斯蘭銀行對投資賬戶的存款安全沒有絕對保證。

從存款的收益性來看，活期賬戶（Current Account）項下：1）保管

（Wadiah）或無息貸款（Qard）存款可能會有收益（以禮物——Hibah 形式體現），具體視伊斯蘭銀行的投資結果和收益分配決策由其自行而定。2）信託（Amanah）存款沒有收益。儲蓄賬戶（Savings Account）項下：如果伊斯蘭銀行經營（投資）成功，該賬戶儲戶可以按事先約定比率分享投資收益。如果伊斯蘭銀行經營（投資）失敗，資金方面的損失由投資者（Rabbul-Mal）即儲戶完全承擔。而投資賬戶（Investment Account）項下：投資回報率取決於伊斯蘭銀行的投資決策和投資項目的執行質量。如果伊斯蘭銀行經營（投資）成功，該賬戶可以按事先約定比率分享投資收益。如果伊斯蘭銀行經營（投資）失敗，資金方面的損失由投資者（Rabbul-Mal）即儲戶按其投資資金比率完全承擔。損失上限為投資人的全部出資額。

伊斯蘭銀行所提供的收費服務項目包括伊斯蘭信用卡（Halal Credit Card）、保管箱服務、轉賬、託收等。伊斯蘭銀行信用卡與傳統的銀行信用卡主要區別在於發卡行與持卡人之間的三種契約形式，即 Kafalah, Wakalah 和 Qard。

各國中央銀行和監管機構在儲戶存款安全及投資者保護方面對伊斯蘭銀行的監管都有相應的規定；在系統性運作及立法管理方面最為完善的國家是馬來西亞；但各國的監管要求各不相同，目前尚未形成一個全球統一的伊斯蘭存款保險標準。

第七章

伊斯蘭銀行業
金融產品及服務（2）
投資、融資合同類型
及其特點

7.1 伊斯蘭銀行投資、融資合同的基本類型

◇◇◇◇◇◇◇

根據伊斯蘭監管的要求，伊斯蘭銀行貸款不收利息，對儲戶存款也不付利息。那麼，伊斯蘭銀行如何能夠吸引儲戶資金？又是如何實現盈利呢？

我們首先可以從伊斯蘭銀行的資產負債表之構成一窺端倪。

伊斯蘭銀行的資產負債表

資產	負債
資產和融資組合相對多樣化。產品可以是建立在利益共享、風險共擔基礎上的，也可以是建立在成本加價基礎上的	由各種負債合同組成
股權投資是建立在 MUDARABAH 和 MUSHA-RAKAH（利益共享、風險共擔）合同基礎上的	活期存款：保本但沒有回報，儲戶存款是以存款安全為目的
通過 MURABAHAH, IJARA, SALAM 和 ISTISNA' 等合同模式實現銷售收入資產	投資存款賬戶（利益共享，風險共擔）：不保本，沒有固定回報
MURABAHAH 貿易融資	類股權投資之存款賬戶（利益共享，風險共擔）
以收費為基礎的各項銀行服務	股東權益
風險共擔，不提供利息	留存收益：投資回報留存；投資風險準備留存

從伊斯蘭銀行的資產負債表可以看出，伊斯蘭銀行的運行是遵循伊斯蘭監管的要求，提倡利潤共享和風險共擔的原則，並摒棄追求利息的理念。

從吸收存款的角度，伊斯蘭銀行通常與儲戶簽署以下三個協議之一：1）代客理財或信託（AMANAH）協議；2）代客保管（WADIAH）協議；3）委託銀行理財（QARD HASSAN）協議。（詳見本書第六章闡述）

從資產運營的角度，伊斯蘭銀行通過四種模式、七類合同構建資產，並以此應對經營過程中可能出現的各類風險。四種模式分別是：1）權益類合同（Equity Contract），主要有 MUDARABAH, MUSHARAKAH；2）資產支持類或債務金融化類合同（Asset Based/Debt Financing Contract）：MURABAHAH, SALAM 和 ISTISNA'；3）租賃融資合同（Leasing Contract）：IJARA；4）保

險合同（Insurance contract）：TAKAFUL。具體分佈如下圖所示：

而根據這些權益類和債務融資合同是否建立在利潤共享和風險共擔基礎（PLS，Profit-Loss-Sharing）上，又可以進一步分為兩類：

1）以利潤共享和風險共擔為基礎（PLS）：

MUDARABAH；MUSHARAKAH；

2）不以利潤共享和風險共擔為基礎（Non-PLS）：

MURABAHAH；IJARA；SALAM；ISTISNA'。

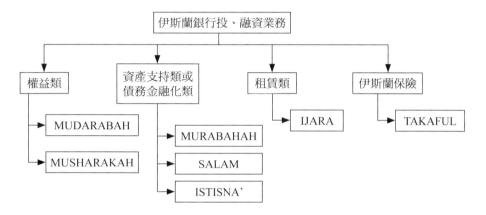

我們用下圖簡單闡述伊斯蘭銀行的投融資模式：

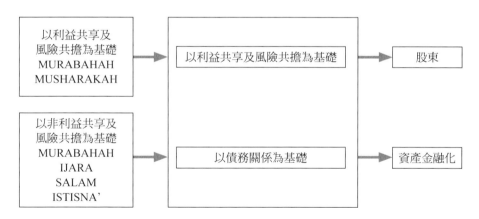

以利潤共享和風險共擔為基礎（PLS）的融資模式可以較好地實現了：1）對簽約各方的最大限度公平，簽約各方按事先約定的比例（或出資比例）共負盈虧；2）有效降低社會財富分配不公現象，優化社會資源分配。

伊斯蘭金融的利潤分配原則為：

1）利潤分配可以不按照投資各方的出資比例；

2）利潤分配不按照分紅具體的絕對數額，而是按照合同約定的各方分配比例；

3）只有在出資人收回其原始投資後，才能進行利潤分配，而在此之前進行的利潤分配只能視為中期部分資本利得，最終投資盈虧只有在出資人收回其原始投資後才能確認。

7.2　伊斯蘭合同的基本要求

◇◇◇◇◇◇◇

隨着歷史變遷，伊斯蘭監管也在不斷演化中。伊斯蘭監管，即沙里亞法規（Shari'ah），是由傳統伊斯蘭學術界所建立的非成文伊斯蘭法律，大部分穆斯林都堅守沙里亞法規。穆斯林認為伊斯蘭監管要求是真主意志的言辭，並為伊斯蘭社會構成一種責任體制和伊斯蘭法律體系；而身在其中的穆斯林必須恪守並履行。對伊斯蘭監管要求的解釋被稱為費格赫，其實質為對伊斯蘭監管進行宗教界定而設定的規則。伊斯蘭法學家以此衍生出監管淵源學。根據伊斯蘭教的法理，法律根源有四，以優先次序排列為：《古蘭經》、《聖訓》、穆斯林法學家的共識及類比論證。

在合同交易內容方面，伊斯蘭監管要求：

1）合同不含伊斯蘭監管所禁止從事的活動，例如：

① 購買和交易不純商品；

② 購買和交易無用商品；

③ 收取利息；

④ 賭博；

⑤ 色情；

⑥ 過度風險交易（Gharar fahish）或投機交易。

2）合同要素必須齊整，並含有可執行的各項條件，例如：

① 合同雙方在非受迫情況（非自願情況）下，理解並同意合同金額及其各項條款；

② 合同簽署時，合同所指向的標的物確實存在且可以被交付，不應存在欺詐、無法交付等不確定性行為。

7.3 權益類合同（Equity contract）：MUDARABAH, MUSHARAKAH

7.3.1 權益類合同之 MUDARABAH

7.3.1.1 MUDARABAH 的基本特點

MUDARABAH 是建立在以利潤共享和風險共擔（PLS）為基礎上的投資經營合夥制利潤分享合同。

首先我們來了解一下幾個伊斯蘭金融術語：

Rabb al-mal，資本提供方，是公司投資者和股東，通常不直接參與公司經營，但可以為職業經理人設定特定條件以確保其善用資本，妥善經營；

Mudarib，職業經理人，通常不直接出資，而是通過提供專業知識和管理技能，負責公司的日常經營，促進企業發展並實現盈利，從而參與分享公司收益。

MUDARABAH 的主要特點如下：

1）即公司的所有權與經營權適當分離，投資者負責出資，職業經理人負責經營；

2）公司經營或資產運作所得利益由雙方按照合同的事先約定進行分享；

3）該模式並未賦予出資人（資本提供方）為企業經營做決斷的權利，企業的日常經營由職業經理人負責；

4）公司投資回報取決於公司具體的盈利情況：

① 如果企業盈利，投資者／職業經理人可以按事先約定的比例進行分紅；

② 投資者（出資人）可以對公司所募集資金擬進行投資的領域設置條件；

③ 參與各方（出資人和經營者）承諾風險共擔；

④ 若企業經營失敗，則金錢方面的損失由出資入按比例承擔，而經營者（職業經理人）損失的則是其參與企業經營所投入的時間和精力。

有趣的是，2016 年兩位諾貝爾經濟學獎得主有關不完全契約理論與伊斯蘭金融中 MUDARABAH 合同的設計和理念在許多方面不謀而合，在如何處理"合夥情況下，誰說了算"的問題上，雙方更有驚人的相似之處。

2016 年本特·霍姆斯特羅姆（Bengt Holmström）和奧利弗·哈特（Oliver Hart）贏得了該年度諾貝爾經濟學獎。他們發展了思考如何書寫合同的現代化方式，這些合同涉及多個領域，包括汽車保險、首席執行官的獎金以及公共服務的提供等。雖然許多合同設計要素在被契約理論正式納人之前就已廣泛存在，但契約理論有助於理解績效獎金的設計。

現代契約理論認為，若存在顯著不確定性，最好支付固定薪酬。霍姆斯特羅姆教授的研究顯示，對股東來說更好的做法是根據其公司相比業內同行的相對表現來獎勵管理人員；如果存在難以觀察一個人行動的效果的情況，那麼考察此人時與績效相掛鈎的薪酬比例就應該越低。哈特教授的高見是，在試圖羅列未來情形徒勞無益的情況下，重要的是寫明若合同雙方意見不同，哪一方將有權做出決定。這在財務契約中（比如為創業者提供資金）最為有用。哈特教授發現，與其把人才當做僱員，支付工資讓他們創新，不如讓他們成為擁有控制權的創業者，獲益於通過自己努力所取得的大部分利潤。不完全契約正視企業內部的所有權和控制權的分離問題，並指出資源不一定是價格體系主宰的，也可能是由擁有不對稱信息的合作夥伴所簽署的契約支配的。在某種程度上，MUDARABAH 合同可以說是不完全契約理論的一個完美案例。現在我們來看一下伊斯蘭銀行 MUDARABAH 合同的運作模式。

MUDARABAH 基本運作模式如下：

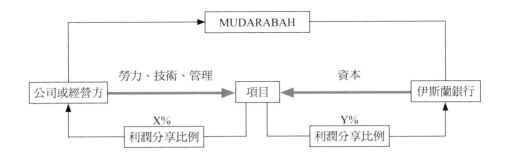

7.3.1.2 兩種 MUDARABAH 合同類型

1）限制性 MUDARABAH（MUDARABAH MUQAYYADAH）：資本提供方（Rabb al-mal）為公司設定投資領域；

2）非限制性 MUDARABAH（MUDARABAH MUTLAQA）：職業經理人（Mudarib）在不超出其經營能力的範圍，享有充分決策自由，經營企業。

我們用下圖簡單闡述兩種 MUDARABAH 模式：

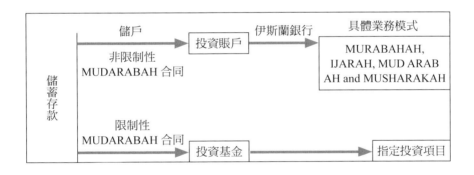

7.3.1.3 適用於伊斯蘭銀行業的雙重 MUDARABAH 合同類型

因為伊斯蘭監管禁止利息，所以伊斯蘭銀行不為儲戶存款提供利息。這與傳統金融中的銀行有很大的區別。但是伊斯蘭銀行不為存款提供利息不等於存款賬戶沒有回報。MUDARABAH 合同則為儲戶提供了一個在符合伊斯蘭監管的前提下提高資產回報的途徑，其實現方式是通過簽訂雙重 MUDARABAH 合同。雙重 MUDARABAH 運作模式如下：

1）第一重 MUDARABAH 合同

儲戶與伊斯蘭銀行簽訂非限制性 MUDARABAH 合同，將其存款存入銀行，這就相當於為銀行注入投資資本；此時，儲戶成為資本提供方（Rabb al-mal，出資人）。而銀行的角色更像是職業經理人（Mudarib），負責以專業方式幫儲戶理財。銀行可以將該資金併入其自有資金池進行運營（主要是支持符合伊斯蘭監管的各類工商業務、貿易融資和個人貸款），儲戶無權干預銀行的日常經營活動。有些伊斯蘭銀行還會收取銀行賬戶管理費。作為出資人，儲戶本金並無 100% 保證。雙方可以約定一個分紅比例，在投資實現盈利時進行分紅。

2）第二重 MUDARABAH 合同

伊斯蘭銀行與符合伊斯蘭監管的企業簽訂限制性 MUDARABAH 合同，承諾為企業提供貸款，這就相當於為企業注入運營資本；此時，伊斯蘭銀行成為資本提供方（Rabb al-mal），而接受貸款的企業則更像是職業經理人（Mudarib）。伊斯蘭銀行可以限定該資金的使用用途及投資方向，並監督企業資金的使用情況。伊斯蘭銀行不能要求該企業提供一個固定的投資回報率，但雙方可以協商確定一個分紅比例，在企業取得盈利並扣除相關運營費用後，可以進行分紅。

在雙重 MUDARABAH 合同模式下，如果企業經營成功並實現盈利，在第二重 MUDARABAH 合同（伊斯蘭銀行和企業）和第一重 MUDARABAH 合同（伊斯蘭銀行和儲戶）簽約各方按照各自約定的分紅比率進行分紅。如果企業經營失敗，伊斯蘭銀行（包括相關儲戶）方面的最大損失為其所投入的資金，而企業（或是銀行）的最大損失為其為經營所投入的人力、物力、精力。

7.3.1.4 單一 MUDARABAH 或聯合 MUDARABAH 合同類型

在單一 MUDARABAH 合同（Individual MUDARABAH）項下，伊斯蘭銀行資金來源可以為儲戶存款和（或）其自有資金，銀行只為某個個人獨資企業或單一企業提供融資，其基礎是建立在以利潤共享和風險共擔（PLS, Profit and Loss Sharing）為基礎上的投資經營合夥制利潤分享、風險共擔合同。

在聯合 MUDARABAH 合同（Joint MUDARABAH）項下，伊斯蘭銀行貸款資金來源是某一群儲戶長期存款所形成的資金池，儲戶在存款到期前不會提前支取，銀行授信對象不只局限於某個個人獨資企業或單一企業，其基礎是建立在以利潤共享和風險共擔（PLS）為基礎上的投資經營合夥制利潤分享、風險共擔合同。

7.3.1.5 MUDARABAH 合同運作模式案例分析

MUDARABAH 案例分析之一

假設伊斯蘭銀行 A 以 MUDARABAH 模式（非限制性）將 100 萬美元貸款給 B 公司，合同期限為 1 年，雙方約定：

1）銀行的目標利潤率是 12%；

2）如果合同到期時，B 公司運用該筆貸款實現的利潤率超過 12%，則 B 公司有權分享超額利潤的 90%。

在合同項下，伊斯蘭銀行 A 為資本提供方（Rabb al-mal），是 B 公司投資者和股東，但不直接參與公司經營；B 公司則扮演了職業經理人（Mudarib），負責善用資本，妥善經營。

我們接着假設，1 年合同到期時，B 公司出現了三種經營結果：

1）公司實現盈利 10 萬美元；

2）公司實現盈利 30 萬美元；

3）公司出現虧損 20 萬美元。

請問，在這三種情況下，伊斯蘭銀行 A 與 B 公司是如何共享收益和共擔風險的。

分析如下：

1）B 公司實現盈利 10 萬美元

因為 B 公司借款本金為 100 萬美元，公司實現盈利 10 萬美元，則利潤率為 10%，沒有達到銀行的目標利潤率 12%，所以 B 公司無權參與利潤分配。

伊斯蘭銀行 A 的具體分紅 =10 萬美元

B 公司的具體分紅 =0 萬美元

2）B 公司實現盈利 30 萬美元

因為 B 公司借款本金為 100 萬美元，公司實現盈利 30 萬美元，則利潤率為 30%，超出了合同設定的 12% 的目標值；所以 B 公司有權參與超額利潤的二次分配。

　　伊斯蘭銀行 A 的具體分紅

　　= 12%×100+10%×（30 - 12%×100）=12+1.8=13.8（萬美元）

　　伊斯蘭銀行 A 分紅收益率 =13.8/30=46%

　　B 公司的具體分紅

　　= 90%×（30 - 12%×100）=16.2（萬美元）

　　B 公司分紅收益率 =16.2/30=54%

　　3）B 公司出現虧損 20 萬美元

　　在 MUDARABAH 合同項下，投資虧損資金由資本提供方（Rabb al-mal）全部承擔，所以伊斯蘭銀行 A 計提 20 萬美元虧損；B 公司除了投入經營的人力和精力外，並沒有具體資金方面的損失。

MUDARABAH 案例分析之二

假設：

1）伊斯蘭銀行以 MUDARABAH 模式構建了以下資產組合：

可用於投資資金	美元（百萬）	投資比例
股東	200	100%
投資賬戶：1 年	250	90%
投資賬戶：6 個月	800	80%
投資存款賬戶	1500	60%
資金總額	2750	

2）在合同到期時，該資產組合共實現 90（百萬）美元投資收益。該資產組合的投資分紅比例（或利潤分配比例）如下：

投資分紅比例	職業經理人（經營方）	儲戶
股東	100%	0
投資賬戶：1 年	10%	90%
投資賬戶：6 個月	18%	82%
投資存款賬戶	25%	75%
擬分配收入（美元，百萬）	90	

請問各方的實際利潤該如何分配？各方的實際投資收益率是多少？

分析如下：

在這個案例中，需要特別注意的是，對於伊斯蘭銀行的股東來說，因其是以自有資金投資，所以不必與職業經理人（經營方）共享投資收益，即股東可以拿走其自有資金的 100% 投資收益。

單位：美元（百萬）	1 可用於投資資金	2 投資比例	3 已投資金（1×2）	4 已投資金佔所有投資資金比例 %	5 可分享利潤（4×90）	6 職業經理人（經營方）可分享利潤佔比 %	7 經營方可分配利潤（5×6）	8 扣除經營方可分配利潤後的剩餘利潤（5-7）	9 投資回報率（8÷8）
股東	200	100%	200	10.18%	9.16	100%	9.16	0	0.00%
投資賬戶：1 年	250	90%	225	11.45%	10.31	10%	1 03	9,27	4.12%
投資賬戶：6 個月	800	80%	640	32.57%	29.31	18%	5.28	24.04	3.76%
投資存款賬戶	1500	60%	900	45.80%	41.22	25%	10.31	30.92	3.44%
總計	2750		1965	100%	90.00		25.77	64.23	

從以上兩個案例分析，可以比較清楚地了解 MUDARABAH 模式下伊斯蘭金融的利潤分配原則，即：

1）利潤分配可以不完全按照投資各方的出資比例；

2）利潤分配不按照利潤的絕對數額，而是按照合同約定的各方分配比例；

3）只有在出資人收回其原始投資後，才能進行利潤分配，而在此之前進行的利潤分配只能視為中期部分資本利得，最終投資盈虧只有在出資人收回其原始投資後才能確認。

7.3.1.6 MUDARABAH 運作模式的主要風險點

1）信用風險與違約風險：

因為 MUDARABAH 運作模式蘊含的道德風險高，所以這一模式相應的金融風險也高。如果企業經營不善或職業經理人破產，投資人將血本無歸，因為該模式並未要求職業經理人為企業運作提供抵押品或擔保品。

如何防範：投資人在投資前應做好盡職調查（特別是職業經理人的操守及履職能力）；在投資期間，盡量做到信息透明，減少信息的不對稱性。

2）操作風險

因為在投資期間儲戶對其投資存款並無監管權，如果伊斯蘭銀行利用儲戶資金過度投資，這就構成操作風險。此外，伊斯蘭銀行如果不能為儲戶提供有足夠市場競爭力的投資回報，則會面臨儲戶在投資結束後撤資的資金壓力。如果因為伊斯蘭銀行內部人員瀆職或行為不當而造成資金損失，儲戶的投資存款就會成為銀行的真實負債，伊斯蘭銀行必須承擔償付責任。

如何防範：伊斯蘭銀行應着力做好人員培訓和合規制度建設，落實內、外部審計，防範風險。監管機構應明確落實各項監管條規。

3）被替代商業風險（DCR, Displaced Commercial Cisk）

被替代商業風險指的是因為伊斯蘭銀行因無法為其投資賬戶儲戶提供與市場相當的投資回報，所面臨的因儲戶撤資而造成的銀行存款下降的系統性風險。因為市場競爭，為爭取儲戶投資存款而提高儲戶投資存款回報率，伊斯蘭銀行可能將投資資金投入期限更長的項目，從而造成資金錯配，進而損害股東權益。

如何防範：從審慎性原則出發，為保護投資者（銀行儲戶）和銀行股東權益，伊斯蘭金融機構會計與審計組織（AAOIFI）和伊斯蘭金融服務局（IFSB）等伊斯蘭國際性金融機構均鼓勵伊斯蘭銀行按一定比率預留利潤分配均衡補償準備（PER, Profit Equalization Reserve）。只有在扣除該項準備後，職業經理人（Mudarib）才能按事先約定的比率分享結餘的投資收益。如果在項目投資結束清盤時，該準備項下仍有結餘，則簽約各方按事先約定的比率分享該結餘。伊斯蘭銀行也可以用 PER 調高投資回報，提高投資資本金等。

此外，AAOIFI 和 IFSB 還鼓勵伊斯蘭銀行計提投資風險準備金（IRR,

Investment Risk Reserve）。IRR 與 PER 最大的不同在於，IRR 的計提基數 =
投資收益 - 職業經理人按比例分享的收益。IRR 主要是為了在伊斯蘭銀行投資
虧損時進行補強，熨平投資收益率。各國伊斯蘭銀行對 IRR 與 PER 的計提比
率沒有統一標準。在馬來西亞，這一比率為 15%—30% 不等。

7.3.2　權益類合同之 MUSHARAKAH

7.3.2.1　MUSHARAKAH 的基本特點

MUSHARAKAH 是建立在以利潤共享和風險共擔（PLS）為基礎上的投
資經營夥制利潤共享和風險共擔合同。

MUSHARAKAH 是以股權投資為基礎的合夥契約。它與世俗 / 傳統資本
市場的股權投資類似，惟其投資品必須是被伊斯蘭監管要求所允許的股票、證
券或其他資產。該類股權合夥契約有三種類型：一是工作夥伴合夥契約關係
（Shirkah al-Amal）；二是信譽夥伴合夥契約關係（Shirkah al- Wujoh）；三是資
本或出資夥伴合夥契約關係（Shirkah al-Amwal）。該類股權夥伴關係合同的參
與各方亦遵循利潤共享、風險共擔原則。盈利分享比率由當事各方事先約定，
若發生虧損，則損失按出資方的實際出資額比率各自承擔，虧損最大額為投資
人所投資的全部資金。

若伊斯蘭金融機構以 MUSHARAKAH 模式進行資產運作，該合同允許伊
斯蘭金融機構實際參與和控制聯營體的日常管理和運營事務並享有表決權，以
規避經營方可能出現的操作風險。該類合同將募集資本投資於銀行指定或認可
的項目。視項目在資本募集期需求量的變化，募集資本的餘額可能隨之增加或
減少。該餘額即是當時決定項目利潤分成或虧損分擔比率的基數。因其靈活的
股權形式和事先約定的利潤共享（虧損分擔）比例，MUSHARAKAH 被廣泛
運用於包括個人消費貸款、服務、生產和流通行業、政府土地開發以及大型電
站建設及運營合同中。

MUSHARAKAH 基本運作模式如下：

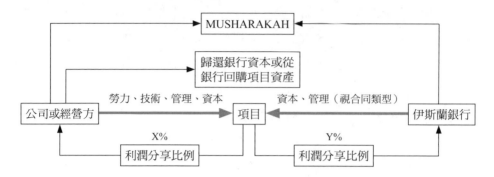

7.3.2.2　MUSHARAKAH 的類型：限制性與非限制性 MUSHARAKAH

按合同是否存在限制性條款，MUSHARAKAH 合同可分為限制性與非限制性 MUSHARAKAH 兩大類。

限制性 MUSHARAKAH（Shirka al'Inan）：

1）不同股東享有不同的權利和不同的投資收益分享比例；

2）各股東只按自身的投資比例承擔有限責任，並不對其他股東負責。

非限制性 MUSHARAKAH（Mufawada）：

1）所有股東一律平等（享有相同的投資出資比例，相同的權利和相同的投資收益分享比例等）；

2）各股東不僅按自身的投資比例承擔有限責任，而且對其他股東負有連帶擔保責任。

此外，按合同的存續時間，還有一種永久性 MUSHARAKAH（Permanent MUSHARAKAH），該模式主要運用於大型電站運營等項目，它有兩個特點：

1）所投資的項目沒有界定合同到期日，只要投資參與方願意，各方假定該項目將永續經營；

2）該項目將永續經營的基本技術條件已經存在。

7.3.2.3　MUSHARAKAH 運作之案例分析

MUSHARAKAH 案例分析之一　MUSHARAKAH MUTANAQISA（間失性 MUSHARAKAH，意即逐步退出夥伴關係）

舉例來說，有為青年阿里準備結婚購房，但自有資金不足，於是找伊斯蘭銀行融資。假設阿里看中的房產價值為 100 萬美元，阿里和伊斯蘭銀行雙方簽訂 MUSHARAKAH MUTANAQISA（間失性 MUSHARAKAH）合同，阿里自付 30 萬美元，銀行貸款 70 萬美元，期限 10 年。阿里和伊斯蘭銀行於是結成了 30%/70% 的投資合作夥伴關係，其操作模式如下：

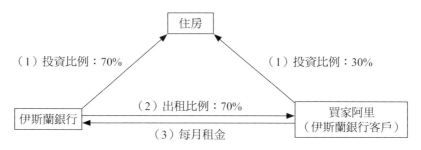

具體操作為銀行代表阿里以 100 萬美元（含阿里自付 30 萬美元和銀行貸款 70 萬美元）將該房產買下，並隨後將其出租給阿里，阿里同意按月支付租金給銀行。假設阿里和銀行約定分 120 期（10 年）按購買價回購銀行所持有的 70% 產權。每月租金為 1 萬美元。

1）從產權關係來看，在租賃開始時，阿里和銀行各自擁有該房產的 30%/70% 產權。

2）而阿里所付的每月租金可以理解為分成兩部分：① 阿里支付給銀行（所擁有該房產的 70% 產權）使用權；② 阿里分期每期回購銀行所擁有該房產的 70% 產權之 1/120（即 10 年分 120 期還款）。

3）在合同關係結束時，銀行合計收到 120 萬美元（其中 70 萬美元為本金，50 萬為投資回報）；阿里則最終擁有該房產的 100% 產權。

在伊斯蘭銀行的個人金融及消費貸款中，MUSHARAKAH MUTANAQISA 的運用最為廣泛。MUSHARAKAH MUTANAQISA 可以被稱為間失性 MUSHARAKAH（Diminishing MUSHARAKAH，意即逐步退出夥伴關係），它可以被理解為一種首付抵押貸款，其特點是一方承諾從另一合作夥伴方以市場價或雙方約定的價格逐步收購某項資產之所有權（或股權），直至 100% 擁有該項資產之所有權。

該運行模式主要運用於家庭消費貸款（購房、購車、購買電器等）、小企業貸款以及 MUSHARAKAH 伊斯蘭債券發行中。

MUSHARAKAH 案例分析之二 MUSHARAKAH SUKUK

2006 年，卡特爾地產投資公司以 MUSHARAKAH SUKUK 形式發行了一筆 10 年期、2.70 億美元的伊斯蘭債券，如下圖所示：

卡特爾地產投資公司發行的伊斯蘭債券

債券結構	MUSHARAKAH	募集資金投向	THE PROCEEDS OF THE ISSUE OF THE SUKUK CERTIFICATES WILL BE USED BY THE ISSUER TO PAY THE ISSUER'S CONTRIBUTION TO THE MUSHARAKAH
狀態	關閉	回報參考率	3 MONTHS LIBOR+120 BPS
債券類型	公司債	回報發放頻率	QUARTERLY
債券規模	USD270.000.000	第一次回報發放	30-Nov-06
最小認購額	USD100.000	第一次回報發放	ON EACH 31AUG,30NOV,28FEB AND 31MAY OF EVERY YEAR, CERTIFICATE HOLDERS WILL RECEIVE FROM PROCEEDS RECEIVED FROM AND IN ASPECT OF THE TRUST ASSETS, A FEK01DIC DISTRIBUTION AMOUNT
最小認購 加額	USD1.000	LEAD MANAGER	QATAR NATIONAL BANK
MOODY'S 評級	Baa2	CO-LEAD MANAGER	DUBAI ISLAMIC BANK
行業	地產		GULF INTERNATIONAL BANK
債券交易地	Lexembourg SE		STANDARD CHARTERED BANK
期限	10 YEARS	BOOK KUNNEKS	DUBAI ISLAMIC BANK
到期日	31-Aug-16		GULF INTERNATIONAL BANK
內嵌期權類型	CALLABLE		QATAR NATIONAL BANK
			STANDARD CHARTERED BANK

這款卡特爾地產投資公司發行的伊斯蘭債券（SUKUK），以該公司所擁有的一幅土地為標的物，還款來源為土地開發、銷售及地上附着物所產生的現金流。從 2006 年起，卡特爾地產投資公司用募集的資金共 3.75 億（含 2.7 億美元伊斯蘭債券 Sukuk 及 1.05 億美元銀團貸款）對該土地進行開發建設和銷售，歷經 10 年，並成功於 2016 年 8 月債券到期日完成了所有 2.7 億美元伊斯

蘭債券和 1.05 億美元銀團貸款的償付。

MUSHARAKAH 案例分析之三 MUSHARAKAH

有為青年阿里婚後奮發圖強，準備開一家咖啡館，先期投資約 3 萬美元。阿里找到伊斯蘭銀行，請求幫助。雙方協商，達成如下 MUSHARAKAH 合同。

項目描述		咖啡店
資本金		USD30000
期限		1 年
	其中	
	銀行資本投入佔比	80%
	阿里資本投入佔比	20%
銀行參與經營管理		0%
阿里參與經營管理		100%
經營方分紅		25%
實現利潤		USD1000

阿里經營有方，1 個月後咖啡店實現利潤 USD1000。

請問：

1）伊斯蘭銀行與阿里參與分享利潤的比率各是多少？

2）如果咖啡店的盈利水平保持不變，伊斯蘭銀行與阿里的月度與年度投資回報率各是多少？

3）如果咖啡店的盈利水平保持不變，合同結束時伊斯蘭銀行與阿里的實際分紅為多少？

解析：

1）這是一款限制性的 MUSHARAKAH 合同。伊斯蘭銀行和阿里按各自出資額比率，即 80%/20% 分享投資收益。同時，銀行不參與經營，是一個沉默股東（Silent Shareholder），而阿里則全權負責經營，因此按合同規定享有 25% 的經營方分紅比率。

就咖啡店實現的 USD1000 利潤而言，25% 應劃歸經營方，即阿里首先分得 USD250。

在剩餘的 USD750 利潤中，伊斯蘭銀行和阿里再按 80%/20% 比率分享投資收益，即，伊斯蘭銀行收益 =80% × USD750=USD600，而阿里收益 =20% × USD750=USD150。

所以，最終的利潤分配比率為：

伊斯蘭銀行 = 600/（1000×100%）=60% 阿里 =（250+150）/（1000×100%）=40%

2）如果咖啡店的盈利水平保持不變，伊斯蘭銀行與阿里的月度與年度投資回報計算如下：

月度投資回報率：

伊斯蘭銀行 =600/（80%×30000）=2.50%

阿里 = 400/（20%×30000）=6.67%

年度投資回報率：

伊斯蘭銀行 =2.5%×12=30.00%

阿里 =6.67%×12=80.04%

3）如果咖啡店的盈利水平保持不變，合同結束時，伊斯蘭銀行與阿里的實際年度分紅計算如下：

伊斯蘭銀行 =60%×1000×12=7200（美元）

阿里 =40% ×1000×12=4800（美元）

7.3.2.4　MUSHARAKAH 運作模式主要風險點

1）信用風險：伊斯蘭銀行面臨兩類風險

① 資本減損風險（Capital Impairment Risk）：如果所購置資產價格下跌，而合作夥伴的還款能力和意願出現問題，銀行前期所投入資本就面臨減損的風險；

② 違約風險（Default Risk）：合作夥伴違約或破產。

2）操作風險：銀行盡職調查不到位，合作夥伴經營能力不強，管理不善，項目投資失敗。或所購置資產價格下跌，而合作夥伴的還款能力和意願出現問題，銀行前期所投入資本就面臨減損的風險。

7.4 資產支持類或債務金融化類合同
（Asset based/Debt financing contract）：
MURABAHAH, SALAM and ISTISNA'

⬦⬦⬦⬦⬦⬦

7.4.1 MURABAHAH 成本加價合同

MURABAHAH 的基本特點

伊斯蘭金融機構從供應商處購買商品，以成本加利潤的價格將其售賣與客戶，並給其一個固定的還款賬期。買賣雙方的關係是建立在信託（Amanah）原則上的，即賣家在出售商品給買家前，須如實報告其真實成本。而買家對賣家的以成本加利潤的價格始終了解，並同意以分期付款或最終一次性付款的方式完成該合同。在合同存續期，該利潤加成比率保持不變，所以 MURABAHAH 融資的成本有一個上限。如該合同未約定退款條款，提前還款可能可以享受退款優惠。

MURABAHAH 是目前伊斯蘭金融市場上最為流行的貸款合同。伊斯蘭銀行不是將資金直接借給借款人，而是按照借款人指示，代借款人以成本加價的方式購買所需商品；購買完成後，伊斯蘭銀行將與借款人簽訂 MURABAHAH 合同，並按照合同規定將上述商品立即轉交給借款人；借款人按照合同規定承諾將在貸款到期日償還（雙方可以選擇一次性或分期還款）伊斯蘭銀行全部款項（貸款 + 購買商品成本加價部分）。成本加價部分即為伊斯蘭銀行的資金回報。在借款人償還全部本金 + 回報前，伊斯蘭銀行始終保有所購買商品的所有權。

MURABAHAH 基本運作模式如下：

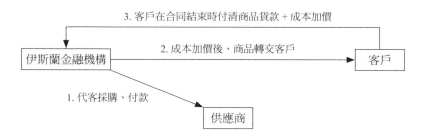

221

MURABAHAH 的好處是：

1）對銀行來說，保證專款專用，回報透明，可預期；

2）對借款人來說，可以先取得商品，後付貨款，緩解流動性壓力，資金成本透明。

MURABAHAH 合同簽約條件是：

1）合同簽約方必須是有民事行為能力、心智健全之成年人；

2）合同簽約方不存在被迫或受脅迫簽約情況；

3）合同主要要素（如貨幣、到期日、還款條件等）明確；

4）合同簽約方雙方措詞明確。

MURABAHAH 之特別規則：

1）合同出資方的目的是為賣而買，即銀行的功能是代客購買其指定的資產；

2）所購買商品必須真實存在，且符合伊斯蘭監管的要求；

3）伊斯蘭銀行作為商品購買人，在借款人償還所有款項前，始終保有商品所有權，同時也承擔商品滅失或毀壞的風險；

4）如果借款人違約，伊斯蘭銀行只對代購商品應收款項享有追索權，對於代購商品成本加價部分無追索權，且不能對借款人追加罰款；

5）伊斯蘭銀行可以要求借款人提供第三方擔保，並要求借款人為商品購買保險，且指定伊斯蘭銀行為保單受益人。

MURABAHAH 之運用：

1）公司業務短期流動資金貸款（如原材料購買）或固定資產融資（土地、廠房、機器設備等）；

2）個人金融消費貸款（如房、車、電器等）。

MURABAHAH 和傳統利息貸款的不同點：

1）MURABAHAH 的標的物是某一符合伊斯蘭監管要求之資產；

2）伊斯蘭銀行作為商品購買人，在借款人清償所有款項前，承擔商品滅失或毀壞的風險，所以，向借款人收取購買商品成本加價部分合情合理；

3）成本加價部分是固定的，而非浮動的。

MURABAHAH 交易案例之銀行間資金拆借

假設：

1）有家伊斯蘭銀行 A 希望在伊斯蘭銀行間交易市場向伊斯蘭銀行 B 拆借 300 萬美元，期限 1 個月；

2）伊斯蘭銀行 B 的資金機會成本是每年 3%；

3）倫敦金屬交易所（LME）當前每盎司（OZ）黃金現貨價格為 1000 美元。

請問：

1）伊斯蘭銀行 B 為該項業務定價幾何？

2）伊斯蘭銀行 A 與 B 如何在 MURABAHAH 模式下完成該項業務？

解析：

1）伊斯蘭銀行 B 需要為該項業務進行成本加價，期限 1 個月其成本 =（3000000×3%）×（1/12）=7500（美元）；

2）伊斯蘭銀行 A 與 B 在 MURABAHAH 模式下完成該項業務的步驟為：

① 伊斯蘭銀行 A 與 B 簽訂 300 萬美元，期限 1 個月的 MURABAHAH 融資協議，伊斯蘭銀行 A 為資金拆出行，伊斯蘭銀行 B 為資金拆入行；

② 伊斯蘭銀行 B 以 300 萬美元在倫敦金屬交易所（LME）以每盎司 1000 美元價格買入黃金現貨 3000 盎司 =3000000/1000=3000（盎司）；

③ 伊斯蘭銀行 B 隨即將 3000 盎司黃金現貨出售給伊斯蘭銀行 A，

出售總價 =3000000+7500=3007500（美元）

折合每盎司黃金價格 =3007500/3000=1002.50（美元）

④ 伊斯蘭銀行 A 承諾一個月後按照每盎司 1002.50 美元歸還 3000 盎司黃金給伊斯蘭銀行 B；

⑤ 此時，在伊斯蘭銀行 A 的資產負債表上體現：

資產 =3000 盎司黃金

負債 =3000 盎司黃金（1 個月後歸還）；

⑥ 伊斯蘭銀行 A 簽署一份授權書給伊斯蘭銀行 B，允許 B 賣出 3000 盎司黃金；

⑦ 伊斯蘭銀行 B 依據授權在倫敦金屬交易所（LME）以每盎司 1000 美元價格賣出 3000 盎司黃金，收回 3000000 美元，並將其轉給伊斯蘭銀行 A；

⑧ 一個月後合同屆滿，伊斯蘭銀行 A 向伊斯蘭銀行 B 支付 3007500 美元。

此外，MURABAHAH 還有兩個變種，亦稱 TAWARRUQ 和 BAI AL MUAJJAL。

1）TAWARRUQ（反向 MURABAHA, REVERSE MURABAHAH）：借款人將銀行代購商品返售給該商品的最初賣家。這種做法最為伊斯蘭宗教學者厭惡和討伐，因為他們認為這樣的商品買賣只是一個幌子，試圖掩蓋以利息為基礎的錢錢交易，而這正是伊斯蘭監管所禁止的。

2）BAI AL MUAJJAL（賒銷）

BAI AL MUAJJAL（賒銷）是與 MURABAHAH 相似的一種運作模式，允許賣家在完成商品銷售和貨款回籠後再向供應商付款。合同雙方可以事先約定付款方式（分期付款或是一次性付款）。

MURABAHAH 的主要風險點：

1）信用風險：

因借款人還款能力惡化而出現的違約風險。

如何防範：銀行做好盡職調查和風險評級，並計提足夠的風險準備金。

2）操作風險：

① 不同主權國家對 MURABAHAH 合同標準規定並不相同；

② 銀行以先買再賣（商品）方式給客戶融資也會引起各方爭議。

3）市場風險：

在非限制性 MURABAHAH 合同項下，客戶可能在簽約後臨時毀約，這可能使銀行不得不在公開市場上變賣已經購買的商品，從而存在交易費用和損失的可能。

7.4.2　SALAM（套期保值合同或遠期付款合同）

伊斯蘭監管對商品之有效銷售的基本要求是：實質佔有和推定佔有。即

1）商品在銷售時應真實存在；

2）銷售方在銷售商品前應取得商品之所有權，並在實質佔有和推定佔有理念下佔有該商品。

只有兩種例外情況，一是 SALAM，二是 ISTISNA'。SALAM 和 ISTISNA' 是伊斯蘭遠期交易合同。

根據伊斯蘭商法，SALAM 是一個套期保值合同，合同雙方藉此鎖定未來某商品的價格。SALAM 的阿拉伯語意思是即時付款，延期交貨。據 SALAM 合同，買家是提前全額付款，即賣家提前收到全額貨款。而買賣雙方所購商品的交付是在其共同約定的未來某日。此類合同項下的商品價格往往較為波動，例如可可粉、大豆、小麥等。

從實質上看，SALAM 是遠期交付合同，購買方即期付款，銷售方遠期交貨。因為農產品從最初投入到產出需要一段時間，所以這種合同最初發端於農戶或農產品融資。

SALAM 之特點：

1）SALAM 合同項下，借款人通過向伊斯蘭銀行遠期銷售商品取得即期借款，銀行必須即期全額付款。因為如果銀行不是即期而是遠期放貸，這就會與商家商品遠期交付同時發生，繼而形成以債養債的銷售模式，而這是被伊斯蘭監管所禁止的。

2）SALAM 合同項下，商品價格、數量、交付地、交付時間等要素必須明確；商品品質有統一標準界定，流動性良好，且在公開市場上可以公開交易。

3）SALAM 合同不適用於建築、土地、專項設備等交易。

4）如果借款人到期無法交付合同約定商品，借款人應將貸款本金如數歸還銀行，銀行承擔投資收益損失的風險。為規避這一風險，銀行一般會同時簽訂一個背靠背合同（PARALLEL SALAM），同第三方續做一個類似的遠期商品交易，賣出商品，收回現金。

5）SALAM 合同通常運用於農產品遠期交易或中、小企業短期貿易融資和流動資金貸款以及政府短期債券融資。

舉例來說，2014 年 8 月，巴林中央銀行（CBB）曾代表巴林政府發行了一款 SALAM 伊斯蘭債券（SUKUK AL-SALAM），金額為 3600 萬美元，期限 3 個月，回報率為 0.7%。債券標的物為大宗商品——鋁。該債券的主要購買人為巴林的各家伊斯蘭銀行。該債券的結構為巴林政府承諾向伊斯蘭銀行即期借款 3600 萬美元，期限 3 個月，同時遠期交付同等價值的鋁（含 0.7% 銀行投資回報）。對投資者而言，該債券的信用風險和市場風險類同於巴林政府的主權風險。

SALAM 的主要風險點：

1）信用風險

銀行預付商品貨款，但合同屆滿，賣方無法交付商品。

如何防範：銀行可以要求賣方提供第三方擔保，同時還可以要求取得商品的抵押權。

2）市場風險

在背靠背合同（PARALLEL SALAM，亦稱並行 SALAM 或平行 SALAM）項下，如果第二個 SALAM 合同之賣方無法交付商品，則銀行為了履行第一個 SALAM 合同，將不得不在公開市場購買同類商品。如果此時商品市場價格高於 PARALLEL SALAM，則銀行將產生損失。

3）操作風險

在背靠背合同（PARALLEL SALAM）項下，如果第二個 SALAM 合同之賣方提前交付合格商品，那麼銀行不能拒絕收貨，由此產生的商品存儲、保險等費用將由銀行承擔。

7.4.3　ISTISN A' 融資模式

同 SALAM 類似，ISTISNA' 也是伊斯蘭金融項下的一個遠期交易融資模式，但其在付款規則方面較 SALAM 更為寬鬆，享有更高的自由度。

ISTISNA' 常用於製造或建造一個特定的商品（建築物、工程項目、船舶、飛機等），其合同指向的標的物必須符合伊斯蘭監管要求，因此在伊斯蘭製造或建築業領域頗為流行。根據雙方簽訂 ISTISNA' 合同的具體約定，在規定的時間，根據雙方商定的規格完成製造或建築合同。此外，ISTISNA' 合同亦可運用於收費公路等 BOT 項目建設。

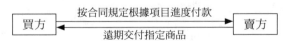

買方　按合同規定根據項目進度付款　賣方
　　　遠期交付指定商品

一個 ISTISNA' 合同可以由承包商 / 開發商 / 生產商與最終用戶直接訂立，這樣的 ISTISNA' 是個兩方合同。但典型的 ISTISNA' 會引進伊斯蘭銀行。首先最終用戶（或項目委託人）與伊斯蘭銀行簽訂第一個 ISTISNA' 合同，確定擬購買商品、價格及交付時間；之後伊斯蘭銀行與最終承包商 / 建築商簽訂第二個 ISTISNA' 合同（背靠背合同），確定擬購買商品、價格及交付時間。這時 ISTISNA' 就變成一個三方合同，這樣的 ISTISNA' 亦稱為平行 ISTISNA'（Parallel ISTISNA'），即甲方（工程委託人）委託伊斯蘭銀行監管工程款賬戶，根據乙方（建築商 / 製造商 / 承包商 / 開發商）的施工進度 / 工程進度進行分期付款。

舉例來說，有公司（最終買家）在 2016 年報價 5000 萬美元蓋一新寫字樓，並請伊斯蘭銀行介入負責相關融資業務以及監管工程款賬戶，其具體運作模式如下圖所示：

平行 ISTISNA'

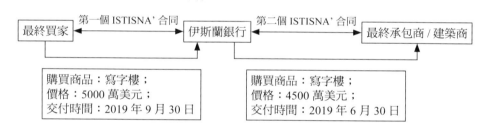

1）在第一個 ISTISNA' 合同，簽約雙方為公司（最終買家）和伊斯蘭銀行。

最終買家將詳細提供其寫字樓項目的具體要求，如大樓佈局、規劃、使用的材料、品質標準、工程完成時間、指定的承包商 / 建築商等。

伊斯蘭銀行相當於為最終買家提供一份三年期貸款，其報價包含投資回報。

雙方確認同意該報價後，還將確認貸款歸還方式（可以選擇一次性還款或部分預付款加分期還款方式）。

2）在第二個 ISTISNA' 合同，簽約雙方為伊斯蘭銀行和承包商 / 建築商。

伊斯蘭銀行負責監管工程款賬戶，保證專款專用，支付所有與項目直接相關費用（4500 萬美元）給承包商 / 建築商，並按工程進度付款。

在工程交付時間上，伊斯蘭銀行要求承包商 / 建築商早於第一個 ISTISNA' 合同三個月交付寫字樓。

工程的具體要求與第一個 ISTISNA' 合同約定的一致。

在工程價格上，較第一個 ISTISNA' 合同少了 500 萬美元，這是伊斯蘭銀行的投資回報。

3）在項目全部完成並由伊斯蘭銀行轉交給公司（最終買家）時，公司將按照第一個 ISTISNA' 合同的約定支付給伊斯蘭銀行 5000 萬美元。

ISTISNA，的主要風險點：

1）信用風險：有以下幾種情況

① 完全有追索權的 ISTISNA'（Full recourse ISTISNA'）：工程還款來源完全取決於客戶的自有資金而非工程所能帶來的現金流。工程已開工建設，但客戶卻無法按合同規定付款給伊斯蘭銀行。

② 有限的和無追索權的 ISTISNA'（Limited and non-recourse ISTISNA'）：工程還款來源部分或全部取決於工程所能帶來的現金流，與客戶信用狀況無關。

2）操作風險：有以下幾種情況

① 項目延期：在平行 ISTISNA' 合同項下，承包商 / 建築商卻無法按合同規定如期完工、交付項目，導致伊斯蘭銀行對客戶違約，被迫支付罰款。

② 項目超支：承包商 / 建築商完成項目費用超出合約規定，伊斯蘭銀行被迫支付超支款項。

③ 項目不達標：完成項目未達到客戶合同要求，伊斯蘭銀行可能面臨法律訴訟。

3）工程完工風險：伊斯蘭銀行代表客戶已支付預付款和（或）部分工程款，但承包商 / 建築商卻無法按合同規定如期完工、交付項目。伊斯蘭銀行被迫另請其他的承包商 / 建築商完成項目。

如何防範：伊斯蘭銀行做好盡職調查，並聘請有資質的監理負責項目監理和顧問。

4）市場風險：

項目開工，原材料進場，但客戶違約。伊斯蘭銀行不得不為原材料和項目尋找買家。通常的處置價格都低於原價。

如何防範：

① 在合同中加入違約罰款條款；

② 安排客戶為該項目的具體監理人；

③ 對項目及土地進行抵、質押；

④ 要求第三方擔保等。

7.4.4　ISTISNA' 和 SALAM 的不同點

1）指向標的物不同

ISTISNA' 通常適用於特別制定的資產或商品，而 SALAM 基本適用於所有大宗商品交易。

2）付款方式不同

ISTISNA' 買家可以選擇一次性還款或部分預付款加分期還款方式，而SALAM 通常要求買家先期付款。

3）合同取消方式不同

在工程正式啟動前，ISTISNA' 允許買家和賣家單方面取消合同，而SALAM 的合同取消需要在合同簽約各方正式同意後才有效。

4）商品交付期是否固定

ISTISNA' 對此沒有明確規定，但最終買家可以給出一個最後交付期限，如果賣家逾期交付，那麼買家將不承諾一定收貨或按之前合同價格付款收貨，而 SALAM 的交貨期是固定的。

7.5　IJARA 租賃融資合同

◇◇◇◇◇◇◇

IJARA 之基本運作模式

從技術角度看，IJARA 是一個賣方合同，它賣出的不是有形資產，而是一個在一定期限內的 USUFRUCT（資產使用權）。IJARA 合同適用的資產包羅萬象，從房產、機器設備到飛機，不一而足。特別適用中小企業融資及發行伊斯蘭債券（SUKUK）。

IJARA 合同同時包含租賃（Lease）和僱傭（Hire）兩個概念：

1）出租方（MUJIR）將資產使用權（USUFRUCT）租賃給承租方（MUSTA'JIR），承租方支付的租金稱為 UJRAH；

2）僱主方（MISTAJIR）僱傭勞務（AJIR）月良務。

IJARA 合同的基本運作模式如下：

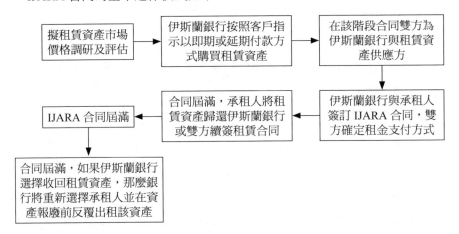

IJARA 合同與傳統租賃有些許相似，又有幾分不同。主要不同點在於：

1）出租方在租賃期間必須始終持有租賃資產所有權；

2）若承租人違約或遲付租金或損壞承租資產，出租方可以選擇廢除合同或選擇繼續履行合同，但不能收取罰款；若承租人損壞承租資產，出租方可以要求承租人賠償損失；

3）出租方在持有租賃資產所有權的同時也負責資產的保險、處置、報廢和維修；

4）承租人的資信狀況、資產所能帶來的現金流可能性都是金融租賃的考量重點。

IJARA 之特點：

1）出租方負責維護資產以確保其能持續產生現金流；

2）合同之所有要素需明晰、確定（如資產之具體狀況、租賃用途、租金總額、還款方式、還款時間表等）；

3）進行租賃的資產不能為低值易耗品；

4）租金通常是浮動的，並以 LIBOR（倫敦同業拆借利率）為參照標杆。這也反映出伊斯蘭金融業尚未形成全球統一的定價模式的尷尬，參考 LIBOR 定價，有助於伊斯蘭金融機構與傳統金融機構公平競爭。

IJARA 之運用

1）IJARAH WA IQTINA（先租後買，又稱為 IJARA MUNTAHIYA BITTAMLEEK），其運作模式如下圖所示：

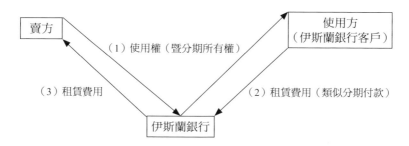

該模式與一般 IJARA 相似，惟其：

① 出租方承諾在租賃合同到期時，將出租資產按事先約定的殘值賣給承租人。實際上，該模式給了承租人一個購買期權，如果承租人放棄權利，那麼出租人在合同到期時將收回該資產。

② 承租人承諾銀行租賃某資產，以便銀行代其購買該資產。承租人承諾以租金支付銀行購買該資產的費用及相關收益。合同到期時，銀行（出租方）以禮物形式將該資產贈與承租人。

2）IJARA 之利潤共享租賃夥伴關係（IJARA based on PLS）：

這種模式常見於伊斯蘭銀行住房金融業務中。與 Diminishing MUSHARAKAH 同屬伊斯蘭金融創新，有異曲同工之妙。

3）IJARA 之經營性租賃（Operating Leasing）：

經營性租賃（Operating Leasing），是指出租方將自有資產在其使用壽命期內按 IJARA 合同約定出租給承租人使用，由承租人支付租金，直至資產報廢或淘汰為止的一種租賃方式。這種租賃的出租人除提供租賃資產外，還負責租賃資產的維修和保養等服務。其特點是：

① 租賃資產由出租方負責採購；

② 出租方不僅提供融資便利，還提供資產維修、保養等技術性服務；

③ 租賃合同是可撤銷的。

IJARA 案例之經營性租賃

舉例來說，有為青年阿里準備為其經營的咖啡館添置 5 台空調，總價 1.2 萬美元，但自有資金不足，於是求助於伊斯蘭銀行。雙方協商簽訂一份 IJARA（經營性租賃合同），由銀行出資 1.2 萬美元購買這 5 台空調，同時將空調租賃給阿里，期限 3 年。伊斯蘭銀行出租資產三年的回報要求分別為：第一年，900 美元；第二年，700 美元；第三年，500 美元。

假設：

1）合同屆滿，5 台空調尚餘殘值 3000 美元；

2）出租方（伊斯蘭銀行）負責為租賃資產（5 台空調）購買伊斯蘭保險（TAKAFUL），保費每年 600 美元；

3）出租方（伊斯蘭銀行）負責承擔租賃資產滅失或損壞損失。

請問：

作為出租方，伊斯蘭銀行每年對租金應該如何定價才能保證其收益？

解析：

經營性融資合同基本信息		單位：美元
租賃資產成本		12000
3 年折舊，每年		3000
伊斯蘭保險（TAKAFUL），每年		600
伊斯蘭銀行租賃回報要求	第一年	900
	第二年	700
	第三年	500

單位：美元	第一年	第二年	第三年
伊斯蘭銀行融資	3000	3000	3000
伊斯蘭保險保費	600	600	600
銀行投資回報要求	900	700	500
阿里同學每年租金支出	4500	4300	4100
阿里同學每季租金支出	1125	1075	1025

所以，伊斯蘭銀行租金定價為第一年 4500 美元，第二年 4300 美元，第三年 4100 美元。在合同存續期，出租方（伊斯蘭銀行）負責承擔租賃資產滅失或損壞損失。合同屆滿，出租方（伊斯蘭銀行）還持有 5 台空調所有權（殘值 3000 美元）。銀行可以選擇和阿里續簽合同，或將空調另租他人。

IJARA 案例之融資性租賃

融資性租賃（Financing Leasing），是指出租方根據承租人對租賃資產的特定要求和對供貨人的選擇，出資向供貨人購買指定資產，並租賃給承租人使用。承租人承諾分期按時向出租方支付租金，在租賃期內租賃資產的所有權屬於出租方所有，而承租人則擁有租賃資產之使用權。在租賃合同結束時，出租方可以決定是否最終轉移資產的所有權給承租人。融資租賃實質上是將融資、融物合二為一，並將與資產所有權有關的絕大部分風險和報酬做了相應轉移的租賃。

舉例來說，有為青年阿里準備為其經營的咖啡館添置 5 台空調，總價 1.2 萬美元，但自有資金不足，於是求助於伊斯蘭銀行。雙方協商簽訂一份

IJARA，由銀行出資 1.2 萬美元購買這 5 台空調，同時將空調租賃給阿里，期限 3 年。伊斯蘭銀行出租資產三年的回報要求分別為：第一年，900 美元；第二年，700 美元；第三年，500 美元。

假設：

1）合同屆滿，5 台空調沒有殘值（3 年直線折舊完畢），銀行將其作為禮物贈送給阿里；

2）承租人（阿里）負責為租賃資產（5 台空調）購買伊斯蘭保險（TAKAFUL），保費每年 600 美元；

3）承租人（阿里）負責承擔租賃資產滅失或損壞損失。

請問：

作為出租方，伊斯蘭銀行每年對租金應該如何定價才能保證其收益？

解析：

經營性融資合同基本信息		單位：美元
租賃資產成本		12000
3 年折舊，每年		4000
伊斯蘭銀行租賃回報要求	第一年	900
	第二年	700
	第三年	500
伊斯蘭保險（TAKAFUL），每年		600

單位：美元	第一年	第二年	第三年
伊斯蘭銀行融資	4000	4000	4000
銀行投資回報要求	900	700	500
阿里同學每年租金支出	4900	4700	4500
阿里同學每季租金支出	1225	1175	1125
伊斯蘭保險保費	600	600	600
阿里同學每年租金支出（含保險）	5500	5300	5100
阿里同學每季租金支出（含保險）	1375	1325	1275

所以，伊斯蘭銀行租金定價為第一年 4900 美元，第二年 4700 美元，第三年 4500 美元。在合同存續期，承租人（阿里）負責承擔租賃資產滅失或損壞

損失。合同屆滿，出租方（伊斯蘭銀行）將 5 台空調（殘值為零）作為禮物贈送給阿里。

IJARA 與 MURABAHAH 異同比較：

1）IJARA 與 MURABAHAH 之相似之處：二者均為債務類合同。

① 在 IJARA 項下，伊斯蘭銀行並非租賃資產的天然所有人，換言之，銀行是受客戶（承租人）委託而購買資產，進而將該資產租賃給承租人的；

② 在 IJARA 項下，承租人按期分期支付資產租賃租金，其總額應該是（租賃資產購買費用＋伊斯蘭銀行要求的投資回報）和租賃資產保險費用（若合同規定該費用由承租人負擔）之和。

2）IJARA 與 MURABAHAH 之不同之處：

① 資產所有權及相關權益轉讓

在 IJARA 項下，在合同存續期內，租賃資產始終歸伊斯蘭銀行（出租方）所有，而其經營權則歸承租人所有。合同屆滿，如果資產尚有殘值，出租方可以重新選擇其他承租人簽訂租賃合同，或選擇和原承租人續簽合同，或將該資產以名義價格形式（或禮物形式）贈與承租人。在 MURABAHAH 項下，合同屆滿，伊斯蘭銀行將資產所有權及相關權益全部轉讓與承租人。

② 現金流

在 MURABAHAH 項下，資產所能產生的現金流在合同簽訂之時就已確定，未經雙方同意，任何一方不能隨意增加或減少；

在 IJARA 項下，租賃資產所能產生的現金流確定相對靈活，比較能反映合同存續期內的經濟與營商環境變化。

IJARA 的主要風險點

1）信用風險

因承租人還款能力惡化而出現的違約風險。

如何防範：在合同存續期內，租賃資產始終歸伊斯蘭銀行（出租方）所有；如果出現承租人違約，銀行有權重新處置該租賃資產。當然，重新處置資產存在一定的風險與成本。

2）市場風險

若承租人違約，銀行不得不以低於原合同價格重新處置租賃資產。

如何防範：因為伊斯蘭銀行在合同存續期內持有租賃資產所有權，且可能已收取承租人之預付款（HAMISH GIDDIYA），所以可以部分化解市場風險。

3）操作風險

① 承租人將租賃資產用於不符合伊斯蘭交易的經營活動；

② 合同屆滿，續租風險；

③ 承租人違約，但租賃資產（如房屋）是其唯一居所，銀行有權重新處置該租賃資產，但租戶（作為弱勢群體）一般受法律保護；

④ 承租人損壞租賃資產且拒絕賠償；非承租人過失但租賃資產遭受損壞，銀行有義務為承租人新購置資產。

如何防範：出租方可通過購買伊斯蘭保險防範此類風險。

7.6 伊斯蘭保險（TAKAFUL）

7.6.1 伊斯蘭保險之歷史沿革與特點

伊斯蘭保險（TAKAFUL）由阿拉伯語詞根 Kafala 衍生而來，意思是保證，互相保護，互相保證，互相協助，互相幫助。

伊斯蘭保險的概念約有 1400 年的歷史，遵從於伊斯蘭監管的要求，即穆斯林之間應該互相協作、互相幫助、共擔責任，其宗旨是為參保的穆斯林提供人壽保險、財產保險和再保險業務。伊斯蘭保險就是建立在互相幫助概念基礎上的，每位參保人所提供的金錢捐贈都被放入一個共同互助基金中，該基金為需要資金援助的參保人提供援助。

原則上講，伊斯蘭保險與傳統的互助保險最顯著的不同在於伊斯蘭保險的運作須遵循伊斯蘭監管，此外，伊斯蘭保險要求保險基金所進行的投資活動必須符合伊斯蘭監管，保險基金必須成立伊斯蘭監管監事會監督其運作等。而在索賠方面也有特別的規定，如伊斯蘭保險不承保有違伊斯蘭監管的行為，如自殺、酗酒而亡等。

伊斯蘭保險的保費可被視為參保的穆斯林為幫助其他穆斯林兄弟姐妹而對保險基金所做的捐助（捐贈），而非用於牟取利息的工具。

7.6.2　伊斯蘭保險業務的類型

伊斯蘭保險必須在伊斯蘭監管規定的範疇內制定保障計劃。參與方（投保人）通過繳納貢獻金（TABARRU）的方式奉獻一筆資金給伊斯蘭保險基金會或保險公司，同時接受一份契約（Aqad），並成為該保險基金會或保險公司的一名參與者；參與方（投保人）在簽署契約時同意，在該保險基金會項下的任何一名參與方面對任何不幸事件及損害（如發生死亡、殘障、財產損失等）時，與其他參與方（投保人）一起互相幫助。

為遵從伊斯蘭教法有關避免"利息"和"交易的不確定性"的規定，伊斯蘭保險業採取了與投保人共負盈虧的經營方式。因此所有投保人實際上是伊斯蘭保險基金會或保險公司的合作夥伴。具體說來，投保者交給保險公司的保費被統稱為保險基金；保險基金又分為互助基金和投資基金兩類。互助基金所佔保險基金的份額根據投保人的年齡和投保期限額從 2.5% 到 10% 不等，其餘資金（90% 以上）則注入到投資基金，保險費的支出則由互助基金提供。來自投資基金的盈利則根據事先約定的比例在投保人和保險公司之間進行分配。

伊斯蘭保險的基本運作模式如下：

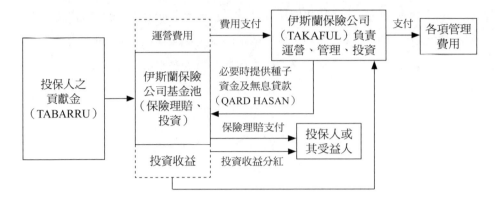

　　伊斯蘭保險業務的類型可以被劃分為三種類型：家庭保險（人壽保險），綜合保險和再保險。

　　1）家庭保險（人壽保險，Takaful life policy or family Takaful）：這類保險一般有一個確定的期間，比如 10 — 20 年。如果參保人在保單到期前遭遇不幸過世或致殘失去生活能力的話，保險機構將照單賠償；如果參保人在保單到期後遭遇不幸過世或因致殘而失去生活能力的話，保險機構將不予賠償。但是，在伊斯蘭保險的架構下，參保人之前所捐獻給伊斯蘭保險的資金連同該資金產生的投資收益將被退回給參保人或其指定受益人，以幫助他們渡過可能出現的財務困難。

　　2）財產保險（Takaful non-life policy or general Takaful）：包括財產保險、農業保險、責任保險、保證保險、航行等以財產或利益為保險標的物的各種保險。

　　3）伊斯蘭保險再保險（Takaful reinsurance）：也稱分保，是伊斯蘭保險人在原保險合同的基礎上，通過簽訂分保合同，將其所承保的部分風險和責任向其他保險人進行保險的行為。轉讓業務的是原保險人，接受分保業務的是再保險人。伊斯蘭保險再保險為其他保險人提供了一個可以抵禦更高風險的資金池。

　　根據瑞士再保險（Swiss Re）及伊斯蘭金融服務委員會（IFSB）報告顯示，過往 10 年，全球伊斯蘭保險市場增長明顯，截至 2017 年底，全球伊斯蘭保險市場保費貢獻規模約為 284 億美元（2008 年：164 億美元），預計 2020 年將達到 300 億美元。具體如下圖所示：

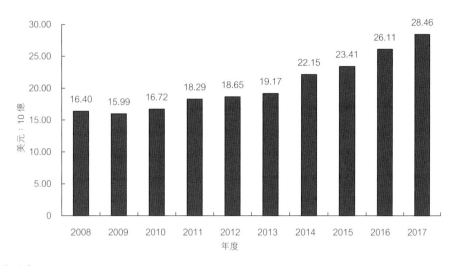

2008－2017 年伊斯蘭保險（TAKAFUL）保費收入情況

資料來源：Swiss Re Institution Economic Research and Consulting (2018), Islamic Financial Services Board (IFSB)

　　從伊斯蘭保險市場保費貢獻的地域來看，截至 2017 年底，海合會國家（GCC）佔比達 44%（125.73 億美元），中東北非地區（MENA, GCC 國家除外）佔比達 32%（91.56 億美元），東南亞佔比達 10%（28.18 億美元）。這三個地區合計佔比達 86%。沙特是伊斯蘭保險業最發達的國家，約佔全球規模的35%，以及海合會國家（GCC）地區的 79%。目前海合會國家伊斯蘭保險市場遠未飽和，尤其是家庭保險滲透率低。但由於各國監管法律不一致，缺乏有效金融工具以及專業人才，伊斯蘭保險市場仍充滿挑戰。

　　有關伊斯蘭保險的詳細內容請見本書第九章。

總結

◇◇◇◇◇◇◇

　　本章主要介紹了建立在利潤共享和風險共擔的投資經營夥伴關係（PLS, Profit and Loss Sharing Partnership）基礎上的伊斯蘭銀行業金融產品及服務，及其主要涉及的投融資業務與合同類型，內容涵蓋了：

　　——伊斯蘭銀行投資、融資合同的基本類型

　　——伊斯蘭合同的基本要求

　　——權益類合同（Equity contract）：MUDARABAH, MUSHARAKAH

　　——資產支持類或債務金融化類合同（Asset based/Debt financing contract）：MURABAHAH, SALAM 和 ISTISNA'

　　——租賃融資合同（Leasing contract）：IJARA

　　——伊斯蘭保險合同（TAKAFUL）

　　伊斯蘭銀行通常與儲戶簽署以下三個協議之一來吸收存款：1）代客理財或信託（AMANAH）協議；2）代客保管（WADIAH）協議；3）委託銀行理財（QARD HASSAN）協議。

　　在資產運營方面，伊斯蘭銀行通過四種模式、七類合同構建資產，並以此應對經營過程中可能出現的各類風險：1）權益類合同（Equity Contract），主要有 MUDARABAH, MUSHARAKAH；2）資產支持類或債務金融化類合同（Asset based/Debt financing contract）：MURABAHAH, SALAM 和 ISTISNA'；3）租賃融資合同（Leasing contract）：IJARA；4）保險合同（Insurance contract）：TAKAFUL。

　　而根據這些權益類和債務融資合同是否是建立在利潤共享和風險共擔基礎（PLS：Profit-Loss-Sharing），又可以進一步分為兩類：

　　1）以利潤共享和風險共擔為基礎（PLS）：MUDARABAH 和 MUSHARAKAH；

　　2）不以利潤共享和風險共擔為基礎（Non-PLS）：MURABAHAH；SALAM；ISTISNA' 和 IJARA。

　　以利潤共享和風險共擔為基礎（PLS）的融資模式較好地實現了：①對簽約各方的最大限度公平，簽約各方按事先約定的比例（或出資比例）共享收益，共擔風險；②有效降低社會財富分配不公現象，優化社會資源分配。

第八章

伊斯蘭銀行業
金融產品及服務（3）
貿易融資及財資類產品

8.1 伊斯蘭貿易融資及伊斯蘭會議組織 成員國（OIC）間貿易現狀

◇◇◇◇◇◇◇

8.1.1 伊斯蘭貿易融資

伊斯蘭貿易融資，是指在商品貿易中，伊斯蘭銀行對貿易商提供的、基於商品貿易結算相關的原材料採購、生產、存貨、應收賬款、應付賬款等的短期融資或信用便利。貿易融資通常包含四個主要功能：1）付款便利；2）融資便利；3）風險規避；4）資信提供等。

傳統金融是以利息為基礎的，因此，傳統貿易融資主要是藉助銀行信貸安排來實現的。因為伊斯蘭銀行禁收利息，所以伊斯蘭金融與傳統金融有很大不同，伊斯蘭貿易融資主要是通過"風險共擔、收益共享"模式來實現的。在貿易活動中，伊斯蘭銀行為達成交易通常為買賣雙方扮演中介機構的角色，例如代理（Wakalah）出口商向進口商收款，或在信用證條款下代表進口商向出口商承諾（Kafalah）付款。

據世界貿易組織（WTO）報告顯示，2017 年，全球貿易總量達 23.01 萬億美元，其中商品貿易同比增長 11%，達 17.73 萬億美元，服務貿易同比增長 8%，達 5.28 萬億美元。排名前三的貿易國分別為中國、美國和德國。

8.1.2 伊斯蘭會議組織成員國間貿易現狀

伊斯蘭會議組織（OIC, Organization of the Islamic Conference）

OIC 成立於 1970 年 5 月，總部設立於沙特阿拉伯西部商業港口城市吉達，共有 57 個會員國家。OIC 主要通過其下屬機構伊斯蘭開發銀行（IDB）通過為伊斯蘭會議組織成員國家和穆斯林社區提供參與投資符合伊斯蘭監管要求的股票和基金的機會以及提供符合伊斯蘭監管的財政援助，促進其經濟發展和社會進步。

從 2014 年下半年起，石油價格一路走低，全球經濟增長乏力，需求疲軟，美元走強，各國貨幣貶值不斷，這些因素都對伊斯蘭會議組織成員國經濟造成了很大的衝擊。據伊斯蘭貿發局伊斯蘭中心（Islamic Ceuter for Development of Trade）年度報告顯示，2016 年，OIC 成員國貿易總額約為 3 萬億美元（2015 年：3.4 萬億美元），其中出口 1.4 萬億美元，進口 1.6 萬億美元，美元服務約佔 27%。OIC 排名前 4 名的貿易國家是阿聯酋（4610 億美元）、馬來西亞（3580 億美元）、土耳其（3410 億美元）和沙特（3150 億美元）。2016 年，OIC 成員國間貿易額約為 5563 億美元，較 2015 年（6942 億美元）同比下降 20%；排名前 5 名的貿易國家是阿聯酋（997 億美元）、土耳其（644 億美元）、沙特（543 億美元）馬來西亞（350 億美元）和印尼（348 億美元）。

國際伊斯蘭貿易融資公司（ITFC, International Islamic Trade Finance Corporation）

ITFC 是伊斯蘭發展銀行（IDB）旗下專門負責伊斯蘭貿易融資的機構，成立於 2005 年 6 月，2008 年 1 月起正式開始運作，總部位於沙特阿拉伯西部商業港口城市吉達，在全球有 6 個區域代表處，分別位於土耳其伊斯坦布爾、孟加拉國達卡、印尼雅加達、塞內加爾達喀爾、摩洛哥拉巴特和阿聯酋迪拜。其宗旨是促進伊斯蘭會議組織（OIC）57 個成員國間及其與世界其他國家間的貿易往來。

2017 年底，IFTC 註冊資本達 7.34 億美元，總資產為 9.39 億美元，ITFC 共為 53 個項目批准了 49 億美元貿易融資。貸款主要投放的領域為能源（70%）、糧食和農業（15%）、金融機構（10%）與實業（5%）；貸款主要投放的區域為亞洲（53%）、中東北非地區（37%）和非洲撒哈拉以南地區（10%），實現利潤 1322 萬美元。2008—2017 年，ITFC 共為 603 個項目批准了 402 億美元貿易融資。

限制伊斯蘭會議組織（OIC）會員國家間貿易的主要問題有：

1）各會員國家中央銀行間缺乏雙邊或多邊清算協議和安排，使得其貿易結算不得不利用國際清算中心如倫敦、紐約、法蘭克福、巴黎、香港、吉隆坡、迪拜等地的跨國聯行服務，費時費力且交易成本高；

2）各會員國家貿易及金融信息不對稱，推高了買方信貸保險、賣方信貸保險以及政治風險保險的成本；

3）伊斯蘭金融機構由於自身的風險厭惡偏好及對擔保品的過度要求，也嚴重窒息了伊斯蘭貿易融資的發展；

4）交易產品匱乏，目前市場上只有寥寥數種產品可供選擇，如基於倫敦金屬交易所（LME），或馬來西亞證交所的棕櫚油交易相關合約基礎上的Murabahah（成本加價法）交易，或是基於 Tawarruq（現貨買賣，遠期付款）基礎上的大宗商品交易；

5）缺少符合伊斯蘭監管要求的貿易基金、商品交易基金以及結構性貿易融資基金的介入；

6）2008 年全球金融危機後，伊斯蘭銀行對貿易融資銀團貸款參與度與活躍度也有所降低；

7）伊斯蘭銀行及企業有時過度利用 Murabahah（成本加價法）交易進行流動性管理而非用於真實的貿易；

8）伊斯蘭貿易基礎數據及資料庫建設尚未成型，對企業（特別是中小企業）資信評估存在不小障礙。

8.1.3　伊斯蘭出口及投資信用保險機構

目前全球主要跨國多邊伊斯蘭出口信用保險機構（ECA, Export Credit Agency）有：

1）伊斯蘭出口投資信貸保險公司（ICIEC, Islamic Corporation for theInsurance of Investment and Export Credit），1994 年成立於沙特西部城市吉達，註冊資本 2.88 億 ID（伊斯蘭第那姆），穆迪信用評級 Aa3，係伊斯蘭發展銀行（IDB）52.1% 控股子公司，有 44 個成員國股東，其宗旨是促進伊斯蘭國家間貿易發展；

2）阿拉伯出口投資信貸保險公司（Dhaman, The Arab Investment and Export Credit Guarantee Corporation），1974 年在科威特成立，主要為阿拉伯

國家間投資項目之非商業風險提供保險，2016 年主權機構風險評級為 AA；

3）世界銀行旗下的國際金融公司（International Financial Corporation of World Bank）；

4）非洲發展銀行旗下的非洲貿易保險公司（African Trade Insurance Agency of African Development Bank）；

5）此外，活躍在這一領域的國家級出口信用保險公司有中國出口信用保險公司（SINOSURE）、韓國進出口信用保險公司（K-SURE）、日本出口信用保險公司（NEXI）、沙特出口信用保險公司等；而活躍在這一領域的、最重要的三家商業保險機構則是 COFACE（法國，成立於 1946 年）、EULER HERMES（德國，成立於 1917 年，係 ALLIANZ AZ 旗下子公司）以及 ATRADIUS（荷蘭 NCM 子公司，成立於 1925 年，2001 年被德國 GERLING CREDIT 收購）。

這些出口信用保險機構所提供的保險額每年約為 3 萬億美元，約佔全球貿易額的 10%。

8.2 伊斯蘭貿易融資合規性要求和監管原則

◇◇◇◇◇◇◇

8.2.1 伊斯蘭貿易融資合規性要求和監管原則

伊斯蘭貿易融資的監管原則在於以真實貿易為基礎，保證參與各方的平等權益。從伊斯蘭貿易融資之合規性要求與監管原則來看，應在操作中避免以下因素：

1）利息；

2）不確定性；

3）投機（Maysir, Qimar）；

4）其他不合規之商業活動（Haram）。

8.2.2　伊斯蘭貿易融資常用的三種工具

伊斯蘭貿易融資中常見的現實問題有兩個：

1）如何證明這些伊斯蘭貿易融資結構性產品有真實貿易背景而非一種"錢生錢"的遊戲？

2）如何合理運用傳統金融的定價工具（如 LIBOR）為伊斯蘭融資回報率參照標杆，並將其嵌入伊斯蘭貿易融資結構性產品中？

為解決上述問題，伊斯蘭銀行通常會使用以下三種工具使伊斯蘭貿易融資達到相關監管要求。

1）Musharakah

伊斯蘭銀行與客戶結成風險共擔、收益共享的合作夥伴關係，簽訂貿易合同，其中有關貨物的具體規定視客戶要求而定，相關費用由雙方按合同約定比率分擔，雙方事先約定投資分紅或虧損分擔比率（該比率不一定按照雙方的出資比率）。

2）Murabahah

伊斯蘭銀行（代理人）和客戶（委託人）之間簽訂的代理合同，銀行墊資代客戶開立伊斯蘭信用證進口商品，並在"成本加價"基礎上將該商品出售給客戶。客戶還款條件視具體代理合同而定。

3）Wakalah

伊斯蘭銀行（代理人）和客戶（委託人）之間簽訂的代理合同，主要用於開立伊斯蘭信用證。該合同允許使代理人因其所提供的服務而收取相關服務費用（Ujrah）。

8.2.3　伊斯蘭貿易融資主要產品

伊斯蘭貿易融資通常可以分為三類，進口貿易融資、出口貿易融資和伊斯蘭保函三種類型，如下表所示：

進口貿易融資	出口貿易融資	伊斯蘭保函
伊斯蘭信用證（MUSHARAKAH, MURABAHAH, WAKALAH）	信用證押匯	投標保函
提貨保函	伊斯蘭保理	履約保函
MURABAHAH 流動資金貸款	伊斯蘭銀行承兌匯票	預付款保函
銀行承兌匯票	伊斯蘭出口信用保險項下融資	質保金保函
國外進口單據託收（FIBC-I）	伊斯蘭出口信用保險項下再融資（裝運前）	海關保函
國內進口單據託收（DIBC-I）	伊斯蘭出口信用保險項下再融資（裝運後）	稅務保函（ZAKAT GUARANTEE）
	伊斯蘭承兌匯票融資	提貨擔保（SHIPPING GUARANTEE）
	國外出口單據託收（FOBC-I）	
	國內進口單據託收（DOBC-I）	
	應收賬款融資	

上述伊斯蘭融資產品首先萌芽於馬來西亞並逐漸流行起來，原因是馬來西亞有領先的伊斯蘭金融創新意識、金融理念以及較為完善的伊斯蘭金融法律體系。

8.2.4 伊斯蘭貿易融資產品在監管方面的技術問題

1）伊斯蘭信託收據（ITR, Islamic Trust Receipt）

在紅條款信用證項下，伊斯蘭開證行授權通知行或加保銀行在受益人提供信用證項下所要求的單證之前，通過伊斯蘭信託收據為其提供短期融資便利。這其中涉及到利息償付的問題，而 Riba 是被伊斯蘭金融監管機構所禁止的。

2）伊斯蘭提貨擔保（ISG, Islamic Shipping Guarantee）

提貨擔保是指當進口貨物先於貨運單據到達時，伊斯蘭銀行為進口商辦理提貨向承運人或其代理人出具的，並由伊斯蘭銀行承擔連帶責任的書面擔保

（Kafalah）。伊斯蘭銀行因其所提供的服務而向客戶收取服務費（Ujarah）。然而，大多數伊斯蘭監管機構認為，書面擔保（Kafalah）合同的訂立應處於本能的自願和善意（Uqad Tabarm），因此伊斯蘭銀行不應就該項服務收費。

3）伊斯蘭票據承兌（IAB, Islamic Accepted Bills）

伊斯蘭票據承兌是指伊斯蘭銀行為其客戶開立承兌匯票，並按匯票票面金額打一折扣後將款項貸記客戶賬戶，客戶承諾在匯票到期時將按照匯票票面金額將款項歸還銀行。而匯票票面金額與折扣金額之間的差額亦涉及到利息償付問題。

4）遠期債務交易（Bay'Dayan）

在匯票到期前，匯票持有人（伊斯蘭銀行）可以和第三方進行票據買賣，惟其交易價格不得低於成本價。該項交易涉及遠期債務交易（Bay'Dayan）。伊斯蘭學者對該交易的合規性爭議頗多，目前尚無定論。

此外，需要特別注意的是，大多數伊斯蘭學者將應收賬款貿易融資歸類為現金資產交易，並要求該交易必須是以即期的、市場平價交易為基礎。

8.3　伊斯蘭信用證（Islamic Letter of Credit）

◇◇◇◇◇◇◇◇

信用證是國際貿易中最主要、最常用的支付方式。

伊斯蘭信用證（Letter of Credit, L/C），是指伊斯蘭開證銀行應申請人（買方）的要求並按其指示向受益人書面開立的、載有一定金額的、在一定的期限內憑符合規定的單據付款的書面保證文件。

伊斯蘭金融機構會計與審計組織（AAOIFI）作為國際性伊斯蘭金融監管機構，對於伊斯蘭信用證（Islamic Letter of Credit）交易，有詳盡的規定：

1）伊斯蘭信用證包含兩個合同，其本質上是一個主合同即承諾（Kafalah）付款合同，同時輔以一個代理合同（Wakalah）；伊斯蘭銀行應客戶委託同時負責審查信用證項下的合同、文件等；

2）交易的貨物必須符合伊斯蘭監管的基本要求；

3）伊斯蘭銀行只負責審查信用證項下所要求的各項單據；

4）買方開立伊斯蘭信用證並不表示其最終一定付款；信用證到期也不代表交易合同一定失效；

5）伊斯蘭銀行在處理伊斯蘭信用證時所提供的服務包括代理（Wakalah）審查信用證項下的合同、文件等，並同時保證在單單相符、單證相符情況下進行付款；

6）伊斯蘭開證行可以和信用證申請人事先簽訂成本加價合約（Murabahah Agreement），對其提供的現金抵押品進行投資；在這種情況下，開立伊斯蘭信用證並不影響買賣雙方中止合同的權利；且信用證申請人既可以是買方，也可以是伊斯蘭銀行。

伊斯蘭信用證主要有以下幾種類型：Musharakah LC、Murabahah LC 和 Wakalah LC。本節主要闡述其各自的運作模式和流程。

8.3.1　Musharakah LC

伊斯蘭銀行與買方 / 進口商為了特定的商業目的而簽訂 Musharakah 夥伴關係合同，之後伊斯蘭銀行為買方 / 進口商開立 Musharakah LC，為其進口提供貿易融資。

Musharakah LC 運作模式

1）買方 / 進口商委託伊斯蘭銀行為其開立 Musharakah 信用證；

2）買方 / 進口商向伊斯蘭銀行繳納部分質押金；

3）在推定交貨時，伊斯蘭銀行審查議付行所提交的進口單據，並代表買方 / 進口商以自有資金＋買方 / 進口商質押金向議付行付款；

4）買方 / 進口商憑上述進口單據提貨，並依據與伊斯蘭銀行簽訂的 Musharakah 夥伴關係合同銷售（處置）進口貨物；

5）買方 / 進口商與伊斯蘭銀行按簽訂的 Musharakah 夥伴關係合同分享投資利潤。

Musharakah LC 運作流程圖

舉例說明：

沙特買方／進口商和本地汽車銷售商簽訂了一個輪胎銷售合同，合同金額 200 萬美元，假設該項目毛利率為 20%（即 40 萬美元）。但買方／進口商財力有限，需藉助伊斯蘭銀行的貿易融資完成該合同。其具體運作為：

1）買方／進口商和伊斯蘭銀行簽訂了一個 Musharakah 夥伴關係合同，合同金額 160 萬美元，並確定了雙方的投資比率以及利潤（損失）分享比率。

MUSHARAKAH LC 具體運作流程

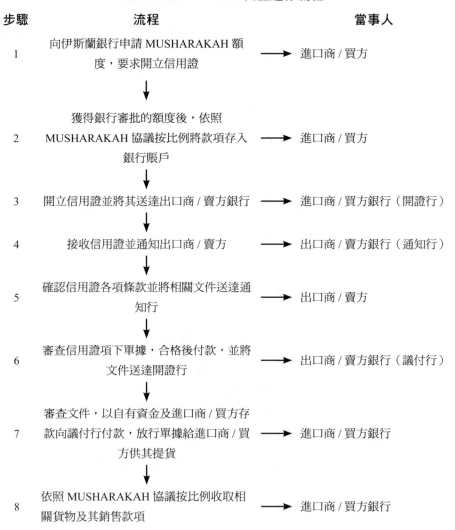

步驟	流程	當事人
1	向伊斯蘭銀行申請 MUSHARAKAH 額度，要求開立信用證	→ 進口商／買方
2	獲得銀行審批的額度後，依照 MUSHARAKAH 協議按比例將款項存入銀行賬戶	→ 進口商／買方
3	開立信用證並將其送達出口商／賣方銀行	→ 進口商／買方銀行（開證行）
4	接收信用證並通知出口商／賣方	→ 出口商／賣方銀行（通知行）
5	確認信用證各項條款並將相關文件送達通知行	→ 出口商／賣方
6	審查信用證項下單據，合格後付款，並將文件送達開證行	→ 出口商／賣方銀行（議付行）
7	審查文件，以自有資金及進口商／買方存款向議付行付款，放行單據給進口商／買方供其提貨	→ 進口商／買方銀行
8	依照 MUSHARAKAH 協議按比例收取相關貨物及其銷售款項	→ 進口商／買方銀行

2）此時，伊斯蘭銀行和買方 / 進口商結成了一個利益共享、風險共擔的貿易夥伴關係，假設買方 / 進口商為該夥伴關係投資 10 萬美元，伊斯蘭銀行投資 150 萬美元，雙方的利潤（損失）分享比率並不一定完全按照雙方的投資比率來確定。

3）伊斯蘭銀行代表買方 / 進口商向位於馬來西亞的出口商開立一張 160 萬美元 Musharakah LC 進口輪胎信用證。

4）馬來西亞出口商按照 Musharakah LC 要求發貨並將成套單證寄給伊斯蘭銀行提示付款。

5）伊斯蘭銀行對照 Musharakah LC 審核單證並付款 160 萬美元。

6）伊斯蘭銀行通知買方 / 進口商辦理提貨手續。

7）買方 / 進口商提貨並完成銷售 200 萬美元。

8）伊斯蘭銀行和買方 / 進口商按照事先約定的比率分享投資收益 40 萬美元。

8.3.2　Murabahah LC

伊斯蘭銀行與客戶為了特定的商業目的簽訂 Murabahah 夥伴關係合同，之後伊斯蘭銀行為客戶開立 Murabahah LC，為其進口提供貿易融資。Murabahah LC 實質上是一個成本加價（Murabahah）、延期付款的代理合同（Wakalah）。

Murabahah LC 運作模式

1）買方 / 進口商與伊斯蘭銀行簽訂 Murabahah 合同，委託伊斯蘭銀行為其進口貨物開立 Murabahah 信用證；

2）伊斯蘭銀行指定買方 / 進口商為其代理人進口相關貨物；

3）伊斯蘭銀行開立 Murabahah 信用證，進口該貨物；

4）在推定交貨時，伊斯蘭銀行審查議付行所提交的進口單據，並代表買方 / 進口商向議付行付款（墊資）；

5）伊斯蘭銀行取得進口單據，並代表買方 / 進口商提貨；

6）伊斯蘭銀行將該貨物按照雙方約定的成本加價（Murabahah）的價格出

售給買方 / 進口商；

7）買方 / 進口商在延期（完成該貨物銷售後）將伊斯蘭銀行所墊付款項歸還伊斯蘭銀行。

Murabahah LC 流程圖

舉例說明：

沙特買方 / 進口商準備在當地生產、銷售運動器材，為備貨需要從馬來西亞進口 500 萬美元原材料，並需求沙特當地伊斯蘭銀行開立 Murabahah LC。

MURABAHAHLC 具體運作流程

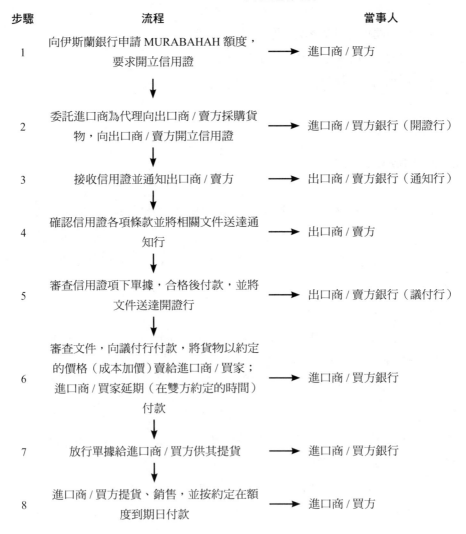

步驟	流程	當事人
1	向伊斯蘭銀行申請 MURABAHAH 額度，要求開立信用證	→ 進口商 / 買方
2	委託進口商為代理向出口商 / 賣方採購貨物，向出口商 / 賣方開立信用證	→ 進口商 / 買方銀行（開證行）
3	接收信用證並通知出口商 / 賣方	→ 出口商 / 賣方銀行（通知行）
4	確認信用證各項條款並將相關文件送達通知行	→ 出口商 / 賣方
5	審查信用證項下單據，合格後付款，並將文件送達開證行	→ 出口商 / 賣方銀行（議付行）
6	審查文件，向議付行付款，將貨物以約定的價格（成本加價）賣給進口商 / 買家；進口商 / 買家延期（在雙方約定的時間）付款	→ 進口商 / 買方銀行
7	放行單據給進口商 / 買方供其提貨	→ 進口商 / 買方銀行
8	進口商 / 買方提貨、銷售，並按約定在額度到期日付款	→ 進口商 / 買方

雙方約定，由伊斯蘭銀行代為出資 500 萬美元開證，並將進口貨以 510 萬美元（Murabahah，成本加價）銷售給買方／進口商，還款期三個月，三個月後買方／進口商將 510 萬美元歸還伊斯蘭銀行。

8.3.3 Wakalah LC

　　Wakalah LC 本質上是一個內嵌式代理合同（Wakalah），伊斯蘭銀行負責代理客戶進口開證、付款，其業務不涉及銀行墊資，客戶需自行準備全部開證資金。

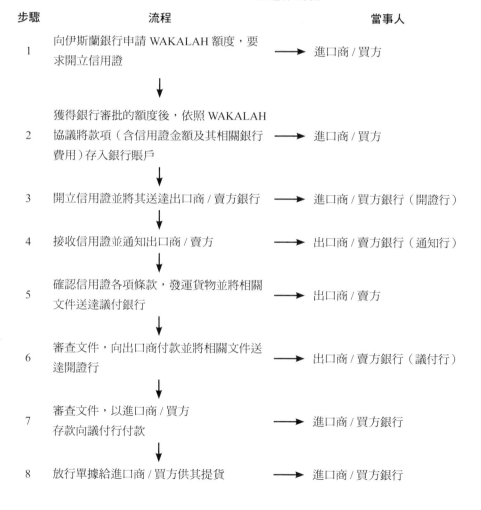

WAKALAHLC 具體運作流程

步驟	流程		當事人
1	向伊斯蘭銀行申請 WAKALAH 額度，要求開立信用證	⟶	進口商／買方
2	獲得銀行審批的額度後，依照 WAKALAH 協議將款項（含信用證金額及其相關銀行費用）存入銀行賬戶	⟶	進口商／買方
3	開立信用證並將其送達出口商／賣方銀行	⟶	進口商／買方銀行（開證行）
4	接收信用證並通知出口商／賣方	⟶	出口商／賣方銀行（通知行）
5	確認信用證各項條款，發運貨物並將相關文件送達議付銀行	⟶	出口商／賣方
6	審查文件，向出口商付款並將相關文件送達開證行	⟶	出口商／賣方銀行（議付行）
7	審查文件，以進口商／買方存款向議付行付款	⟶	進口商／買方銀行
8	放行單據給進口商／買方供其提貨	⟶	進口商／買方銀行

Wakalah LC 運作模式

1）買方 / 進口商委託伊斯蘭銀行開立信用證；

2）買方 / 進口商將進口開證所需款項存人伊斯蘭銀行；

3）伊斯蘭銀行開證並代理買方 / 進口商購買貨物及向議付行付款；

4）伊斯蘭銀行放單並向買方 / 進口商收取服務費用。

Wakalah LC 運作流程圖

舉例說明：

客戶委託沙特伊斯蘭銀行開立 1 個月即期 Wakalah 信用證，金額 USD600 萬元，開證費 0.1%（每月），假設開證日 1USD=3.75SAR（沙特里亞爾），那麼 1 個月後客戶需要支付給沙特伊斯蘭銀行的費用為：

$600 \times 3.75 \times 0.1\% \times 1 = SAR2.25$（萬）

WAKALAH LC/MURABAHAH LC/MUSHARAKAH LC 之異同

相關要素	MUSHARAKAH LC	MURABAHAH LC	WAKALAH LC
開證保證金	必須	視伊斯蘭銀行與買方 / 進口雙方約定而定	必須
貨物保險	必須	必須	必須
融資方式	以 MUSHARAKAH 方式將進口貨物銷售給買方 / 進口商	以 MURABAHAH 方式將進口貨物銷售給買方 / 進口商	買方 / 進口商自有資金
開證費用	伊斯蘭銀行釋放單據時根據 MUSHARAKAH 合同向買方 / 進口商收取服務費用	伊斯蘭銀行釋放單據時根據 MURABAHAH 合同向買方 / 進口商收取服務費用	伊斯蘭銀行釋放單據時向買方 / 進口商收取服務費用
釋放單據前之貨物所有權	伊斯蘭銀行和買方 / 進口商	伊斯蘭銀行	伊斯蘭銀行
信用證之申請人名字	買方 / 進口商	伊斯蘭銀行	買方 / 進口商

綜上所述，對於進口商 / 買方而言，MUSHARAKAH LC 融資靈活度最高；WAKALAH LC 需要客戶為開證提供全部自有資金，而 MURABAHAH LC 的融資成本及費用可能最高。

8.4　伊斯蘭保函（Islamic Letter of Guarantee）

◇◇◇◇◇◇

伊斯蘭保函是以保證合同（Kafalah）為基礎的，其主要目的是為完成交易而幫助債權人增加收款保證。在伊斯蘭經濟活動中，第一債務人始終是履約責任及償付債務首要當事人。如果出現違約（不論任何原因），其擔保人負連帶賠償責任，債權人有權要求擔保人代為賠償，擔保人賠償完畢後，可以繼續向第一債務人索賠。

此類保函可以是第三方公司或個人擔保，也可以是銀行擔保。銀行擔保有多種方式，如投標保函（Tender Bond）、履約保函（Performance Bond）、預付款保函（Advance Payment Bond）、質保金保函（Retention Guarantee）、海關保函（Customs Bond）、完稅保函（ZAKAT Guarantee）等。

提貨擔保（Shipping Guarantee）是指當進口貨物先於貨運單據到達時，伊斯蘭銀行為進口商辦理提貨而向承運人或其代理人出具的，由銀行承擔連帶責任的書面擔保。

8.5　伊斯蘭財資類產品和市場
（Islamic Treasury Products and Market）

◇◇◇◇◇◇

8.5.1　伊斯蘭貨市市場

伊斯蘭貨幣市場（Islamic Money Market）指的是伊斯蘭短期資金市場，主要指融資期限在一年以下的伊斯蘭金融市場。該市場所交易的金融工具——主要包括政府、銀行及工商企業發行的短期信用工具，具有期限短、流動性強和風險小的特點，在貨幣供應量層次劃分上被置於現金貨幣和存款貨幣之後，亦被稱為"準貨幣"。

伊斯蘭貨幣市場的主要功能有：

1）短期資金融通功能：主要提供一年以下期限的資金融通，為季節性、臨時性資金的融通提供了便利條件。

2）管理功能：是指通過其業務活動的開展，促使微觀經濟行為主體加強自身管理，提高經營水平和盈利能力。

3）中央銀行政策傳導功能：中央銀行實施貨幣政策主要是通過再貼現政策、法定存款準備金政策、公開市場業務等的運用來影響市場利率和調節貨幣供應量，以實現宏觀經濟調控目標的，在這個過程中貨幣市場發揮了基礎性作用。

伊斯蘭貨幣市場主要由伊斯蘭銀行同業拆借市場、票據市場、可轉讓大額定期存單市場（CD 市場）、政府債券市場、消費信貸市場和回購協議市場六個子市場構成。

8.5.2　四個最有影響力的伊斯蘭貨幣市場

目前，全球四個最有影響力的伊斯蘭貨幣市場分別是：

1）馬來西亞伊斯蘭銀行間貨幣市場（IIMM, the Islamic Interbank Money Market of Malaysia）：

IIMM 主要負責馬來西亞國內貨幣市場。IIMM 成立於 1994 年 1 月，主要為符合伊斯蘭監管的投資活動提供短期資金便利。馬來西亞中央銀行負責制定該市場的運營規章並負責其監管。目前，該市場共有 12 種貨幣市場工具，期限有隔夜、一週、一個月、三個月等。截至 2018 年底，IILM 共發行了 61 期、總額為 368.2 億美元的 2—6 個月短期伊斯蘭債券，極大地滿足了伊斯蘭銀行業短期融資需求。截至 2018 年底，IILM 短期伊斯蘭債券餘額為 20.6 億美元，債券平均回報率約為 2.42%。

2）巴林流動性管理中心（LMC, the Liquidity Management Center）：

LMC 成立於 2002 年，總資本 2 億美元，註冊資本 5355 萬美元，其股東分別是巴林伊斯蘭銀行、阿聯酋迪拜伊斯蘭銀行、位於沙特的伊斯蘭開發銀行和科威特金融局，四方各佔 25% 股權。2017 年底，總資產約為 1.49 億美元

（2016 年：1.32 億美元）。LMC 主要通過發行短期伊斯蘭債券（Salam Sukuk）為海灣地區國家的伊斯蘭銀行與國際性伊斯蘭金融機構的中短期流動性需求提供便利，並同時為伊斯蘭結構性融資、項目融資和企業融資提供諮詢服務。2017 年底，該行伊斯蘭債券（SUKUK）投資餘額為 7346 萬美元（2016 年：7354 萬美元），實現盈利 214 萬美元（2016 年：84 萬美元），目前，該市場共發行 6 種伊斯蘭債券作為貨幣市場工具。

3）國際伊斯蘭金融市場（IIFM, International Islamic Financial Market）：

IIFM 成立於 2002 年 4 月，總部位於巴林，是由伊斯蘭開發銀行（IDB）以及巴林、文萊、印度尼西亞、馬來西亞和蘇丹中央銀行作為創始人共同發起成立的一個非盈利、中立、國際性伊斯蘭金融機構，現有 57 位機構會員。IIFM 旨在為集合旗下會員的各類專才，為伊斯蘭金融產品、文件往來等建立一個標準機制，為伊斯蘭金融機構、監管機構及市場參與各方建立一個統一的平台以便其交換意見，推選德高望重的伊斯蘭學者進入伊斯蘭監管委員會，建立和推廣統一的伊斯蘭監管標準平台，從而促進全球伊斯蘭金融市場的發展。目前，IIFM 已經頒佈了 6 套行業標準協議，具體為財資產品銷售協議、國際掉期及衍生工具協議、銀行間非限制性投資賬戶代理協議、機構間適配程序及政策標準協議、回購及抵押協議、對沖協議。IIFM 董事會為其最高權力機構，由 9 名董事組成，負責公司的日常運行。董事會下設一個執行委員會負責公司的具體工作。另單獨設立一個伊斯蘭監管委員會，負責建立和推廣統一的伊斯蘭監管標準平台。

4）國際伊斯蘭流動性管理公司（IILM, International Islamic Liquidity Management Corp）：

IILM 總部位於馬來西亞首都吉隆坡。在流動性管理方面，《巴塞爾協議Ⅲ》（《Basel Ⅲ》）要求各成員國銀行從 2013 年 1 月起引進流動性覆蓋率（LCR, Liquidity Coverage Ratio）和淨穩定性融資比率（NSFR, Net Stable Funding Ratio），並於 2015 年 1 月完成實施進度的 60%，於 2019 年 1 月完成實施進度的 100%。對伊斯蘭金融體系而言，這是一個不小的挑戰。因為流動性覆蓋率（LCR）所需要的高流動性資產儲備在伊斯蘭資本市場極為短缺，而這些高流動性資產儲備還必須符合伊斯蘭監管的要求，更令其奇貨可居。

為了解決這一問題，全球主要的伊斯蘭中央銀行會同伊斯蘭開發銀行
（IDB）和伊斯蘭流動性管理中心（IILM）共同商討對策。2013 年 8 月，IILM
發行了第一個高評級、短期伊斯蘭債券（Sukuk，期限 3 個月、金額 4.9 億美
元）用於解決伊斯蘭金融機構跨境流動性管理需求。該債券受到伊斯蘭資本市
場熱烈歡迎。截至 2018 年底，IILM 共發行了 61 期、總額為 368.2 億美元的
2—6 個月短期伊斯蘭債券，極大地滿足了伊斯蘭銀行業短期融資需求。截至
2018 年底，IILM 短期伊斯蘭債券餘額為 20.6 億美元，債券平均回報率約為
2.42%。IIFM SUKUK 具體發行狀況如下圖所示：

2013—2018 年 IILM Sukuk 發行情況（單位：百萬美元）

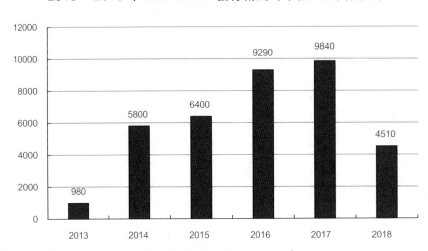

資料來源：IIFM（International Islamic Liquidity Management）

　　《巴塞爾協議 III》為伊斯蘭金融體系引進國際監管標準，成為國際金融體
系不可或缺的有機成員打開了大門。可以預見，隨着《巴塞爾協議 III》各項標
準的陸續推行和落實，《巴塞爾協議 III》合規性伊斯蘭債券的發行數量和規模
還有很大的成長空間。

8.5.3　馬來西亞政府及其代理機構所提供的財資類產品

　　馬來西亞是世界上第一個專門為伊斯蘭金融立法的國家，其於 1983 年通
過了《伊斯蘭銀行法》（並於 2014 年通過《伊斯蘭銀行新法》）；1984 年通過

了《伊斯蘭保險法》；之後又通過了《政府融資法案》《資本市場服務法案》《中央銀行法》《伊斯蘭監管指導》。在金融爭議協調方面，馬來西亞在司法體系內有專設的高等法院負責裁決、吉隆坡地區法院負責仲裁以及金融調解局負責調解。

1994 年 1 月，馬來西亞成立了世界上第一個伊斯蘭銀行間貨幣市場。馬來西亞中央銀行（BNM）同時推出了 7 個符合伊斯蘭監管的流動性管理金融工具，主要有：

1）MII（Mudarabah Interbank Investment）：馬來西亞政府投資債券，MII 主要用於伊斯蘭銀行間隔夜拆借，期限不超過 12 個月，結構為 Mudarabah（利潤分享）；

2）WA（Wadiah Acceptance）存放央行—BNM 資金，BNM 不付利息，但可以自行決定是否付一定回報給存款銀行；

3）INI（Islamic Negotiable Instruments），伊斯蘭可轉讓存款工具；

4）短期商業匯票；

5）基於利潤分享原則的銀行間投資（Interbank lending and deposits）；

6）基於 BBA（Bai Bithanman Ajil，延期付款銷售）原則和利潤分享原則的債券；

7）基於 Ijarah（租賃）原則的債券。

此外，馬來西亞政府及其投資機構（如 GII, Government Investment Issue；MGS, Malaysia Government Securities）也是馬來西亞政府債券發行的主力。

1）GII 發行規模通常為每期 20 億—50 億林吉特，期限為 3、5、7、10、15 和 20 年。

2）SPK（Sukuk Perumahan Kerajaan），馬來西亞政府的伊斯蘭債券，主要為政府公務員提供住房貸款融資；

3）MITB（Malaysia Islamic Treasury Bill），為政府提供 1 年以內的短期融資，由央行（BNM）每週發行；

4）BNMN-I（Bank Negara Monetary Note-Islamic），馬來西亞央行流動性票據；

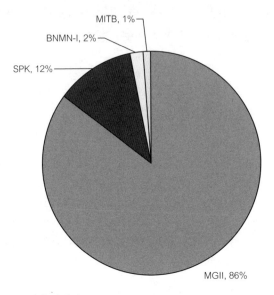

馬來西亞政府所發行的伊斯蘭債券類別劃分（截至 2015 年 6 月）

MITB, 1%

BNMN-I, 2%

SPK, 12%

MGII, 86%

資料來源：Bloomberg, 各國央行

馬來西亞伊斯蘭債券期限類別劃分（截至 2015 年 6 月）

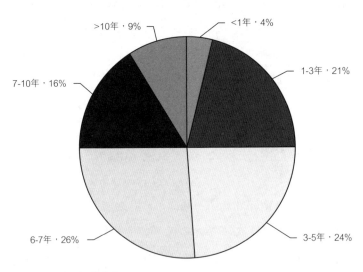

>10年，9%

<1年，4%

7-10年，16%

1-3年，21%

6-7年，26%

3-5年，24%

資料來源：Bloomberg，各國央行

5）SBNMI（Sukuk Bank Negara Malaysia Ijarah），馬來西亞央行旗下的伊斯蘭債券發行公司所發行的伊斯蘭租賃票據，每半年支付一次回報。

1983 年，馬來西亞政府發行了第一隻伊斯蘭債券——GIC（Government Investment Certificate）。2011 年，GIC 被 GII（Government Investment Issues）取代。GII 的設計結構是建立在企業盈利（Bai al-inah）基礎上的，後來這種結構又被改為建立在資產（Mumbahah）的成本加價基礎上。從馬來西亞政府所發行伊斯蘭債券類別來看，截至 2015 年 6 月，MGII（又稱 GII）佔比達 86%，其次為 SPK12%，BNMN-I 2%, MITB 1%。

2015 年 3 月，馬來西亞政府發行的符合伊斯蘭監管的 GII 伊斯蘭債券被納入 Barclays Global Aggregate Index 指數，預計為馬來西亞伊斯蘭債券市場帶來了 25 億—30 億美元的國際資本流入。

從發行期限的佔比來看，在馬來西亞發行的伊斯蘭債券以中長期為主，3—10 年期合計佔比超過 87%。2015 年馬來西亞 SUKUK 發行市場有所萎縮，主要原因是馬來西亞政府暫停了短期 SUKUK（Short-term Sukuk）的發行。

2006 年，馬來西亞成立了馬來西亞國際伊斯蘭金融中心（MIIFC, Malaysia International Islamic Financial Center），旨在協調各監管部門如馬來西亞中央銀行（BNM）、證監會（SC）、吉隆坡證交所（Bursa Malaysia，之前稱為 KLSE, Kuala Lumpur Stock Exchange）、離岸金融業務管理局（the Labuan Offshore Financial Services Agency）、金融監管局（Labuan Financial Services Authority）等各方資源，提高馬來西亞伊斯蘭金融市場的透明度和運行效率。

自成立以來，馬來西亞伊斯蘭金融中心（MIIFC）為伊斯蘭債券發行制定了具體指導意見，其中包括牌照發放、稅收優惠等，以鼓勵各國發行人來馬來西亞發行國際伊斯蘭債券。同時，馬來西亞證監會（SC）成立了一個中央直屬伊斯蘭監管顧問委員會（SAC），專門負責伊斯蘭債券及其他伊斯蘭資本市場產品有關伊斯蘭監管合規性審查事宜，該委員會同時也為投資者、政府及各行業提供相關指導。

2009 年 7 月，馬來西亞中央銀行（BNM）引入了伊斯蘭債券主要做市商（I-PD, Islamic Principal Dealer），其主要職能為投標 BNM 發行的伊斯蘭債券並為其向市場提供雙向報價以確保二級市場的流動性。目前馬來西亞有 12 家

I-PD, BNM 對其在資信、風險管理、市場參與度等方面每半年考核一次。

馬來西亞伊斯蘭債券發行在期限、信用評級、幣種（該市場交易品種貨幣既包括馬來西亞林吉特，也包括其他幣種貨幣）和風險等級方面都有不同的層次，為投資者提供了不同選擇，因此其二級市場交易相當活躍。I-PD 通過馬來西亞中央銀行（BNM）旗下的場外交易系統 FAST（Fully Automated System for Tendering）進行伊斯蘭債券交易，而伊斯蘭債券交割由 RENTAS（Real Time Electronic Transfer of Funds and Securities）系統完成。伊斯蘭債券回購則是通過 SBBA（Sell and Buy-back Agreement）金融工具完成。

在稅收方面，馬來西亞政府對利息稅和資本利得稅都進行了豁免。

此外，馬來西亞國際伊斯蘭金融中心（MIIFC）旗下專門設立了馬來西亞銀行和金融研究所（IBFIM, the Islamic Banking and Finance Institute Malaysia）、金融領導力國際中心（ICLIF, the International Center for Leadership in Finance）和證券業發展機構（SIDC, the Securities Industry Development Corporation）等專業機構培養伊斯蘭金融從業人員和專才。

總結

本章主要介紹了：

——伊斯蘭貿易融資及 OIC 成員國間貿易現狀

——伊斯蘭貿易融資合規性要求和監管原則

——伊斯蘭信用證（Islamic Letter of Credit）

——伊斯蘭保函（Islamic Letter of Guarantee）

——伊斯蘭財資類產品及主要市場（Islamic Treasury Products and Market）

傳統金融是以利息為基礎的，因此，傳統貿易融資主要是藉助銀行信貸安排來實現的。因為伊斯蘭銀行禁收利息，所以伊斯蘭金融與傳統金融有大不同，伊斯蘭貿易融資主要是通過 "風險共擔、收益共享" 模式來實現的。在貿易活動中，伊斯蘭銀行為達成交易通常為買賣雙方扮演中介機構的角色，例如代理（Wakalah）出口商向進口商收款，或在信用證條款下代表進口商向出口商承諾（Kafalah）付款。

伊斯蘭貿易融資的監管原則在於以真實貿易為基礎，保證參與各方的平等權益。

伊斯蘭貿易融資中常見的現實問題有兩個：

1）如何證明這些伊斯蘭貿易融資結構性產品是有真實貿易背景而非一種 "錢生錢" 的遊戲？

2）如何合理運用傳統金融的定價工具（如 LIBOR）為伊斯蘭融資回報率參照標杆，並將其嵌入伊斯蘭貿易融資結構性產品中？

為解決上述問題，伊斯蘭銀行通常會使用以下三種工具使伊斯蘭貿易融資達到相關監管要求：1）Musharakah；2）Murabahah；3）Wakalah。

伊斯蘭信用證（Islamic Letter of Credit）包含兩個合同，其本質上是一個主合同即承諾（Kafalah）付款合同，同時輔以一個代理合同（Wakalah），伊斯蘭銀行應客戶委託同時負責審查信用證項下的合同、文件等。伊斯蘭信用證主要有三種類型，Musharakah LC、Murabahah LC 和 Wakalah LC。對於進口商／買方而言，Musharakah LC 融資靈活度最高；Wakalah LC 需要客戶為開證提供全部自有資金；而 Murabahah LC 的融資成本及費用可能最高。

伊斯蘭保函是以保證合同（Kafalah）為基礎的，其主要目的是為完成交易而幫助債權人增加收款保證。

在伊斯蘭銀行成立之初，在流動性管理方面就面臨諸多限制。首先，因為相關伊斯蘭監管要求，它們無法從事或介入任何含有利息的金融活動或業務；其次，在監管達標或流動性管理方面，它們也無法利用或買賣政府或財政債券（因其含有利息）；第三，即便伊斯蘭銀行自身擁有充沛的流動性，市面上可以利用的且合乎伊斯蘭監管的理財工具也相當匱乏。

在此情況下，一個發育完善的伊斯蘭貨幣市場對伊斯蘭銀行的可持續和有效發展就顯得愈發重要。為解決伊斯蘭金融機構的流動性問題，目前全球活躍着四個最有影響力的伊斯蘭貨幣市場：

1）馬來西亞伊斯蘭銀行間貨幣市場（IIMM, the Islamic Interbank Money Market of Malaysia）；

2）巴林流動性管理中心（LMC, the Liquidity Management Center）；

3）國際伊斯蘭金融市場（IIFM, International Islamic Financial Market）；

4）國際伊斯蘭流動性管理公司（IILM, International Islamic Liquidity Management Corp）。

第九章

伊斯蘭銀行業
金融產品及服務（4）
伊斯蘭保險

9.1 伊斯蘭保險概況

◇◇◇◇◇◇◇

9.1.1 伊斯蘭保險（TAKAFUL）

伊斯蘭保險（TAKAFUL）一詞是由阿拉伯語詞根 Kafala 衍生而來，意思是保證，互相保護、互相保證、互相協助、互相幫助。伊斯蘭保險概念的由來約有 1400 年的歷史，其宗旨是滿足穆斯林之間互相協作、互相幫助、共擔責任的需要，其主要業務是為參保的穆斯林提供人壽保險、家庭及財產保險和再保險業務等。換言之，伊斯蘭保險是建立在互相幫助概念基礎上的，每位參保人所提供的金錢捐贈都被放入一個共同互助基金中，該基金一般分為兩部分運作，一部分用於投資，另一部分用於出險理賠，為需要資金援助的參保人提供援助。

伊斯蘭保險（TAKAFUL）與傳統保險之異同

問題	傳統保險	TAKAFUL
機構原則	為股東盈利	參加投保人互相幫助
基礎	風險轉嫁	互助式風險共擔
價值取向	利潤最大化	經濟上可以負擔，精神上得到滿足
適用法律	傳統監管規定	伊斯蘭監管及各項規章
所有制	股東所有制	參加投保人共同所有
管理架構	公司制	委託人代理
合同格式	銷售合同	伊斯蘭代理合同（Wakalah）或合夥經營夥伴關係合同（Mudarabah）管理貢獻金（Tabarru）
投資	以利息為基礎	以伊斯蘭監管為基礎，不含利息
投資盈利歸屬	股東賬戶	參加投保人賬戶

9.1.2 伊斯蘭保險（TAKAFUL）發展現狀

雖然伊斯蘭保險概念有 1400 年的歷史，但在伊斯蘭金融業中，伊斯蘭保險市場目前還是一個最小的分支，其商業運作始於 20 世紀 70 年代。1979

年，蘇丹出現了第一家伊斯蘭保險公司。1985年，沙特王國聖城麥加伊斯蘭學者委員會以書面決議的形式確認了伊斯蘭保險（TAKAFUL）符合伊斯蘭監管（倡導穆斯林互相幫助），從而確認了伊斯蘭保險的宗教合規性。但是這份決議並未對伊斯蘭保險的具體運作機制與程序、專業術語、工作流程等提出一個統一標準，這也為日後伊斯蘭保險發展（特別是國際化進程）埋下了隱患。

據《世界伊斯蘭保險年鑒》資料顯示，在2001—2008年，全球伊斯蘭保險保費年增長率都超過25%以上。2009年全球金融危機後，伊斯蘭保險出現過一個小低潮，當年保費增長只有17.7%，之後的2010年又獲得22.9%的強勁增長。2010—2014年，伊斯蘭保費年增長率約為10%—12%；伊斯蘭保險資本的年平均回報率約為4%—6%，但在2008年金融危機期間年平均收益率為-2%左右，其中，GCC國家的伊斯蘭保險基金起伏較大，變動幅度為12%左右；馬來西亞的伊斯蘭保險基金起伏較小，變動幅度為7%左右。

據ICD Thomson Reuters（2015）不完全統計，截至2014年底，伊斯蘭保險市場約有305家伊斯蘭保險公司（含93家提供伊斯蘭保險窗口服務的保險公司）以及12家伊斯蘭再保險公司。伊斯蘭保險資產總額為330億美元，其中1/3分佈在GCC國家。預計2020年底全球伊斯蘭保險總保費將達420億美元。

伊斯蘭保險機構類型分佈圖（截至2014年底）

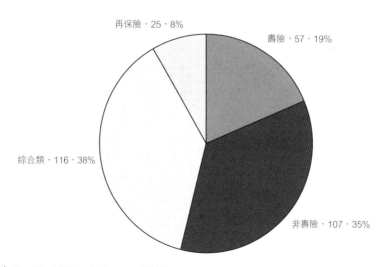

再保險，25，8%
壽險，57，19%
綜合類，116，38%
非壽險，107，35%

資料來源：World Takaful Report (2016)

從以上圖表可以看出，綜合類伊斯蘭保險機構（即可以同時提供壽險和非壽險業務）數量最多（116 家），佔比達 38%；非壽險機構次之，有 107 家，佔比達 35%；壽險公司有 57 家，佔比為 19%；而提供伊斯蘭再保險的機構也有 25 家（其中含 13 個傳統保險公司中內設伊斯蘭保險業務部門），佔比達 8%。

據《全球伊斯蘭保險報告》顯示，截至 2015 年底，據不完全統計，伊斯蘭保險市場總保費達到了 149 億美元，具體分佈如下表所示：

保險種類	市場份額	市場規模（10 億美元）	2015 年增長率
綜合類	83%	12.3	17%
家庭保險	17%	2.6	-1%
總計	100%	14.9	14%

資料來源：World Takaful Report（2017）

從下圖可以看出，截至 2015 年底，全球伊斯蘭保險保費收入中海合會國家（GCC）佔比達 77%；東南亞國家（主要為馬來西亞、印尼和文萊）次之，佔比 15%；非洲（主要為埃及、蘇丹、肯尼亞、同比亞和突尼斯）佔 5%；其他國家和地區（主要有孟加拉、巴基斯坦、土耳其、斯里蘭卡、敘利亞、也門

全球伊斯蘭保險保費收入按地域分佈狀況（截至 2015 年底）

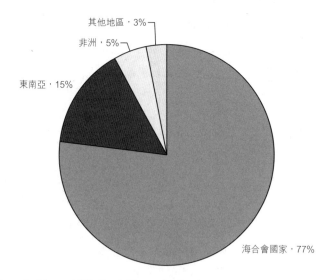

資料來源：Ernst &. Young (EY), Bank Nagara Malaysia

2014 年海合會國家（GCC）伊斯蘭保費收入佔比（不完全統計）

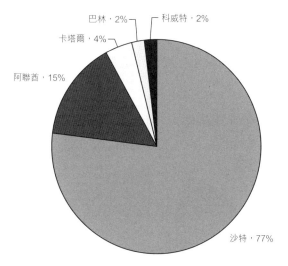

資料來源：Ernst &. Young (EY), Bank Nagara Malaysia

和約旦）佔比約為 3%。從 GCC 地區來看，2014 年伊斯蘭保險保費收入約為 143.3 億美元，沙特是絕對主力，佔比達 77%；其次是阿聯酋，佔比達 15%；其他國家合計佔比約為 8%。

GCC 伊斯蘭保險公司資產配置情況（截至 2015 年底）

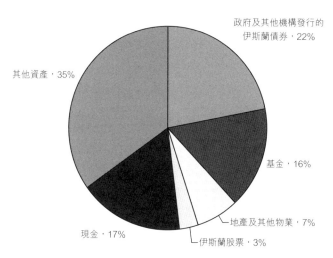

資料來源：World Takaful Report 2016

從 GCC 地區來看，2015 年伊斯蘭保險公司資產集中於政府及其他機構發行的伊斯蘭債券（22%）、基金（16%）、地產及其他物業（7%）、伊斯蘭股票（3%）以及其他資產（35%）。因為可供投資且能提供固定收益的伊斯蘭產品的選擇性及市場有限，並且出險率較高，GCC 地區伊斯蘭保險公司的現金佔比高達 17%。

2014 年東南亞國家聯盟伊斯蘭保險保費佔比（不完全統計）

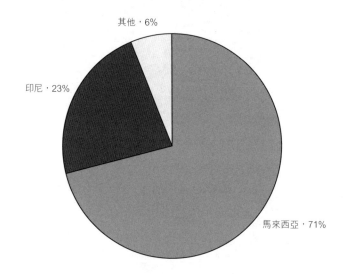

其他，6%

印尼，23%

馬來西亞，71%

資料來源：Ernst &. Young (EY), Bank Nagara Malaysia

從東南亞國家聯盟（ASEAN）來看，2014 年伊斯蘭保險保費收入約為 69 億美元，馬來西亞是絕對主力，佔比達 71%；其次是印尼，佔比達 23%；其他國家合計佔比約為 6%。

截至 2015 年底，馬來西亞伊斯蘭保險公司資產集中於政府及其他機構發行的伊斯蘭債券（66%）、伊斯蘭股票（14%）、基金（5%）、地產及其他物業（2%）以及其他資產（3%）。馬來西亞伊斯蘭保險公司現金佔比為 10%，較其 GCC 地區同行（17%）更為合理。馬來西亞有伊斯蘭保險商 11 家，目前的市場滲透率僅為 14.5%，較傳統保險（41.1%）尚有較大差距。

總體而言，目前伊斯蘭保險（TAKAFUL）尚處於初級發展階段，且市場相對集中，主力三國佔 TAKAFUL 市場約 84%（沙特 37%、伊朗 34%、馬來

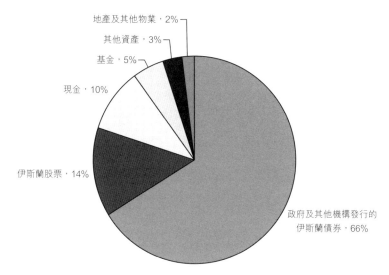

GCC 伊斯蘭保險公司資產配置情況（截至 2015 年底）

地產及其他物業，2%
其他資產，3%
基金，5%
現金，10%
伊斯蘭股票，14%
政府及其他機構發行的
伊斯蘭債券，66%

資料來源：World Takaful Report 2016

西亞 14%）。從險種來看，馬來西亞主要是家庭險，而在其他國家，家庭險市場份額很小，主要險種是車險和健康險。

9.1.3　推動伊斯蘭保險（TAKAFUL）增長的主要因素

伊斯蘭保險得以快速增長的主要推手有：

1）各國監管機構陸續對相關法律做了部分修改，使伊斯蘭保險機構能與傳統保險機構在同一個水平上競爭；

2）對符合伊斯蘭監管的產品需求的快速增長：因為越來越多伊斯蘭金融業的客戶希望可以投資更多、更廣的伊斯蘭金融產品，所以目前這個市場是需求推動型的；

3）較為充沛的流動性：產油國特別是 GCC 國家源源不斷的石油美元收入為這個市場提供了充沛的流動性；

4）再保險能力的提高：國際最大的再保險商目前已經進入了馬來西亞、巴林和迪拜，和這些地區的 30 家伊斯蘭再保險商一起提高了伊斯蘭再保險的能力；

5）更有效的伊斯蘭保險分銷渠道的建立：伊斯蘭銀行保險一體化網絡的形成使得伊斯蘭保險可以利用其龐大的銀行網絡和客戶資源提高伊斯蘭保險的覆蓋面；

6）伊斯蘭金融產品的增長，如住房貸款，同時也帶動了住房保險等相關伊斯蘭保險險種的發展；

7）小型、微型保險開始進入貧困社區；

8）全球 21 億穆斯林人口發自內心的善行、善念及需求。

9.2　伊斯蘭保險之運作模式

◇◇◇◇◇◇◇

9.2.1　伊斯蘭保險特點

伊斯蘭保險（TAKAFUL）必須在伊斯蘭監管規定的範疇內制定保障計劃。參與方（投保人）通過繳納貢獻金（Tabarru）的方式奉獻一筆資金給伊斯蘭保險基金會或保險公司；同時接受一份契約（Aqad），並成為該保險基金會或保險公司的一名參與者；參與方（投保人）在簽署契約時同意，在該保險基金會項下的任何一名參與方面對任何不幸事件及損害（如發生死亡、殘障、財產損失等）時，與其他參與方（投保人）一起利用互保資金提供幫助。

為遵從伊斯蘭監管有關避免“利息”和“交易的不確定性”的規定，伊斯蘭保險業基本採取了與投保人共負盈虧的經營方式。因此所有投保人實際上是伊斯蘭保險基金會或保險公司的合作夥伴。具體說來，投保者交給保險公司的保費被統稱為保險基金。在實際資金運營中，保險基金又分為互助基金（投保基金）和投資基金兩類。互助基金主要用於日常理賠，互助基金所佔保險基金的份額根據投保人的年齡和投保期限額從 2.5% 到 10% 不等，而投資基金（90% 左右）主要用於投資，其投資回報將用於反哺保險基金和為投保人及股東提供回報。

9.2.2 伊斯蘭保險運作模式

伊斯蘭保險的基本運作模式如下：

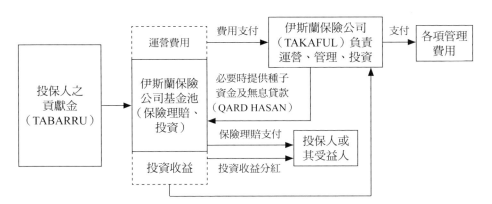

因為所有投保人實際上是伊斯蘭保險公司的合作夥伴，所以伊斯蘭保險公司的角色更像是一個受託第三方（Third Party Takaful Operator），代理所有投保人管理、運營保險資金，同時收取一定的管理費用。為保證運作的透明性，伊斯蘭保險公司首先需要：

1）為保險公司注入種子資金；

2）必要時為投保人提供善意無息貸款（QARD HASAN）並承擔相應風險；

3）必要時墊資運營（如果保險收益少於運營成本）；

4）儘可能滿足投保人投資回報等。

在選擇 Takaful 之運作模式時，伊斯蘭保險商主要考慮的因素有：

1）投保人利益保護；

2）股東的商業目標；

3）伊斯蘭監管原則和要求；

4）伊斯蘭學者專業意見及其監管解釋；

5）伊斯蘭保險運營之有效性、風險管理與投資回報；

6）業務領域拓展及選擇（壽險 VS 非壽險）；

7）投資渠道選擇；

8）人才管理及儲備；

9）市場定價及盈利目標等。

目前，伊斯蘭保險市場上主要的運營模式有以下五種：

1）MUDARABAH 模式

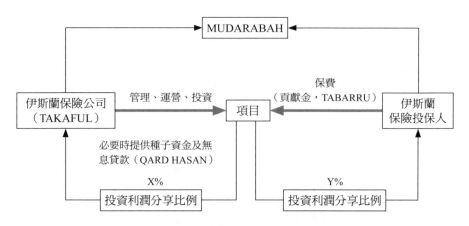

MUDARABAH 模式主要運用於投資資金分紅模式。伊斯蘭保險公司及其投保人組成合作夥伴關係。伊斯蘭保險公司主要投入為其運營、管理及其投資專才，而投保人主要投入為其投保資金（含投資資金）。投保人委託伊斯蘭保險公司代為運營、管理、投資其投保資金及投資資金。投保資金管理方面產生的盈利一般不用於分紅，而投資資金方面產生的盈利可以用於分紅。伊斯蘭保險公司按照與投保人簽訂的 MUDARABAH 合同，可以按比率參與投資資金的分紅。該模式對於伊斯蘭保險公司及投保人的資金運作均有較大的限制。如果保險公司投資不順利並產生虧損，投保人按其投資資金在總投資額中的比率分擔損失，伊斯蘭保險公司的最大損失為其投入的種子資金及人力成本。

2）WAKALAH 模式

伊斯蘭保險投保人委託伊斯蘭保險公司（TAKAFUL）為代理人（Wakeel）並授權其負責保險資金的運營、管理及投資。伊斯蘭保險公司的主要投入為其運營、管理及投資專才，而投保人主要投入為其投保資金（含投資資金）。在付清相關管理費用後，投保人可以撤保，並取回剩餘資金。伊斯蘭保險公司的收益為管理費用（按年按投保資金一定比率收取），而投保人如果出險，可以獲得保險公司理賠，如果保險公司投資管理順利並產生盈利，投保人按其投資資金在總投資額中的比率可以參與分紅。比較保守的伊斯蘭學者認為，伊斯蘭保險公司不應參與此類分紅，因為它們已經在事前收取了相關管理費用。但在

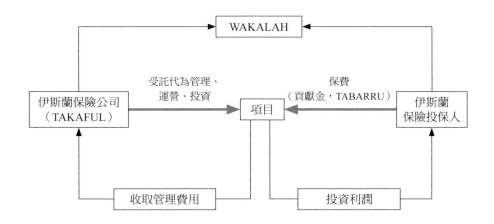

實務操作中，還要視伊斯蘭保險公司（TAKAFUL）及其委託人（投保人）之間簽訂的代理協議中的有關條款而定。如果保險公司投資不順利並產生虧損，投保人按其投資資金在總投資額中的比率分擔損失，伊斯蘭保險公司無需分擔實際資金損失，其最大損失為投入的人力成本。

3）MUDARABAH/WAKALAH 模式（亦稱混合模式——Hybrid）

在該模式下，伊斯蘭保險公司身兼雙職：1）職業經理人（Mudarib），提供自有資金與運營、管理及投資專才；2）代理人（Wakeel），代理投保人負責保險資金的運營、管理及投資。伊斯蘭保險投保人委託伊斯蘭保險公司（TAKAFUL）為代理人（Wakeel）並授權其負責保險資金的運營、管理及投資。伊斯蘭保險公司的主要投入為其自有資金以及其所投入的運營、管

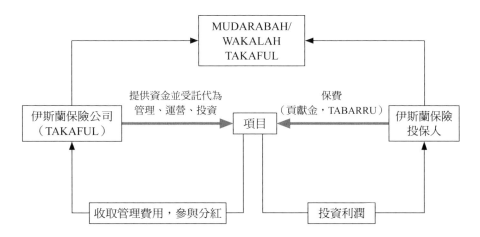

理及投資專才，而投保人主要投入為其投保資金（含投資資金）。伊斯蘭保險公司的收益為：1）管理費用（按投保資金按年按一定比率收取）；2）按照 MUDARABAH/WAKALAH 協議參與投資分紅；3）自有資金投資收益。投保人如果出險，可以獲得保險公司理賠；如果保險公司投資順利並產生盈利（扣除相關費用及理賠成本後），投保人與伊斯蘭保險公司可以按其投資資金在總投資額中所佔的比率參與分紅。如果伊斯蘭保險公司投資不順利並產生虧損，投保人與保險公司按其投資資金在總投資額中的所佔比率分擔損失。伊斯蘭保險公司最大損失為投入的自有資金與人力成本。

4）WAKALAH/WAQF 模式

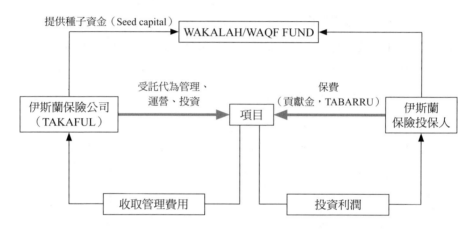

伊斯蘭保險公司（TAKAFUL）合資成立 WAKALAH/WAQF 基金，運營投保資金。伊斯蘭保險投保人委託伊斯蘭保險公司（TAKAFUL）為代理人（Wakeel）並授權其負責保險資金的運營、管理及投資。伊斯蘭保險公司為公司啟動注入種子資金（Seed Capital）。伊斯蘭保險公司的主要投入為其種子資金和運營、管理及投資專才，而投保人主要投入為其投保資金（含投資資金）。每位投保人在該基金下開立自己的 WAQF（保險基金）賬戶，投保資金一旦進入 WAKALAH/WAQF 基金池，投保人就喪失了該投保金的所有權；投保人的權益體現在理賠時收到的賠償金以及該 WAKALAH/WAQF 基金池之成功運營所帶來的收益，投保人有權按其投保資金在資金池總投資額中的比率參與分紅。伊斯蘭保險公司的收益為管理費用（按投保資金按年按一定比率收取）以及按其種子資金在資金池總投資額中所佔的比率參與分紅。如果保險公

司投資不順利並產生虧損，投保人按其投資資金在總投資額中的比率分擔損失，保險公司理論上無需分擔損失。當然，在該模式下，伊斯蘭保險公司的最大損失為其投入的種子資金及人力成本。

5）合作制（CORPORATIVE）模式

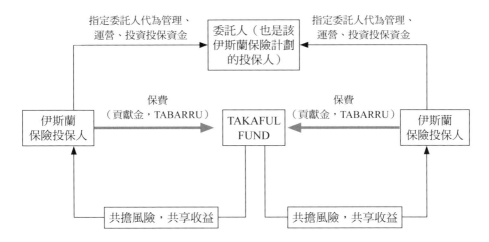

在該模式下，伊斯蘭保險投保人共同出資成立 TAKAFUL 基金，並指定部分參保人為代理，授權其管理、運營、投資投保資金（含投資資金）。所有參保人按其資金貢獻比率共擔風險、共享收益。

綜上所述，就投保資金（貢獻金）所有權的明晰程度、投資基金退出機制安排、投保人信息分享透明度而言，WAKALAH/WAQF 模式是以上五種伊斯蘭保險運營模式中的最佳選擇；但就產品的流行度而言，MUDARABAH/WAKALAH 模式因為能給伊斯蘭保險機構帶來足夠的盈利動力（管理費＋投資分紅），而在主流市場（GCC 和 ASEAN 地區）廣為流行。

9.2.3　伊斯蘭保險產品

伊斯蘭保險（TAKAFUL）業務可以被劃分為三種類型：家庭保險（人壽保險），綜合保險（人壽保險之外的其他險種如財產險等），再保險。

TAKAFUL 主要產品有：

綜合保險（非壽險）	家庭保險
車險	家庭成員健康險
火險（物業險）	教育險
工程險	儲蓄保險
意外傷害險	投資相關保險
旅行保險	抵押貸款保險
失竊保險	
社團保險	

具體來看，

1）人壽保險（Takaful Life Policy or Family Takaful）：這類保險一般有一個確定的期間，比如 10—20 年。如果參保人在保單到期前遭遇不幸過世或致殘而失去生活能力的話，保險機構將照單賠償；如果參保人在保單到期後遭遇不幸過世或因致殘而失去生活能力的話，保險機構將不予賠償。但是，在伊斯蘭保險的架構下，參保人之前所捐獻給伊斯蘭保險的資金連同該資金產生的投資收益將被退回給參保人或其指定受益人，以幫助他們渡過可能出現的財務困難。家庭保險可以涵蓋家庭生活的方方面面，如婚姻、教育、遺產安排等。

2）財產保險（Takaful Non-life Policy or General Takaful）：包括財產保險、車險、農業保險、責任保險、保證保險、航行等以財產或利益為保險標的物的各種保險。財產險期限一般為 12 個月，在支付相關保險公司的管理費用後，可以提前取消。

3）伊斯蘭保險再保險（Takaful Reinsurance）：也稱分保，是伊斯蘭保險人在原保險合同的基礎上，通過簽訂分保合同，將其所承保的部分風險和責任向其他保險人進行保險的行為。轉讓業務的是原保險人，接受分保業務的是再保人。伊斯蘭保險再保險為其他保險人提供了一個可以抵禦更高風險的資金池。

隨着互聯網金融的崛起，目前伊斯蘭保險市場出現了一個新的模式，眾籌伊斯蘭保險（Crowd Takaful），即伊斯蘭保險商通過互聯網眾籌保險資金，並將其投資於眾多符合伊斯蘭監管的中小企業。此類保險商的收入來源有兩個：一是管理費收入；二是投資收益。

9.3 伊斯蘭再保險

◇◇◇◇◇◇

9.3.1 伊斯蘭再保險（RETAKAFUL）

再保險最早產生於歐洲海上貿易發展時期，萌芽於意大利的海上保險。19
世紀中葉開始，在德國、瑞士、英國、美國、法國等國家相繼成立了再保險公
司。第二次世界大戰以後，國際再保險業進入了一個新的歷史時期。

借鑒傳統保險模式，伊斯蘭再保險萌芽於 1979 年非洲的蘇丹，之後逐漸
出現在中東的巴林、沙特、阿聯酋和東南亞的馬來西亞、印尼等國。伊斯蘭再
保險從 21 世紀開始正式起步。目前全球有 12 家伊斯蘭再保險公司，另有近
20 家傳統保險公司提供伊斯蘭再保險業務。但受制於伊斯蘭保險市場有限的
深度以及缺乏足夠的、有資質的伊斯蘭保險公司參與，伊斯蘭再保險的發展目
前還處於初級階段。

機構名稱	國家
National Reinsurance	蘇丹
Sheikhan Takaful Company	蘇丹
Bahamas Saudi Islammic Takaful and Re Takaful Company	沙特
Bahrain/Saudi Arabia Islamic Insurance and Reinsurance Company	沙特、巴林（合資）
Tunisia B. E. S. T Re	突尼斯
Malaysia ASEAN Re Takaful International	馬來西亞
Dubai Islamic Insurance and Reinsurance Co	阿聯酋
Hannover Re Takaful B. S. C.	巴林
Solidarity Islamic Takaful and Retakaful	巴林
PT Reasuaransi International	印尼
Amlin Reinsurance Company	英國
MNRB Retakaful Berhad	馬來西亞
Tokio Marine Nichido Retakaful Ptd Ltd	新加坡
Takaful Re Limited	阿聯酋

伊斯蘭再保險（RETAKAFUL）也稱分保，是保險人在原保險合同的基礎上，通過簽訂分保合同，進行二次風險轉嫁，將其所承保的部分風險和責任向其他保險人進行分出保險的行為。在伊斯蘭再保險交易中，分出業務的公司稱為原保險人（TAKAFUL）或分出公司（Ceding Company），接受業務的公司稱為再保險人（RETAKAFUL），或分保接受人或分入公司（Ceded Company）。

伊斯蘭再保險轉嫁風險責任支付的保費叫做分保費或再保險費；由於分出公司在招攬業務過程中支出了一定的費用，由分入公司支付給分出公司的費用報酬稱為分保佣金（RETAKAFUL Commission）或分保手續費。對於每一危險單位或一系列危險單位的保險責任，分保雙方通過合同按照一定的計算基礎對其進行分配。分出公司根據其償付能力所確定承擔的責任限額稱為自留額或自負責任額，經過分保由接受公司所承擔的責任限額稱為分保額或分保責任額或接受額。根據分保雙方承受能力的大小，自留額與分保額均有一定的控制，如果保險責任超過自留額與分保額的控制線，則超過部分應由分出公司自負或另行安排分保。

9.3.2 伊斯蘭再保險業務類型及特點

伊斯蘭再保險公司的主要職責有：

1）作為伊斯蘭保險公司的代理（WAKEEL）管理伊斯蘭再保險資金（RETAKAFUL FUND）；

2）作為伊斯蘭保險公司的經理人（MUDARIB）在符合伊斯蘭監管的前提下，運營、投資伊斯蘭再保險資金；

3）在管理伊斯蘭再保險資金出現赤字時提供無息貸款（QARD HASSAN）；

4）在機構內部設立伊斯蘭監管委員會監管伊斯蘭再保險公司的運作。

從伊斯蘭再保險關係形成過程來看，伊斯蘭再保險業務開展有以下幾種類型：

1）再保險的雙方都是經營直接保險業務的伊斯蘭保險公司，一方將自己直接承攬的保險業務的一部分分給另一方。參與分保的雙方都是直接公司，前者是分出公司，後者是分入公司。

2）再保險的雙方都是伊斯蘭直接保險公司，二者之間互相分出分入業務。這種分保活動亦稱為相互分保，雙方互為分出、分入公司。

3）分保活動的雙方，一方是伊斯蘭直接保險公司，另一方是專門經營再保險業務的再保險公司（即只能接受分保業務，不能從投保人處接受直接保險業務），前者把自己業務的一部分分給後者，後者則分入這部分業務。在這種情況下，伊斯蘭直接保險公司是分出公司，再保險公司是分入公司。

4）參與分保業務的雙方，一方是伊斯蘭直接保險公司，另一方是再保險公司。再保險公司將自己分入的保險業務的一部分，再分給其他直接保險公司，直接保險公司則分入這部分業務。在這裏，再保險公司為分出公司，而直接保險公司則為分入公司。

5）參與分保業務的雙方都是再保險公司，一方將自己分入的一部分保險業務再分給另一方，另一方則分入這部分業務。前者為分出公司，後者為分入公司。

6）兩個再保險公司之間相互分保，即相互轉分保。

在伊斯蘭再保險業務類型中，除了參與分保業務的雙方均為再保險公司，一般情況下，參與分保業務的雙方至少有一方是伊斯蘭直接保險公司。如果參與分保業務的雙方均為伊斯蘭保險公司，則再保險模式多以 MUDARABAH, WAKALAH 或是 MUDARABAH+WAKALAH 混合形式出現。

按責任限制分類，伊斯蘭再保險可分為比率再保險（Proportional Retakaful）和非比率再保險（Non-proportional Retakaful）。具體來說，

1）比率再保險是原保險人與再保險人，即分出人與分入人之間訂立再保險合同，按照保險金額約定比率分擔責任。對於約定比率內的保險業務，分出人有義務及時分出，分入人則有義務接受，雙方都無選擇權。

2）在非比率再保險中，原保險人與再保險人協商議定一個由原保險人賠付保險金的額度，在此額度以內的由原保險人自行賠付，超過該額度的，就須按協議的約定由再保險人承擔其部分或全部賠付責任。非比率再保險主要有超額賠款再保險和超過賠付率再保險兩種。

大部分伊斯蘭學者傾向於支持比率再保險（Proportional Retakaful），因為該方法比非比率再保險（Non-proportional Retakaful）在計算賠償和損失時各方所應承擔的責任更具可確認性，從而避免了"交易的不確定性"。

按照安排方式分類，伊斯蘭再保險可分為臨時再保險（Facultative）、合約再保險（Treaty）、預約再保險（Facultative Obligatory）。

1）臨時再保險通常用於保險公司的承保金額超過其自留額及合約再保險金額的總和時，保險公司對其超過部分的全數進行分保，此類再保險簽約後在短期內就需支付保費。

2）合約再保險是指由原保險人和再保險人事先簽訂再保險合同，確定額度、費用，合同約定的分保業務在原保險人與再保險人之間自動分出與分入。合約再保險適用於各種形式的比率和非比率再保險方式。

3）預約再保險是介於合約再保險和臨時再保險之間的一種再保險安排。預約再保險中的分出方（原保險人）對合同訂明範圍內的業務是否辦理分保享有選擇的權利，這種形式的再保險對分出方而言可視同臨時再保險，而對分入方來講則必須受合同再保險的約束。

9.3.3　伊斯蘭再保險的運作模式

伊斯蘭再保險的運作模式主要有四種，WAKALAH, MUDARABAH, WAKALAH WAQF 和 WADI'AH。

1）WAKALAH 模式

在 WAKALAH 模式下，伊斯蘭原保險商將部分業務分保給伊斯蘭再保險商，並按分保業務之貢獻金規模一定比率支付代理費給伊斯蘭再保險商。伊斯蘭原保險商同時成立一個伊斯蘭再保險基金，該基金資金運用業務有兩塊，一是日常保險理賠，二是投資。因投資順利而產生的收益將回撥給伊斯蘭原保險商，日常保險理賠業務處理完畢後的盈餘資金也將留在原保險商賬上滾存使用。伊斯蘭再保險商的主要收益是原保險商所付的代理費，而其主要風險一是承受原保險商的二次風險轉嫁，二是在原保險商出現財政困難時提供伊斯蘭無息貸款（QARD HASSAN）。

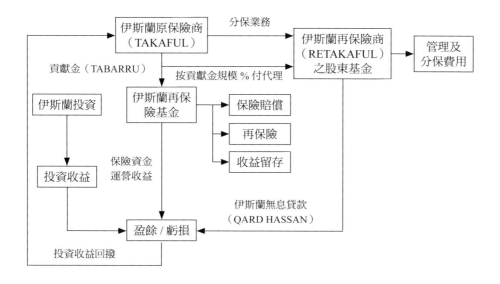

2）WAKALAH MUDARABAH 模式

在 WAKALAH MUDARABAH 模式下，伊斯蘭原保險商將部分業務分保給伊斯蘭再保險商，並按分保業務之貢獻金規模一定比率支付代理費給伊斯

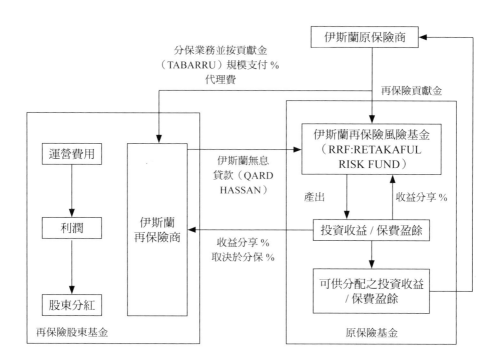

蘭再保險商。伊斯蘭原保險商同時成立一個伊斯蘭再保險基金，該基金資金運用業務有兩塊，一是日常保險理賠，二是投資。因投資順利而產生的收益將按雙方具體承保比率由伊斯蘭原保險商與再保險商分享，日常保險理賠業務處理完畢後的盈餘資金將留在原保險商賬上滾存使用。伊斯蘭再保險商的主要收益是原保險商所付的代理費及相關投資收益分成，而其主要風險一是承受原保險商的二次風險轉嫁，二是在原保險商出現財政困難時提供伊斯蘭無息貸款（QARD HASSAN）。

3）WAKALAH WAQF 模式

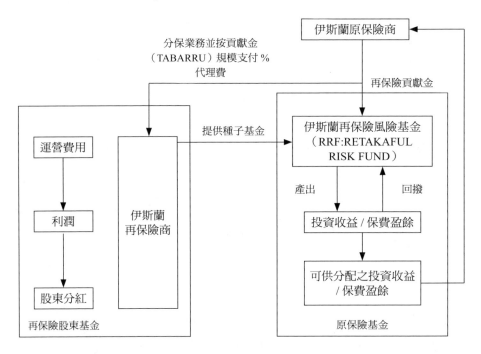

在 WAKALAH WAQF 模式下，伊斯蘭原保險商將部分業務分保給伊斯蘭再保險商，並按分保業務之貢獻金規模一定比率支付代理費給伊斯蘭再保險商。伊斯蘭原保險商同時成立一個伊斯蘭再保險基金，伊斯蘭再保險商也將向該基金投入種子基金。該基金資金運用業務有兩塊，一是日常保險理賠，二是投資。因投資順利而產生的收益將回撥給伊斯蘭原保險商，日常保險理賠業務處理完畢後的盈餘資金將留在原保險商賬上滾存使用。伊斯蘭再保險商的主要收益是原保險商所付的代理費，而其主要風險一是承受原保險商的二次風險轉

嫁，二是其投入的種子基金損失。

4）WADI'AH 模式

在 WADI'AH（委託）模式下，伊斯蘭再保險參與各方按比率出資（TABARRU）建立一個 WADI'AH 再保險基金，支付代理費給伊斯蘭再保險商（RETAKAFUL）並委託其運營該基金。基金資金運用業務有兩塊，一是日常保險理賠，二是投資。因投資順利而產生的收益將回撥給伊斯蘭再保險商，並由其分配給伊斯蘭再保險參與各方。伊斯蘭再保險商的主要收益是原保險商所付的代理費，而其主要風險是承受原保險商的二次風險轉嫁。

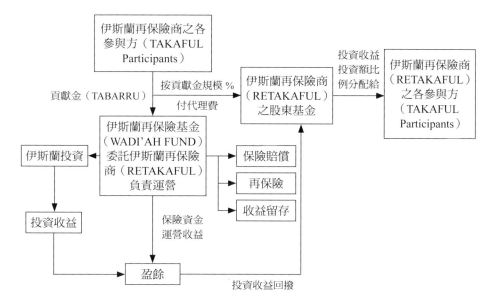

WADI'AH 模式是在馬來西亞中央銀行（BNM）主導下由國際伊斯蘭金融研究學院（ISRA）學者們開發出來的。WADI'AH 模式以其清晰的保險資金所有權、管理權、收益分成等界定以及與伊斯蘭金融機構會計與審計組織（AAOIFI）相關指導思想相一致而被伊斯蘭保險界普遍看好。目前該模式在馬來西亞比較流行。

從以上分析可以看出，伊斯蘭再保險具有兩個重要特點：

1）伊斯蘭再保險合同是獨立合同；

2）伊斯蘭再保險是在原保險基礎上進一步分散風險，是風險的第二次轉嫁與分散，可通過轉分保使風險分散更加細化。

伊斯蘭再保險與原保險的關係從本質上看，伊斯蘭再保險的基礎是原保險，伊斯蘭再保險的產生，正是基於原保險人經營中分散風險的需要，是對原保險進行二次風險轉嫁。

伊斯蘭再保險與原保險的區別在於：

1）主體不同；

2）保險標的不同；

3）合同性質不同。

綜上所述，伊斯蘭再保險與傳統再保險在管轄法律、伊斯蘭監管法規適用性、保險合同性質、繳款方式、保險風險管制機制及再保險商參與方面有諸多不同，如下表所示：

伊斯蘭再保險與傳統保險的不同點	伊斯蘭再保險（RETAKAFUL）	傳統再保險（REINSURANCE）
管轄法律	伊斯蘭法律	民法
伊斯蘭監管法規適用性	適用	不適用
合同性質	合作	商業
繳款方式	貢獻金（TABARRU）	保費
風險管制機制	風險共擔	風險轉嫁
再保險運營商	伊斯蘭保險商（再保險商）或傳統再保險商	傳統再保險商

此外，如上所述，伊斯蘭再保險有自身獨特的四種運行模式。

9.4 伊斯蘭保險監管

◇◇◇◇◇◇◇

9.4.1 伊斯蘭保險監管國際標準

伊斯蘭保險的保費可被視為參保的穆斯林為幫助其他穆斯林兄弟姐妹而對保險基金所作的捐助（捐贈 "Tabarm"），而非用於牟取利息的工具。

原則上講，伊斯蘭保險與傳統互助保險最顯著的不同在於伊斯蘭保險的運作必須遵循伊斯蘭監管，同時其保險基金所進行的投資活動也必須符合伊斯蘭監管，保險基金必須成立伊斯蘭監管委員會監督其運作等。而在索賠方面，伊斯蘭保險也有特別的規定，如伊斯蘭保險不承保有違伊斯蘭監管的行為，如自殺、酗酒而亡等。

伊斯蘭保險主要涉及到的與法律和伊斯蘭監管相關的問題有：1）保險合同的覆蓋範圍；2）可保險的利益；3）最大誠信原則；4）理賠；5）保費盈餘分成；6）保險利益；7）不得承保有違伊斯蘭監管的行為。

目前，全球伊斯蘭保險雖然尚未形成一個行之有效且為伊斯蘭金融機構普遍採納的監管標準，但伊斯蘭金融服務委員會（IFSB）作為一個國際性伊斯蘭監管機構，已積極着手為伊斯蘭金融機構設立各項行業監管標準，從而確保其穩健運行。IFSB 於 2002 年成立，總部設於馬來西亞首都吉隆坡，是巴塞爾銀行監管委員會（BCBS）、國際證券委員會組織（IOSCO）、國際保險監督官協會（IAIS）的重要補充。伊斯蘭金融服務委員會同時也是各伊斯蘭國家中央銀行協會。

在伊斯蘭保險監管方面，IFSB 的工作重心是為伊斯蘭保險公司在：1）公司治理；2）財務與審慎性管理；3）透明度、報告與市場行為準則；4）監管、檢查流程等方面做出行業規範與準則。為此，IFSB 頒佈了六套標準與一項指引，它們分別是：

——標準 8（IFSB—8）：伊斯蘭保險監管指引；

——標準 9（IFSB—9）：伊斯蘭金融機構之業務規範指導原則；

——標準 10（IFSB—10）：伊斯蘭金融機構之伊斯蘭監管制度建設指導原則；

——標準 11（IFSB—11）：伊斯蘭保險商償付能力要求標準；

——標準 14（IFSB—14）：伊斯蘭保險商承保風險管理標準；

——標準 18（IFSB—18）：伊斯蘭再保險監管指引；

——指引 5（GN—5）：伊斯蘭保險與再保險商接受外部信貸風險評級之指導原則。

具體而言，2009 年 12 月，IFSB 頒佈了最新一稿《伊斯蘭保險監管指引》（IFSB—8，Guiding Principles for Takaful），對伊斯蘭保險的承保範圍、承保合同及模式做出了重新的定義，特別強調伊斯蘭保險的三項核心原則，即貢獻金（TABARRU）承諾、互相協作（TA'AWUN）和禁止利息，並提出三項主要監管原則：

1）結合伊斯蘭保險的具體情況，參照並推廣國際保險業的先進經驗與做法；

2）公平對待每位參保人（投保人）並合理保護股東權益；

3）積極推進全面、審慎性架構管理建設。

2016 年 4 月，IFSB 頒佈最新一稿《伊斯蘭再保險監管指引》（IFSB—18，Guiding Principles for Retakaful），對伊斯蘭再保險的承保範圍、承保合同及模式做出了重新的定義，並提出五項主要監管原則：

1）伊斯蘭再保險承保；

2）再保險伊斯蘭監管規則；

3）審慎性架構管理建設；

4）透明度與合理的信息披露；

5）伊斯蘭再保險監管、檢查。

9.4.2 主要伊斯蘭保險市場監管要求

主要伊斯蘭保險市場監管對比一覽表

	沙特	馬來西亞	印尼	巴林	阿聯酋
2015 年市場規模	家庭保險：USD 0.28BN；綜合保險：USD 9.45BN	家庭保險：USD 0.85BN；綜合保險：USD 0.53BN	家庭保險：USD0.60BN；綜合保險：USD0.14BN	家庭保險：USD 0.02BN；綜合保險：USD 0.14BN	家庭保險：USD 0.27BN；綜合保險：USD 0.66BN
伊斯蘭保險機構	34 家全牌照保險機構	8 家全牌照保險機構；3 家專業家庭保險機構	5 家家庭保險機構；3 家專業綜合保險機構；19 家專業家庭保險機構開立伊斯蘭窗口服務；19 家專業綜合保險機構開立伊斯蘭窗口服務	3 家全牌照保險機構；1 家專業家庭保險機構；2 家專業綜合保險機構	11 家全牌照保險機構
伊斯蘭保險機構最低註冊資本要求（百萬美元）	26.7	23	7.2	4.2—5.3	27.2
2015 年全國人口（百萬）	31.5	31	255	1.4	9.2

	沙特	馬來西亞	印尼	巴林	阿聯酋
伊斯蘭保險市場滲透率（即保費收入佔本國當年GDP%）	綜合保險：1.44% 人壽保險：0.04%	家庭保險：0.31% 綜合保險：0.20% 人壽保險：2.45%	家庭保險：0.07% 綜合保險：0.02% 人壽保險：1.17%	家庭保險：0.09% 綜合保險：0.54% 人壽保險：0.24%	家庭保險：0.05% 綜合保險：0.18% 人壽保險：0.45%
伊斯蘭保險監管機構	SAMA（Saudi Arabian Monetary Authority）		OJK（Financial Services Authority）	CBB（Central Bank of Bahrain	IA（Insurance Au-thority）
伊斯蘭保險監管架構	Solvency I Basis		RBCF（Risk-based Capital Framework）	Solvency I Basis	RBCF（Risk-based Capital Framework）
傳統保險機構開立伊斯蘭保險窗口服務	不允許		允許（10年寬限期）	不允許	不允許
伊斯蘭保險業務模式	合作模式		大部分是Mudarabah模式	承保：Walakah；投資：Mudarabah	Wakalah/Mudara bah混合型：或Wakalah模式
伊斯蘭保險收費管理	對收費上限有限制		無正式頒佈的監管條例	無正式頒佈的監管條例	對收費上限有限制
家庭保險與綜合保險能否混合經營	是		否，必須分立，單獨經營	是	是

	沙特	馬來西亞	印尼	巴林	阿聯酋
伊斯蘭保險銷售渠道	無特殊規定		無特殊規定	無特殊規定	無特殊規定
產品風險披露	有針對性的監管條例，需要正式披露		有針對性的監管條例，需要正式披露	有針對性的監管條例，需要正式披露	無特殊規定

9.4.3 馬來西亞伊斯蘭保險監管標準的發展

從伊斯蘭保險在具體國家的發展來看，馬來西亞發展最為全面和先進。早在 1984 年，馬來西亞政府通過了《伊斯蘭保險法》（TAKAFUL ACT 1984），該法案共有 69 條，主要含四項內容：

1）伊斯蘭保險產品定義；

2）伊斯蘭保險商業務經營規範；

3）伊斯蘭保險商業務回報、調查、轉讓與清盤；

4）其他事宜（如伊斯蘭監管委員會設置、公司治理等）。

2013 年 11 月，馬來西亞中央銀行（BNM）為進一步規範伊斯蘭家庭保險及人壽保險，提出了一個新的監管架構（Life Insurance and Family Takaful Framework），並要求其境內伊斯蘭機構在 2019 年前逐步達標。監管架構的主要內容有以下幾項：

1）逐步取消對運營成本的限制；

2）營銷渠道多樣化建設；

3）強化從業人員專業要求與行業規範；

4）強化市場監管與消費者保護。

較其他伊斯蘭國家而言，馬來西亞伊斯蘭保險市場發展較為成功的主要原因有：

1）出色的產品研發、投資團隊及產品研發能力；

2）積極的產品分銷渠道建設；

3）穩健的金融監管體系；

4）成熟的 IT 系統支持；

5）境內伊斯蘭銀行間牢固的聯繫；

6）馬來西亞市場對國內及國際投資者的吸引力；

7）伊斯蘭保險商積極的品牌推廣。

所以，馬來西亞伊斯蘭保險市場較其他市場更為成功，體現在投保人與保險公司股東之間在回報分配方面更為均衡合理，家庭保險與綜合保險的市場滲透率更高。伊斯蘭銀保一體化（Banctakaful），一站式增值服務能力更強。

9.5　伊斯蘭保險面臨的挑戰

據不完全統計，2007 年至 2011 年，全球伊斯蘭保險（TAKAFUL）保費收入年均複合增長率為 22%。而自 2012 到 2014 年，該增長率有所下降，但仍保持在一個健康水平，達 14%，2012 年底全球伊斯蘭保險保費突破 100 億美元，達 107 億美元，2013 年底達 122 億美元，而 2014 年，更一舉站上了 230 億美元高點。保險銷售的主要渠道是保險經紀及銀行伊斯蘭零售網絡。而保險銷售的推廣方式主要通過印刷品（28%）、戶外廣告（13%）、廣播（12%）、多媒體廣告（10%）等。預計 2020 年全球伊斯蘭保險市場規模將達 420 億美元。

總而言之，伊斯蘭保險市場發展空間巨大，但挑戰也不少；市場需求快速增長，但伊斯蘭保險公司所能提供的服務有限，趕不上需求的發展。具體說來，有如下挑戰：

1）保險市場和大眾對伊斯蘭保險認知有限，且對伊斯蘭保險監管的理解尚處於初級階段。

2）缺乏統一的市場監管體系及標準：目前對伊斯蘭保險公司如何從根本

上區分股東資金賬戶（SHF, Shareholders Fund）、投保人風險資金賬戶（PRF, Participants' Risk Fund）和投保人投資資金賬戶（PIF, Participants' Investment Fund）之資金，並對其進行進一步甄別，從而進行有效監管，許多伊斯蘭國家的伊斯蘭保險市場尚未形成一套行之有效的監管體系。

3）市場沒有一個統一的會計標準，不同國家採用 AAOIFI 或 IFRS 所設計的會計標準，從而導致不同伊斯蘭保險公司的資產組合無法統一定價。而且對國際財務報告準則第四號（International Financial Reporting Standard 4）的理解存在爭議，該報告書把伊斯蘭保險與傳統保險的運營模式混為一談，但這與伊斯蘭保險的實際情況並不相同。該報告書在有關賬戶報告方面尚待進一步明確解釋，以免混淆。

4）缺乏透明分配保險盈餘的方式：特別是在 RETAKAFUL 業務模式中，有關伊斯蘭再保險商如何提供善意無息貸款（QARD HASSAN）、保險盈餘（在支付正常保險理賠後）該如何分配等問題，伊斯蘭金融機構會計與審計組織（AAOIFI）的相關規定並未取得各國伊斯蘭保險商的廣泛共識。

5）各國市場管理方在稅收方面給予伊斯蘭保險的待遇未必較傳統保險更公平。

6）市場缺乏符合伊斯蘭監管且在品種與期限上合適的相關債券和產品（如政府 SUKUK），這直接導致部分伊斯蘭保險機構投資配置過度集中於股權與地產。

7）伊斯蘭保險主力市場（GCC 國家和馬來西亞）易受國際大宗商品價格波動影響。

8）與傳統保險業相比，伊斯蘭保險市場尚未形成成熟的運行機制，客戶體驗有待提高。

9）伊斯蘭保險商普遍存在盈利水平低，且無法適應市場競爭的問題。

10）作為伊斯蘭保險市場規則的制定者，IFSB 自身機構尚在建設之中，且其制定的行業規範及準則並未被伊斯蘭保險業界普遍遵從，因為伊斯蘭保險商主要還是遵從其所在國的相關監管。

11）保險產品同質化嚴重：在一些國家（例如沙特），保險產品同質化嚴重，各保險公司為擴大市場份額不惜血本大打價格戰，致使 2013—2014 年出現全行業虧本。

12）隨着《巴塞爾協議 III》（《Basel III》）的推廣執行，在資本充足率方面，各伊斯蘭保險公司都面臨着補充資本金的壓力。

13）缺乏伊斯蘭保險人才，如缺乏保險精算師、有從業經驗的伊斯蘭學者和受過良好培訓的從業人員等。

14）在再保險領域，伊斯蘭保險公司有向傳統保險公司轉嫁風險的嫌疑：伊斯蘭保險有 Darurah 概念（即在危及生命或穆斯林團體／個人的安全的時候，可以暫時不予考慮相關的伊斯蘭監管），這為伊斯蘭保險在力有未逮時引入傳統保險打開了一個通道。但是隨着近年來伊斯蘭再保險公司數目的增加和實力的增強，Darurah 是否適用也引起了廣泛的爭議。

15）目前伊斯蘭再保險市場因其市場狹小、產品匱乏、保險商無法形成持續盈利能力，對有影響力的國際再保險商而言缺乏吸引力；

16）此外，股東與參保人的預期難以平衡、產品審批期限過長、來自傳統保險公司的強大競爭壓力也進一步擠壓了伊斯蘭保險業的生存空間。目前雖然海合會國家伊斯蘭保險市場遠未飽和，尤其是家庭保險滲透率低，但由於各國監管法律不一致，缺乏有效金融工具以及專業人才，伊斯蘭保險市場仍充滿挑戰。

總結

◇◇◇◇◇◇◇

本章主要介紹了：

——伊斯蘭保險概況

——伊斯蘭保險之運作模式

——伊斯蘭再保險

——伊斯蘭保險監管

——伊斯蘭保險面臨的挑戰

伊斯蘭保險（TAKAFUL）業務可以被劃分為三種類型：家庭保險（人壽保險），綜合保險（人壽保險之外的其他險種如財產險等）和再保險。為遵從伊斯蘭監管有關避免“利息”和“交易的不確定性的規定，伊斯蘭保險業採取了與投保人共負盈虧的經營方式，有五種基本運作模式”，如 MUDARABAH, WAKALAH, MUDARABAH/WAKALAH 模式（亦稱混合模式——Hybrid），WAKALAH/WAQF 模式以及 corporative 模式。就投保資金（貢獻金）所有權明晰度、投資基金退出機制安排、投保人信息分享透明度而言，WAKALAH/WAQF 模式是以上五種伊斯蘭保險運營模式中的最佳選擇；但就產品的流行度而言，MUDARABAH/WAKALAH 模式因為給伊斯蘭保險機構足夠的盈利動力（管理費＋投資分紅），而在主流市場（GCC 和 ASEAN）廣為流行。

伊斯蘭再保險（RETAKAFUL）也稱分保，是保險人在原保險合同的基礎上，通過簽訂分保合同，進行二次風險轉嫁，將其所承保的部分風險和責任向其他保險人進行保險的行為。伊斯蘭再保險的運作模式主要有四種，WAKALAH, MUDARABAH, WAKALAH WAQF 和 WADI'AH。

伊斯蘭再保險與傳統再保險在管轄法律、伊斯蘭監管法規適用性、保險合同性質、繳款方式、保險風險管制機制及再保險商參與方面有諸多不同。在伊斯蘭保險監管方面伊斯蘭金融服務委員會（IFSB）為伊斯蘭保險公司在：1）公司治理；2）財務與審慎性管理；3）透明度、報告與市場行為準則；4）監管、檢查流程等方面頒佈了六套標準與一項指引。但上述標準尚未被全球伊斯蘭保險機構普遍採納。

雖然伊斯蘭保險市場發展空間巨大，但是目前還是伊斯蘭金融市場最小的一個分支，銀保一體化可以有效拓展伊斯蘭保險營銷渠道，伊斯蘭保險在家庭保險、退休保險等方面滲透率低，還有極大的拓展空間。當然，伊斯蘭保險同時也面臨諸多挑戰，例如缺乏統一的市場監管體系及標準、市場沒有一個統一的會計標準、盈利壓力大、人才匱乏等。

第十章

《巴塞爾協議Ⅲ》
對伊斯蘭銀行業的影響

10.1 《巴塞爾協議Ⅲ》的出台背景及最新要求

◇◇◇◇◇◇◇

《巴塞爾協議Ⅲ》(《Basel Ⅲ》) 以全球銀行業監管機構——國際清算銀行 (BIS, Bank of International Settlement) 的所在地瑞士巴塞爾得名。國際清算銀行 (BIS) 於 1974 年由十國集團中央銀行行長倡議建立,其成員包括十國集團中央銀行和銀行監管部門的代表,委員會由比利時、加拿大、法國、德國、意大利、日本、盧森堡、荷蘭、西班牙、瑞典、瑞士、英國和美國的銀行監管當局及中央銀行的高級官員所組成。委員會的秘書處設在位於巴塞爾的國際清算銀行。

以 "充分、有效的銀行監管" 為核心原則,國際清算銀行 (BIS) 下屬的巴塞爾銀行業條例和監督委員會的常設委員會——"巴塞爾委員會" 從 1975 年至今所制定發佈的一系列原則、協議、標準和建議,統稱為巴塞爾文件體系 (Basel Framework),它不僅是國際清算銀行成員國中的中央銀行進行統一監管的有機文件體系,也是國際金融體系的通行監管規則。其中巴塞爾協議 (Basel Accord) 是巴塞爾委員會通過的最著名的協議,按其推出時間有以下三個主要協議:

10.1.1 《巴塞爾協議 I》(《Basel I》):

1988 年通過的《關於統一國際銀行的資本計算和資本標準的協議》,簡稱《巴塞爾協議 I》(《Basel I》,1988 年):該協議反映出報告制定者監管思想的根本轉變,即監管視角從銀行體外轉向銀行體內,並主要從資本標準及資產風險兩個方面對銀行提出明確要求。主要內容包括:

1) 資本的分類:將銀行的資本劃分為核心資本和附屬資本兩類,對各類資本按照各自不同的特點進行明確地界定;規定銀行必須同時滿足總資本和核心資本兩個比率要求,總資本和核心資本都必須按該協議中明確給定的標準進行計量和補充。

2) 風險權重的計算標準:根據資產類別、性質以及債務主體的不同,將銀行資產負債表的表內和表外項目劃分為 0%、20%、50% 和 100% 四個風險檔次。

3）《Basel I》首次將表外資產納入監管，並相應提出了資本充足性的要求。將表外業務的資產確定風險權重並相應計提資本金，提出了兩種計量風險的辦法：標準計量法和內部模型計量法 VaR（Value at Risk）。標準計量法是將市場風險分解為利率風險、股票風險、外匯風險、商品風險和期權的價格風險，然後對各類風險分別進行計算並加總；內部模型法是基於銀行內部 VaR（Value at Risk）模型的計量方法，即將借款人分為政府、銀行、公司等多個類型，分別按照銀行內部風險管理的計量模型來計算市場風險，然後根據風險權重的大小確定資本金的數量要求。內部模型法的推出是當時的一大創新。

4）《Basel I》要求成員國各國中央銀行的監管標準必須統一，1988 年至1992 年為過渡期。正式執行從 1992 年開始。

10.1.2 《巴塞爾協議 II》（《Basel II》）：

1997 年亞洲金融危機爆發。巴塞爾委員會推出《有效銀行監管的核心原則》草案，並於 1999 年提出了以三大支柱，即資本充足率、監管部門監督檢查和市場紀律為主要特點的新資本監管框架草案，簡稱《巴塞爾新協議》或《Basel II》。主要內容包括：

1）《Basel II》提出銀行監管三大支柱：①最低資本要求，即銀行最低資本充足率必須達到 8%，而核心資本充足率應為 4%；②監管當局對銀行資本充足率的監督檢查；③銀行信息披露。

2）《Basel II》提出了處理信用風險的辦法，即標準法和內部評級法。儘管其側重面仍是成員國家的"國際活躍銀行"（Internationally Active Banks），但巴塞爾委員會提出，《Basel II》的各項基本原則普遍適用於全世界的所有銀行。

3）實施及目標：2006 年底《Basel II》在十國集團（G10）國家全面實施，其主要的目標是：①增進金融體系的安全與穩健；②強調公平競爭；③採用更完備的方法來因應風險；④資本適足要求的計算方法，能與銀行業務活動保持適當的敏感度；⑤以國際性的大型銀行為重點，但也適用其他各類銀行。

10.1.3 《巴塞爾協議 III》(《Basel III》)：

2008 年源於美國次貸危機的全球金融危機爆發。由於缺乏關於銀行業資本信息披露詳細程度和一致性的要求，市場參與者和監管者在對銀行資本構成進行詳細評估和跨國對比研究方面十分困難，這也增添了金融危機的不確定性。2010 年，巴塞爾銀行監管委員會 27 個成員（包括中國）達成了全球銀行業監管新規則——《巴塞爾協議 III》。《Basel III》針對 2008 年全球金融危機中所暴露的監管缺陷和漏洞，進一步強化資本充足率監管框架，同時引入流動性監管框架和槓桿率監管指標，旨在強化銀行業監管，加強金融風險防範和抵禦能力。主要內容包括資本充足率、槓桿率和流動性管理。具體而言：

第一，在資本充足率方面，資本工具分為兩類，一級資本（6%）和二級資本（2%）。

1）提高最低資本充足率至 8%，具體為：

①一級資本充足率（Tier 1 Capital Adeguacy Ratio，一級資本佔風險加權資產的比率）下限從 4% 上調到 6%。一級資本（Tier 1 capital）只包括普通股和永久優先股（不包括公開儲備等），並將其中的普通股界定為核心一級資本。一級資本由兩部分構成：

一是普通股最低要求（CET1，Common Equity Tier 1）比率為 4.5%，CET1 主要指直接發行的、符合條件的普通股資本和相關股票盈餘及留存收益。

二是附加一級資本（AT1，Additional Tier 1）比率為 1.5%，AT1 主要指直接發行的、合規的附加一級資本工具（如永久優先股等）和相關股票盈餘及留存收益。

CET1 和 AT1 可用於在"持續經營資本"的基礎上吸收損失。

②二級資本充足率（Tier 2 Capital Adeguacy Ratio，二級資本佔風險加權資產的比率）下限比率為 2%。二級資本主要包括非公開儲備、重估儲備、一般貸款損失準備、混合債務資本工具、中長期次級債務等。二級資本可以在

"破產清算資本"的基礎上吸收損失。

《Basel III》把最低資本金比率要求從 6% 提高至 8%，將建立一個更加安全的資本邊際，使銀行有更大的餘地來應對經濟衰退期的困難。《Basel III》取消了專門用於抵禦市場風險的三級資本。

2）設立留存緩衝資本（CCB, Capital Conservation Buffer），比率為 2.5%。留存緩衝資本由扣除遞延稅項及其他項目後的普通股權益組成，一旦銀行的留存緩衝資本比率達不到該要求，監管機構將限制銀行拍賣、回購股份和分發紅利。這一機制可防止一些銀行在資本頭寸惡化時也肆意發放獎金和高紅利，從而將建立一個更加安全的資本邊際，使銀行有更大的餘地來應對經濟衰退期的困難。主要用於緩衝金融危機帶來的資本損失。

3）設立反週期緩衝資本（CCCB, Counter Cyclical Capital Buffer），總額相當於普通股的 0%—2.5% 之間，在經濟上行期計提資本，在經濟下行期吸收損失。反週期緩衝資本的建立是為了達到保護銀行部門避免過度信貸增長的更廣的宏觀審慎目標。對任何國家來說，這種緩衝機制僅在信貸過度增長導致系統性風險累積的情況下才產生作用。反週期的緩衝一旦生效，將被作為資本留存緩衝資本的擴展加以推行。各國根據自身情況具體實施。一般而言，只有在出現系統性貸款高速增長的情況下，商業銀行才需計提反週期緩衝資本，大部分時間該項指標為零。

在正式執行《Basel III》的新標準後，系統重要性銀行最低總資本充足率為 11.5%，非系統重要性銀行為 10.5%，提高了資本工具的損失吸收能力。

第二，限制銀行槓桿率不低於 3%，即一級資本與表內外總風險資產比率不低於 3%。該比率為風險資本比率的補充指標。此舉為銀行體系槓桿率累積確定底線，緩釋其不穩定的去槓桿化所帶來的風險及對金融體系和實體經濟帶來的負面影響。

第三，在流動性方面，針對 2008 年金融危機暴露出的歐美銀行體系融資模式的重大風險，即過渡依賴短期批發性融資和銀行集團層面的流動性風險（如表外、市場巨變風險等），《Basel III》推出建立流動性監管框架，彌補資本充足率監管的不足。主要包括兩個基於壓力測試的標準：（1）流動性覆蓋率（LCR），用來確定在監管部門設定的短期嚴重壓力情景下，銀行所持有的無變現障礙的、優質的流動性資產數量，確保度過持續一個月的高壓情景。（2）淨穩定性融資比率（NSFR），用來確定銀行長期需要和可使用的、穩定的流動性資產的數量，確保其在較長時期內具有應對流動性風險的能力。為準確反映銀行資產負債表的流動性情況，兩個比率的計算都涉及對不同類型的資金來源進行分類、分層，然後在此基礎上進行統一換算。

巴塞爾協議（Basel Accord）的價值得到了廣泛的認同，在 20 世紀 90 年代以後成為一個世界性的標準，目前有超過 100 個國家將巴塞爾協議的框架運用於其本國的銀行系統。巴塞爾協議其實質是為了完善與補充單個國家對商業銀行監管體制的不足，減輕銀行倒閉的風險與代價，是對成員國商業銀行聯合監管的最主要形式，並且具有很強的約束力。上述協議得到世界各國監管機構的普遍認同，並已構成國際社會普遍認可的銀行監管國際標準。巴塞爾委員會事實上已成為銀行監管國際標準的制定者。

《Basel Ⅲ》提出提高資本充足率，設立留存緩衝資本和反週期超額資本，引入槓桿比率和淨穩定融資比率的要求，可以進一步降低銀行系統的流動性風險，加強抵禦金融風險的能力。同時，隨着《Basel Ⅲ》於 2013 年 1 月開始逐步執行，這將進一步推動商業銀行重新調整、回歸傳統的業務模式和有機增長軌道，約束銀行信貸資產高速擴張，並對銀行提高資本補充提出了緊迫的要求。

10.2 《巴塞爾協議Ⅲ》對伊斯蘭金融體系的影響

◇◇◇◇◇◇◇

《Basel Ⅲ》要求各成員國從 2013 年 1 月起將協議列入法律當中，並且要求各成員國的商業銀行必須滿足其最低要求，並在 2019 年 1 月全面達標。

10.2.1 《Basel Ⅲ》資本充足率的具體內容及實施階段時間表

	2013	2014	2015	2016	2017	2018	2019
Common Equity	Initial Compliance					Full Compliance	
Conservation Buffer				Initial Compliance			Full Compliance
Liquidity Coverage Ratio			Full Compliance				
Net Stable Funding Ratio						Full Compliance	
Leverage Ratio	Regulatory Reporting		Public Reporting			Full Compliance	
Countercyclical Capital Buffer				Anticipated Application			

資料來源：www.bis. org

	Capital components Basel Ⅲ	% of RWAs
1	Minimum common equity Tier 1 ratio	4.5
2	Capital conservation buffer common equity	2.5
3	Minimum common equity Tier 1 ratio+Capital conservation buffer （CCB[（1）+（2）]）	7
4	Additional Tier 1 Capital	1.5
5	Minimum Tier 1 Capital ratio[（1）+（4）]	6
6	Tier 2 Capital	2
7	Minimum total Capital（MTC）[（5）+（6）]	8
8	Total Capital requirement-MTC+CCB[（7）+（2）]	10.5

資料來源：www.bis.org

實施內容及階段（時間：當年1月）	2013	2014	2015	2016	2017	2018	2019
普通股權益比率下限（Mnimum Common Equity Capital Ratio, CET1）	4.50%	4.50%	4.50%	4.50%	4.50%	4.50%	4.50%
附加一級資本（Additional Tier 1- AT1）	1.50%	1.50%	1.50%	1 50%	1.50%	1.50%	1.50%
一級資本比率下限（Minimum Tier 1 Capital=CET1+AT1）	6.00%	6.00%	6.00%	6.00%	6.00%	6.00%	6.00%
二級資本比率下限（Minimum Tier 2 Capital）	2.00%	2.00%	2.00%	2.00%	2.00%	2.00%	2.00%
總資本比率下限（Minimum Total Capital=Tier 1+Tier 2）	8.00%	8.00%	8.00%	8.00%	8.00%	8.00%	8.00%
留存緩衝資本（Capital Conservation Buffer）	0.00%	0.00%	0.00%	0.63%	1.25%	1.88%	2.50%
總資本與留存緩衝資本之和下限（Minimum Total Capital plus Capi-tal Conservation Buffer）	8.00%	8.00%	8.00%	8.63%	9.25%	9.88%	10.50%
反週期緩衝資本計提範圍（Counter Cyclical Conservation Buffer range）0 - 2.5%	0—2.5%	0—2.5%	0—2.5%	0—2.5%	0—2.5%	0—2.5%	0—2.5%

資料來源：www.bis. org

　　此外，在流動性方面，《Basel Ⅲ》要求各成員國銀行從 2013 年 1 月起引進流動性覆蓋率（LCR）和淨穩定性融資比率（NSFR），並於 2015 年 1 月完成實施進度的 60%，於 2019 年 1 月完成實施進度的 100%。具體而言，

　　流動性覆蓋率（LCR）

　　＝高流動性資產儲備／未來 30 日的資金淨流出量 >100%

流動性覆蓋率（LCR）主要衡量短期壓力情景下（30 日內）的銀行流動性狀況，旨在提高銀行應對流動性中斷的彈性。

淨穩定性融資比率（NSFR）

＝銀行可用的穩定資金來源 / 銀行發展業務所需的穩定資金來源 >100%

淨穩定性融資比率（NSFR）主要用於衡量銀行賬期的流動性風險，鼓勵銀行減少資產負債的期限錯配，多用穩定的資金來支持資產業務的發展。

10.2.2 《Basel Ⅲ》對伊斯蘭金融體系的影響

作為世界金融體系的有機組成部分，伊斯蘭銀行監管機構也要求伊斯蘭銀行體系遵守《Basel Ⅲ》的相關要求。從 2013 年 3 月至 2016 年 12 月，巴塞爾銀行監管委員會下屬監管一致性規劃小組對 22 個成員國銀行業基於《巴塞爾協議 Ⅲ》風險項下的資本管理標準執行、流動性管理、全球系統性重要銀行、國內系統性重要銀行等方面進行了專項現場評估。有三個伊斯蘭國家接受了相關評估，分別是沙特（風險資產架構及流動性管理，2015 年 9 月，14 項主要評估指標均達標，沙特中央銀行——SAMA 做了 93 項整改）；土耳其（風險資產架構，2016 年 3 月，14 項主要評估指標均達標）；印尼（流動性管理，2016 年 12 月，5 項主要評估指標均達標，印尼中央銀行——OJK 做了 26 項整改）。

總體而言，《Basel Ⅲ》的相關要求對伊斯蘭金融機構的主要影響如下表所示：

此外，系統重要性銀行附加計提 1%—2.5% 資本的要求對於伊斯蘭銀行影響有限，因為全球伊斯蘭銀行目前的規模有限。但就具體國家而言，如伊朗、蘇丹、沙特、科威特、卡塔爾等國，伊斯蘭金融資產佔比普遍超過了 20%，伊斯蘭銀行在上述國家存在着系統重要性的風險。

伊斯蘭金融機構因落實《巴塞爾協議Ⅲ》新規定而帶來的主要風險與成本包括：

1）新增操作性風險；

2）新增風險管理系統；

Basel III 相關要求對伊斯蘭金融機構的影響

	Basel III 相關要求			對伊斯蘭金融機構的影響
資本要求（Capital Requirement）	資本結構（Capital Structure）	資本質量（Capital Quality）	監管重點從 Basel II 的一級資本和二級資本轉向核心一級資本（Core Tier 1）監管體系建立在股權和或有資本上，而非債務上	Basel III 降低了傳統金融機構在債務融資方面的資本成本優勢，將傳統金融機構與伊斯蘭金融機構置於統一監管標準平台項下
		資本減計（Capital Deduction）	強化了核心一級資本（Core Tier 1）的要求，並將非公開儲備、重估儲備、一般貸款損失準備、混合債務資本工具、中長期次級債務等歸入二級資本	對於伊斯蘭金融機構而言，應加快發展符合伊斯蘭監管的銀行二級資本結構
		風險資產（RWA）	增加了場外交易衍生品風險加權資產要求按市價調整計值產生的損失需要進行相應的資本計提	對場外衍生品風險加權資產之影響沒有增加按市價調整計值的方法有可能影響伊斯蘭債券的資本計提
	資本比率（Capital Ratio）	一級資本比率（Tier 1 Capital Ratio）	核心一級資本（Core Tier 1）：4.5%；一級資本比率：6%	對傳統金融機構而言，該項指標調整將影響其資本損失計提
		緩釋資本比率（Buffer Capital Ratio）	留存緩衝資本（CCB, Capital Conservation Buffer）比率為 2.5%；反週期緩衝資本（CCCB, Counter Cyclical Capital Buffer）比率：0%, 2.5%	對伊斯蘭金融機構而言，該項指標調整影響很小因其資本通常較為雄厚
槓桿比率（Leverage Ratio）			限制銀行槓桿比率不低於 3%	該指標要求將影響傳統金融機構的貸款能力；對伊斯蘭金融機構而言，該項指標影響有限因其槓桿能力已經受到伊斯蘭監管的制約
流動性要求（Liquidity Requirements）	流動性覆蓋比率（LCR, Liquidity Coverage Ratio）		LCR 用來測試確定在監管部門設定的短期嚴重壓力情景下，銀行所持有的無變現障礙的、優質的流動性資產數量，確保度過持續一個月的高壓情景	該指標將敦促伊斯蘭金融機構加強流動性管理，但目前伊斯蘭金融機構：1）在流動性管理方面普遍缺乏競爭力，主要原因在於市面上缺乏 AAA 級、合理定價、符合伊斯蘭監管、可自由交易的流動性產品；2）全球尚未形成一個統一的伊斯蘭銀行間流動性市場；3）外幣風險可能上升。
	淨穩定資金比率（NSFR, Net Stable Funding Ratio）		NSFR 用來測試確定銀行長期需要和可使用的、穩定的流動性資產的數量，確保其在較長時期內具有應對流動性風險的能力	各地監管機構對 Basel III 的具體執行效果起到了非常重要的作用。

3）新增風險報告系統；

4）壓力測試體系建設等。

為幫助伊斯蘭金融機構更好地落實《巴塞爾協議Ⅲ》，伊斯蘭金融服務委員會（IFSB）推出新的監管條例 IFSB-15。在資本充足率方面，IFSB-15 在 IFSB 之前頒佈的兩套標準 IFSB-2（資本充足率標準）和 IFSB-7（伊斯蘭債券、資產證券化和地產投資資本充足率標準）的基礎上做了進一步完善和提高。IFSB-15 重新定義了核心一級資本充足率（Tier 1 Core Capital）只包括普通股。而優先股只能納入附加一級資本（ATI-additional Tier 1）。在有些國家如馬來西亞，只有投資於符合伊斯蘭監管要求的優先股才能算做附加一級資本。此外，Perpetual Musharakah Sukuk 也被納入附加一級資本（ATI-additional Tier 1）。而期限為五年或以上的 Mudarabah Sukuk 和 Wakalah Sukuk 則被納入二級資本（Tier 2 Capital）。總而言之，IFSB-15 強調了在《巴塞爾協議Ⅲ》執行階段 Sukuk 等產品資本充足率的重要性。

二者區別如下表所示：

	Basel III	IFSB-15
Core Tier 1	Common Stock	Common Stock
Other Tier 1	Preferred Stock Hybrid Securities	Preferred Stock Musharaka Sukuk
Tier 2	Subordinated Bonds and Loans	Mudaraba Sukuk Wakala Sukuk（with an initial maturity of at least 5 years）

資料來源：www.bis.org, IFSB

此外，IFSB 還頒佈了 IFSB-16 監管審查執行細則以及三個指導原則：GN-2CMUDARABAH 交易風險管理及資本充足率標準）；GN-4（IFSB 資本充足率標準：ALPHA 值之確認）；GN-6 [伊斯蘭金融服務流動性風險管理量化指標（不含伊斯蘭保險）]。

10.3 《巴塞爾協議Ⅲ》合規性伊斯蘭債券

◇◇◇◇◇◇◇

10.3.1 《Basel Ⅲ》合規性伊斯蘭債券發行模式

在資本充足率方面，《Basel Ⅲ》規定附加一級資本（AT1-additional Tier 1）最低比率為 1.5%。從某種意義上看，附加一級資本工具（AT1）實際上兼有股權和債權的特性，可以為投資者提供固定回報，並可用於在"持續經營資本"的基礎上吸收損失。

為遵守《Basel Ⅲ》的相關要求，伊斯蘭資本市場做出相應的創新。2012年 11 月，全球第一個《巴塞爾協議Ⅲ》附加一級資本（AT1）合規性伊斯蘭債券問世，發行人為阿聯酋的阿布扎比伊斯蘭銀行（Abu Dhabi Islamic Bank），金額 10 億美元。隨後在 2013 年 12 月，全球第一個《巴塞爾協議Ⅲ》二級資本（T2）合規性伊斯蘭債券發行，發行人為阿聯酋的迪拜伊斯蘭銀行（DUBAI Islamic Bank），金額 10 億美元。

《巴塞爾協議Ⅲ》一級資本（T1）合規性伊斯蘭債券發行模式如下圖所示：

T1 Sukuk 發行模式結構示意圖

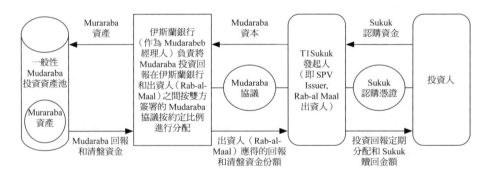

T1 Sukuk 發行流程基本如下：

1）T1 Sukuk 發起人成立一個特殊目的公司（SPV）向投資人發行一級資本（T1）合規性伊斯蘭債券（該債券為永續債券且無固定贖回日），募集投資人資金並將其作為 Mudamba 資本金轉給伊斯蘭銀行；此時，T1 Sukuk 發起人的角色是出資人（Rab-al-Maal）。

2）根據伊斯蘭銀行與 T1 Sukuk 發起人（Rab-al-Maal，出資人）簽訂的某個（某幾個）項目 Mudamba 協議（即合夥制利益分享合同），雙方形成合夥關係。此時，伊斯蘭銀行是受託經理人（Mudambeb），負責該 T1 Sukuk 合規性伊斯蘭債券所募集而來的資金的具體投資事宜。

3）根據雙方已簽署的 Mudaaba 協議，該資金可以被用於單獨投資於某個（或某幾個）項目，也可由伊斯蘭銀行視其經營具體需要，與伊斯蘭銀行自有資金混合投資於其項目池中的某個（或某幾個）項目。

4）根據雙方已簽署的 Mudaaba 協議，在扣除伊斯蘭銀行自有資金投資回報後，剩餘投資回報將由伊斯蘭銀行按照與出資人事先約定的比例進行分配，然後出資人按照債券招募說明書的約定將回報轉付給投資人。

5）在進行投資回報分配前，伊斯蘭銀行必須首先保證其償債能力和資本充足率符合相關監管要求。

6）在第一個贖回日或回報分配日後，伊斯蘭銀行有權自行決定將該 T1 合規性伊斯蘭債券進行整體清盤。如遇稅務或資本問題，伊斯蘭銀行有權自行決定將該債券在任何一天進行整體清盤。

7）如遇銀行破產清算，伊斯蘭銀行有權自行決定將該債券在任何一天進行整體清盤。

《巴塞爾協議Ⅲ》二級資本（T2）合規性伊斯蘭債券發行模式如下圖所示：

T2 Sukuk 發行流程基本如下：

1）伊斯蘭銀行成立一家 T2 Sukuk 發行管理公司，作為 Sukuk 發起人，負責為伊斯蘭銀行發行 T2 Sukuk，並同時為投資人管理 T2 Sukuk 募集資金和回報分配。

2）T2 Sukuk 發行管理公司作為發起人向投資人發行 T2 Sukuk，募集資金。該募集資金投資主要分為兩部分：1）不少於 51% 的部分，由伊斯蘭銀行通過資產管理方式運行；2）不高於 49% 的部分，由 T2 Sukuk 發行管理公司和伊斯蘭銀行通過投資大宗商品的方式運行。

3）T2 Sukuk 發行管理公司將募集而來的資金（不低於 51%）轉給伊斯蘭銀行，用於構建投資組合，該資產可能包括：若干非房地產類資產（如融資租

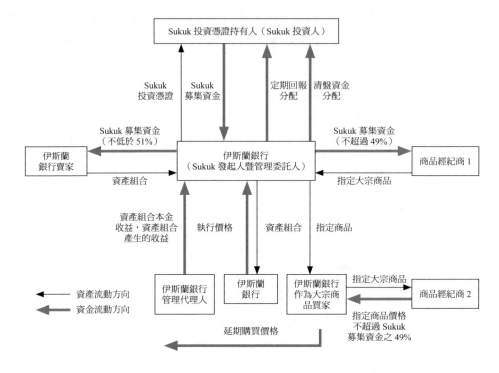

T2 Sukuk 發行模式結構示意圖

質類──Ijara 資產組合）；其他 Sukuk 投資憑證。伊斯蘭銀行負責管理該投資組合，並委託 T2 Sukuk 發行管理公司定期將投資回報分配給 Sukuk 投資者。

4）T2 Sukuk 發行管理公司作為發起人將募集而來的資金（不高於49%），以現貨價格（spot price）用於向商品經紀商購買符合伊斯蘭監管要求的大宗商品（可以是在倫敦商品交易所交易的金、銀等貴金屬商品，也可以是其他商品）；交易方式可以是櫃檯交易，也可以是交易所交易。伊斯蘭銀行和T2 Sukuk 發行管理公司共同管理該投資組合，伊斯蘭銀行並委託 T2 Sukuk 發行管理公司定期將投資回報分配給 Sukuk 投資者。

5）上述購買交易完成後，T2 Sukuk 發行管理公司將同時以背靠背的方式將上述大宗商品以 Murabaha（成本加價方式）出售給伊斯蘭銀行，交易價格是上述交易價格加上當期將要支付給 Sukuk 投資人的投資回報；交割方式是即期交割，付款方式是遠期付款；此時伊斯蘭銀行是該大宗商品的買家和所有者。

6）上述購買交易完成後，伊斯蘭銀行將同時以背靠背的方式將上述大宗商品出售給另一家商品經紀商，交割方式是即期交割，付款方式是即期付款，交易價格視雙方合同約定而定。

7）在 Sukuk 到期日，T2 Sukuk 發行管理公司將要求伊斯蘭銀行以 Sukuk 發行時約定的執行價格回購該 Sukuk。

2006—2017 年全球金融機構伊斯蘭債券發行狀況（單位：百萬美元）

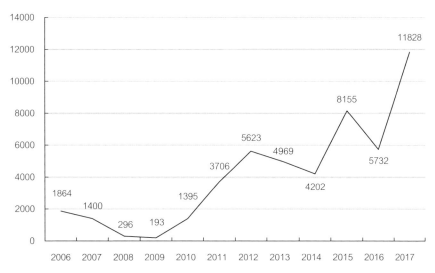

資料來源：IIFM Sukuk Database

10.3.2 《Basel Ⅲ》合規性伊斯蘭債券發行情況

全球金融機構一直是伊斯蘭債券（SUKUK）發行的主力軍。在 2003—2005 年間，全球金融機構共發行了 7.35 億美元 Sukuk，在 2006 年全球金融機構 Sukuk 發行量第一次超過 18 億美元。之後由於全球金融危機的影響，全球金融機構 Sukuk 發行量逐年走低，在 2009 年到達近 10 年的低谷 1.93 億美元。之後隨着全球經濟轉暖，各主要行業實行寬鬆貨幣政策以刺激經濟復甦以及《巴塞爾協議Ⅲ》各項標準陸續推廣和落實點燃了各伊斯蘭銀行發行《巴塞爾協議Ⅲ》合規性伊斯蘭債券的熱情，全球金融機構 Sukuk 發行量快速反彈，於 2012 年突破 56 億美元，2015 年突破 81 億美元，並於 2017 年第一次站上 118 億美元高點。截至 2016 年底，伊斯蘭銀行業核心市場如馬來西亞、沙特、阿聯酋、卡塔爾、土耳其、巴基斯坦等國共發行了 102 億美元的《巴塞爾協議Ⅲ》合規性伊斯蘭債券，發行模式主要是 Murabaha 或是 Murabaha 與 Mudaraba 混合模式，其中 T2 Sukuk 佔比達 67.43%，AT1 Sukuk 佔比為 32.57%。

具體發行情況如下頁表所示：

在發行數量上，馬來西亞（6）、沙特（5）、阿聯酋（3）位居前三甲。在發行金額佔比上，沙特（59%）、阿聯酋（36%）、馬來西亞（14%）名列前三。

從發行資本種類上來看，《巴塞爾協議Ⅲ》合規性伊斯蘭債券約 1/3 補充附加一級資本（AT1），約 2/3 補充二級資本（T2）。

從發行結構分析，《巴塞爾協議Ⅲ》合規性伊斯蘭債券中，股權合夥（Mudarabah）為 55%，混合型（Hybrid）為 31%，成本加價型（Murabahah）為 12%，租賃（Ijarah）為 2%。

在流動性方面，《巴塞爾協議Ⅲ》（《Basel Ⅲ》）要求各成員國銀行從 2013 年 1 月起引進流動性覆蓋率（LCR）和淨穩定性融資比率（NSFR），並於 2015 年 1 月完成實施進度的 60%，於 2019 年 1 月完成實施進度的 100%。對伊斯蘭金融體系而言，這是一個不小的挑戰。因為流動性覆蓋率（LCR）所需的高流動性資產儲備在伊斯蘭資本市場極為短缺，而這些高流動性資產儲備還必須符合伊斯蘭監管的要求，更令其奇貨可居。

為了解決這一問題，全球主要的伊斯蘭中央銀行會同伊斯蘭開發銀行（IDB）和伊斯蘭流動性管理中心（IILM）共同商討對策。2013 年 8 月，IILM 發行了第一個高評級、短期伊斯蘭債券（Sukuk，期限 3 個月，金額 4.9 億美元）用於解決伊斯蘭金融機構跨境流動性管理需求。該債券受到伊斯蘭資本市場熱烈歡迎。截至 2018 年底，IILM 共發行了 61 期、總額為 368.2 億美元的 2—6 個月短期伊斯蘭債券，極大地滿足了伊斯蘭銀行業短期融資需求。截至 2018 年底，IILM 短期伊斯蘭債券餘額為 20.6 億美元，債券平均回報率約為 2.42%。

SUKUK	STRUCTURE	COUNTRY	ISSUE DATE	TENOR (YEARS)	TICKET SIZE	TYPE OF CAPITAL
ADIB CAPITAL INVEST 1 LTD	MUDARABAH	UAE	Nov 2012	Perpetual (call able 5—year)	USD1BN	AT1
DIB TIER 1 SUKUK LTD	MUDARABAH	UAE	Mar 2013	Perpetual (call able 6—year)	USD1BN	AT1
SHB TIER 2 SUKUK	HYBRID	SAUDI ARABIA	Dec 2013	10 years (callable 5—year)	SAR2.5BN	T2
SABB TIER 2 SUKUK	HYBRID	SAUDI ARABIA	Dec 2013	7 years (callable 5—year)	SAR1.5BN	T2
NCB TIER 2 SUKUK	MUDARABAH	SAUDI ARABIA	Feb 2014	10 years (callable 5—year)	SAR5.0BN	T2
AM ISLAMIC	MURABAHAH	MALAYSIA	Feb 2014	10 years (callable 5—year)	MYR200M	T2
AM ISLAMIC	MURABAHAH	MALAYSIA	Mar 2014	10 years (callable 5—year)	MYR150M	T2
MAYBANK ISLAMIC	MURABAHAH	MALAYSIA	Apr 2014	10 years (callable 5—year)	MYR1.5BN	T2
RHB ISLAMIC	MURABAHAH	MALAYSIA	May 2014	10 years (callable 5—year)	MYR500M	T2
SAUDI INVESTMENT BANK	HYBRID	SAUDI ARABIA	Jun 2014	10 years (callable 5—year)	SAR2.0BN	T2
PUBLIC ISLAMIC	MURABAHAH	MALAYSIA	Jun 2014	10 years (callable 5—year)	MYR500M	T2
HONG LEONG ISLAMIC	IJARAH	MALAYSIA	Jun 2014	10 years (callable 5—year)	MYR400M	T2
BANQUE SAUDI FRANSI	HYBRID	SAUDI ARABIA	Jun 2014	10 years (callable 5—year)	SAR2.0BN	T2
AL HILAL BANK	MUDARABAH	UAE	Jun 2014	Perpetual (call able 5—year)	USD500M	AT1

資料來源：KFH, MIFC

313

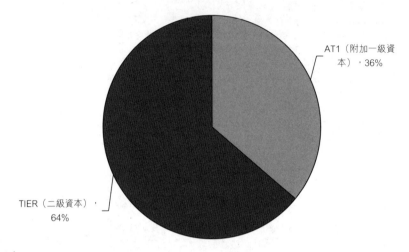

BASEL III 合規性伊斯蘭債券發行類別（截至 2014 年底）

AT1（附加一級資本），36%

TIER（二級資本），64%

資料來源：KFH, MIFO

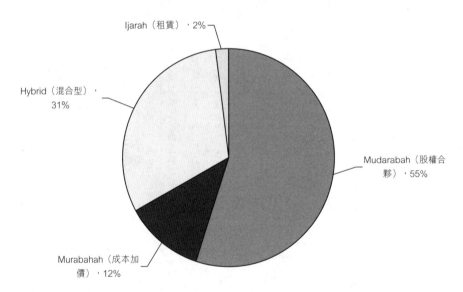

BASEL III 合規性伊斯蘭債券發行結構類別（截至 2014 年底）

Ijarah（租賃），2%

Hybrid（混合型），31%

Mudarabah（股權合夥），55%

Murabahah（成本加價），12%

資料來源：KFH, MIFO

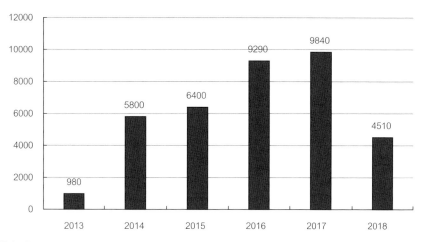

2013—2018 年 IILM Sukuk 發行情況（單位：百萬美元）

資料來源：IIFM (International Islamic Liquidity Management)

　　《巴塞爾協議III》伊斯蘭金融體系引進國際監管標準，為成為國際金融體系不可或缺的有機成員打開了大門。可以預見，隨着《巴塞爾協議III》各項標準的陸續推行和落實，《巴塞爾協議III》合規性伊斯蘭債券的發行數量和規模還有很大的成長空間。

10.4　《巴塞爾協議III》合規性伊斯蘭債券發行所面臨的問題

◇◇◇◇◇◇

　　《Basel III》合規性伊斯蘭債券大多以 Mudamba（合夥制利益分享合同）模式發行，這使其同時具有股權和債權的特點，並異於傳統債券。但在其發展過程中，《Basel III》合規性伊斯蘭債券同時還面臨如下的問題困擾。

　　1）對伊斯蘭銀行資產負債表的影響

　　伊斯蘭銀行存款的主要來源是限制性和非限制性利潤分享投資賬戶基金

（PSIA），其期限一般較 T1 和 T2 Capital Sukuk 短，且其壓力測試的歷史記錄也較短，這將會給伊斯蘭銀行的資產負債表管理帶來不小的壓力。

2）發行成本較高

在那些資本市場發育不夠充分的伊斯蘭國家，發行 T1 與 T2 合規性伊斯蘭債券的成本同發行傳統債券相比會更高，不具吸引力。因此，當地伊斯蘭銀行更多選擇發行普通股（CET1）和業務內生性增長補充資本金。比如土耳其伊斯蘭銀行的充足率在 14% —16% 之間，其中 85%—90% 都是通過發行普通股實現的。

3）資產規模擠壓效應

對那些貸款組合中長期項目貸款佔多數的伊斯蘭銀行來說，從成本考慮，發行合規性伊斯蘭債券未必是一個最佳選擇，這些銀行更有可能壓縮本行的貸款規模以期達到《巴塞爾協議 III》的監管要求。

4）伊斯蘭監管合規性要求尚無統一規範

許多伊斯蘭銀行是以 Mudarabah 或 Ijarah 模式發行合規性伊斯蘭債券，而這並不符合 IFSB Sukuk 的相關監管要求。此外，對於 AT1 合規性伊斯蘭債券有關貸款損失計提方面，各伊斯蘭銀行監管委員會與 IFSB 亦有不少分歧。例如，阿聯酋本地版的《巴塞爾協議 III》就不允許金融機構在債券發起人面臨破產時對該項投資進行債轉股的會計處理。如何彌合這一監管口徑差距，目前尚無定論。

5）監管審批口徑不一

目前只有三個國家（馬來西亞、沙特、阿聯酋）對其境內的伊斯蘭銀行完全放開了 T2 和 AT1 合規性伊斯蘭債券的審批。其他國家在這方面都較保守，且對 IFSB 的相關政策的反映也不夠積極。因此，這在某種程度上阻礙了合規性伊斯蘭債券市場的發展，也限制了這些國家伊斯蘭銀行業的發展。

6）二級市場交投有限

目前《Basel III》合規性伊斯蘭債券絕大部分為機構投資者，其交易策略是購買後持有至債券贖回日，這令到該債券市場交投相當有限。

7）破產清算執行有待觀察

目前《Basel III》合規性伊斯蘭債券募集說明書上都會註明在破產清算時，

伊斯蘭銀行應保證 Sukuk 投資人的最初投資本金安全，即若資產清算資金低於投資人的最初投資本金，伊斯蘭銀行有義務補足其中差額。但過去十年，尚未有發行《Basel III》合規性伊斯蘭債券的伊斯蘭銀行遇到過破產清算的情形，因此，該項規定如何有效執行尚待觀察。

總結

◇◇◇◇◇◇◇

本章主要介紹了《巴塞爾協議》的演化過程，特別介紹了《巴塞爾協議III》的最新要求及其對伊斯蘭金融體系的影響。

隨着《巴塞爾協議III》各項標準陸續推廣和落實，截至 2014 年底，共有 13 家伊斯蘭銀行發行了 14 隻《巴塞爾協議III》合規性伊斯蘭債券，總額達 69.3 億美元。《巴塞爾協議III》合規性伊斯蘭債券的發行不僅是伊斯蘭資本市場在符合伊斯蘭監管合規性前提下的一項創新，而且為伊斯蘭金融體系引進國際監管標準，成為國際金融體系不可或缺的有機成員打開了大門。可以預見，隨着《巴塞爾協議III》各項標準的陸續推行和落實，《巴塞爾協議III》合規性伊斯蘭債券的發行數量和規模還有很大的成長空間。

目前看來，《巴塞爾協議III》給伊斯蘭銀行業帶來的最大挑戰是伊斯蘭銀行如何能夠達到高流動性資產配置方面的相關要求而不影響其盈利水平和市場競爭力。

伊斯蘭金融術語中英文參考（A-Z）

Islamic finance Glossary of terms and contacts	English Elaboration
ABS	Asset-based Securitisation
Absentes	A contract where the parties are not present at the time of agreement
Accounting and Auditing Organisation for Islamic Fi- nancial Institutions (AAOIFI)	Set up in 1991 to develop new standards and encourage the application of these standards, AAOIFI is now recognised as the main standard-setting organisation within Islamic finance. Since inception they have issued up to 70 standards on accounting, auditing and governance, in addition to codes of ethics and Shari, ah standards.
Al-kharaj bi al-daman	The concept that the size of reward should correspond to the level of risk involved.
Amanan	Trust. This is not a contract as such, but is a feature or a requirement in some specific contracts that impose on one of the parties to disclose the actual cost price, such as in murabahah sale as.
	compared to negotiated price sale (musawwamah) with no requirement for such disclosure.
	Amanah relates to the part of the buyer/ seller relationship that is based on trust. This might occur where the financial institution buys goods from a third party vendor on the request of the institution's customers, which will subsequently purchase the goods from the financial institution.
	Upon purchasing the goods from the vendor, the financial institution assumes risks relating to the specified asset until the point of purchase by the buyer. An amanah, or trusteeship, is required of the seller/financier to disclose the actual cost of the goods purchased from the vendor before selling it to the customer at cost plus mark-up.

中文解釋
資產證券化
缺席合同（合同當事方在達成協議時並不在場）
伊斯蘭金融機構會計與審計組織，於 1991 年成立，致力於制定新的標準並鼓勵這些標準的應用，AAOIFI 是目前公認在伊斯蘭金融機構內主要標準的設計機構。自成立以來，該組織已經發行了 103 套新標準，涵蓋會計、審計和公司治理，以及符合道德和伊斯蘭教教義的各類標準。AAOIFI2006 年成功頒佈了 21 號符合伊斯蘭教義的金融準則，其中的第 17 號涵蓋了伊斯蘭債券投資；第 20 號涵蓋了大宗商品交易；第 21 號涵蓋了金融證券（股票和債券）。
回報與風險須匹配的概念。
信任 / 信託 / 託管（協議），指買賣雙方的關係建立在信任基礎之上，這並不是一個合同，而僅是該協議的一個特點或在某些特定的合同的特別要求，即要求當事人之一方披露其實際成本價格的要求。其他銷售合同如議價。
銷售合同（musawwamah）則沒有要求做這樣的披露。
信託涉及買方 / 賣方的關係是基於彼此信任的基礎。這可能發生在金融機構應其客戶要求從第三方貿易商購買商品，金融機構的客戶隨後將從金融機構購買該商品。
金融機構從供應商購買商品後，就開始承擔與此項資產相關的風險。在 AMANAH（信託 / 託管）協議項下要求賣方 / 金融機構在以成本加上利潤將上述資產轉賣給顧客時，須將購買該資產的實際成本披露給顧客。

Islamic finance Glossary of terms and contacts	English Elaboration
	Another example of amanah being introduced into an Islamic financial arrangement would be wadiah yad-amanah, which is where a bank, as the custodian, undertakes the task of safekeeping the assets or funds deposited by a customer in a safe custody contract, based on trusteeship. It is executed between two parties, namely the depositor (owner) and the bank (custodian).
	The liability of the custodian triggers only in cases of negligence and misconduct. This is to distinguish between safe custody contracts, which are based on liability, and this safe custody contract, which relies on trusteeship.
	It establishes the liability of one of the parties, whereby a contract that is featured as Arnanah will not inflict any legal liability on the part of the custodian, except in the case of negligence and misconduct
	Key principles of amanah: requires a true and honest disclosure of the cost price in all Amanah-based sales.
AOA	Articles of Association
'Aqd['aqad]	Contract
Aqilah	Blood Money
'Ariyah	Provision of the right to use at no consideration (loan).
Ashum	Shares
BAFIA	Banking and Financial Institutions Act 1989, issued by the central bank of Malaysia- Bank Negara Malaysia (BNM), which came ino force on 01 October 1989, licenses and regulates institutions, which include banks, finance companies, merchant banks, discount houses and money-broking institutions.
Bai al' -Inah	An arrangement to sell and buy back or buy and sell back an asset between the financer and the customer to facilitate cash financing.
Bai'al-sarf	money exchange
Bancassurance	Insurance offered or marketed through banks instead of through insurance branches or agents
Bay'[bai']	Sale
Bay'al-dayn	The sale of debt

中文解釋
另一個有關 AMANAH（信託 / 託管）例子，就是伊斯蘭金融機構安排 wadiah Yad 信託協議，該協議有兩方當事人：銀行（作為託管人），負責保管客戶（所有人）存入的資產或資金。
對保管人而言，只有在其有疏忽和不當行為時才負保管責任。這是 AMANAH（信託 / 託管）協議與保管合同的主要區別，保管合同基於責任，AMANAH（信託 / 託管）協議基於託管。
它確立了一方當事人（託管人）的責任，即在信託協議下託管人除了其自身有疏忽和不當的行為，在其他情況下無需負任何法律責任。
Amanah 的核心原則： 要求在所有以 Amanah 為基礎的銷售活動中必須把真實誠信的價格信息披露出來；受託人只有在自己存在行為失當和疏忽時才可以被要求負責。
公司章程
合同
血酬，血汗錢
提供無需付費 / 預定金而可使用的權利；無需付費 / 預定金的使用權的規定。
股份
銀行與金融機構法 1989，由馬來西亞中央銀行頒佈，1989 年 10 月 1 日起正式執行，內容涵蓋銀行與金融機構（含銀行、金融公司、商人銀行、票據貼現公司和貨幣經紀機構）經營執照發放與管理等相關規定。
典當或類似典當的、通過買賣資產籌資的活動。
貨幣兌換
銀行保險業
銷售
債務銷售

Islamic finance Glossary of terms and contacts	English Elaboration
Bay'al-Inah	Sell and buy-back to obtain cash
Bay'al-murabahah	Sale of a commodity at cost price plus a known profit
Bay'al-tawliyah	Sale at cost without profit or loss
Bay'al-wadiah	Sale below the cost price or at a discounted price
Bay'mu'ajjal	Deferred payment sale
Bayt al-mal	Government treasury
BBA	BBA (Bai'Bithaman Ajil), Bay'Bithaman Ajil, deferred payment sales for Islamic bond
BIMB	Bank Islam Malaysia Berhad, the first Islamic bank in Malaysia, founded in 1983.
BIS	Bank for International Settlement
BLME	Bank of London and The Middle East, launched a stand-alone, wholesale Shari'ah compliant bank based in the city of London in 2007.
BNM	Bank Negara Malaysia (Malaysian Central Bank)
BNN	Bank Negara Negotiable Notes
BOD	Board of Directors
BSAS	Bursa Suq Al'Sila, provides the commodities required by Islamic banks in Malaysia to undertake their comodity murabaha financing products, BSAS is the first fintech platform to utilise Islamic smart contract in the world.
CBB	Central Bank of Bahrain, fomerly the Bahrain Monetary Agency(BMA), founded in 1973, is the sole financial authority that regulates both conventional and Islamic financial serxaces based on a single legislation.
CBK	Central Bank of Kuwait
CBU	Central Bank of United Arab Emirates, founded on 11 December of 1980, acting as the central bank for banks operating in the UAE and supervises the effectiveness of the banking system in the country.
CIS	Collective Investment Scheme, where the financial institution acts in trust to administer and manage the fund separately from other fund providers.
CIU	Collective Investment Undertakings

中文解釋
先賣後買回以籌措資金
以成本價加上雙方認可的利潤銷售某商品
以成本價平價銷售某商品
以低於成本價／折扣價銷售某商品
賒銷；延期付款銷售
國庫；財政部
賒銷伊斯蘭債券；延期付款銷售
馬來西亞伊斯蘭銀行，馬來西亞第一家伊斯蘭銀行，於 1983 年成立。
國際清算銀行
倫敦中東銀行，倫敦城內第一家完全遵循伊斯蘭教義的從事批發業務的銀行，於 2007 年成立。
馬來西亞中央銀行
馬來西亞中央銀行發行的可轉讓票據
董事會
馬來西亞伊斯蘭金融智慧商品合同交易平台
巴林中央銀行，之前稱巴林貨幣管理局，成立於 1973 年，是巴林於單一管理體系下同時管理世俗傳統的和伊斯蘭金融服務的唯一監管機構。
科威特中央銀行，成立於 1968 年，是科威特境內所有銀行的監管機構。
阿聯酋中央銀行，成立於 1980 年 12 月 11 日，是阿聯酋境內所有銀行的監管機構。
集體投資計劃，在該計劃中金融機構受託管理出資人的資金。
共同投資基會

Islamic finance Glossary of terms and contacts	English Elaboration
CP	Commercial Paper
Darurah	A necessity or emergency. This is a condition in which aspects of Shari'ah may be suspended in order to preserve life, or to assure the safety of the Muslim community, or an individual.
DFA	DFA-DIFC Authority
DFSA	Dubai Financial Services Authority, regulates all financial and ancillary serxaces undertaken in or from DIFC (Dubai International Financial Center).
DIFC	Dubai International Financial Center
DIFX	Dubai International Financial Exchange
DJA	Dubai International Financial Center Judicial Authority
DJIM	Dow Joans Islamic Market Index
DR	Depository Receipts
ED	Exposure draft
ELN	Equity Linked Notes
Emas Designation	Preferred destination
ETF	Exchange-traded funds
faquih	jurist
fatwa	judgement
FNP	Fit-and Proper

中文解釋
商業票據
萬一／不時之需，為保護生命，或為保證穆斯林團體／個人的安全，相關的伊斯蘭教義可以暫時不予考慮。
迪拜金融中心下設機構，迪拜國際金融中心管理局負責制定迪拜國際金融中心的政策，監管迪拜國際金融中心的戰略開發、經營管理、營銷以及行政管理。迪拜國際金融中心管理局還負責不受迪拜金融服務局監管的非金融服務活動法律法規的執行。
迪拜金融中心下設機構，迪拜金融服務管理局（DFSA）是一個獨立的風險管理機構，負責頒發經營許可證並管理迪拜國際金融中心內部或來自該中心的各類金融服務公司的活動。採用國際公認標準為模型的原則性基本法規，迪拜金融服務管理局制定了一整套適合該中心的監管制度。
迪拜國際金融中心（DFIC）是一個根據阿聯酋聯邦法律和迪拜酋長國法律設立的聯邦金融自由區，由迪拜副酋長擔任主席，主持迪拜國際金融中心高級董事會（DIFC Higher Board）的工作。該董事會負責監管迪拜國際金融中心旗下的三個監管機構的運轉，確保這三個機構通過更高層次的協調，在不影響它們各自獨立性的前提下，和諧一致地運行。迪拜國際金融中心的總裁由金融中心高級董事會主席任命，任期4年。總裁與中心監管機構充分協商，提出戰略、策略和目標，設立各種委員會和簽署備忘錄，以便實現這些目標並監管金融中心的運營。
迪拜國際金融交易所
迪拜國際金融中心司法管理局，迪拜金融中心下設機構，實行獨立的普通法系司法體制，負責中心內部所有民事和商業糾紛的司法和執法活動。
道瓊斯伊斯蘭市場指數
存託憑證、存款單
徵求意見草案／討論稿
股票掛鈎票據
emas 是馬來西亞語 "金子" 的意思，意味着普世價值和安全性。馬來西亞靈活的外匯管理、完善的法律體系使其成為其 Sukuk 國際發行地之首選地（Emas Designation）。
交易所交易基金
裁定官
伊斯蘭教義規定，裁決
合適且合理，是伊斯蘭金融機構及伊斯蘭監管委員會挑選其主要管理人員的核心原則

Islamic finance Glossary of terms and contacts	English Elaboration
FIQH	jurisprudence
Faraid	Inheritance
Fiqh	Islamic substantive law
Fiqh al-muamalah	Islamic commercial law
Five pillars of Islanmic finance	
GAAPs	General Accepted Accounting Principles
GCC	Gulf Cooperation Council countries, including Bahrain, Kuawait, Oman, Qatar, Saudi Arabia, and the United Arab Emirates
General Term Investment deposits	one type of deposits in Iran, variable return within a range fixed by central bank where minimum and maximum rates are permissible
Gharar	Uncertainty
Gharar yasir	Minor uncertainty
GIC	Govermment Investment Certificate, issued by Malaysian Central Bank
GII	Government Investment Issue, issued by Malaysian Central Bank
GIIs	The FTSE Global Islamic Index Series
hadith	saying or tradition of the Prophet Muhammad
Hadiah al-thawaab	A gift with the intention of getting the reward from the recipient in the future.
Halal	Acceptable and lawful, permitted
Hamish jiddyah	A security deposit paid by a party prior to entering into an exchange contract such as sale and lease. for his commitment for this intended contract. Should the party fail to enter into the contract. the other party can use the deposit to cover any losses incurred.
Hanafi	Particular school of law
Hanbali	Particular school of law

中文解釋
費格赫（Fiqh）被界定為宗教的實際規則。伊斯蘭法學家以此衍生出教法淵源學（Usui al- iqh，"法學理論"、"法理準則"）。根據伊斯蘭的法理，法律根源有四，以優先次序排列為：古蘭經、聖行（穆罕默德的言行）、穆斯林法學家的共識（伊制馬）及類比論證（格雅斯）。對早期的伊斯蘭法學家來說，法理不如法律的實際應用來得重要。在 9 世紀，法學家沙斐儀將法律原則（包括四個來源）編成法典，為伊斯蘭法律提供了理論性的基礎。
繼承
伊斯蘭實體法
伊斯蘭民商法
伊斯蘭金融的五大支柱：先知穆罕默德說："伊斯蘭教建立在五項基礎上，即作證萬物非主、惟有真主；穆罕默德是真主的使者、禮拜、齋戒、交納天課、朝覲。" 這五項功修簡稱 "唸禮齋課朝" 五功。
一般公認會計原則
海灣合作委員會，成員國包括巴林、科威特、阿曼、卡塔爾、沙特和阿聯酋
一般投資存款，伊朗的一種存款賬戶，無固定回報，但在投資存續期內的投資回報介於中央銀行規定的上限與下限之間
不確定性
輕微的不確定性
由馬來西亞中央銀行發行的政府投資證書
由馬來西亞中央銀行發行政府投資證書
富時全球伊斯蘭指數系列
先知穆罕默德的言行或傳統
一個（送給收件人的）禮物，希望藉此從收件人於未來得到報酬。
可接受的或合法的
雙方訂立合同（如買賣和租賃合同前，由其中一方交納保證金，若其無法履行合同，則另一方可用該保證金彌補由此造成的任何損失）。
伊斯蘭法律流派之一 Hanafi 派
伊斯蘭法律流派之一 Hanbali 派

Islamic finance Glossary of terms and contacts	English Elaboration
Haram [haraam]	Unacceptable or prohibited
Hasuna	Pleasing, appealing or nice
Hiba [hibah]	Gift
Hiwalah [hawala]	Transfer of debt/ right to claim
HML	Home Mortgage Loan
Hukm	A ruling in the Qur'an or the traditions of the Prophet Muhammad, or derived through the reasoning of jurists.
IABS	Islamic asset-backed securitization
IAH	Investment Account Holders
IAIS	International Association of Insurance Supervisors
IAP	Islamic Account Platform
IAS	International Accounting Standards
IASB	International Accounting Standards Board
IBB	Islamic Bank of Britain, the first fully-fledged Islamic bank in the UK, founded in August 2004. IBB is regulated by FSA and will meet the UK banking regulations and safeguards for the customers.
IBS	Islamic Banking Scheme
Ibra'	Rebate provision. This can be defined as a discount or rebate. An example of ibra'in practise might be where a bank which is owed a set amount from one of its clients and accepts less for early payment. This practice of discount or rebate avoids unjust enrichment and maintains the competitiveness of the bank
	Key principles of ibra':
	relates to the forfeiting of rights to claim
	involves a discount or rebate for early repayment of an amount owed.
ICM	Islamic Capital Market, attracts investment funds and channels them for productive purposes.

中文解釋
不可接受的或被禁止的
令人歡喜的，吸引人的或好的
禮物
轉讓債務，轉讓索賠權
房屋按揭貸款
根據古蘭經教義或先知穆罕默德留下的傳統，或通過法律推理而產生的裁定／判決。
伊斯蘭資產證券化
投資賬戶持有人
國際保險監督官協會
伊斯蘭賬戶平台，成立於 2016 年，由六家馬來西亞伊斯蘭銀行聯營體共有，主要為中小企業提供融資。註冊資本為 1.5 億林吉特。
國際會計準則
國際會計準則委員會
不列顛伊斯蘭銀行
伊斯蘭銀行計劃
折扣規定，這可以被定義為一個折扣或回扣。在實踐中可能是一家銀行的某一客戶欠銀行一筆款項，而銀行同意因其提前還款，可以給其折扣，接受其少還欠款。這種折扣或退款規定避免了不當得利並維護了銀行的競爭力。
bra' 的核心原則：
與放棄求償權有關
步及因欠債人提前償還所欠金額而由債權人所給與的一個折扣或回扣。
尹斯蘭資本市場

Islamic finance Glossary of terms and contacts	English Elaboration
IDB	Islamic Development Bank, is an international fiancing institution headquartered in Jeddah, Saudi Arabia. It was founded by the first conference of finance ministers of the Organisation of the Islamic Conference (OIC) in 1973 and officially began its activities in 1975. IDB fosters the economic development and social progress of OIC member countries and Muslim communities by participating in equities and grants as well as providing financial assistance in accordance with the principles of Shari'ah.
IELN	Islamic Equity Linked Notes
IETF	Islamic Exchange Traded Fund
I'fa'	Waiver to set aside right
IFIS	Islamic Financial Institutions
IFSB	Islamic Financial Services Board, founded in 2002, is an international body that sets standards for regulatory and supervisory agencies that help ensure the soundness and stability of the IFSI (Islamic Financial Services Industry). Based in Kuala Lumpur, the IFSB complements the functions of the Basel Committee on Banking Supervision (BCBS), the International Organisation of Securities Commissions (IOSCO) and the International Association of Insurance Supervisors (IAIS).
IFSI	Islamic Financial Services Industry
IIFM	International Islamic Financial Market, is an international institution founded by the IDB (Islamic Development Bank) and central banks and monetary agencies of Bahrain, Brunei, Indonesia, Malaysia and Sudan. It facilitates the development of the global primary Islamic capital and short- term financial markets and subsequently, the creation ofa secondary market for Islamic financial instruments.
IFT Alliance	Islamic Fintech Alliance
IIMM	Islamic Interbank Money Market of Malaysia
IIRA	Islamic International Rating Agencies, headquartered in Manama, Bahrain, and started operations in 2005, IIRA is funded by multilateral finance institutions, several leading banks and other financial institutions and rating agencies from different countries. IIRA provides an assessment of the risk profile and entities or institutions and instruments issued by market participants of IFIs (Islamic Financial Institutions).

中文解釋
伊斯蘭開發銀行（IDB, Islamic Development Bank），總部位於沙特吉達的國際金融機構，由伊斯蘭會議組織（OIC, Organisation of the Islamic Conference）第一屆財長會議於 1973 年發起成立，於 1975 年正式運作。IDB 通過為伊斯蘭會議組織成員國家和穆斯林社區提供參與股票和基金投資的機會以及提供符合伊斯蘭教義的財政援助，促進其經濟發展和社會進步。
伊斯蘭股票掛鈎票據
伊斯蘭的交易所交易基金
放棄預留權利
伊斯蘭金融機構
伊斯蘭金融服務委員會（IFSB, Islamic Financial Services Board），是一個國際性組織，為伊斯蘭金融機構和金融業管理和監管機構設立各項標準，以確保其穩健運行。該機構於 2002 年成立，總部設於馬來西亞首都吉隆坡，是巴塞爾銀行監管委員會（BCBS）、國際證券委員會組織（IOSCO）、國際保險監督官協會（IAIS）的重要補充。伊斯蘭金融服務委員會同時也是各伊斯蘭國家中央銀行協會。
伊斯蘭金融服務業
國際伊斯蘭金融市場（International Islamic Financial Market, IIFM），由 IDB（伊斯蘭開發銀行）以及巴林、文萊、印度尼西亞、馬來西亞和蘇丹中央銀行共同發起成立，旨在促進全球初級伊斯蘭資本市場和短期金融市場的發展，從而創建為伊斯蘭金融產品服務的伊斯蘭金融二級市場。該機構成立於 2001 年，它的全球伊斯蘭教義監管委員會（Global Shari'ah Supervisory, SSC）負責審查和放行由伊斯蘭資本市場發行的新的伊斯蘭金融產品。這一機構的存在，促進了伊斯蘭投資產品的跨境交易和二級市場的活躍度。
伊斯蘭科技金融聯盟，成立於 2016 年 4 月，總部位於馬來西亞吉隆坡，主要創始成員包括 8 家伊斯蘭眾籌金融平台運營商。
馬來西亞伊斯蘭銀行同業拆息市場
伊斯蘭國際評級機構（Islamic International Rating Agencies, IIRA），總部位於巴林的麥納麥，成立於 2002 年，於 2005 年開始運作。由各主要銀行、多邊金融機構和各國評級機構發起成立，主要為伊斯蘭金融機構和其他市場參與者提供該市場內公司／機構和金融產品的風險評級，上述評級報告會定期向公眾公佈。

Islamic finance Glossary of terms and contacts	English Elaboration
Ijarah	means to transfer the rights or usufruct of a particular property to another person in exchange for a rent claimed from them. An operating lease. A lease contract A party leases a particular product for a specific sum and a specific time period In the case of a lease purchase, each payment includes a portion that goes toward the final purchase and transfer of ownership of the product.
Ijarah 'ala al-ashkhas	Hire of people
Ijarah al-a'yan	Lease of the asset
Ijarah mawsuufah fi dhimmah	A lease on a specific description of the property to be constructed and delivered in the future, whereby the lease payment may be collected prior to the delivery of the asset.
Ijarah muntahia bi tamleek	Lease with an option to transfer the title to the lesee. The customer is provided for in the lease, and the lease arrangement is Ijarah muntahia bi tamleek. It is also known as ijarah thumma al bay, (lease followed by sale) or ijarah wa al-iqtina' (hire and purchase).
	The objective of this financing is to transfer the legal title of the leased asset to the lessee at the end of the lease period. At the end of this contract, the bank will surrender its ownership of the asset to the client in consideration of the total accumulated rental claim that is inclusive of the profit
	The concept of ijarah muntahia bi tamleek is an alternative to finance leasing and in particular hire- purchase financing. There are several forms of Ijarah muntahia bi tamleek financing that reflect the different modes of transferring the ownership of the asset, such as gift, sale and transfer of equity claim, from the lessor to the lessee.
	Key principles of ijarah muntahia bi tamleek:
	involves a lease with an option to purchase the leased asset
	at the end of the lease period title transfers to the lessee
	several forms exist to reflect the mode of transfer of ownership.
Ijarah mustaqbal	Forward ijarah.
Ijarah tasqhilliyyah	Refers to an operating lease, where the financial institution transfers the usufruct (right of beneficial use) of a particular property to another person in exchange for a rent claimed from the lessee.

中文解釋
租賃（經營性租賃），將特定的財產使用權轉讓給另一個人以換取其租金 / 經營租賃 / 租賃合同。
僱用他人
資產租賃
物業租賃合同的特別描述 / 約定，即物業的建成與交付將於未來某特定時間，而物業租賃的租金付款則將早於該資產建成與交付。
帶選擇權的租賃合同，物業 / 資產所有權最終轉移給承租人。此類租賃合同稱 Ijarah muntahia bi tamleek，亦稱 ijarah thumma al bay'（先租後賣 lease followed by sale）or ijarah wa al-iqtina'（先租後買 hire and purchase）。
這種融資的目的是在租賃期結束時轉讓租賃資產的合法權利給承租人。在該合同到期時，考慮到承租人累計所付租金中已經包含有銀行的利潤，銀行會考慮讓渡該資產所有權給承租人。
ijarah muntahia bi tamleek 的概念，是提供一種選擇，目的是為租賃融資，尤其是為租購業務融資。視轉讓資產所有權的不同模式，其以多種形式出現，例如，由出租人向承租人贈禮、銷售和權益的轉讓等。
ijarah muntahia bi tamleek 核心原則：
一個租賃合同加一個購買該租賃資產之選擇權
租賃期滿轉讓該資產予承租人
在所有權轉讓過程中存在多種形式
遠期租賃
是指經營租賃，即金融機構轉讓特定物業之使用權、受益權給承租人以換取其應付該物業之租金。

Islamic finance Glossary of terms and contacts	English Elaboration
	The financial institution, such as a bank, will purchase an asset, for example plant and machinery, from a vendor and lease it to the lessee or client at an agreed rate for a defined period. The operating lease will clearly state that the lessee has the right over the usufruct in exchange of a rental claim.
	The ownership of the asset will not be transferred to the lessee during the period of the ijarah contract.
	At the end of each ijarah period, the bank will negotiate a new lease with the lessee and the lease period will continue until the bank chooses to scrap the asset. No option or right to purchase is granted to the lessee.
	Key principles of Ijarah tasqhilliyyah:
	involves a straightforward operating lease
	at the end of the lease period title does not transfer to the lessee
	at the end of the lease period the owner of the asset will negotiate a new lease or sell/ scrap the asset.
Ijarah thumma al bay'	See Ijarah muntahia bi tamleek. lease followed by sale
Ijarah wa al-iqtina'	See Ijarah muntahia bi tamleek. Hire-purchase
Ijtihad	Interpretation, the process of reasoning by Islamic jurists to obtain legal rulings from the sources of Shari'ah
Ijma'	Consensus or agreement of all Muslim scholars over interpretation.
'Illah	Effective cause or ratio legis.
IMF	International Monetary Fund
IMM	Islamic Money Market, is a financial market of short-term Islamic securities.
Inah	is a two-party sale and buy back concept that not facoured by the Shari'ah and is usuall only utilized as a last-resort mechanism.
Infitah	opening, thus the opening of the economy to private and foreign capital
In rem	Action relating to property rather than the person.
Inter absentes	Not physically present
Inter praesentes	Physically present i. e. face to face

中文解釋
金融機構，如銀行，將從一個供應商購買資產，如廠房和機器，並將其以約定的價格和期限出租給承租人或其他客戶。經營租賃合同將明確規定，承租人有以租賃債權（付租金）交換用益物權的權利。
在該合同存續期，資產之所有權不會轉移給承租人。
在每一租賃期結束時，該銀行將與承租人就租賃合同重新談判，而該租約持續期將到銀行選擇報廢該資產。承租人無選擇權或購買權。

Ijarah tasqhilliyyah 的核心原則：

涉及一個簡單的經營租賃
在租賃期結束時標的物不轉讓給承租人
在租賃期內銀行不將標的物轉讓給承租人，而是重新談一個新的租賃合同或是將該資產出售或報廢。
參見 Ijarah muntahia bi tamleek，先出租後賣出
參見 Ijarah muntahia bi tamleek，先租後買
解釋／教法解釋，由伊斯蘭法學家從伊斯蘭監管推理而得
有穆斯林學者對教法解釋所達成的共識或一致意見
有效的原因或立法
國際貨幣基金會組織
伊斯蘭貨幣市場
是一個甲乙雙方出售和回購的概念，不為伊斯蘭監管所鼓勵，通常只作為最後貸款人機制使用。
開放式，指經濟對個體和外國資本開放
關於財產而不是人的行動。
本人不在現場
本人在現場，面對面

Islamic finance Glossary of terms and contacts	English Elaboration
IREIT	Islamic Real Estate Investment Trust, listed in the securities exchange, addresses the liquidity requirements of Muslim investors as it is an asset that can be disposed of fairly quickly.
IRR	Internal Risk Reserve
IRTI	Islamic Research and Training Institute
ISCS	Internal Shari'ah Control System
Istihsan	Equity consideration
Istishab	Presumption of pemissibility
Istisna' (deferred payment, deferred delivery)	Manufacturing or construction contract. A contract to build, manufacture, construct or develop the object of sale at a definite price, over a defined period of time, according to agreed specifications between the parties. An istisna' contract can be established between a bank and contractor, developer or producer that allows the bank to make progress payments as construction progresses. A manufacturer (contractor) agrees to produce (build) and to deliver a certain good (or premise) at a given price on a given date in the future. The price does not have to be paid in advance. It may be paid in installments or part may be paid in advance with the balance to be paid in the future based on the preferences of the parties.

Istisna, financing is provided in the form of advance progress payment(s) to the customer who builds, manufactures, constructs or develops the object of sale. Upon completion of the project, the asset is delivered to parties who agreed to take delivery of the asset.

Parallel istisna' arises when the party that intends to take delivery provides advance progress payment to the bank to engage the builder, manufacturer, contractor and developer.

Variations of timing and cash flow expectations, between the purchaser and the parties that deliver the object of sale, are bridged by the bank.

Key principles of istisna':

involves the purchase of an item that has yet to be built, manufactured or constructed

progress payments are normally made by instalments as construction progresses |

中文解釋
伊斯蘭房地產投資信託，在證券交易所上市，因其可以快速交易，從而解決了穆斯林投資者對流動性要求
內部風險準備金
伊斯蘭研究和訓練所
內部控制制度的教法
權益兌價
推定的容許性
製造或建築合同。根據雙方簽訂合同的具體約定，在規定的時間，根據雙方商定的規格完成製造或建築合同，一個 Istisna 合同可以由銀行與承包商／開發商或生產商訂立，同時允許銀行根據施工進度／工程進度付款。
Istisna' 融資協議，一般以工程預付款形式出現，同時允許銀行根據乙方的施工進度／工程進度付款。項目完成後，資產交付予甲方。
Parallel istisna' 並行／平行 istisna 是指甲方意在確實／儘早取得物權，委託銀行根據乙方（建築商／製造商／承包商／開發商）的施工進度／工程進度付款。
採購方與建築商／製造商／承包商／開發商間的諸如時間／現金流預測間的變化與差距，由銀行負責解決。
Istisna' 的核心原則：
涉及購買的項目尚待建立、製造或建造
進度付款通常是根據建設的進展分期進行

Islamic finance Glossary of terms and contacts	English Elaboration
	on completion of the project the asset is delivered to those that originally commissioned it
	parallel istisna'is where those that commission the asset make progress payments to the financier as the asset is constructed by another contractor or developer.
	parallel istisna'allows for any mismatch in the timing or amount of cash flows between those that commission the asset and those that construct it.
Istisna'muwazi (parallel istism')	See above.
Ju'alah	Commission-based
Kafalah	Undertaking. A contract of guarantee or surety that provides assurance in terms of performance and value when the object of the transaction is exposed to adverse change due to varying outcomes.
	In trade financing, a bank guarantee is issued when the owner of goods discharges the liability for the goods on behalf of a third party. Such guarantees are often used in cases of goods being imported.
	The exporter knows that the goods will be paid for and can feel free to allow the goods to be uplifted by the importer. The importer may be required to offer some form of collateral as surety and will normally pay a fee for the service.
	The purpose of a kafalah contract is to facilitate international trade.
	Key principles of kafalah:
	involves a guarantee or surety
	used when something being bought or sold could change in value if exposed to adverse conditions
	often used when importing/exporting goods
	facilitates international trade.
KLSI	Kuala Lumpur Shari'ah Index
Litera legis	Literal rule

中文解釋
在工程完成後的資產交付給那些委託人
Parallel istisna' 並行 / 平行 istisna' 指在工程委託人委託銀行根據乙方（建築商 / 製造商 / 承包商 / 開發商的施工進度 / 工程進度分期付款。
Parallel istisna' 並行 / 平行 istisna' 允許項目委託人與項目建設人之間存在建設時間 / 現金流等的不匹配。
參見上文
基於佣金
保證：合同的保證或擔保，為避免因交易對象由於不同的結果產生的不利變化，提供保證合同的執行和價值。
貿易融資，銀行擔保，貨主代表第三方放棄對貨物責任。這種銀行擔保，常被用於進口貨物時。銀行擔保是指銀行應委託人的申請而開立的有擔保性質的書面承諾文件，一旦委託人未按其與受益人簽訂的合同的約定償還債務或履行約定義務時，由銀行履行擔保責任。它有以下兩個特點：1) 保函依據商務合同開出，但又不依附於商務合同，具有獨立法律效力；當 2) 銀行信用作為保證，易於為合同雙方接受。銀行保函業務中涉及到的主要當事人有三個：委託人、受益人和擔保銀行，此外，往往還有反擔保人、通知行及保兌行等。
出口方了解相關貨款將被支付而同意將貨物釋放給進口方。進口方可能被要求提供某種形式的抵押品作為擔保，並通常為該服務支付相關費用。
kafalah 合同的目的是為了便利國際貿易
kafalah 的核心原則：
涉及擔保或保證
若貨物在買賣過程中可能出現貶值，可以使用 kafalah
在進出口貿易中經常被使用
便利國際貿易
吉隆坡伊斯蘭監管指數
文字規則

Islamic finance Glossary of terms and contacts	English Elaboration
LMC	Liquidity Management Center of Bahrain
Madhhab	schools of Islamic law
Madhahib	plural of Madhhab
Mafsadah	evil and harm
Maisir [Maysir]	game of chance
Majallah al-ahkam al-adliyyah	the Islamic Civil Code of the Ottoman Empire
Makhatir	risk which is integral in any business or commercial dealings
mal	wealth
maslahah	welfare
Maliki	particular school of law
Maqasid	the objectives and ultimate purposes of Islamic law
MF	Margin Financing
MAS	Monetary Authority of Singapore
Maslahah	what is good or beneficial
Maslahah mursalah Interest	benefit or interest/unrestricted public interest
MCP	Murabahah Commercial Paper
Mejelle	English translation of Majallah al-ahkam al-adliyyah
MER	Management Expenses Ratio, is the ongoing fee that the fund manager eams from managing a fund and is calculated on a daily basis.
MIFC	Malaysia International Islamic Financial Center
MII	Mudarabah Interbank Investment of Malaysia
Milk	Property
Modarabas	Flotation and Control
MTN	Medium Term Notes
Mu'ajjal	deferred (see Bay'mu'ajjal)

中文解釋
巴林流動性管理中心（LMC, Liquidity Management Center of Bahrain）由巴林伊斯蘭銀行、迪拜伊斯蘭銀行、科威特中央銀行和伊斯蘭發展銀行於 2002 年聯合發起成立。巴林流動性管理中心通過把各國政府、金融機構和企業的資產組成若干個資產池並通過發行伊斯蘭債券將其證券化，從而為市場提供流動性。
伊斯蘭法律流派
伊斯蘭法律流派（總稱）
邪惡和有害的
靠碰運氣取勝的遊戲
奧斯曼帝國的伊斯蘭法典
風險存在於任何生意或商業交易活動中
財富
福利
法律的特殊流派
伊斯蘭監管的目標和終極目的
融資融券
新加坡金融管理局
什麼是好的或有益的
好處或利益 / 無限制的公共利益
Murabahah 商業票據
奧斯曼帝國的伊斯蘭法典的英文譯本
管理費用比率，是基金經理管理費佔所管理基金的比例，按日計算。
馬來西亞國際伊斯蘭金融中心
馬來西亞伊斯蘭銀行間拆借工具（mudarabah 盈利分報式）
地產
浮動和控制
中期票據
延期的（參見 Bay'mu'ajjal）

Islamic finance Glossary of terms and contacts	English Elaboration
Mudarabah [Mudaraba, Mudharabah, Modaraba] (trustee finance contract)	(capitalprovider-Rabb al-mal, entrepreneur-Mudarib) An investment which represents the ownership of units of equal value in the equity of the Mudarabah. The provider of capital supplies the funds needed to finance a project while the entrepreneur offers labour and expertise. Profits are shared between them at a certain fixed ratio, whereas financial losses are exclusively bome by the capital's owner. The liability of the entrepreneur in limited only to his time and effort
	Mudarabah contract, the capital provider agrees to share the profits between themselves and the entrepreneur at an agreed ratio or percentage. (1) As a source of capital for a business venture, a businessman might consider undertaking a commercial project financed by funds from a bank under a Mudarabah contract If agreeable, the bank supplies the finance to the businessman on the understanding that both parties will share the profits of the venture. (2) As a deposit taking activity, money deposited in a bank by an individual or institution under a Mudarabah contract is treated as an investment in the bank by the individual or institution. The bank will use this investment to help make profits from its trading activities, i. e. financing of individuals and businessmen. Under the Mudarabah contract, the bank will have agreed to give the depositor a share of its profits in retum for the investment, based on a preagreed ratio. Investment financing through Mudarabah is a commitment to participate in the risk associated with business ventures, with the aim of sharing the profit generated from a give.
	Key principles of Mudarabah:
	Profit sharing contract.

中文解釋
Rabb al-mal，資本提供方，Mudarib 企業家
Mudarabah 合同是一種合夥制利益分享合同。出資方同意按事先約定的比例與經營方分享利潤。(1) 如果把 Mudarabah 合同視為一種資本來源，作為經營企業，商人會考慮使用銀行的 Mudambah 合同模式融資。(2) 作為一種存款來源，使用銀行的 Mudambah 合同模式，視同儲戶將資金投資於銀行，用於其日常經營活動，主要是為有需要的公司或個人提供借款支持。在該模式下，銀行同意按事先約定的比例與儲戶分享利潤。Mudarabah 合同模式的基本原則是風險共擔，利益分享。若企業經營成功，則參與的各方按事先約定的比例利益分享；若企業經營失敗，則金錢損失由出資方承擔，經營方損失的是參與經營的時間和精力。該模式並未賦予出資方經營決斷的權利。
Mudarabah 的核心原則：
利益由各參與方分享； 投資回報取決於企業具體的盈利情況； 如果企業盈利，投資者、職業經理人和企業可以按事先約定的比例進行分紅； 投資者可以為投資領域設置條件； 參與各方承諾風險共擔； 若企業經營失敗，則金錢方面的損失由出資方承擔；而經營方損失的是其參與企業經營所投入的時間和精力； 該模式並未賦予出資方（資本提供方）為企業經營做決斷的權利。SPV 的角色更像是一個信託公司（Trust），主要功能是為了保護投資者的利益，代表投資者託管 Sukuk 項下的設定資產；並將其與發行人的其他資產做一負債隔斷，即該資產不為發行人的其他負債承擔償付責任。

Islamic finance Glossary of terms and contacts	English Elaboration
	Returns depend on a profit being earned.
	Conditions could apply to what the investment can be used for.
	Requires a commitment to participate in the risk associated with business venture.
	The businessman only loses the time and effort expended on the project, where the financier assumes the financial loss.
	Does not entitle the financier to any say in the running of the venture.
Mudarabah muqayyadah	This type of contract is used in specific bank accounts known as restricted investment accounts (RIAs), where the bank acts as an agent for the investor(s) simply by acting upon their instructions. Here, the funds deposited based on the Mudarabah contract are never really under the control of the bank because the depositor(s) determine the manner as to where, how and for what purpose the funds are to be invested. Commingling of the funds raised under this type of contract with the bank's shareholder and other deposit funds is usually restricted or prohibited. The returns distributed to restricted investment account holders (RIAHs) is based on an agreed profit sharing ratio confined to the returns earned on a designated specific investment portfolio involving the funds agreed upon by the RIAHs. Any distribution between the bank and the depositor will be in accordance with an agreed profit sharing ratio. Mudarabah profits or income distributable to RIAHs are derived from the performance of designated financing assets or investments managed by the bank.
	Key principles of Mudarabah muqayyadah:
	Financial institutions act as entrepreneurs or agents for investors.
	Investors decide where funds will be invested.
	Commingling of funds is either restricted or prohibited.
	Returns paid to investors come only from returns earned on the specified investments.

中文解釋
投資回報取決於企業具體的盈利情況
投資者可以為投資領域設置條件
參與各方承諾風險共擔。
若企業經營失敗，則金錢方面的損失由出資方承擔；而經營方損失的是其參與企業經營所投入的時間和精力。
該模式並未賦予出資方（資本提供方）為企業經營做決斷的權利。
這種合同用於特定銀行的限定性投資賬戶。銀行僅作為投資方的代理，按其指示操作賬戶。銀行對該合同下的存款並無實際控制權，因為該資金的具體使用均須視賬戶所有人的具體指示。該類賬戶的資金也不能與銀行自有資金／其他賬戶資金混合使用。限定性投資賬戶的回報僅能來源於指定投資賬戶（通常該資產由銀行負責經營），其回報分享比例經雙方事先約定。而銀行與儲戶的回報分享比例也須經雙方事先約定。

Mudarabah muqayyadah 的核心原則：

金融機構充當投資方的經營者或代理
投資方決定投資方向
投資款專款專用，不能與銀行其他賬戶及資金混用
投資回報來源於投資方指定的投資項目

Islamic finance Glossary of terms and contacts	English Elaboration
Mudrabah mutlaqah	unlike Mudarabah muqayyadah, this contract relates to investment accounts where the account holder fully authorises the bank to invest the funds without restrictions imposed by the account holder and is in accordance with Shari'ah principles and rules. The funds are pooled with the bank's shareholder funds and other deposits to facilitate financing and investments by the bank. The returns depend on the level of profits earned, and are shared and distributed across the varying classes of investment account holders based on different investment horizons from one to 60 months or more. Usually, returns to investment account holders are computed and accrued on a month-to-month basis. The investment account holder must submit written notice to Islamic banks prior to the withdrawal of funds and a minimum notification period is required. Mudarabah profits or income distributable to unrestricted investment account holders are derived from the performance of the bank's financing assets and investments.
	Key principles Mudarabah mutlaqah:
	Financial institutions are fully authorised to invest deposited funds without restrictions.
	Commingling of funds can take place.
	Returns paid to investors come only from returns earned across all investments of the financial institution
	Returns paid to investors depend on class and time horizon of investment.
Mudarabah Tawarruq	is a transaction between three or more parties to facilitate the fixed rate of return based instruments, which allows the depositor/ investor to earn a fixed return from their "deposit"/investment.
Mudarib	Entrepreneur
Muhammad	the Last Prophet of Islam
Mujtahid	the person who performs Ijtihad
Mumalah [mumalat]	financial transaction
Muqasah	set-off
Murabahah (mark-up financing)	a Murabahah contract refers to a cost plus mark-up transaction between parties.

與 Mudarabah muqayyadah 不同，Mudrabah mutlaqah 合同賦予銀行完全的賬戶操作權利，只要其從事的活動符合伊斯蘭監管的規定與精神。該賬戶項下資金可以與銀行其他存款或投資資金混合使用。回報取決於銀行的利潤水平，並由全體投資人分享，投資期為 0—60 個月或更長。在撤回投資前，投資人要給銀行一個書面提前通知。該賬戶的投資回報取決於銀行的資產及投資水平。

Mudarabah mutlaqah 的核心原則：

金融機構被賦予完全的賬戶操作權。

該賬戶資金可以與銀行其他資金混合使用。

投資人的投資回報取決於銀行總體的資產及投資水平。

投資人的投資回報取決於其投資期限及投資類別。

在三方或更多方之間進行的基於固定回報率為基礎的投資工具，這使得儲戶 / 投資者可以從其"存款" / 投資獲得固定回報。

企業家；主辦人；承包人

伊斯蘭教最後的先知

由伊斯蘭法學家進行教法解釋

金融交易

抵消

Murabahah contract 指成本加利潤交易模式

Islamic finance Glossary of terms and contacts	English Elaboration
	Murabahah financing is the prevalent mode of asset financing undertaken by a large number of Islamic banks. It represents a significant portion of Islamic bank financing of either short term.
	or long term asset financing. Under this contract, a three party arrangement is made where the customer places an order with the financial institution to purchase goods from a supplier. The customer can pay a security deposit with the financial institution and the amount of financing outstanding can be secured either in the form of collateral or a guarantee. The financial institution, a widely used sale transaction between customers and banks. The buyer approaches the bank to acquire goods. In retum, the bank purchases them from a third party (a supplier) and then resells them to the borrower at an agreed mark-up for immediate or deferred payment. The seller informs the buyer of the cost of acquiring the specified products and the profits margin in negotiated between them. The total cost is usually paid in installments.
	Key principles of Murabahah:
	Cost plus mark-up arrangement
	Usually involves a financial institution, the customer and a third party vendor.
	Based on a relationship of trust between the parties.
	Can be secured by collateral or guarantee.
	Sets a fixed priced between the financier and customer.
	The price is paid over an agreed period of time.
	Early payments are allowed and can result in a reduction of the overall price charged.
	Penalties can be applied for late payment as a deterrent
Murabahah-tawarruq	contract to realise cash
Murabahah li al-amir bi al-shira	Murabahah to the purchase orderer
Musaqat	a type of financing in Iran, profit sharing in plantation irrigation.
Musawamah	negotiated sale, a general kind of sale in which the price of the commodity to be traded is bargained between the seller and the purchaser without any reference to the price paid or cost incurred by the seller.

中文解釋
Murabahah 融資是伊斯蘭銀行普遍採用的資產融資模式。它在伊斯蘭銀行短期和長期融資中佔有重要部分。
該模式的運作如下：首先由參與三方簽署三方協議，客戶依據該協議委託金融機構從供應商處購買。客戶會在金融機構處存放定金，該定金可被視為整個交易總額的擔保品或保證。金融機構按買家要求從供應商處購買商品，以成本加利潤的價格將其售賣與客戶，並給其一個固定的還款賬期。買賣雙方的關係是建立在信託（Amanah）原則上的，即賣家在出售商品給買家前，須如實報告其真實成本。而買家對賣家的以成本加利潤的價格始終了解，並以分期付款或最終一次性付款的方式完成該合同。在合同存續期，該利潤加成比例保持不變，所以 Murabahah 融資的成本有一個上限。如該合同未約定退款條款，提前還款可能可以享受退款優惠。另一方面，合同裏也會約定如供應商拖欠貨款，銀行將有權對其收罰款以作為補償的罰則，但該罰則僅作為預防不良行為之用，所收罰款將用於彌補金融機構損失，餘下部分將捐給慈善機構。另對機會損失的賠償和對資金成本的賠償之條款將不被該類合同接受。

Murabahah 的核心原則：
成本加利潤協議
通常有三方參與，即金融機構、客戶和供應商。
交易各方的關係是建立在信任 / 信託（Amamh）原則上的。
客戶方可能提供擔保品或抵押物。
金融機構及客戶之間的交易價格是固定的。
付款期限由交易各方協商決定。
允許提前付款，並可抵扣總價款。
客戶如拖延或推遲付款將付罰款。
該類合同的主要目的是變現
遵照採購指令人指令的 Murabahah 合同
農林灌溉貸款，伊朗伊斯蘭銀行的一種融資模式，銀行出資參與農林灌溉並分享由此產生的利潤。
議價，買賣雙方通過討價還價形式確定價格，買方無須了解賣方的成本或購買價。

Islamic finance Glossary of terms and contacts	English Elaboration
Musawamah, Tawliyah	negotiated sale at agreed price
Musharakah [Musyarakah] (equity participation)	An investment that represents ownership of partnership equity. The bank enters into an equity partnership agreement (joint venture) with one or more partners to jointly finance an investment project. Profits are distributed according to predetemined ratios, and losses are shared strictly in relation to the respective capital contributions, a Musharakah contract is a form of equity partnership investment. It is similar to equity investment in a conventional capital market but the investments made must be confined to stocks and financial securities or other assets that are consistent with the principles of Shari' ah. Note, partnership contracts come in three forms, namely Shirkah al-Amal (work partnership), Shirkah al Wujoh (partnership by reputation) and Shirkah al- Amwal (partnership by capital). Musharakah financing is based on Shirkah al-Amwal (partnership by capital). As a form of equity based financing, like Mudarabah investment financing, Musharakah financing is a commitment by the financier to participate in risks associated with business ventures. Musharakah also means a joint enterprise in which all partners share the prc ratio may be negotiatea, the ross snaring ratio must always be proportionate to capital contribution. It also allows the institution to be involved in the executive decision on administration, operations and management of the business activity. The financial institution would be able to mitigate any form of operational risks by assuming an element of control in the conduct of business. The Musharakah financing mechanism operates on a capital contribution basis for a defined existing or potential project or assets. The outstanding financing amount could increase or decrease depending on the demands for funding during the financing period. At any point in time, the outstanding capital contribution provides the basis for determining the profit or loss sharing ratio. As a profit and loss sharing arrangement, Musharakah takes various forms, depending on the parties' capital contribution and their effort in managing the venture. Musharakah is considered as the most flexible form of equity financial claim that can be adopted for various economic sectors, including services, nroduction and distrihution
	Key principles of Musharakah:
	Profit and loss sharing contract
	The financier invests in the venture.

以協議價格議價銷售

Musharakah contract 是一種合夥契約，是建立在以股權投資的合夥契約基礎上的。它與傳統 / 世俗資本市場的股權投資類似，惟其投資品須是被伊斯蘭監管所允許的股票、證券或其他資產。該類股權合夥契約有三種類型：一是工作夥伴合夥契約；二是信譽夥伴合夥契約關係；三是資本或出資夥伴合夥契約關係。該類股權夥伴關係合同的參與各方亦遵循利潤共享、風險共擔原則。雖然盈利分享比例由當事各方事先約定，若發生虧損，則損失按出資各方的實際出資額比例各自承擔，虧損最大額為投資人所投資的全部資金。Musharakah 只對普通股適用，而不適用於優先股。投資者可以將其股份以市場價轉賣與其他投資者。

它同時允許金融機構實際參與和控制聯合體的日常管理和運營事務並享有表決權，以規避可能出現的操作風險。該類合同將募集資本投入於既定的且已有的或潛在的項目或資產中。視項目在資本募集期需求量的變化，募集資本的餘額可能隨之增加或減少。該餘額即是當時決定項目利潤分成或虧損分擔比例的基數。因其靈活的股權形式和事先約定的利潤共享 / 虧損分擔比例，Musharakah 被廣泛運用於包括服務、生產和流通行業。

雖然盈利分享比例由當事各方事先約定，若發生虧損，則損失按出資各方的實際出資額比例各自承擔。它同時允許金融機構實際參與和控制聯合體的日常管理和運營事務並享有表決權，以規避可能出現的操作風險。該類合同將募集資本投入於既定的已有或潛在的項目或資產中。視項目在資本募集期需求量的變化，募集資本的餘額可能隨之增加或減少。該餘額即是當時決定項目利潤分成或虧損分擔比例的基數。因其靈活的股權形式和事先約定的利潤共享 / 虧損分擔比例，Musharakah 被廣泛運用於包括服務、生產和流通行業。

Musharakah 的核心原則：

利潤共享 / 虧損分擔。

出資人投資於該企業。

Islamic finance Glossary of terms and contacts	English Elaboration
	Requires the participants to work in partnership.
	The financial institution or lender has a say in the running of the project
	Relates to a specific project or asset
	Returns depend on a profit being earned
	Allows for the level of finance outstanding to fluctuate up or down.
	Requires a commitment to participate in the risk and loss associated with a business venture.
Musharakah mutanaqisah	Diminishing musharaka. The transaction typically has three steps. First, the bank and the customer enter intoa partnership contract. Second, they enter into an ijara contract, where the customer agrees to rent the banks undivided share in the property. In addition, throughout the contract, the customer agrees to buy the share of the bank through a sale, so that every time the customer makes a payment, some of the payments is allocated to buying bank's share in the property. The diminishing musharaka contract is commonly used for asset finance, property venture and working capital. Musharakah mutanaqisah—is a variety of Musharakah contract, where the term Mutanaqisah means 'to diminish'. Thus, Musharakah mutanaqisah, also referred to as Diminishing Musharakah, means a form of partnership which creates an avenue for the capital provider to reduce or be free of the joint ownership after the initial investment period has been satisfied As mentioned above, a normal Musharaka contract allows for fluctuating levels of investment, but a Musharakah mutanaqisah contract specifically relates to a reducing investment
	Diminishing Musharakah provides an avenue for the financial institution to systematically reduce its exposure over the financing period, with planned and scheduled redemption of the contribution amount. This form of finance is often used in the purchase of a house in the form of a joint venture. The financier contributes the bulk of the house price with the individual customer contributing the remaining balance. The joint venture accepts rental repayments from the individual who is now living in the house. The rental is split between the financial institution and the homebuyer with the homebuyer's share going toward the redemption or dilution of the financier's shareholding

中文解釋
參與各方是工作夥伴關係。
金融機構或貸款人對項目運營有話語權。
與某一特定項目或資產相關。
回報取決於項目之盈利。
允許募集資金餘額隨項目變化而變動。
要求參與各方同時共同承擔該項目的風險與損失

Musharakah mutanaqisah 是 Musharakah 合同的一個變種，Mutanaqisah 的意思是逐漸減少。該類合同為出資人在完成其首期/初期投資後逐步降低或退出其合資股權創立了一個退出通道。

在 Diminishing Musharakah 合同下，金融機構通過另一合資方有計劃、有步驟地逐步購買其出資股份，從而藉此通道逐步實現退出該合資項目。

Islamic finance Glossary of terms and contacts	English Elaboration
	Key principles of Musharakah mutanaqisah:
	As with Musharakah above.
	Allows for planned diminution in investment to the point where the financier exits the venture.
	Effectively finances the customer to acquire an asset through a joint venture scheme.
Musharakat Haqooqi	Legal partnership
Musharakat Madani	Civil partnership
Mutanaqisah	Diminish
Muhtasib	inspector of markets and public morals
Muzara'ah	A type of financing in Iran to agriculture production on a profit sharing basis
NAIT	North American Islamic Trust
Nass	text
NAV	Net Asset Value
OIC	Organisation of Islamic Cooperation
PA	Participant Account
Parallel istisna'	Two istisna'contracts operated in parallel.
Parallel salam	Two salam contracts operated in parallel.
PER	Profit Equalisation Reserve
PSA	Participant Special Account
PSR	Profit Sharing Ratio
PIRI	The Prudential Information and Regulations for Islamic Banks. The CBB (Central Bank of Bahrain) is the first bank in the world to develop and issue PIRI specifically for Islamic banks. The CBB is unique in that it has publicly proclaimed that its regulations are intended to follow the guidelines laid down by the AAOIFI (Accounting and Auditing Organisation for Islamic Financial Institutions)

中文解釋
Musharakah mutanaqisah 的核心原則：
基本與上述 Musharakah 一致。
允許合資方按計劃逐步降低其股份直至完全退出該合資企業為止。
能有效地幫助客戶通過合資方式獲取資產。
法律合夥，伊朗的一種貸款模式
民事合夥，伊朗的一種貸款模式
減少
市場及公共道德的檢察官
農業貸款，伊朗伊斯蘭銀行的一種貸款模式，銀行出資參與農業生產投入並分享由此產生的利潤。
北美伊斯蘭信託
內容
資產淨值
伊斯蘭合作組織，OIC 成立於 1970 年 5 月，總部設立於沙特阿拉伯西部商業港口城市吉達，共有 57 個會員國家，人口約 18 億。OIC 主要通過其下屬機構伊斯蘭開發銀行（IDB, Islamic Development Bank）通過為伊斯蘭會議組織成員國家和穆斯林社區提供參與投資符合伊斯蘭監管要求的股票和基金的機會以及提供符合伊斯蘭監管的財政援助，促進其經濟發展和社會進步。
參與方 / 用戶賬號
兩個 istisna' 合同同時並行。
兩個 salam 合同同時並行，倒賣賺差價。
利潤平衡儲備
參與者特別賬戶
利潤分享比率
伊斯蘭銀行審慎監管信息和法規，CBB（巴林中央銀行）是世界上首個專門為伊斯蘭銀行發展而制定《伊斯蘭銀行信息和法規審慎監管條例》的銀行。CBB 的獨特之處在於其公開宣佈其規章制度旨在遵循 AAOIFI（伊斯蘭金融機構會計和審計組織）制定的指導方針。

Islamic finance Glossary of terms and contacts	English Elaboration
PIN	Prudential Insurance Business Model, issued by DFSA (Dubai Financial Services Authorities) and is applied to every insurer in that it applies to both convential and Takaful insurers running business in Dubai.
PN	Practice Note-a specific guideline issued by Securities Commission (SC) of Malaysia
Praesentes	Where the parties to the contract are present at time of agreement
Project-specific investment deposits	A type of deposit in Iran, project based depoist without fixed return, and subject to project profitability.
PSIAs	Profit Sharing Investment Accounts
PIU	PIU-Private Investment Undertakings
PTC	Principle terms and conditions
Qard	principle of loan
Qard al-Hasanah	interest-free loan
Qard al-Hasanah Deposit	A type of deposit account in Iran, Islamic loan- based-deposits for current and savings accounts that allow for gifts and other incentives
Qiyas	Analogy
Qiyas al-tard	Extension of a legal rule from one case to another due to a material similarity.
Qur'an	The Holy Book revealed to the Prophet Muhammad.
Qard/Hassan (Benevolent loan)	Interest-free loan. These are zero-retum loans the Qur'a encourages Muslims to make to the needy. Banks are allowed to charge borrowers a service fee to cover to cover the administrative expenses of handling the loan. The fee should not be related to the loan amount or maturity.
Rabbul/Mal)	Capital
Rahn	Pledge
Ratio decidendi	Legal basis
Ra'y	Personal opinion
REITs	Real Estate Investment Trusts
Rem	See in rem.

中文解釋
審慎的保險經營模式，由 DFSA（迪拜金融服務局）制定，適用於在迪拜經營業務的世俗 / 常規保險公司和伊斯蘭教保險公司。
業務指導 / 具體指導意見，由馬來西亞證監會（SC）負責制定
協議達成時當事方 / 當事人在場。
特別項目投資存款，存款投資於某特定項目，無固定回報，投資回報取決於該項目的具體運作情況。
回報分享投資賬戶
私人投資基金
原則性條款和條件
貸款本金
無息貸款，伊朗的一種貸款模式
伊斯蘭現金賬戶與儲蓄賬戶存款，伊朗的一種存款賬戶，該賬戶把儲戶存款視同對銀行提供的貸款，銀行根據其實際經營情況不定期對儲戶發放現金回報
類似，相似；類推
基於實際情況類似產生的由此及彼的法律規則擴展。
古蘭經
無息貸款
資本
質押
法律基礎 / 法律根據
個人意見
房地產投資信託
關於財產而不是人的行動。

Islamic finance Glossary of terms and contacts	English Elaboration
Retakaful	Takaful reinsurance, which is a means by which a Takaful company, on behalf of the participants of the scheme, will participate with other Takaful companies to provide mutural protection among Takaful operators. Retakaful gives an opportunity to the participants of other Takaful schemes to join a bigger pool of funds to offset higher loss risks.
RF	Retakaful Fund
RIAs	Ristricted Investment Accounts
Riba	any form of Interest or usury or effortless earnings
Riba al-fadl	The concept of Riba al-fadl refers to exchange or sale transactions in trade which effectively result in the charging of 'interest'through the exchange of the same commodity, but of a different quality or quantity.
	'A'may give 'B'ten. tons of hay now in exchange for 'B'giving 'A' eleven tons when the harvest has been completed. In order to avoid Riba-al-fadl goods should be exchanged in equal quantities at the same time.
Riba al-nasiah	Interest-based lending that results from the exchange not being immediate. A previously acceptable practice similar to conventional lending today where the borrower pays the lender more than the original amount lent to reflect the delay in repayment. The practice is now specifically prohibited.
Ribawi	Usurious or interest-based
Rushd	Prudence
SAC	Shari'ah Advisory Council, was established under the Central Bank of Malaysia Act 1958 as the sole authority to decide on Shari'ah matters on Islamic banking and financial business that fall under the remit of BNM Malaysia incorporates three categories of Shari'ah supervisory/advisory board at different levels, which are the Shari'ah advisory councils for central bank and the SC as well as Shari'ah supervisory boards or committees for the industry.
Sadaqah	Voluntary charitable contribution by a Muslim seeking to please Allah.
Sadd al-dharai'	blocking the means
Sahm	A share.
Salaf	Forward sales

中文解釋
伊斯蘭保險再保險，也稱分保，是伊斯蘭保險人在原保險合同的基礎上，通過簽訂分保合同，將其所承保的部分風險和責任向其他保險人進行保險的行為。 轉讓業務的是原保險人，接受分保業務的是再保險人。伊斯蘭保險再保險為其他保險人提供了一個可以抵禦更高風險的資金池。
伊斯蘭保險再保險基金
限制性投資賬戶
任何不勞而獲的收益
通過以不同的數量與質量交易同種商品，實際產生了類似利息的收入。
例如，甲乙兩方交易，甲現在給乙十噸乾草，但要求乙在豐收緒束後給甲十一噸乾草。為了避免產生類似 Riba-al-fadl 的交易行為，甲乙應該同時交換等量貨物。
因未及時還貸而產生的利息。該項收費以前曾被允許，但因其與世俗／常規的罰息類似，現在被特別禁止。
高利貸或以利息為基礎的
審慎
伊斯蘭監管諮詢委員會
為了安拉，穆斯林的自願性慈善捐款。
阻塞的方法
股份／股票
遠期交易

Islamic finance Glossary of terms and contacts	English Elaboration
Salam (prepayment, deferred delivery)	Refers to the purchase of a commodity for deferred delivery in exchange for immediate payment. Thus, in a Salam contract, the price is paid in full and in advance while the commodity is deferred to an agreed date in the future. The buyer pays the seller the full negotiated price of a product that the seller promises to deliver at a future date.
	This type of contract might be used where the commodity price is subject to change. The buyer is locked with the purchase price at contract date and thus hedged against price increase. Stringent conditions are applied to ensure a binding and legally enforceable contract, such as reasonableness of delivery and specifications of quality type and quantity of commodities. Any variations of quality and quantity of goods as well as timeliness of delivery would not affect the agreed price.
	The object of a salam contract must be commodities that can be specified clearly, due to the non existence of the object of sale at the time when the contract is concluded. The detailed features and specifications of the product of sale must be agreed upon to avoid ambiguity that would render the contract unknown to the parties.
	When a disparity or mismatch arises in terms of types, quality and timing of delivery, the buyer has either the choice to take delivery without discount or premium on price, or to revoke the contract
	Advance payment made by the bank to the seller or exporter to deliver or produce the goods constitutes salam financing.
	Parallel salam is based on two independent salam contracts whereby the financier will be both the seller and the buyer in this arrangement.
	In the first salam contract, the IFI (Islamic financial institution) will be the buyer of the salam asset by providing a full payment to the seller against a future delivery of an asset. Then, this IFI may enter into a salam contract as a seller with another party for a shorter period of delivery of the asset.
	The spread between the first and second salam contracts is the profit earned by the IFI through this parallel salam arrangement.
	Key principles of salam:
	involves a forward purchase of a commodity

中文解釋

根據伊斯蘭商法，Salam 是一個套期保值合同，合同雙方藉此鎖定未來某商品的價格，Salam 的阿拉伯語意思是即時付款，延期交貨。據 Salam 合同，買家是提前全額付款，即賣家提前收到全額貨款。而買賣雙方所購商品的交付是在其共同約定的未來某日。此類合同項下的商品價格往往較為波動，例如可可粉、大豆、小麥等。

買家在簽約日付款從而鎖定價格，以規避商品價格上漲的風險。該類合同設有嚴格的條件以確保合同的約束性和法律上的可強制執行性，例如會約定商品的數量、質量和合理交貨條件等。任何約定商品的數量、質量和合理交貨條件等的變化不會影響商品的既定價格。由於其銷售對象在合同簽訂時不存在或尚未有現貨，Salam 合同項下的商品須可以被清晰定義。所銷售的產品的具體規格和詳細功能必須使合同當事人盡知，經買賣雙方同意以避免歧義。當所交付的商品在品種、質量和交貨時間等與所簽合同不符時，買方可以選擇無折扣或無溢價的價格交付（即按合同原價交付），或在雙方同意的基礎上選擇撤銷合同。Salam 合同與世俗金融中的遠期合約的最大不同有兩點：第一，Salam 合同支持的標的物資產必須是符合伊斯蘭教義的資產、商品；第二，Salam 合同要求買方在簽約日即全額付款。由銀行向商品的賣方生產商或出口商提供預付款即構成 salam 融資。在此類銀行融資安排中，有時會出現並行 salam 融資安排，即一個融資主合同項下由兩個獨立的 salam 從合同組成，資金提供方 / 出資人在其中既充當買家也同時充當賣家。其中，在第一個 Salam 合同中，伊斯蘭金融機構是買家，並為未來交付的資產的賣方提供全額付款。同時，伊斯蘭金融機構作為賣方與第三方簽訂第二個 Salam 合同，賣出上述資產，但交貨期較第一合同為短。伊斯蘭金融機構通過第一個 Salam 和第二個 Salam 合約之間的價差賺取利潤。

salam 的核心原則：

涉及一個商品遠期購買合同

Islamic finance Glossary of terms and contacts	English Elaboration
	full payment is made at the beginning of the contract period
	goods are received at the end of the contract period the goods must be clearly identifiable
	remedies are available for failure to complete the contract as specified
	parallel salam is useful to finance the ultimate producer as the IFIis neither the ultimate producer nor the user.
Salam Contract	Forward sales or contact of sales with advance payment
Sanadat al-dayn	Certificates of debt
SC	Securities Commission, established on 01 March 1993 under the Securities Commission Act 1993 of Malaysia, is a self-funding statutory body with investigative and enforcement powers to regulate the Malaysian capital market.
SCA	Securities and Commodities Authority of UAE
SDLT	Stamp duty land tax, a regulatory guideline in the UK
Shafi'i [shafi'e]	Particular school of law.
Shari'ah [Shariah, Sharia, Shari'a, Sharia'a., Syariah]	Sacred law revealed by God Almighty. All economic activities must comply with religious injunctions. The law and guiding principles in Islamic finance are derived from two primary sources, namely the Qur'an and the Traditions of the Prophet Muhammad.
Shirkah	Partnership
Shirkah al-Amal	Work Partnership
Shirkah al-Amwal	Partnership by capital
Shirkah al-Mufawadah	Equal partnership
Shirkah al-'Aqd	partnership
Shirkah al-Milk	co-ownership
Shirkah al-Wujoh	Partnership by reputation
SPC	Special Purpose Company
SPDRs	Standard & Poor's Depository Receipts

中文解釋
簽署合同時即全額付款
合同中清晰定義貨品內容；合同到期時貨品須交付買方
對違約罰則／補救有清晰定義
並行 salam 融資安排可以幫助最終生產商融資，因為居於其中的 IFI（伊斯蘭金融機構）既非最終最終生產商，亦非最終使用人。
遠期銷售或預付款銷售
債務憑證
馬來西亞證券委員會，1993 年 3 月 1 日成立，是一個有自我資金來源的監管主體，負責監管馬來西亞資本市場。
阿聯酋證券和商品管理局
土地印花稅，受英國的監管指引
伊斯蘭教的一個特別流派。
全能的主召示的神聖法律。所有的經濟活動都必須遵守宗教的禁令。 伊斯蘭金融的法律和指導原則是來自兩個主要來源，即古蘭經和先知穆罕默德的傳統。
夥伴關係；合夥人身份；合作關係；合營公司
工作夥伴關係
資本合夥關係
平等的夥伴關係
夥伴關係
共同所有人關係
合作夥伴的聲譽／以良好聲譽入夥
特殊目的公司
標準普爾存託憑證

Islamic finance Glossary of terms and contacts	English Elaboration
SPV	Special Purpose Vehicle, which is created as a bankruptcy remote company to hold the assets in favour of the investors.
SSB	Shari'ah Advisory Board, is an independent body of specialised jurists in Islamic commercial jurisprudence. SSB directs, reviews and supervises the activities of IFIs to ensure that they are Shari'ah compliant.
SSC	Shari'ah Supervisory Committee
Sukuk	is a monetary-denominated participation certificate of equal unit value issued to investors. Certificates of investment, representing proportionate undivided ownership of the asset, which is expected to give a retum to the Sukuk investors. Sukuks are mone tory denominated participation certificates of equal unit value issued to investors, it is a right and no an indebtness. Sukuks are unique to Islamic finance. They reflect the securitization of rights to or owner ship of a tangible asset, a usufruct or services, and not the right to collect debt as a result of a transac tion on the asset.
Sukuk al-Ijarah	Certificates of investment in leased assets.
Sukuk al-Intifa'a	Sukuk for use or services.
Sukuk al-Salam	an Islamic short-term liquidity paper

中文解釋
特殊目的的公司，在證券行業，SPV 指特殊目的的載體也稱為特殊目的機構 / 公司，其職能是在離岸資產證券化過程中，購買、包裝證券化資產和以此為基礎發行資產化證券，向國外投資者融資。是指接受發起人的資產組合，並發行以此為支持的證券的特殊實體。 SPV 的原始概念來自中國牆（China Wall）的風險隔離設計，它的設計主要為了達到"破產隔離"的目的。 SPV 的業務範圍被嚴格地限定，所以它是一般不會破產的高信用等級實體。 SPV 在資產證券化中具有特殊的地位，它是整個資產證券化過程的核心，各個參與者都將圍繞着它來展開工作。SPV 有特殊目的公司（Special Purpose Company, SPC）和特殊目的信託（Special Purpose Trust, SPT）兩種主要表現形式。 SPV 的所有職能都預先安排外派給其他專業機構。 SPV 必須保證獨立和破產隔離。 SPV 設立時，通常由慈善機構或無關聯的機構擁有，這樣 SPV 會按照既定的法律條文來操作，不至於產生利益衝突而偏袒一方。SPV 的資產和負債基本完全相等，其剩餘價值基本可以不計。
伊斯蘭監管諮詢委員會，成員由伊斯蘭商法專家獨立組成。SSB 負責指導、檢查和監督伊斯蘭金融機構的活動，以確保它們符合伊斯蘭監管。
伊斯蘭教監事會
伊斯蘭資產抵押債券（Sukuk），是一種向投資者發佈的以貨幣計價為單位的等額價值出資證明書，代表了與其出資成比例的不可分割的資產所有權，該資產預計將給伊斯蘭債券投資人帶來投資回報。它是一種權利而非負債。Sukuk 在伊斯蘭金融中具有獨特特點，其代表對證券化了的有形資產或使用權或享受服務的權利或所有權，但該權利並不代表其有因資產交易而產生的收債權。從根本上說，Sukuk 既不是一個債權（Bond），也不是一個股權（Share）；它代表的是對指定資產的所有權。
資產租賃投資證書
伊斯蘭債券：證券化了的使用權或服務
伊斯蘭的短期流動性憑證

Islamic finance Glossary of terms and contacts	English Elaboration
Sukuk Istithmar	Certificates m investment, under which it may be possible to package and sell a pool of ijara contracts (and underlying assets), Murabahah receivables, istina receivables, as well as equity shares or other Sukuk certificates. Although not universally accepted, SUKUK AL ISTITHMAR can be issued when it is not possible to identify a tangibel asset or originator. Holders share returns according to stated ratios and bear losses in proportion to their investment.
Sunnah	The traditions of the Prophet Mohammad.
Surah	Chapter of the Qur'an
Ta'awun	Cooperation or mutual help and mutual assistance
Tabarru	Donation contxactued in a Takaful scheme to reflect mutual contribution by each of the participants.
Tadawul	Saudi stock exchange.
Takaful	An Arabic term derived from the root word 'kafala', meaning to guarantee. It is derived from the verb 'taka- fala', meaning to mutually guarantee and protect one another, and literally means mutual help and assistance.
	It should be noted that the contract of takaful is based on the concept of helping one another, whereby each and every participant contributes to the common fund in order to provide financial assistance to any member who needs help, as defined in the mutual protection scheme.
	In principle, takaful is very similar to conventional mutual insurance in terms of its philosophy and struc ture. However, it differs significantly from conven tional mutual insurance as all its operations should be based on Islamic principles, including investment activi ties, the establishment of the Shari'ah board, and causes for legitimate claim, which exclude causes such as suicide and death under the influence of alcohol.
	Key principles of takaful:
	relates to the idea of a mutual guarantee
	used in the context of mutual help and assistance
	similar to conventional mutual insurance, but differs in terms of investment portfolio and legitimate causes for claims.
	claims restricted under Shari'ah principles.

中文解釋
伊斯蘭債券投資證書
先知穆罕默德的傳統
《古蘭經》中的章節
互助協作
貢獻金，伊斯蘭保險合同中所含捐贈條款，反映了每個參保方對該保險的共同貢獻者的相互作用。
沙特證券交易所
由阿拉伯語詞根 Kafak 衍生而來，名詞意思是保證，動詞意思是互相保護，互相保證，互相協助，互相幫助。
伊斯蘭保險就是建立在互相幫助概念基礎上的，每位參保人所提供的金錢捐贈都被放入一共同互助基金中，該基金將為需要資金援助的參保人提供援助。
原則上講，伊斯蘭保險與傳統世俗的互助保險在理念和結構上非常相似。而它們之間最顯著的不同在於伊斯蘭保險的運作須遵循伊斯蘭監管，包括投資活動，成立伊斯蘭教監事會，索賠的合法原因，不承保有違教規的行為，如自殺、酗酒而亡等。
伊斯蘭保險的核心原則：
與互相保證、互相幫助概念密切相關
保險合同含互相協助、互相幫助的內容
與傳統世俗的互助保險在理念和結構上非常相似，但在投資組合、索賠的合法原因等方面有顯著不同。
索賠的合法原因僅限於符合伊斯蘭教規的行為。

Islamic finance Glossary of terms and contacts	English Elaboration
Takaful Ijtima'i	Solidarity and mutual responsibility in Muslim society
Takaful funds	Risk funds
Takharuj	Exit from a partnership by selling the shares to another party.
Tanazul	is a scheme that provides mutual contribution and mutual assistance to cover both life and general policies. An act to waive certain rights of claim in favour of another party in a contract. In Islamic finance, applied where the right to share some portion of the profits is given to another party.
	For example, in a mudarabah contract, the capital providers may agree to limit the rate of return to a defined percentage whereby the excess can be given to the manager as an incentive or performance fee.
	The decision of the investors to waive their right to the profit is based on the principle of tanazul, which is specified as a condition of the contract to waive such a right
	Key principles of tanazul:
	involves the waiving of rights in favour of someone else
	often seen where the capital providers agree to waive their right to a portion of the profits in a venture in favour of, say, a manager on the project.
Taskeek/Tawriq	Secuntisation
Taskik/Taskeek	a process of dividing the ownership of tangible assets, usufructs or both into units of equal value and the issuing of securities as per their value
Tawriq	is defined as transforming a deferred debt, for the period between the establishment of the debt and the maturity period, into papers that can be traded in the secondary market
Tawarruq	Buy spot and sell deferred payment or vice versa with mark up invovling three or more parties to facilitate cash liquidity. A multi-step transaction heavily used for interbank financing and liquidity management, often based on commodities traded on the London Metal Exchnage(LME). tHE aaoifi (2006, 525) defines Tawarruq as "the process of purchasing of a commodity for a deferred price determined through Musawama (bargaining) or Murabahah (make-up sale), and selling it to a third party for a spot price so as to obtain cash. Tawarruq is most disliked by Shari'ah scholars when the borrower sells the comodity back to the original seller. These practices have yet to gain AAOIFI's Shari'ah Board consensus.

中文解釋
穆斯林社會的團結和共同責任
風險基金
賣出股份，退出合夥
是為參保人提供人身保險和一般財產保險方面的互助計劃。在該計劃中合同一方為合同另一方放棄合同中索賠的某些權利。在伊斯蘭金融中，為一方將其在合同中的受益權讓渡給另一方。
例如，在 mudarabah 合同中，資金提供方可能同意限制其自身的資金回報率，而將超過該回報率部分的收益作為獎金或績效費用發給職業經理人。
該合同投資方做出放棄上述權利的決定也是基於 tanazul 合同的核心原則。
tanazul 合同的核心原則：
涉及一方為另一方放棄某些權力
資金提供方通常可能同意放棄其一部分收益作為獎金或績效費用發給經營某一項目的職業經理人。
證券化
指的是將資產的所有權或使用權進行證券化，或者同時將二者合併進行證券化
指的是將應收賬款或債權證券化
涉及三個或更多的締約方的買賣現貨和延期付款或反之亦然的交易活動，目的是獲取流動性。

Islamic finance Glossary of terms and contacts	English Elaboration
Tawliyah	Sale at cost price
Tijarah	Private commercial transactions
UIAs	Unrestricted Investment Accounts, designated for specific financing or investment identified by the investor. Investments are off balance in a separate statement. There is no comminglging of funds.
Ujr	Fees paid in lieu of service to be provided by the service provider (not the same as ujrah, which is rent).
Ummah	(Muslim) Community
Umum balwa	Common plight and difficult to avoid, i. e. a widespread unlawful practice that cannot be easily avoided
'Urf	Customary practice
'Urbun	A down payment made by a buyer to a seller after both parties have entered into a valid contract. The down payment represents the commitment to purchase the goods.
	If the buyer is able or decides to pay the remaining outstanding payment during a prescribed period, the amount paid as down payment will be counted as part of the purchase price. Otherwise, the down payment will be forfeited by the seller.
	This is the original version of 'urbun in Islamic commercial law. It is often used to mirror the behaviour of conventional options by providing an opportunity to the buyer (the person making the down payment) to benefit from the market up-side (call option) of the underlying asset and by limiting the potential loss to the amount paid under the down-payment scheme.
	Key principles of 'urbun:
	involves the payment of a down payment to secure an option or right to purchase something in the future mimics the economic benefits of purchasing conventional options
	if the option to complete the purchase is not taken up the down payment is forfeited.
Usufruct	The right to use
Usul al-fiqh	Islamic legal theory providing principles and guidelines on interpretation.
Usury	the practice of lending money to people at unfairly high rates of interest

中文解釋
以成本價銷售
私人商業交易
不受限制的投資賬戶
由服務提供商付費代替提供服務（不同於 ujrah，其是租金）。
穆斯林社會
難以避免的常見的困境，即不易避免的普遍的違規行為。
慣例
在雙方簽訂有效合同後，由買方支付給賣方的首付款，其代表了買方購買貨物的承諾。
如果買方能夠或決定在規定的期間內支付剩餘的未付款，首期付款金額將被計入購買總價的一部分。否則，首付款將被賣方沒收。
這是在伊斯蘭民商法中有關 Urbun 的原本定義。它與世俗金融的期權相近，為看漲買家提供一個看漲期權，並將其損失控制在低於首付款的水平。
'urbun 的核心原則：
首期付款類似世俗金融的看漲期權，買家藉此可以在未來某日買入某種商品
若購買未完全實現，則該首付款被沒收。
使用權
伊斯蘭法律理論提供的原則和準則的解釋。
放高利貸，高利盤剝

Islamic finance Glossary of terms and contacts	English Elaboration
Wa'd	Promise or undertaking. A feature attached to a contract and a unilateral promise made by one party to another, binding on the party that makes the promise. In financing transactions this feature provides assurance that the transaction will be executed as per the specifications of the contract.
	For example, an importer who has foreign exchange transaction exposure in terms of payment of imports in foreign currency upon delivery of goods might hedge the risk of appreciation of foreign currency by undertaking a promise to buy the foreign currency in the future that matches the real exposure to currency risk of import transaction upon delivery.
	Key principles of wa'd:
	involves a unilateral promise made by one party to another
	binds the promisor to fulfil some obligation in the future
	ensures that the contract is fulfilled as set out in the terms.
Wadhi'ah sale	Sale of goods at a discounted price.
Wadiah [wadi'ah] (demand deposit)	Safe custody/safe custody deposit. Deposits held at the bank as trustee for safekeeping purposes. They are guaranteed in capital value, and earn no return
Wadiah yad dhamanah	Guaranteed safe-custody deposit contracts.
Wakalah (agency)	A contract between an agent and principal. This contract enables the agent to render services and be paid a fee (ujrah). One party (either the bank or client) acts as an agent to the other party to undertake transactions on his behalf. For example, the banks invests funds on behalf of a client or the bank appoints the client as an agent to buy the needed merchandise in a Murabahah transaction.
	For example, in a case where the importer applies for a letter of credit based on Wakalah, the importer will authorise the bank to issue the letter of credit on their behalf to the exporter's bank. The issuing bank will act as the agent to process the issuance of the letter of credit and for this will impose a fee on the importer for the services rendered.
	Key principles of wakalah:
	involves an agency contract between an agent and principal
	used as a facility to enable transactions to take place
	the agent eams a fee (ujrah) for his services.

中文解釋
單方面的許諾或承諾。由合同一方對另一方做出的單方面承諾。在融資交易中，這一特徵為合同的順利執行提供了保證。
例如，進口商以外幣計價支付貨款時，為規避外幣升值的風險的需要，其可以使用 Wa'd 承諾在貨物交收時購買外幣進行支付。
wa'd 的核心原則：
合同一方對另一方做出的單方面承諾
對承諾方於將來履行義務有約束性
確保交易將按照合同規定執行。
折價銷售
安全保管 / 保管押金
保證安全保管存款合同
代理人和委託人之間簽訂的合同。該合同使代理人提供服務和收取相關費用（ujrah）。
例如，進口商以 Wakalah 合同方式向銀行申請開立信用證，開證行將以進口商代理人的身份向出口商的銀行開出信用證並因此向進口商收取相關服務費用。
wakalah 的核心原則：
合同涉及代理人和委託人
為交易發生提供便利
代理人因其提供服務而收取費用

Islamic finance Glossary of terms and contacts	English Elaboration
Wakalah fi al-istithmar	A wakalah investment
Wakil	Agent
Waqf	Permanent endowment.
Wasiyyah	Will contract
Zahiris	Literalists, i. e. those adhering to the literal meaning of the Qur'aru
Zakat	Zakat is a religious obligation for Muslims, payable on all wealth able to give a financial return. It orignates from the Third Pillar of Islam and is currently set at 2.5% for monetary assets or their equivalent. A different rate of Zakat applies fto agricultural products and animals. Methods of zakat calculation are prescribed to facili tate determination of what constitutes zakatable wealth as well as the prescribed rate. In the case of investment or deposit funds, there is no specific date set for the payment of zakat, but it should be paid on all accumulated wealth for the period 12 lunar months.
	Zakat is not payable on the value of the individual's home, fumiture, transport, nor is it paid on personal jewellery.
	Key principles of zakat:
	religious levy on the wealth of Muslims who possess above a certain level of specific assets.
	payable on all accumulated wealth held for the period of 12 lunar months.
	not payable on specified items that are personal in character.

中文解釋
一種 wakalah 的投資方式。
代理，代理人
永久基金
遺囑協議
解釋《古蘭經》的學者，通常堅持以《古蘭經》的字面意義進行解釋。
天課，扎卡特（伊斯蘭教徒每年一次的慈善捐款，天課（Zakat）是伊斯蘭信仰的第四基柱。這是安拉（Allah）對那些豐衣足食的穆民的主命（fanl），指令他（她）們把其每年盈餘財富的一部分用以幫助貧民和有需要的人。天課是在每年底之前抽收的。有關其評估、分配和徵收辦法是根據穆罕默德的訓令而制定，天課是徵自現金、牲口和五穀的。 現金的最低徵收率是百分之二點五，以其每年的盈餘做計算，即除了合理開支外剩下來的金錢。
天課不針對個人的住家、家具、交通工具和個人珠寶。
天課的核心原則：
對富有（財產達到一定水準）的穆斯林徵收的宗教稅。
對過往十二個月累計的財富收稅。
不對專屬個人的財富收稅。

參考文獻

[1] BNM. (2017). FINANCIAL STABILITY REPORT. Retrieved from http://www.bnm.gov. my/

[2] BNM. (2017). INSURANCE AND TAKAFUL SECTOR. Retrieved from http://www.bnm. gov.my/

[3] CIBAFI BRIEFING ISSUE 3. (2016). Tier 1 and Tier 2 Capital Sukuk. Retrieved from http://cibafi.org/

[4] COMCEC. (2018). THE ROLE OF SUKUK IN ISLAMIC CAPITAL MARKETS. Retrieved from http://ebook.comcec.org/

[5] EY. (2016). WORLD ISLAMIC BANKING COMPETITIVENESS REPORT 2016. Retrieved from https://www.ey.com/

[6] GIFR. (2015). OVERVIEW OF THE GLOBAL ISLAMIC FINANCE INDUSTRY. Retrieved from http://www.gifr.net/

[7] GIFR. (2016). OVERVIEW OF THE GLOBAL ISLAMIC FINANCE INDUSTRY. Retrieved from http://www.gifr. net/

[8] GIFR. (2017). OVERVIEW OF THE GLOBAL ISLAMIC FINANCE INDUSTRY. Retrieved from http://www.gifr.net/

[9] IDB. (2017). ANNUAL REPORT. Retrieved from https://www.isdb.org/

[10] IFSB. (2017). ISLAMIC FINANCIAL SERVICES INDUSTRY STABILITY REPORT 2017. Retrieved from https://www.ifsb. org/

[11] IFSB. (2018). ISLAMIC FINANCIAL SERVICES INDUSTRY STABILITY REPORT 2018. Retrieved from https://www.ifsb. org/

[12] IIFM. (2016). IIFM Annual Sukuk Report 2016 (5th Edition). Retrieved from http://www. iifm.net/

[13] IIFM. (2017). IIFM Annual Sukuk Report 2017 (6th Edition). Retrieved from http://www. iifm.net/

[14] IIFM. (2018). IIFM Annual Sukuk Report 2018 (7th Edition). Retrieved from http://www.

iifm.net/

[15] ISRA, THOMSON REUTERS IRTL (2018) ISLAMIC COMMERCIAL LAW REPORT 2018. Retrieved from http://www.irti.org/

[16] M. Murat COBANOGLU. (2015). BASEL III and TIER 1 SUKUK. The World Bank Global Islamic Finance Development Center: Istanbul, Turkey.

[17] MILLIMAN RESEARCH REPORT. (2017). GLOBAL TAKAFUL REPORT 2017: MARKET TRENDS IN FAMILY AND GENERAL TAKAFUL. Retrieved from http://www.milliman.com/

[18] SWISS RE INSTITUTE. (2017). GLOBAL INSURANCE REVIEW AND OUTLOOK 2018/19. Retrieved from https://www.swissre.com/institute/

[19] WORLD ECONOMIC FORUM. (2018). The Arab World Competitiveness Report 2018. Retrieved from https: //www.weforum.org/

參考網站

www.aaoifi.com

www.bb.org.bd

www.bbc.com

www.bi.go.id

www.bloomberg.com

www.bnm.gov.my

www.ebb.gov.bh

www.cbk.gov.kw

www.cbrc.gov.cn

www.centralbank.ae

www.cibafi.org

www.enbe.com

www.comcec.org

www.difc.ae

www.economist,com

www.ey.com

www.ftcom

www.gifr.net

www.gov.uk

www.ifsb.com

www.iicra.com

www.iifmnet

www.imf.com

www.irti.org

www.isdb.org

www.islamicbanker.com

www.kfh.com

www.lmcbahrain.com

www.londonstockexchange.com

www.meinsurancereview.com

www.mifc.com

www.milliman.com

www.mofcom.gov.cn

www.pbc.gov.cn

www.qcb.gov.qa

www.sama.gov.sa

www.sbp.org.pk

www.sinosure.com

www.sukuk.com

www.swissre.com

www.tcmb.gov.tr

www.thebanker.com

www.thomsonreuters.com

www.weforum.org

www.wsj.com

www.yidaiyilu.gov.cn

www.zawya.com